高等院校经济、管理类专业"十二五"规划教材

会计信息系统应用教程

KUAIJIXINXIXITONGYINGYONGJIAOCHENG

GAODENGYUANXIAOJINGJIGUANLILEIZHUANYESHIERWUGUIHUAJIAOCAI

中南大学出版社
www.csupress.com.cn

主　编： 刘承焕

副主编： 王国庆　陈小鹏

撰稿人： (按编写章节先后排序)

王国庆　刘承焕　刘丽丽　付　华

陈晓光　陈小鹏　赵冻莲　李立成

吴德生

内容提要

本书比较详细地讲解了我国三款主流财务软件(安易 V7.1、用友 T6、金蝶 KIS10.0 标准版)的系统管理、数据维护、总账、会计报表、工资、固定资产等模块的应用;对用友 T6 还讲解了出纳管理、采购、库存、存货、销售、应收、应付等模块的应用技巧;此外,还简单介绍了会计信息系统基本原理以及"用友审易"计算机审计软件的应用。本书既有理论又有实践,针对每种软件都精心设计了翔实的操作案例。

高等院校经济、管理类专业"十二五"规划教材

编审委员会

前言

　　随着计算机信息技术的迅猛发展，传统会计的工作环境、工作内容、工作手段都已经发生了翻天覆地的变化。在会计理论界，"会计电算化"的概念正在被"会计信息化"逐步替代。会计信息化的过程中，从软件选型、项目实施、软件上线到对实施效果的后续评价等阶段，都离不开对财务软件的充分了解和熟练应用。现代会计工作已经离不开财务软件，高校的会计学子们必须熟练掌握几种主流财务软件的应用技能，以适应当代会计工作的需要。因此，必须有一本合适的教材来满足财务软件"教"与"学"的双层需求。

　　市场上，相关教材的数目众多，但是在教材内容的定位上，至今依然仁者见仁，智者见智。对应的课程、教材名称也有多种提法，汇总起来主要有《会计电算化》、《财务软件应用》、《会计信息系统》等。在教材内容上也主要有系统开发导向型和应用操作导向型两种模式。根据多年的教学实践经验，我们认为课程的主导方向应该定位在"操作导向型模式"，课程名称应该称作"会计信息系统应用"，课程内容应以"优秀财务软件的应用"作为重点。理由有四：第一，系统开发导向型模式注重原理，缺乏实务，和《管理信息系统》课程的内容重复较多，在教学过程中，由于缺乏实务操作，学生接受起来比较困难；第二，国产的用友、金蝶等相关优秀商品化财务软件的应用已经相当成熟，软件价格也在不断降低，各单位自己开发财务软件的需求已经大大降低。因此抽象的开发方法和原理对于广大的应用型会计本、专科学生而言，已经失去了意义，熟练应用才是硬道理；第三，传统的教学体制下，教与学都是在课堂上完成，而练习一般都安排在实验室，受学时的影响，学生实践操作时间远远不够，达不到应有的教学效果；第四，当代在校大学生多数都有个人电脑，有强烈的课外自学需求。综上所述，我们确定了本书的指导方向为：结合实际设计案例，讲解几款优秀的主流财务软件在总账、报表、工资、固定资产、采购、库存、销售、往来账等方面的应用。这种定位既突出了实践应用的重要性，同时也更加符合会计信息系统的基本思想，有助于学生在使用过程中掌握原理。

　　软件多样、案例丰富、图例翔实、适用面广是本书的四大特点。教材在软件的选择上考虑了"广度"和"深度"两个要求。从广度上看，本教材重点讲解了安易、用友、金蝶三大财务软件；并简单介绍了速达、SAP、新中大、国强、金算盘等其他知名财务软件；另外，教材也考虑到会计学子们学习计算机审计的需要，重点介绍了"审易"计算机审计软件。通过对主流的财务软件应用的详细介绍，让学生掌握各种软件操作的基本规律和特点，做到懂应用、会比较，从而了解主流财务软件的优缺点。从深度上看，教材克服了同类教材只重视账务处理，而忽略工资管理、资产管理、购销存模块等非账务模块的缺陷。为了能让读者掌握多模块同步使用，又掌握几个特殊模块的单独使用，教材不仅设计了一套适合小型企业应用的总账、报表、工资、固定资产完整案例，还设计了一套适合中型企业进行复杂账务处理的案例，并独立设计了购销存案例、工资案例、固定资产案例。教材中给出了几款主流的财务软件的安装说明，读者只要按照教材中的步骤方法进行操作，就能很容易地把软件安装到自己的电脑中,方便实践。对于一些关键的操作步骤都给出了详尽清晰的截图,力图让读者做到"看图识理"。教材的案例既适合老师教学使用,也适合学生自己上机练习使用。

本教材适用于培养应用型会计人才的本、专科学校及高职学校,也可作为企事业单位进行会计信息化教育的培训教程以及在会计实务人员后续教育中使用。在教学中,各学校可以结合课时计划和学习对象的具体情况,对教学内容进行筛选。

本教材由桂林电子科技大学刘承焕副教授担任主编并总纂。桂林理工大学王国庆讲师和桂林电子科技大学信息科技学院陈小鹏讲师担任副主编。参编者有广西壮族自治区桂林林业学校陈晓光副校长(会计师),桂林电子科技大学信息科技学院刘丽丽(注册会计师)、桂林电子科技大学李立成讲师、桂林师范高等专科学校付华讲师、桂林电子科技大学赵冻莲研究生、吴德生研究生。各章节具体分工如下:王国庆编写了第一章、第五章的第五节和第六节;刘承焕编写了第二章,第三章,第四章的第四、五、六、七、八节;刘丽丽编写了第四章的第一、二、三、四节;付华编写了第四章的第九、十节;陈晓光编写了第四章的第十一节、第六章的第七节,并对教材的结构提出了建设性意见;陈小鹏编写了第五章的第一、二、三、四、七节;赵冻莲编写了第六章第一、二、三、四、五、六节;李立成编写了第七章。吴德生对全书进行了校对并整理了附录资料。

由于编者力求较全面反映主流财务软件的实际应用,在全书的体例安排、内容撰写上做了较大的努力和尝试,但还存在诸多不尽如人意之处。恳请广大的任课教师、财务实务工作者和专家们批评指导并提出宝贵建议,以便我们对教材进行完善。反馈邮箱:lch2000@163.com,不胜感谢!

编者
2011 年 5 月于桂林

目　录

第一章　概　述

第一节　会计电算化

一、会计电算化的定义

会计电算化是以电子计算机为主的当代电子技术和信息技术应用到会计业务中的简称。它是用电子计算机代替人工记账、算账、报账，以及替代部分由人脑完成的对会计信息的分析和判断的过程。会计电算化是会计发展史上的一次重大革命。它不仅是会计发展的需要，而且是经济和科技发展对会计工作提出的要求。会计电算化已成为一门融电子计算机科学、管理科学、信息科学和会计学为一体的学科，在经济管理诸领域中处于应用电子计算机的领先地位，带动着经济管理诸领域逐步走向现代化。因此，有人称电算化会计信息系统是继原始社会的结绳记事、封建社会早期的簿记以及欧洲（意大利）文艺复兴时期的复式记账法之后的会计史上的第四次革命。

1954 年，美国通用电气公司首次利用电子计算机计算职工薪金的举动，引起了会计数据处理技术的变革，开创了利用计算机进行会计数据处理的新纪元。1979 年，长春第一汽车制造厂大规模信息系统的设计与实施，是我国会计电算化发展过程中的一个里程碑。1981 年 8 月，在财政部、第一机械工业部、中国会计学会的支持下，中国人民大学和长春第一汽车制造厂联合召开了"财务、会计、成本应用电子计算机问题讨论会"，第一次提出了"会计电算化"的概念。

会计电算化的基本含义是指将电子计算机技术应用到会计业务处理工作中，应用会计软件指挥各种计算机设备替代手工完成会计工作，而且实现手工处理无法实现的功能。实施会计电算化以后，会计处理技术发生了质的飞跃，这种变化不仅影响到会计实务，也对某些传统的会计理论产生了很大的影响。

随着会计电算化事业的不断发展，会计电算化的含义得到了进一步延伸，它不仅涉及会计信息系统（会计核算、会计管理、会计决策等）的理论与实务研究，还融进了与其相关的所有工作，如会计电算化组织的培训、会计电算化制度的建立、计算机审计等内容。现在大家普遍认为，会计电算化是现代会计学科的重要组成部分，它是研究计算机会计理论与计算机会计实务的一门会计边缘学科。

二、实施会计电算化的重要意义

会计电算化对于提高会计信息的质量，促进会计职能转变，提高效益，加强国民经济的宏观调控有着十分重要的意义。具体包括以下 5 个方面：

1．减轻工作强度，提高工作效率，促进会计工作职能的转变

实行会计电算化后，只需将原始会计数据输入电子计算机，大量的数据计算、分类、归集、存储、分析等工作，都可由计算机自动完成。这使得广大会计人员能从烦琐的劳动中解脱出来，有更多的时间和精力深入了解会计准则，利用会计数据进行事前预测、事中控制和事后分析，以进一步强化企业分析和管理工作。从而可以较好地促进会计工作职能的转变，由核算、监督为主转变为预测、决策服务为主，使会计工作在经济管理、提高经济效益中发挥更大的作用。

2．促进会计工作规范化，提高会计工作质量

会计应用计算机，对数据来源提出了一系列规范要求，而且数据在处理过程中能始终加以控制。在很大程度上解决了手工操作中的不规范、不统一、易疏漏、易出错等问题。因此，可以促使会计工作规范化程度不断提高，使会计工作的质量得到保证。

3．促进会计队伍素质的提高

随着会计电算化的开展，一方面要求广大会计人员学习掌握有关会计电算化新的知识，以便适应工作要求并争取主动；另一方面，由于许多工作由计算机完成，可以提供许多学习新知识的时间，必然提高整个会计队伍的业务素质。

4．为整个管理工作现代化奠定基础

会计是经济管理的重要组成部分，据统计，会计信息量占企业管理信息量的60%～70%，而且是综合性指标，具有涉及面广、辐射和渗透性强等特点。实施会计电算化为企业管理手段现代化奠定了重要基础，可以带动或加速企业管理现代化的实现。行业、地区实行现代化后，大量的经济信息资源可以得到共享，通过网络系统可以迅速地交换各种经济技术指标的完成情况，极大地提高了经济信息的使用价值，迈向管理现代化的新台阶。

5．促进会计理论研究和会计实务的不断发展

会计电算化不仅仅是会计核算手段和会计信息处理操作技术的变革，而且对会计核算的方式、程序、内容、方法以及会计理论的研究等产生深远的影响。促进会计自身的不断发展，包括会计理论和会计实务的发展，促使会计理论研究进入更新、更高的发展阶段，对经济建设起着指导作用。

三、会计电算化的发展

1．国外会计电算化的发展

电子计算机诞生于1946年，一开始主要应用于科技计算。1954年9月，美国通用电器公司首次利用电子计算机计算职工工资，这一举动引起了会计操作技术的变革，开创了电子计算机进行会计数据处理的新纪元。随着电子技术和信息技术的发展，计算机开始逐步进入管理领域。电子计算机在会计工作中的应用范围在不断地扩大，应用水平在不断提高，根据会计电算化发展进程的时间和数据处理技术特征，会计电算化的发展过程可大致分为以下四个阶段：

（1）会计数据单项业务处理阶段。

该阶段大致为20世纪50年代到60年代中期，它是会计电算化的萌芽和发育的初级阶段，是仅能简单模仿手工处理方式的低水平阶段。在这一阶段，人们借助电子计算机数据处理准确、快速的特点，模仿手工会计数据处理的方式和程序，着重解决那些处理数据

量大、计算简单但重复次数多的会计业务，如工资计算、材料收发核算，等等。它模拟手工会计核算代替了部分手工劳动，在一定程度上提高了工作效率。

这一阶段使用计算机的方式是单用户单计算机，用户独占全部计算机资源，采用的数据处理方式主要是批量处理，即由人工收集原始数据，到一定时间，把集中的一批数据按一定要求送入计算机进行集中处理。收集会计数据、数据整理仍要耗费较多的人力和物力，并没有从根本上改变手工数据处理方式，更大程度上是进行"账本搬家"工作，在摸索过程中，虽然遇到一些挫折和失败，也受到一些持传统观念的人的非议，但这一阶段的实验及其成功的经验，使人们开始认识到计算机运用于会计领域的巨大潜能。

（2）会计数据综合处理阶段。

该阶段是 20 世纪 60 年代中期到 70 年代初期，它是会计电算化迅速成长、初步成熟阶段，是会计数据处理方式发生本质性变化的阶段。在这一阶段，随着信息技术的发展，计算机的性能越来越强，管理系统资源的操作系统和高级程序设计语言也开始出现并渐趋完善。这一阶段，单项数据处理开始逐渐向综合数据处理转变，除了完成基本的账务处理等核算任务外，开始较系统地处理并提供企业生产经营决策过程中所需要的会计信息。简单的记账、算账的"簿记系统"被带有一定管理、分析功能的电算化会计信息系统代替。同时，注重了会计系统内各个子系统的数据共享。

（3）会计数据系统处理阶段。

该阶段是 20 世纪 70 年代初期至 80 年代初期。这一阶段的会计电算化已进入较高级水平，并日益与企业管理活动相渗透和结合，逐渐形成企业管理信息系统的一个重要子系统。由于计算机技术发展迅猛，微型机的问世得到迅速广泛的应用，计算机网络的出现和数据管理系统运用等，使人们能以系统论为指导，建立起有机地结合于计算机网络中的各种管理信息子系统，使得管理信息高度共享，从而大大减少了原始数据的输入量，避免了重复劳动。会计信息系统开始从主要处理历史数据的日常业务形式，发展为与业务处理有机结合，能够向管理层提供管理信息，能进行财务计划、分析、预测，具有管理信息系统特征的电算化会计信息系统，逐渐成为管理信息系统的一个重要组成部分，从而使得会计数据处理及整个会计工作发生了深刻变化。特别值得一提的是 20 世纪 70 年代中期在国外制造业得到广泛应用的 MRP II 系统。它是根据制造资源计划（MRP）思想开发出的一种管理信息系统。它以物料控制为基础，以资源计划、生产计划、物料需求计划为导向，包括计划、采购、销售、库存、车间生产成本和财务管理等，具有计划连贯性、管理系统性、数据共享性、模拟预见性、动态应变性、物流与资金流统一性等特征，结合制造业的其他系统，为企业提供全面的管理。

（4）会计或企业管理决策支持系统阶段。

该阶段始于 20 世纪 80 年代中期，至今尚在发展之中。随着管理科学及其与计算机结合的不断发展，决策支持系统开始兴起。它以提高企业决策水平和经济效益为目的，运用管理模型和方法完成在手工方式下无法完成的预测和决策工作。目前，先进的管理信息系统中一般都包括决策支持功能。决策支持系统是以计算机存储的信息和决策模型为基础，协助管理者解决具有多样化和不确定性问题，以进行管理控制、计划和分析并制定高层管理决策和策略的系统。据统计，1983 年，美国 55% 的新程序是用于管理控制、计划和分析，用于核算的仅占 45%，这说明国外已进入了决策支持系统的开发和应用阶段。

20世纪90年代，随着第四代语言(4GL)的出现和不断完善，电算化会计信息系统开始友好、方便地面向用户，面向普通会计人员。在此阶段，MRPⅡ系统已不能满足企业全方位的管理需要，企业资源计划(ERP)产生并逐渐兴起。ERP集成了财务、分销、生产管理、人力资源管理、质量管理、决策支持等多种功能，并支持国际互联网(Internet)、电子商务(E-Business)、企业内部网(Intranet)和外部网(Extranet)等。在ERP系统模式下，常规的会计与生产、技术等管理系统的界限已经不存在了，它们的数据采集、业务处理互相支持、互相融合，形成一个具有信息共享、有机结合的全方位管理模式和工具。这样的系统在很大程度上保证了现代会计管理的发展和实施，同时也为加强企业管理、提高企业经济效益作出了重要的贡献。

2. 我国会计电算化的发展

我国第一台电子计算机诞生于1958年，电子计算机在会计工作中的应用经历了一个从产生到逐渐成熟的过程。

(1)起步阶段(1979—1983)。

1979年，长春第一汽车制造厂从前联邦德国进口了电子计算机，进行电子计算机在会计中应用的试验，这是我国会计电算化起步的标志。之后不久，许多企业也纷纷把电子计算机应用到会计中去。如首都钢铁公司开发的一套会计软件，该系统能完成账务处理、报表编制、内部往来核算、成本控制、利润预测等日常会计工作；1980年，北京化学试剂厂运用单项开发与系统开发并举的方法，开发了工资核算、固定资产折旧、资金平衡表编制、产品销售核算和利润预测等几个模块。此外，北京国棉二厂、无锡轴承厂和常州工业公司等单位也开始了这方面的尝试，而且都取得了不同程度的效果。与此同时，会计理论界也着手会计电算化方面的研究。在1981年召开的"财务、会计、成本应用电子计算机专题讨论会"上，围绕会计电算化的若干理论、政策、步骤、方法和具体技术处理等问题进行了比较深入的探讨，并于会后筹建了"会计电算化研究会"，进行会计电算化专题研究，组织经常性的经验交流。

由于当时会计电算化设备、人才匮乏，无论是在理论还是在实践上，这一阶段的主要特点都表现为自发性强、进展缓慢、水平相对比较低。

(2)行政推广阶段(1983—1988)。

经历了一个起步阶段之后，许多单位的会计电算化工作取得了良好的效果，不仅减轻了会计人员的工作负担，还为企业带来一些直接或间接的经济效益。企业领导，尤其是有些主管部门领导认识到了会计电算化的意义，便纷纷组织本系统内的技术力量，开发出本行业的会计软件，在系统范围内全面推广。例如，北京市建工总公司多年前就在系统内各单位推广使用其计算中心开发的会计软件，石化、铁道等部门也都组织开发行业软件，进行推广应用。在1988年初，财政部对全国三万多个大中型企业单位进行的调查表明，已有13.99%的单位开展会计电算化工作。在已经开展会计电算化的4 619个单位中，开发1～2个单项的单位占73.54%，开发3～4个单项的单位占19.01%，开发5个单项以上的单位占7.45%，这些数据说明，我国的会计电算化已进入稳定发展阶段。这一阶段的主要特点是由主管部门组织开发行业软件，采用行政手段全面推广，会计电算化的覆盖面迅速扩大，但由于基层管理工作没有走上正轨，有些单位经营管理混乱，甩账率仍然十分低下。有些单位在经过一段时间的电算化后，又重新回到手工记账，大多数单位长期不能甩账，致使会计人员工作量倍增。

（3）商品化阶段（1988—1996）。

随着经济体制改革的不断深入，市场环境的逐步理顺，一些专门从事会计软件开发和销售服务的单位应运而生；一些软件开发公司开发的财务软件不仅符合会计制度和会计工作规程，而且具有较强的适用性和安全可靠性。

1989年12月，财政部颁布了《会计核算软件管理的几项规定（试行）》，又于1990年7月制定了《关于会计核算软件评审问题的补充规定》，对商品会计软件进行管理，在一定程度上推动了软件商品的发展进程，促进了会计软件市场的形成。这一阶段单位选用商品化软件占有很高的比例，会计电算化覆盖率迅速提高，甩账率有较大幅度的增长。

随着会计电算化的发展，财政部于1994年5月4日发布了《关于大力发展我国会计电算化事业的意见》（以下简称《意见》），对我国会计电算化事业的发展目标和管理要求等提出了明确的规划和具体措施。这是指导我国会计电算化事业全面发展而采取的重要步骤。《意见》中提出了我国会计电算化事业发展的总目标：到2000年力争达到40%～60%的大中型企业事业单位和县级以上国家机关在账务处理、应收应付款核算、固定资产核算、材料核算、销售核算、工资核算、成本核算、会计报表生成与汇总等基本会计核算业务方面实现会计电算化；其他单位的会计电算化开展面应达到10%～30%。到2010年，力争使80%以上的基层单位基本实现会计电算化，从根本上扭转基层单位会计信息处理手段落后的状况。《意见》同时对加强会计电算化人才培训、加强会计核算软件管理、加强会计软件市场的管理、加强会计电算化管理制度建设、区别情况促进基层单位逐步实现会计电算化以及加强会计电算化工作的组织领导，提出了具体的措施。

财政部又于1994年6月30日同时发布了《会计电算化管理办法》、《商品化会计核算软件评审规则》和《会计核算软件基本功能规范》三个文件，取代了1989年12月9日财政部发布的《会计核算软件管理的几项规定（试行）》。这三个文件对加强会计电算化工作的管理，促进我国会计电算化事业的健康发展具有深远的意义。

（4）管理型、网络化阶段（1996年至今）。

近年来，人们在开发会计软件的同时，已经将目光同时转向企业管理信息系统的其他子系统，并开始研究会计信息如何才能避免成为"孤岛"。这一时期会计软件的开发研制不仅脚踏实地，针对会计软件存在的问题，提出解决的方案，同时，结合国外ERP软件的开发思想，以及扑面而来的国际互联网应用和网络计算技术，初步开发出适应于网络环境下运行的会计软件。用友NC管理软件、金蝶K/3ERP系统、安易2000V8.02版、新中大国际财务软件等，都是这一时期创新性较强的管理软件。

在我国会计软件走上规范化、管理化和网络化的同时，财政部门大力开展了会计人员的电算化培训工作。会计电算化方面的专业人才的缺乏一直是制约会计电算化的瓶颈问题。它涉及计算机、会计、管理等方面的专业知识。目前，知识的融合问题成了制约会计电算化发展的原因。

目前，我国1 200万会计人员中已有近500万人接受了比较规范的会计电算化知识培训并取得合格证书。事实证明，通过发放会计电算化合格证书的形式使大多数的会计人员了解和掌握了会计电算化的基本知识与基本技能，这无疑对加快我国会计电算化事业的发展将起到巨大的作用。

第二节 会计信息系统

一、会计信息系统的概念

会计信息系统(AIS)是管理信息系统(MIS)的一个子系统,是一个企事业单位处理会计业务,并为企业管理者、投资人、债权人、政府部门提供财务信息、分析信息和决策信息的实体。会计信息系统通过收集、存储、传输和加工各种以货币价值形式反映的会计信息,并将其反馈给各有关部门,为企业的经营活动和决策活动提供帮助。

二、会计信息系统的发展

管理水平的提高和科学技术的进步对会计理论、会计方法和会计数据处理技术提出了更高的要求,使会计信息系统由简单到复杂,由落后到先进,由手工到机械,由机械到计算机。会计信息系统的发展历程是不断发展、不断完善的过程,可分为三个阶段。

1. 手工处理阶段

手工会计信息系统阶段是指财会人员以纸、笔、算盘等为工具,实现对会计数据的记录、计算、检索、分类、汇总,并编制会计报表。它的缺点是数据处理速度慢,时效性差,查询检索不方便。

2. 机械化处理阶段

19世纪末,随着机械化设备的出现、科学管理理论与实务的发展,会计数据处理面临更高的要求,人们利用自动化程度较高的机器设备实现会计信息的记录、计算、检索、分类、汇总和编表工作。机械设备提高了会计信息的处理速度和准确性,但效率仍然较低,数据查询、存储还不方便。

3. 电算化处理阶段

第二次世界大战后,资本主义市场竞争日趋激烈,企业为了生存与发展,不得不通过加强管理来增加产量、提高质量、降低成本、提高竞争力。所以会计成了加强内部管理的重要手段,对会计数据处理提出了更高的要求。计算机的产生为会计数据处理带来了根本性变革。人们用计算机进行计账、算账、报账,以及部分替代人工完成对会计信息的核算、分析、预测、决策等过程,从而出现了一门新的学科"会计电算化",它的主要任务是将计算机系统技术、数据通信技术、系统工程理论与会计和财务管理知识紧密结合,专门研究如何采用最优的方法建立一个具有会计核算功能并能为决策提供依据的信息系统。

本教材后面所涉及的会计信息系统就是特指电算化会计信息系统。

三、现代会计信息系统的组成

以计算机为主要信息处理手段的会计信息系统,是一个人机结合的系统,其基本组成包括计算机硬件系统、计算机软件系统、数据资源、人员和会计规范等要素,其结构如图1-1所示。

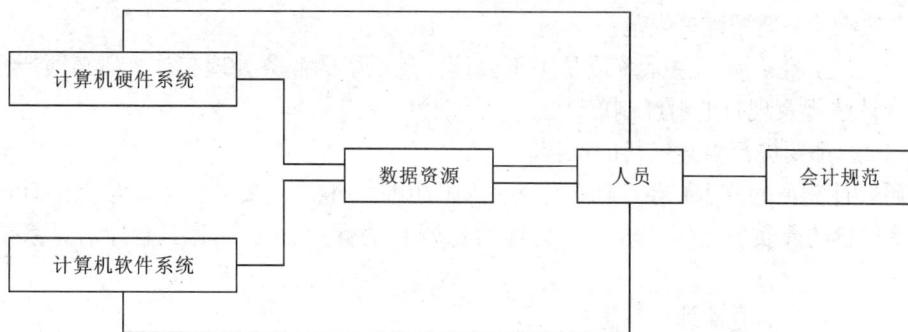

图 1-1　会计信息系统的组成

1. 计算机硬件系统

计算机硬件系统是指数据输入设备、处理设备、存储设备、输出设备和数据传输设备等。

2. 计算机软件系统

为保证实现电算化会计信息系统的目标，需要有会计电算化软件系统的支持。软件可分为系统软件和应用软件。系统软件主要包括操作系统和计算机语言或数据库系统。系统软件一般由计算机厂商负责提供，用户根据需要订购。电算化会计信息系统应用软件一般按账务核算、工作核算、固定资产核算和报表系统等职能在系统软件的基础上组织专门人才依据系统的要求开发，或直接购买通用的商品化软件得到。

3. 数据资源

电算化会计信息系统收集各种会计数据，然后将数据集中、分类、编码、组织并存入会计系统数据库中；同时，对这批数据进行各种业务处理工作，如生成各种账簿等。数据库内数据可供信息使用者随时查询、分析使用。

4. 人员

人员是指电算化会计信息系统的使用人员和管理人员，包括会计主管、系统开发人员、系统维护人员、凭证录入人员、凭证审核人员、会计档案管理人员等。人员也是信息系统的一个重要组成元素，如果没有高水平、高素质的会计人员和系统管理人员，硬件、软件再好，系统也难以稳定、正常的运行。

5. 会计规范

会计规范是指保证电算化会计信息系统正常运行的各种制度和控制程序，如硬件管理制度、数据管理制度、会计内部控制制度等。

在上述构成会计信息系统的五要素中，计算机软件至关重要，本教材以此作为重点。

四、现代电算化会计信息系统与传统手工会计信息系统的关系

1. 联系

(1)二者目标一致。

无论是电算化会计信息系统还是手工会计信息系统，都有一个共同的目标，即为有关部门提供会计信息，参与单位的经营决策，提高经济效益。

（2）二者都要遵循统一规范。

无论是电算化会计信息系统或是手工会计信息系统的业务处理工作，都必须严格遵守国家的会计法规及现行的财经制度。

（3）二者都要进行档案资料的保存。

按照会计制度的要求，会计档案作为重要的历史资料，应妥善保管。虽然会计电算化后，存储信息的介质发生了变化，但会计信息资料的保存必须与手工会计信息系统一样进行。

（4）二者的基本会计理论和方法一致。

会计理论是会计科学的结晶，会计方法是会计具体工作的总结。实行会计电算后，虽然会引起会计的理论和方法的变革，但是最基本的会计理论和方法如会计假设和会计的记账方法等仍应当遵循。

（5）二者的基本流程一致。

无论电算化会计信息系统还是手工会计信息系统，在进行数据处理的时候都遵循"业务→凭证→账簿→报表"这一基本处理流程。

2. 区别

电算化会计信息系统与手工会计信息系统相比，无论处理工具或是方式、方法、组织机构以及内部控制体系都发生了很大变化。

（1）处理工具的不同。

手工会计信息系统中，使用的工具是算盘、机械或电子计算器。电算化会计信息系统中使用的工具是电子计算机。

（2）信息载体的不同。

手工会计信息系统的信息以纸张为载体，保管难度大，占用较多的空间，不易查找。电算化会计信息系统以磁性介质或光盘为载体，具有体积小，易于保管，占用空间少，可以利用网络系统传输，查询方便的优点。

（3）账簿装订格式和账簿修改不同。

首先，账簿的存在方式不同。手工会计信息系统中规定日记账、总账采用订本式，明细账可用订本式或活页式；电算化会计信息系统中，账簿是打印输出的折叠账页。其次，账簿的修改不同。手工会计信息系统中账簿由于记账的错误可以用划线更正法进行更正错账。电算化会计信息系统中账簿不可能发生记账的错误，因而不需要有划线更正法这种方法。由于记账凭证的错误导致账簿错误的，已经记账的凭证数据不能修改，只能采用红字冲销法和补充登记法更改错误，这种情况和手工改错是相同的。

（4）账务处理程序不同。

会计核算形式即账务处理程序不同，手工会计信息系统的账务处理程序有记账凭证核算程序、科目汇总表核算程序、日记账核算程序和汇总记账凭证等多种核算程序，企业可以根据企业规模等具体情况确定适合本企业的核算程序。在电算化会计信息系统中，由于计算机强大的运算能力，记账凭证核算程序记账工作量大的缺点也得以克服，记账凭证核算程序可以适合于任何规模的企业，其他核算方法将被逐步淘汰。

（5）会计机构及人员不同。

手工会计信息系统中，会计岗位一般分为出纳、税务、材料、成本、总账报表等若干工作岗位,进行具体的业务核算,并设专人负责记账、编制报表工作,人员也是专职会计人员。电算化会计信息系统中,会计岗位会发生很大变化,如总账报表岗位会消失,增加系统管理和维护等岗位,人员构成也将由会计专业人员、计算机软硬件及操作员等组成。

(6)内部控制方式的不同。

电算化会计信息系统中,对手工的内部控制方式做了必要的改变,有的已经取消,如账证核对、账账核对、账表核对的控制方式已经不复存在;有的依然保留,如签字、盖章等控制;此外,又增设了一些控制方式,如用户权限、上机日志等。

由于会计信息处理的计算机化,会计核算的结果和内部控制制度是否符合财政部门的有关规定,在很大程度上取决于计算机会计应用程序设计得是否合理和是否在硬件和软件两方面采用了有效的控制措施。由于会计信息由计算机集中处理,手工会计中原有的某些职务分离和控制已失去意义,审计方法也会有所改变,因而必须从计算机的角度出发,制定一套有效的、新的内部控制制度。电算化会计信息系统的内部控制包括了许多建立在系统应用程序中,由计算机执行的各种检验、核对、判断、监控和权限的设定。这些程序化的控制对提高会计电算化系统的安全可靠性是非常重要的。

第三节 会计信息系统与管理信息系统及 ERP 的关系

一、管理信息系统的概念

管理信息系统是由人和程序及数据、设备、规程等组成,用以进行数据的收集、传输、处理、存储、输出,为职能部门服务的信息系统。管理信息系统从全局目标出发,对企业管理决策活动予以辅助。它更强调信息对企业的预测和管理控制能力,以及对企业各级部门的辅助管理作用。现代管理信息系统的研发都是基于 ERP 理论基础的。

二、ERP 相关理论

企业资源计划 ERP 是由美国加特纳集团公司(Gartner Groupe Inc.)于 20 世纪 90 年代提出的。它是国际上先进的企业管理模式,其主要宗旨是对企业所拥有的人、财、物、信息、时间和空间等综合资源进行综合平衡和优化管理,协调企业各管理部门,围绕市场导向开展业务活动,使企业取得最好的经济效益。ERP 形成大致经历了 4 个阶段:20 世纪 60 年代的基本 MRP 阶段、20 世纪 70 年代的闭环 MRP 阶段、20 世纪 80 年代的 MRP Ⅱ 阶段和 20 世纪 90 年代的 ERP 阶段。

1. 基本 MRP 阶段

20 世纪 40 年代初期,西方经济学家通过对库存物料随时间推移而被使用和消耗的规律的研究,提出了订货点的方法和理论,并将其运用于企业的库存计划管理中。20 世纪 60 年代中期,美国 IBM 公司的管理专家约瑟夫·奥利佛博士首先提出了独立需求和相关需求的概念,将企业内的物料分成独立需求物料和相关需求物料两种类型。并在此基础上总结出一种新的管理理论:物料需求计划理论,也称基本 MRP。

MRP 主要用于制造业,任何制造业的生产经营活动都是围绕其产品开展的,制造业的信息系统也体现了这种特点,MRP 就是从产品的结构或物料出发,实现了物料信息的集成。MRP 的基本功能是实现物料信息的集成，保证及时供应物料，降低库存，提高经济效益。物料的需求信息、产品结构、采购提前期和库存信息是运行 MRP 的四项主要数据。这些数据的准确度，决定了 MRP 的有效性。

2. 闭环 MRP 阶段

基本 MRP 仅仅是生产管理中的一部分，而且要通过车间作业管理和采购管理来实现，同时还必须受到生产能力和物料供应能力的约束，因此，只有基本 MRP 还是远远不够的。于是，在基本 MRP 的基础上，人们又提出了闭环 MRP 系统。闭环 MRP 有二层含义：一是把生产能力计划、车间作业和采购作业计划纳入 MRP，形成一个封闭系统；二是在计划执行过程中，必须有来自车间、供应商和计划人员的反馈信息，从而使生产计划方面的各个子系统得到协调统一，由此产生了以"计划→实施→评价→反馈→计划"为基本管理思想的闭环 MRP。

20 世纪 70 年代形成的闭环 MRP，把需要与可能结合起来，通过能力与负荷的反复平衡，实现了一个完整的计划与控制系统。闭环 MRP 在基本 MRP 基础上，增加了能力需求计划，使系统具有生产计划与生产能力的平衡。

3. MRP Ⅱ 阶段

在闭环 MRP 基础上，把生产、财务、销售、工程技术、采购等各个子系统结合成一个一体化的系统，称为制造资源计划，英文缩写也是 MRP，为了便于区分，就称它为 MRP Ⅱ。在技术上，它与闭环 MRP 并没有太大的区别。但它包括了财务管理和模拟的能力，这就有了本质意义的区别，它是一个围绕企业的基本经营目标，以生产计划为主线，对制造企业的各种资源进行统一计划和控制，动态反映企业物流、信息流和资金流的系统。

MRP Ⅱ 理论从 20 世纪 80 年代初开始在发达国家的企业中得到广泛应用并产生了巨大的经济效益。MRP Ⅱ 集成了应收、应付、成本及总账的财务管理。其采购作业可以根据采购单、收货单、供应商信息及入库单形成应付款信息；销售商品后，可以根据客户信息、销售单信息及商品出库单形成应收款信息；生产过程中，可以根据采购作业成本、生产作业信息、产品结构信息、库存领料信息等产生生产成本信息；能把应付款信息、应收款信息、生产成本信息和其他信息等记入总账。产品的整个生产销售过程都可以反映资金的流动过程，通过对企业资金运动的掌握，企业可以调整生产经营规划和生产计划，达到最佳状态。

4. ERP 阶段

20 世纪 90 年代以来，由于国际经济全球化和国际化的趋势，制造业所面临的竞争更趋激烈，MRP Ⅱ 也逐步显示出其局限性，在对 MRP Ⅱ 完善的基础上，形成了一个较为完整的集成化管理信息系统 ERP。

企业资源计划 ERP 是指建立在信息技术上，以系统化的管理思想，为企业管理人员提供决策的管理平台。ERP 集信息技术和先进的管理技术为一身，成为现代企业的运行模式，对企业合理配置资源，提高经济效益方面起到了巨大的作用。

ERP 虽然以 MRP Ⅱ 功能为核心，但又扩展了 MRP Ⅱ 的功能，如质量管理、工作流管理、运输管理、设备管理、人力资源管理等功能。ERP 在应用上超越了 MRP Ⅱ，实现了更为广泛的管理功能，并且将这些功能集合起来。ERP 的总流程如图 1-2 所示。除了以上基本功能模块以外，一些企业把客户关系管理 CRM 系统加入到了 ERP 系统，供应链管理 SCM 也是 ERP 发展的一个重要方向。

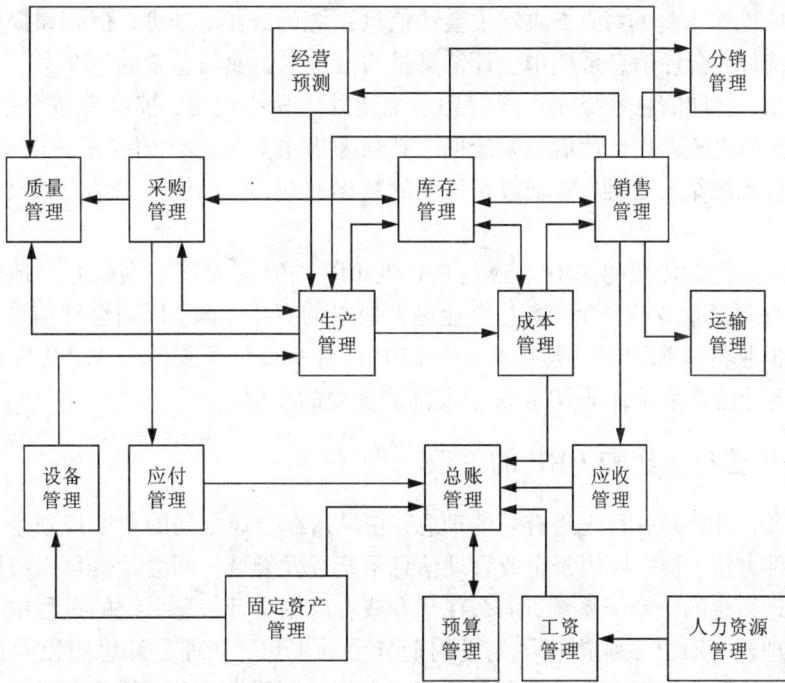

图 1-2　ERP 基本构成图

三、会计信息系统与管理信息系统的关系

会计信息系统是管理信息系统重要的子系统。管理信息系统包括会计信息系统、人力资源管理系统、生产制造系统、采购销售系统、库存管理系统、应收应付款管理系统、成本计算系统等多个子系统。会计信息系统与其他管理信息系统的子系统相比有以下特点：

1. 全面性

会计信息系统要全面地反映企业产、供、销各个环节，全面地参与企业管理等各个环节，以货币为主要的计量单位，对生产经营活动进行系统、全面、综合的核算和监督，企业所有成员均在某种程度上参与经济活动数据的收集，并且各部门管理人员都在某种范围内利用财会信息。因此，会计信息系统是综合全面地反映、监督和控制整个企业生产经营活动，以保证企业以最小投入取得最大的经济效益。

2. 复杂性

会计信息系统不仅内部结构十分复杂，而且与其他管理子系统和企业外部的联系也十分复杂。电算化会计信息系统从其他子系统中取得有关数据进行处理后又提供给有关系统，它导致了系统内部结构和外部接口的复杂性。

3. 精确性

会计数据不仅用来反映经济活动，为管理者提供可靠信息，而且是处理各种经济关系的依据。因此，电算化会计信息系统对各项会计业务的处理必须符合有关财务会计制度和法规的规定。

4. 信息量大

由于会计工作本身的特点，决定了会计信息系统的收集、处理、存储和提供大量的经济信息。据统计，会计信息系统中会计信息量约占整个企业信息量的70%。

由上可知，会计信息系统在管理信息系统中处于核心地位，控制着整个系统的运行。因此，在开发企业电算化会计信息系统时，必须考虑电算化会计信息系统的要求和特点，使管理子信息系统结构合理，实现最大程度的数据共享，尽可能消除信息孤岛，提高系统整体效率。

财务管理无论在传统的MRP II还是现代的ERP中，都始终占据核心的地位。会计和财务管理的对象是企业的资金流，是企业运营效果的直接反映，因而会计信息系统一直是各种行业的企业实施ERP时关注的焦点。ERP软件都提供了功能强大、集成性好的会计信息系统，会计信息系统在ERP系统中发挥着重要的作用。

四、会计信息系统和ERP的关系

前已述及，ERP是一种先进有效的理念，它是站在企业全局的角度规划企业整体的信息处理的一种方法，被广泛用于企业管理信息系统开发领域。而会计信息系统既然是整个企业管理信息系统的一个子系统，那么在开发或者应用会计信息系统的过程中自然应遵循ERP的基本理论。ERP系统体现了先进的财务会计思想、管理会计思想以及成本管理思想，ERP系统的财务管理是集成的财务管理，它集成了采购管理、原材料管理、产成品管理、销售管理、生产管理、设备管理、固定资产管理等所有与企业有关的财务活动，因此比单一的计算机财务系统具有集成度高、信息处理及时等优点，如果信息集成度做得较好的话，企业70%以上的记账凭证可以通过ERP系统自动生成。因此，ERP系统代表了未来会计信息系统的方向。

1. ERP系统体现的财务会计思想

财务会计主要为企业外部提供财务信息，其核心是账务处理系统。ERP系统在进行财务系统设计时，并不只是从财务部门的立场出发，而是综合考虑了企业管理的流程，其考虑的出发点是业务活动，尽量由业务活动生成凭证。ERP注重业务活动对财务的影响以及财务对业务的控制，并不单纯以账务处理流程为中心。

2. ERP系统体现的管理会计思想

管理会计主要为企业内部各级管理人员提供财务信息，ERP系统体现了先进的管理会计思想，形成了一整套预测、计划、决策、控制、分析、考核的管理模式，强调事前计划、事中控制和事后反馈。在ERP供应链中已集成了这些控制功能。

3. ERP系统体现的成本管理思想

成本管理主要通过对成本的计划、控制、监督、考核和分析等活动来促使企业加强管理，不断优化资源的利用，努力降低成本，提高经济效益。ERP成本管理系统与财务、生产、库存和销售等系统密切相关，它可以更准确地进行成本费用的归集和分配，提高成本的及时性和准确性。同时，通过定额成本的管理、成本模拟与成本计划，能够更为有效地进行成本预测、计划、分析与考核，提高企业成本管理水平。

第二章　财务软件的安装

第一节　安易 V7.1 安装

一、安易 V7.1 简介

安易财务软件 V7.1 是安易天地软件有限公司 www. anyibbs. com/web/index. asp 近年推出的一款优秀的 ERP 管理软件。含总账、报表、工资、固定资产、集团管理、预算管理、采购管理、库存管理、销售管理、物料计划、生产计划、财产计划管理、合并报表等模块，是国内唯一一款可轻松实施的 ERP 系统，并且具极高的易用性，支持最低成本远程使用与维护，支持 U 盘移动管理。可以在其官方网站直接下载到安装文件 V7sqld. exe，该文件自带简易 SQL 数据库，总大小只有 52M，可以很好地兼容 Windows XP、Windows7 等多种操作系统。安装容易，使用容易，是国内一款优秀软件，也是学习财务软件初学者的首选。

二、安易 V7.1 安装

鼠标双击安装文件 ，进入图 2 – 1 界面。

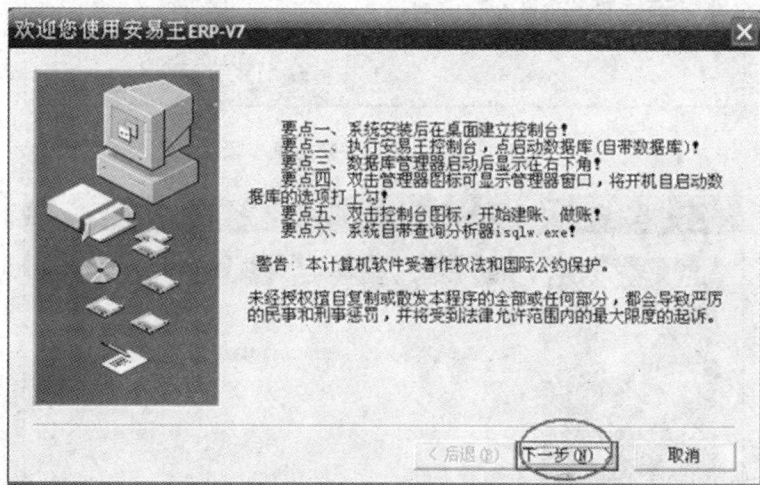

图 2 – 1　安易 V7.1 安装第一步骤图

点击"下一步"，进入图 2 – 2 界面。

选择要安装的路径，点击"下一步"，进入图 2 – 3 界面。

安易 V7.1 提供"典型"与"简洁"两种安装模式，一般选择"典型"，之后点击"下一步"，接着依据提示即可完成。出现图 2 – 4、图 2 – 5，表示安装完成了。

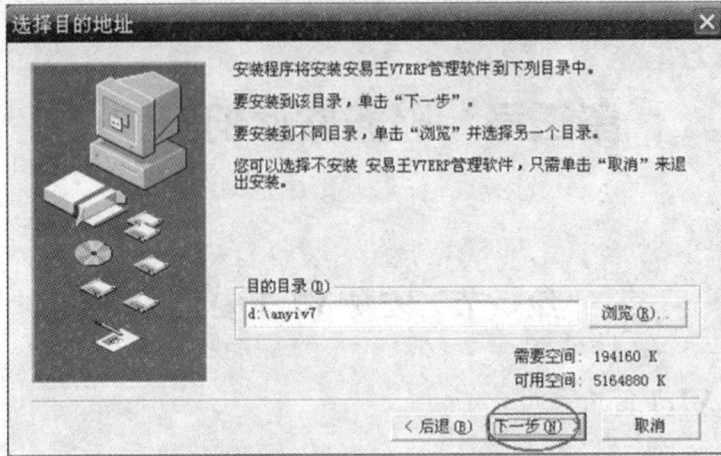

图 2-2　安易 V7.1 安装第二步骤图

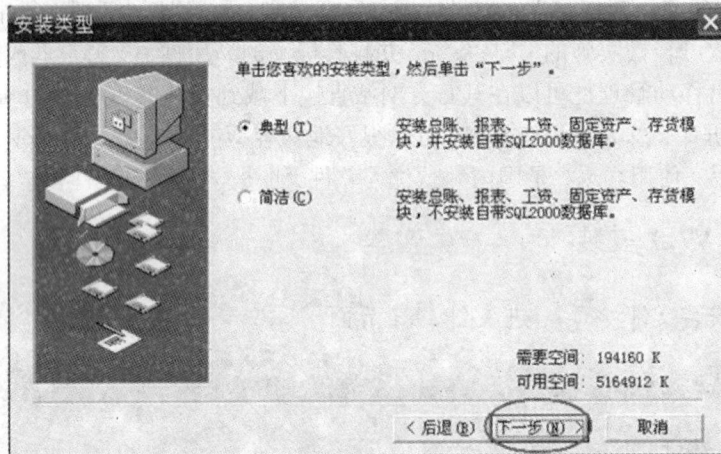

图 2-3　安易 V7.1 安装第三步骤图

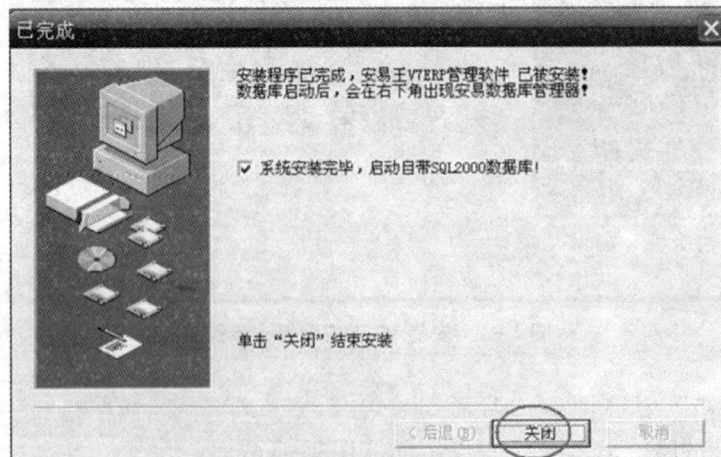

图 2-4　安易 V7.1 安装第四步骤图

之后屏幕自动进入安装文对应的程序组,如图2-5所示。

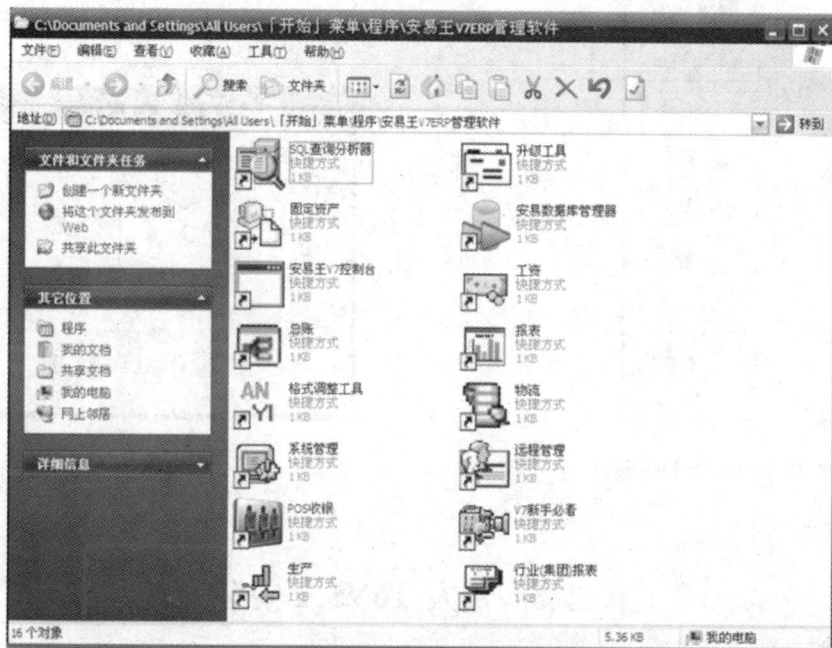

图2-5　安易V7.1安装第五步骤图

关闭图2-5显示界面,此时可以在任务栏右下方看到系统自带的数据库,显示为伞状图标█,即表明安易V7.1已经可以使用了。安易软件要正常运行,必须保证其自带数据库处于打开状态。

三、启动安易V7.1

第一步:执行桌面或者程序组内的安易控制台快捷方式,弹出控制台界面,如图2-6所示。

第二步:在控制台双击数据库,在任务栏右下角出现█,此时表明安易V7.1处于正常备用状态,可以使用了。

四、安易V7.1卸载

安易V7.1是绿色软件,不写注册表,如果要卸载,按下边的几个步骤操作即可。

第一步:请双击右下数据库图标█,进入图2-7界面。

在图2-7界面下,依次执行1、2两步,停止并退出自带数据库。

第二步:点击图2-7所示界面右上角的关闭按钮,关闭控制台。如果控制台没有打开,则只需关闭数据库即可。

第三步:将整个安装文件夹删除就可以了。

图 2-6　安易控制台

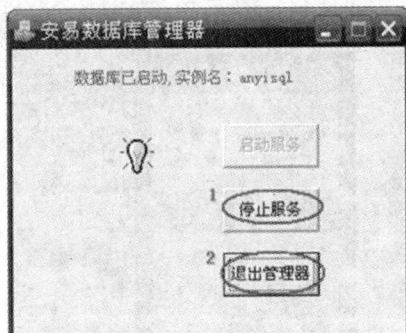

图 2-7　安易数据库

第二节　用友 T6V5.1 安装

一、用友 T6V5.1 简介

T6V5.1(以下简称 T6)是用友公司近期的产品,T6 系列是面向成长型企业的一款企业级管理软件,是标准的 ERP 产品,涵盖了企业的财务、供应链、生产、HR、CRM、分销、BI、PDM 等管理领域,以及服装、汽配、餐饮酒店等行业。它能帮助中小企业规范管理流程、实现信息协同,通过快速订单响应、减少库存积压、确保及时交货、降低赊销风险、完善内控体系等,帮助中小企业提升效益。可以在官方网站 http://t.ufida.com.cn/register.aspx 通过填写注册信息,免费下载到学习演示版(有三个月的时间期限)。安装文件包有 1.17G 先要解压缩,还原为原始的安装文件夹,T6 兼容 Windows XP、Windows7 等多种操作系统。经测试发现,T6 在 Windows XP 操作系统中运行最稳定。

二、T6 的完整安装过程

在安装之前,建议关闭杀毒软件防火墙,以免在安装过程中出现不可预测结果。T6 的安装是一个比较复杂的过程,按照以下提供的步骤进行安装较好。

1.运行环境监测

双击安装包内的环境监测下的 **T6**环境检测,如图 2-8 所示。

安装用友 T6V5.1 之前需要先安装好相应的支持软件。主要考虑计算机名、IIS5.1、数据库 SQLSever2000SP4(或者简化版的数据库 MSDE2000SP4)。在图 2-8 中若出现红色"不符"即表示没有安装相应的支持软件或数据库版本不符合要求。图 2-8 界面有 4 个"不符",就表明需要修改计算机名、安装数据库 SQL2000 及其补丁 SP4。

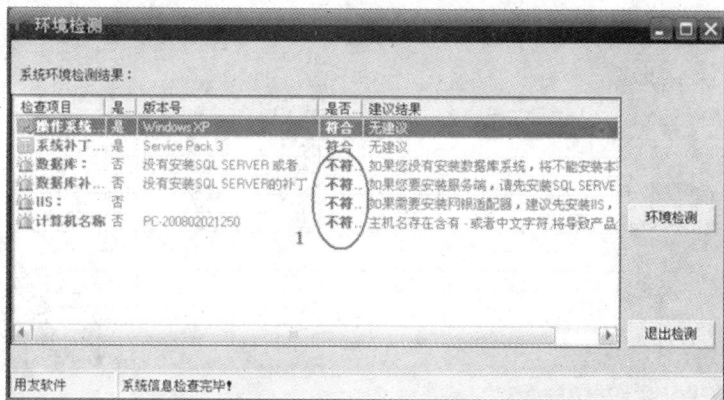

图 2 – 8 T6 安装环境检测图

2. 修改计算机名

　系统要求计算机名不能是中文、不能带有"－"号、不能以数字开头，如果不符合要求，需要修改计算机名。修改计算机名后，电脑需要重新启动。重启后，计算机名才能生效。当然，如果自己的计算机名符合要求，就可省略此步骤。

3. 安装 IIS5.1

　IIS5.1 是用于 Windows XP 系列服务器的网络和应用程序服务器。它是建立 Internet/Intranet 的基本组件之一。它是允许在 Internet/Intranet 上发布信息的 Web 服务器。IIS 通过超文本传输协议（HTTP）传输信息，还可配置 IIS 以提供文件传输协议（FTP）和其他服务，如 NNTP 服务、SMTP 服务等。用友 T6 需要 IIS5.1 的支持。目前多数个人电脑上都没有安装 IIS5.1。IIS5.1 不是普通的应用程序，其安装方法比较特殊，需要在控制面板的安装删除程序功能中通过 Windows 安装组件来完成。安装前，最好把 IIS5.1 系列文件放在 C 盘的 iis 文件夹内，以便安装时访问文件夹。具体的步骤从略。

4. 安装数据库 SQL2000SP4（或者 MSDE2000SP4）

　T6 运行需要安装完整版的 SQL2000SP4 或者其简化版的数据库 MSDE2000SP4。这两个只安装其中之一即可。MSDE 全称是 MS SQL Server Desktop Engine，俗称 MSSQL 的桌面版，它是一个基于 SQL Server 核心技术构建的数据引擎。MSDE 与 SQL Server 完全兼容，但它只支持数据库容量 2G，并发用户不超 5 个，没有图形管理工具，是微软的免费数据库，不适用大量用户访问。该软件可以很容易地在网上下载到，安装的时候只要鼠标双击运行安装文件夹内的"setup"图标，即可快速自动安装。如果要卸载装好的 MSDE2000SP4，可以在"开始→控制面板→更改或删除程序"中进行操作。如果有一定 SQL2000 数据库基础，建议安装 SQLSever2000SP4 完整版，这个软件的安装步骤比较复杂，请参照 SQLSever2000 相关教材进行。建议学生机上安装 MSDE2000SP4 较好。

　再次执行上述 T6 环境监测，结果如图 2 – 9 所示。

　此时，我们观测到所有的环境都已经显示为"符合"，建议结果都显示为"无建议"，这表明安装用友 T6V5.1 的基本环境已经全部通过检测，接下来就可以安装 T6V5.1 了。

5. 安装 T6V5.1 企业管理软件

　进入到安装文件夹"用友 T6 – 企业管理软件 5.1"内，鼠标双击 setup. exe，按提示依次进行。在安装过程中，在图 2 – 10 界面中要选择"全部安装"。

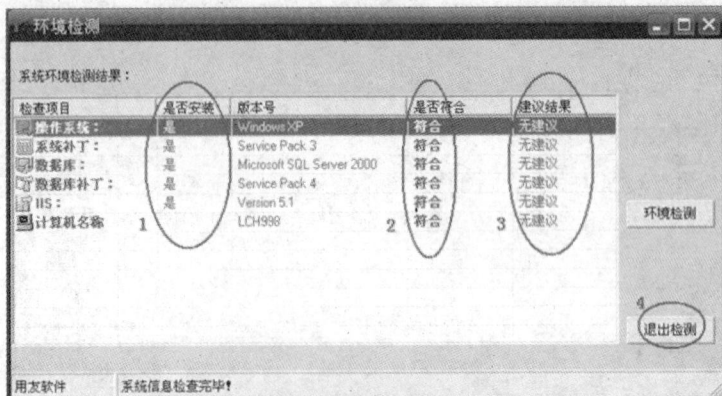

图 2 - 9　T6 环境监测通过图

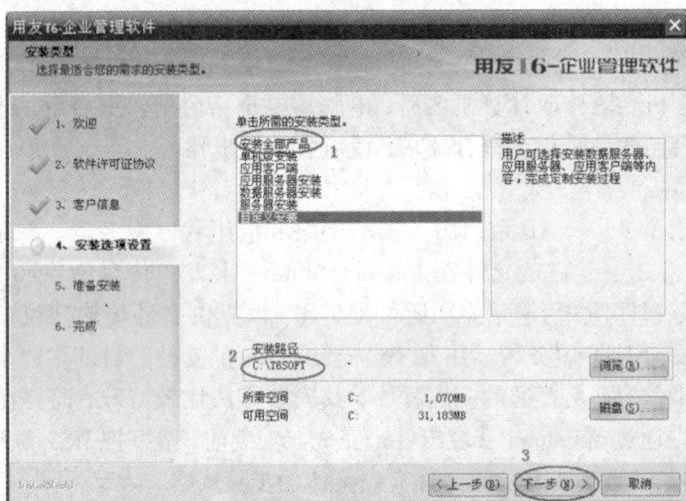

图 2 - 10　T6 安装关键一

最后出现图 2 - 11 中的安装进度条。当进度条移动到 100%，即表明 T6 安装完了，接着还需要安装 Framework2.0。

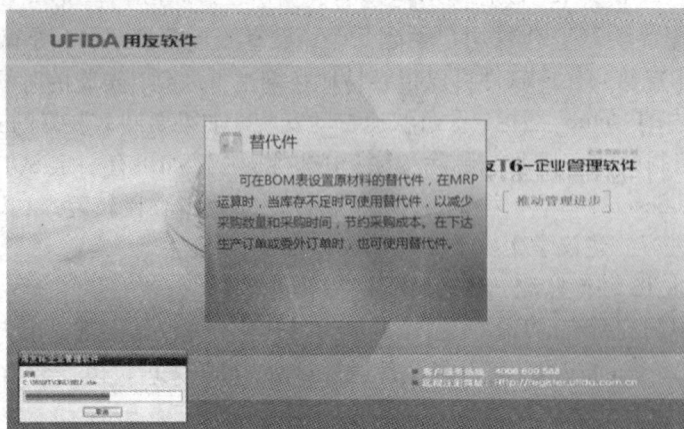

图 2 - 11　T6 安装关键二

6. 安装 Framework2.0

Framework 全称是".NET Framework",又称.NET 框架,它是由微软开发的一个致力于敏捷软件开发(Agile Software Development)、快速应用开发(Rapid Application Development)、平台无关性和网络透明化的软件开发平台。是微软公司继 Windows DNA 之后的新开发平台。.NET 框架是以一种采用系统虚拟机运行的编程平台,以通用语言运行库(Common Language Runtime)为基础,支持多种语言的开发。.NET 也为应用程序接口(API)提供了新功能和开发工具。这些革新使得程序设计员可以同时进行 Windows 应用软件和网络应用软件以及组件和服务(Web 服务)的开发。.NET 提供了一个新的反射性的且面向对象程序设计编程接口。.NET 设计得足够通用化从而使许多不同高级语言都得以被汇集。在前述图 2 – 11 界面下,安装完用友 T6V5.1 后,按照系统提示可逐步完成安装。

最后,安装完成后应立即重新启动电脑。

7. 为 T6 服务器指定关联数据库服务器名和管理员密码

重新启动系统后,首先弹出图 2 – 12 界面。

图 2 – 12　T6 服务器指定服务器

在图 2 – 12 界面,点击确定,依次弹出图 2 – 13、图 2 – 14、图 2 – 15 界面。

8. 监测安装成功

执行完上述配置过程后,最后我们观测计算机右下方任务栏出现 ，左边是数据库正常运行状态图标,右边是 T6 系统服务正常启动图标,这时候就可以正常使用用友 T6 了。再依次执行"开始→程序→用友 T6 系列管理软件",执行结果如图 2 – 16 所示。

能在开始菜单中依次看到上述内容,表明安装已经成功了。

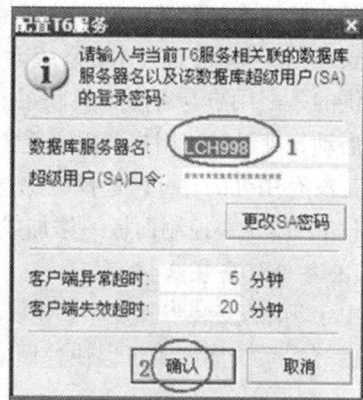

图 2 – 13　配置 T6 服务一

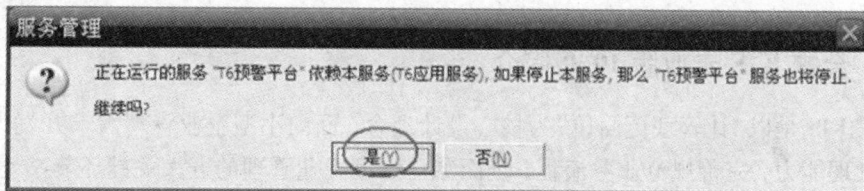

图 2 – 14　配置 T6 服务二

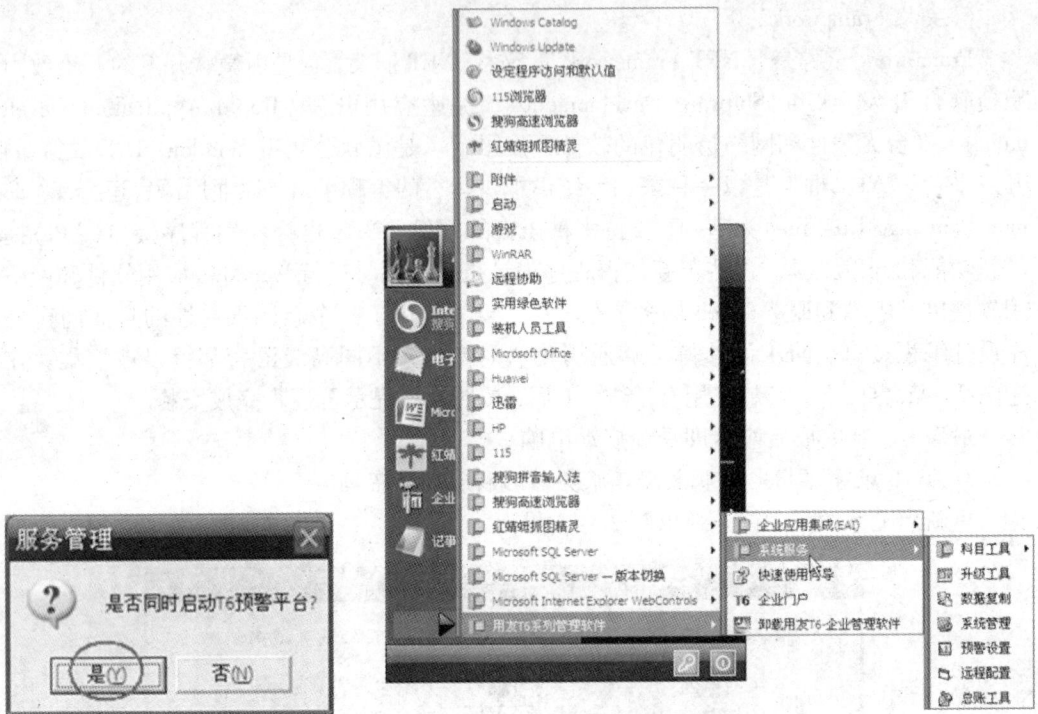

图 2-15 配置 T6 服务三

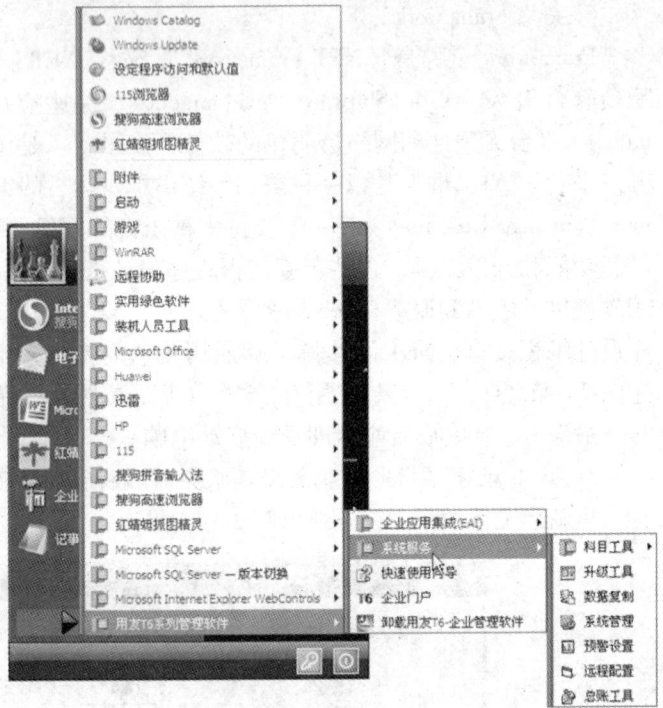

图 2-16 T6 安装完整性监测

9. 卸载用友畅捷通——在线服务平台

安装用友 T6 的过程中，系统会自动安装用友畅捷通——在线服务平台，这是用友公司提供的一个用户与客服人员联系的即时交互工具，以后每次启动用友 T6，用友畅捷通会同时启动，对于付费用户可以享受到用友公司的在线服务。而对于教学演示版而言，这个工具是没有用处的，可以选择删除这个快捷通，以简化 T6 启动过程。具体方法是依次执行"开始→设置→控制面板→添加或删除程序→用友畅捷通—在线服务平台→删除"。

10. 备份好安装盘

由于 T6 的安装步骤复杂，建议使用 Ghost 软件对已经安装好的系统做好备份文件，以免日后万一系统崩溃时可以快速回复到正常状态。

第三节　金蝶 KIS 专业版 10.0 的安装

一、金蝶 KIS 专业版 10.0 简介

金蝶 KIS 是以"让管理更简单"为核心设计理念，面向小型企业管理需求开发设计，旨在提高管理能力，完善规范业务流程，全面覆盖小型企业管理的五大关键环节：老板查询、财务管理、采购管理、销售管理、仓存管理。KIS 专业版 10.0 是金蝶软件(中国)有限公司基于微软 Windows 平台开发的一套小型 ERP 产品，作为目前中小企业 ERP 市场上的主流产品之一，比较适用于中小型企业的管理需要。我们可以在金蝶官方网站 http://www.

kingdee. com/products/kis/下载到本软件的三个月试用版。

二、金蝶 KIS 专业版 10.0 的安装

每个软件都有其安装的硬件和软件环境要求,为了能保证金蝶 KIS 软件的正常运行,金蝶公司为 KIS 专业版 10.0 提供了最低的硬件、软件配置要求,并给出了推荐的环境。如果不能满足这些基本的配置要求,会导致软件运行的缓慢,甚至不能使用。因此,在使用软件前,务必保证自己的电脑终端能满足金蝶公司所推荐的配置要求。

1. 硬件环境

金蝶 KIS 专业版 10.0 的安装硬件环境如表 2 – 1 所示。

表 2 – 1　KIS 专业版 10.0 硬件配置表

硬件	服务器端		客户端	
	最低要求	推荐配置	最低要求	推荐配置
CPU	1GHzPentium4 处理器	1. 7GHzPentium4 处理器及以上	最低要求 600 兆赫(MHz)Pentium3 处理器	1GHzPentium4 处理器及以上
内存	512MB	1G 内存	256MB	
硬盘	1GB 以上的可用空间		需要 500MB 以上的可用空间	
驱动器	CD – ROM 或 DVD – ROM 驱动器		需要 CD – ROM 或 DVD – ROM 驱动器	
显示器	SuperVGA(1024 × 768)或更高分辨率的显示器(颜色设置为 32 位真彩色)		SuperVGA(1024 × 768)或更高分辨率的显示器(颜色设置为 32 位真彩色)	
鼠标	Microsoft 鼠标或兼容的指点设备		Microsoft 鼠标或兼容的指点设备	

现在个人电脑包括台式机、笔记本、机房的电脑基本上都能满足这些要求。

2. 软件环境

(1)服务器端。操作系统为 Windows 简体中文版(Windows2000/XP/2003),需要安装的软件有 MSSQLServer2000(SP4)或者是 MSDE 数据库系统。

(2)客户端。操作系统为 Windows 简体中文版(Windows2000/XP/2003)。需要注意的是:如果并发用户数在 5 个以内,可以使用金蝶 KIS 专业版自带的 MSDE 数据库系统,否则以 MSSQLServer2000(SP4)为好,在安装 MSSQLServer2000(SP4)的过程中需要设置"身份认证模式",选择混合模式安装,并在安装完数据库后重新启动电脑。

3. 安装前的环境检测

金蝶 KIS 专业版的安装方法和其他软件安装方法上基本类似,但为了保证系统能顺利使用,需要先进行"环境检测",检测系统是否具备了所需要的组件,如图 2 – 17 所示。

在系统进行环境检测的过程中,如果提示系统存在缺少的组件,可以在安装盘中点击安装,直到系统弹出"完全符合安装金蝶 KIS 专业版的条件"的提示窗口,如图 2 – 18 所示。

图 2 – 17　金蝶 KIS 安装检测界面

图 2 – 18　环境检测完毕界面

4. 金蝶 KIS 专业版 10.0 安装

环境检测完毕并符合安装要求后，点击"安装金蝶 KIS 专业版"，如图 2 – 19 所示。

图 2 – 19　金蝶 KIS 安装界面

系统安装完毕后，会进入到"欢迎使用"向导，单击"下一步"，依次进入图2-20、图2-21界面。在图2-21界面，点击"是"按钮，接着进入图2-22界面。

图2-20 金蝶 KIS 安装步骤一

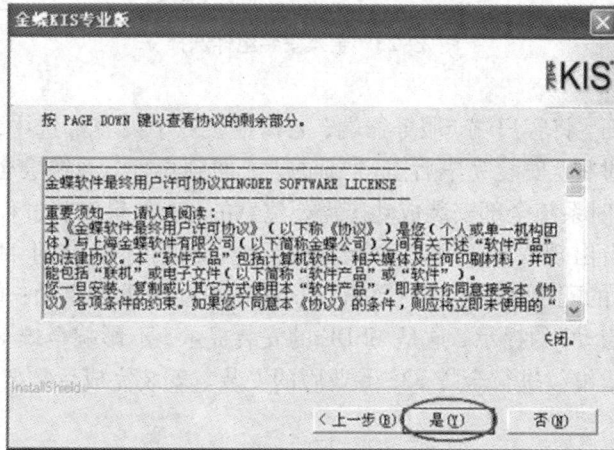

图2-21 金蝶 KIS 安装步骤二

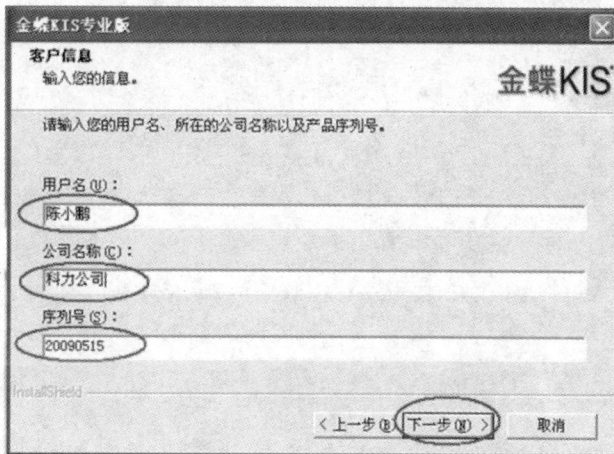

图2-22 金蝶 KIS 客户信息录入界面

在图 2 − 22 界面，可以根据业务实际输入用户名、公司名称、序列号等，之后点击"下一步"，进入图 2 − 23 界面。

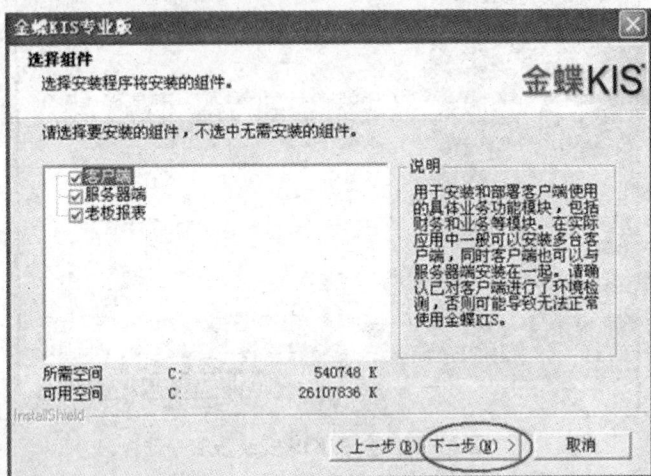

图 2 − 23　金蝶安装组件选择

在图 2 − 23 界面，将客户端、服务器端、老板报表三个内容都选中，点击"下一步"系统进入到安装进度过程，安装完毕后点击"完成"。回到桌面，系统会创建一个"金蝶 KIS 专业版"的图标，此时系统全部安装成功。需要注意的是：如果安装过程中，系统后会自动安装 MSDE2000。当出现"您必须先重新启动系统，然后才能使对 Microsoft SQL Server Desktop Engine 做出的配置修改生效。单击'是'按钮可立即重新启动；单击'否'按钮则可在以后以人工方式启动"的提示，这是 MSDE 的安装提示，不影响金蝶 KIS 专业版的安装，请点击"取消"按钮，继续进行金蝶 KIS 专业版的安装。安装完成后需要重新启动计算机。

第三章　安易 V7.1 财务软件应用

第一节　简易账务处理案例设计

总账系统是各种财务软件的核心。为了快速有效地学习账务处理系统，我们设计了一个简易的案例，可以分别利用安易 V7.1、用友 T6、金蝶 KIS 专业版来解决案例中的账务处理问题。

一、公司基本情况

桂康公司是一家小型商贸企业，在 2011 年 1 月之前一直采用手工做账，会计人员工作量很大。从 2011 年 1 月 1 日起，打算采用安易软件 V7.1，实现会计电算化。

二、会计人员信息

该公司只有 2 名会计人员：张会计和李会计。

三、会计科目信息及初始余额

在年初，有关账户的基本信息和初始余额资料如表 3 - 1 所示。

表 3 - 1　桂康公司科目信息期初余额表　　　　　　　　　单位：元

账户名称	借方余额	科目名称	贷方余额
现金	80 000	累计折旧	50 000
银行存款——工行存款（100201）	195 000	应付账款	40 000
库存商品——电子设备（124301，数量核算，单位：台）	50 000 数量 500	短期借款	10 000
无形资产	20 000	长期借款	90 000
物资采购	4 000	实收资本	160 000
固定资产	120 000	资本公积	164 000
应收票据	70 000	利润分配	25 000

四、桂康公司 1 月份发生的经济业务或期末结转业务

1. 正常业务

（1）1 日，向工商银行借入 3 个月期款项 35 000 元。

借：银行存款——工行存款　　　　　　　　　　35 000

　　贷：短期借款　　　　　　　　　　　　　　　　35 000

(2)2 日，以工行存款支付前期应付账款 40 000 元。

借：应付账款　　　　　　　　　　　　　　　40 000

　　贷：银行存款——工行存款　　　　　　　　　40 000

(3)3 日，购入电子设备 150 件，货款 15 000 元尚未支付，商品已经验收入库。

借：库存商品——电子设备　　　　　　　　　15 000

　　贷：应付账款　　　　　　　　　　　　　　　15 000

(4)3 日，用工商银行存款归还部分短期借款 6 000 元。

借：短期借款　　　　　　　　　　　　　　　 6 000

　　贷：银行存款——工行存款　　　　　　　　　 6 000

(5)8 日，销售电子设备取得收入 30 000 元存入工行(不考虑销项增值税)。

借：银行存款——工行存款　　　　　　　　　30 000

　　贷：主营业务收入　　　　　　　　　　　　　30 000

(6)8 日，结转售出电子设备 100 件的成本 10 000 元。

借：主营业务成本　　　　　　　　　　　　　10 000

　　贷：库存商品——电子设备　　　　　　　　　10 000

(7)10 日，以工商银行存款支付利息 5 500 元。

借：财务费用　　　　　　　　　　　　　　　 5 500

　　贷：银行存款——工行存款　　　　　　　　　 5 500

(8)15 日，行政部以现金购买办公文具，价值 200 元。

借：管理费用——办公费　　　　　　　　　　　 200

　　贷：现金　　　　　　　　　　　　　　　　　 200

(9)18 日，获得捐赠 30 000 元存入工商银行。

借：银行存款——工行存款　　　　　　　　　30 000

　　贷：营业外收入　　　　　　　　　　　　　　30 000

(10)19 日，以工行存款支付本月电视广告费 2 500 元。

借：营业费用　　　　　　　　　　　　　　　 2 500

　　贷：银行存款——工行存款　　　　　　　　　 2 500

(11)31 日，计提本月办公设备折旧 1 000 元。

借：管理费用——折旧费　　　　　　　　　　 1 000

　　贷：累计折旧　　　　　　　　　　　　　　　 1 000

2. 期末结转业务

(12)1 月 31 日，结转各种收入到本年利润。

借：主营业务收入　　　　　　　　　　　　　30 000

　　营业外收入　　　　　　　　　　　　　　30 000

　　贷：本年利润　　　　　　　　　　　　　　　60 000

(13)1 月 31 日，结转费用到本年利润。

借：本年利润　　　　　　　　　　　　　　　19 200

贷：主营业务成本	10 000
财务费用	5 500
管理费用——办公费	200
——折旧费	1 000
营业费用	2 500

【注意】上述会计分录中涉及的会计科目都是以《小企业会计制度》为准的，不是新《企业会计准则》的会计科目。目前，并不是所有企业都执行新《企业会计准则》。后面的会计报表也都是针对《小企业会计制度》的。

五、要求使用财务软件完成公司日常账表处理

使用财务软件进行账务处理的基本思路如下：建账→分工→设置会计科目→录入期初余额→设置凭证类型→录入记账凭证→审核记账凭证→记账→输出账簿→结账→编制报表。

第二节　安易 V7.1 总账报表模块应用

一、建账

任何一种财务软件都可以给多个单位做账，每个单位就构成一个独立的账套。要想实现安易 V7.1 在桂康公司会计核算中的应用，首先要建立桂康公司的电子账套。我们可以把账套理解为一个专门用来存储各种会计数据的数据库。运行控制台，打开数据库。运行建账，登录系统管理，如图 3 - 1 所示。

初次登录必须以默认的用户 admin（系统管理员）进入，其初始密码为 1，登录日期选择 2011 年 1 月 1 日。在图 3 - 1 中依次执行 1、2、3、4 几个步骤，进入系统管理主界面。接着依次执行【账套管理】→【建立账套】，进入"建立核算单位"界面，如图 3 - 2 所示。

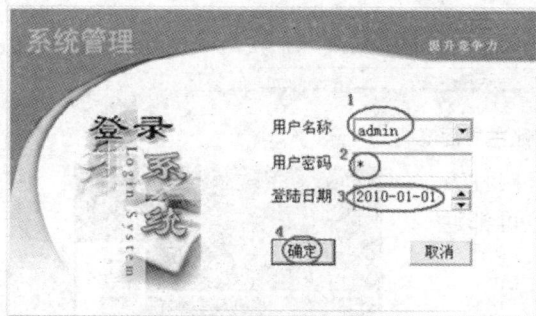

图 3 - 1　系统管理登录

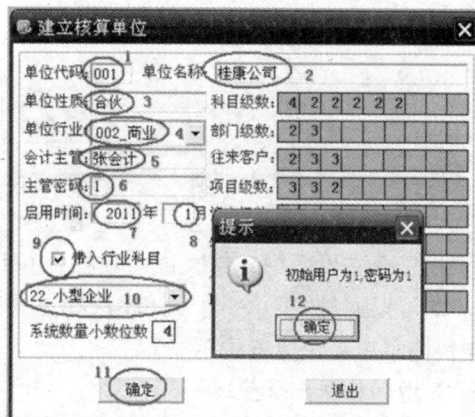

图 3 - 2　建立核算单位

在图 3 - 2 界面中，依次执行 1、2、3、4、5、6、7、8、9、10、11、12 即可建好账套，记住以后登录账套的初始用户名是"1"，密码是"1"，这个操作员"1"是系统默认的账套管理人员。

二、分工

1. 登录总账模块

完成各种和账务处理相关的工作必须登录到总账模块内进行。登录到总账系统的操作如下。打开"安易控制台",鼠标双击"总账",进入"选择核算单位"界面,如图 3-3 所示。

在图 3-3 界面,依次执行 1、2 几个步骤,进入登录系统图界面,如图 3-4 所示。

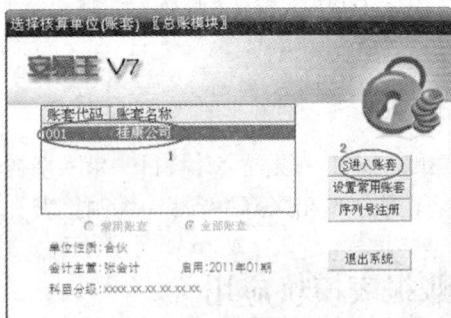

图 3-3   选择核算单位

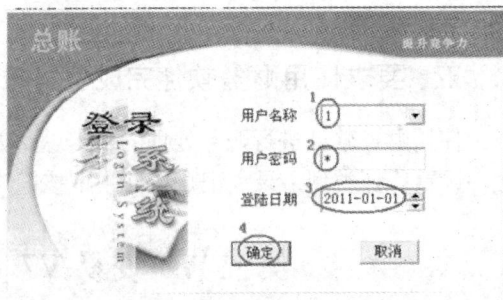

图 3-4   登录系统图

在图 3-4 界面中,依次执行 1、2、3、4 各步骤操作,进入总账主界面,如图 3-5 所示。

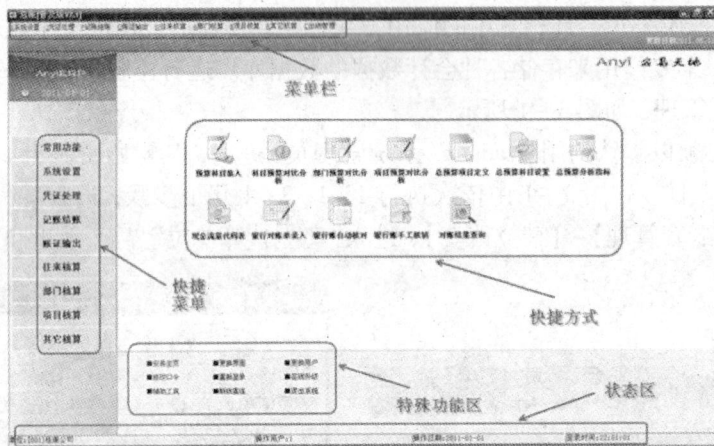

图 3-5   总账主界面

在总账主界面中,要执行一项操作可以有两种方式。既可以通过"菜单→子菜单"选择方式,也可都通过"快捷菜单→快捷方式"执行。

2. 增加核算人员管理

依次执行"菜单→系统设置→用户管理",进入图 3-6 界面。

在图 3-6 界面,依次执行 1、2、3、4 几个步骤,将"张会计"增加至系统中,将其初始密码设置为"1",注意这里的密码只是初始密码,以后可以由用户修改

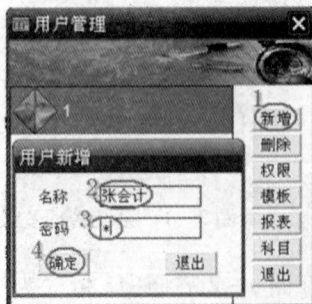

图 3-6   用户管理—新增人员

自己的密码。重复上述 1、2、3、4 几个步骤继续增加至李会计系统中。

3. 权限管理

要求李会计具有除审核单据、记账之外的所有权限；张会计具有除凭证输入修改、结账之外的所有权限。权限操作界面如图 3-7 所示。

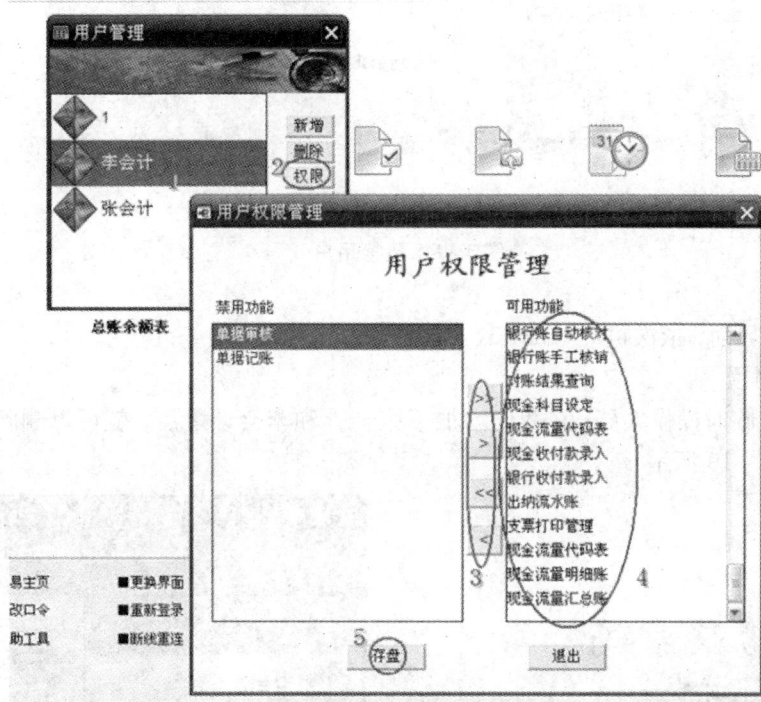

图 3-7 用户权限管理

在图 3-7 界面，依次执行 1、2、3、4、5，可实现对李会计赋权。图中的"＜"是授予某项权限，"＞"是撤销某项权限，"＞＞"是赋予所有权限，"＜＜"是撤销所有权限。重复上述步骤，对张会计赋权。

三、设置会计科目

1. 更换用户

由于前边的操作是由临时人员"1"负责的，下边的操作应交给系统内部的李会计或者张会计来做，这就需要更换操作员。先在主界面下点击"重新登录"，接着进入更换操作员界面如图 3-8 所示。

在图 3-8 界面，依次执行 1、2、3、4，即可切换到李会计，李会计只能负责前述图 3-7 被赋予的那些权限。

2. 修改密码

因为前面的密码是初始密码，不安全，应该由李会计本人修改自己的密码，先在主界面下点击"修改口令"进入修改界面，修改密码操作如图 3-9 所示。

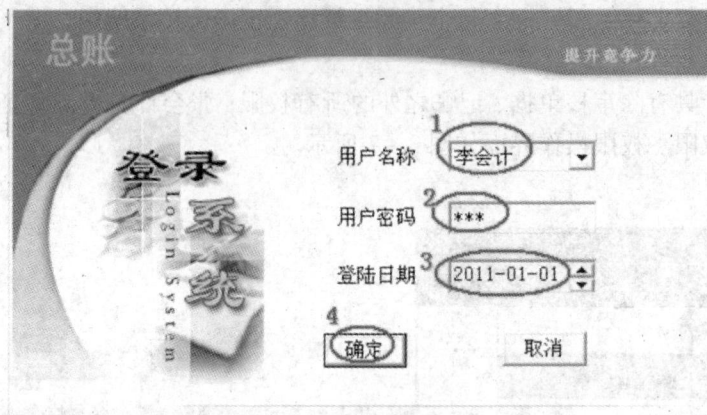

图 3-8   更换用户

在图 3-9 界面, 依次执行 1、2、3、4、5, 修改密码成功。

3. 删除操作员

由于"1"是临时操作人员, 在我们增加了张会计和李会计之后, 就可以删除这个临时人员了, 如图 3-10 所示。

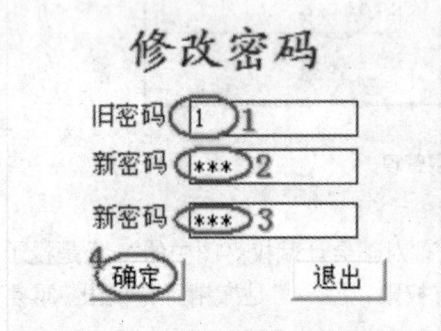

图 3-9   修改密码

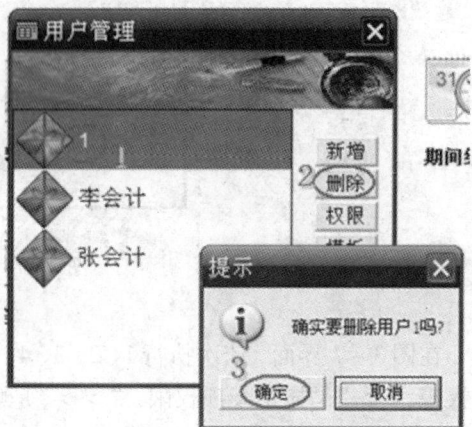

图 3-10   删除操作员

在图 3-10 界面中依次执行 1、2、3 几个步骤, 即可删除操作员"1"。

4. 增设会计科目

案例中需要增设几个明细科目: 银行存款——工行存款(100201), 库存商品——电子设备(124301, 数量核算, 单位: 台), 应交税金——应交所得税(217101), 管理费用——办公费(550201), 管理费用——折旧费(550202)。在主界面依次执行"系统设置→科目代码设置", 进入图 3-11 界面。

在图 3-11 界面, 依次执行 1、2、3、4, 即可增加工行存款 100201, 重复 1、2、3、4 四步, 可以增加其他几个明细科目。注意新增的库存商品——电子设备(124301), 要勾选数量核算, 输入单位"台"。

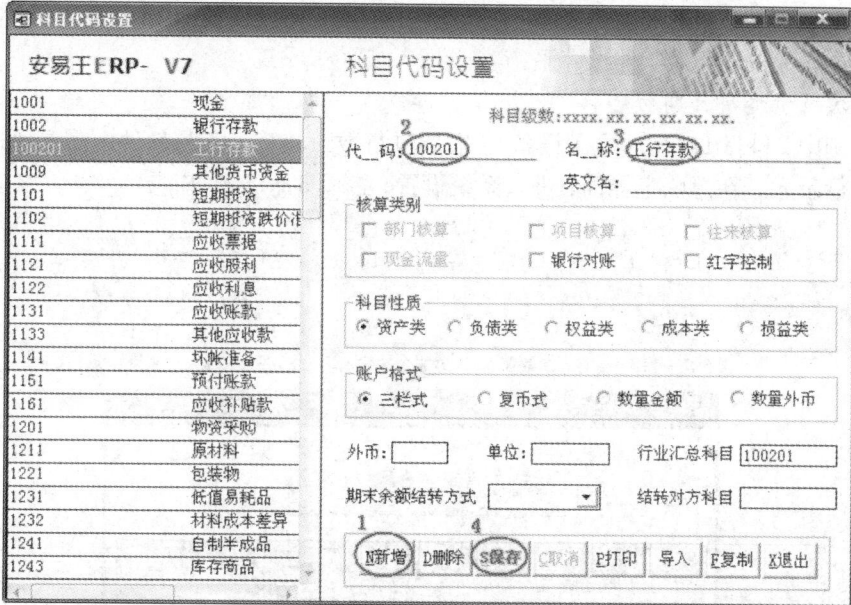

图 3 – 11　科目代码设置

四、录入期初余额

1. 录入普通科目期初余额

在正式使用财务软件做账之前，要把以前会计期间手工方式下记录的所有账户的期初余额录入系统。本案例要求把前述表 3 – 1 中的科目余额数据录入系统。在总账主界面，依次执行"系统设置→科目余额装入"，进入图 3 – 12。

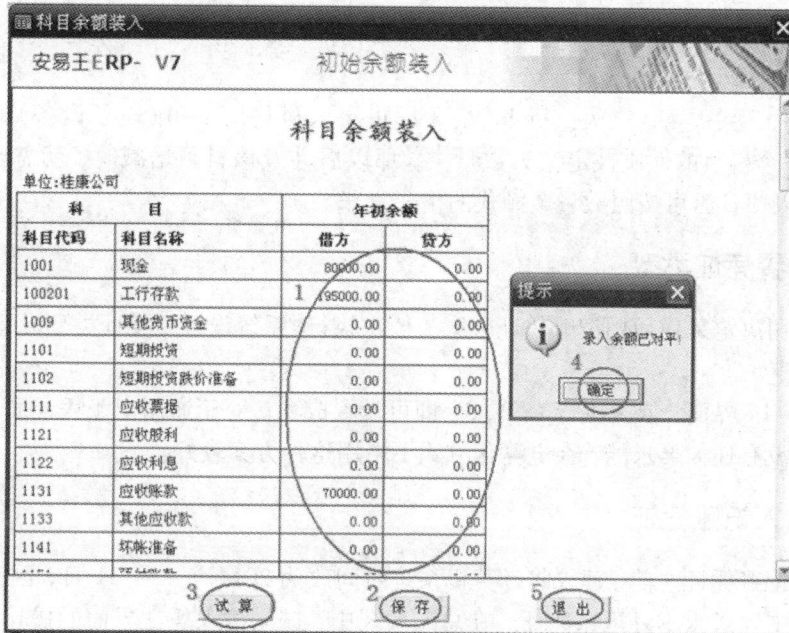

图 3 – 12　科目余额装入

在图 3 − 12 界面，录入前述表 3 − 1 所有科目余额。注意：必须录入最末级科目余额，所有科目录入完毕要保存，并试算平衡。

2. 录入数量类科目期初数

本案例中，科目 124301（电子设备），需要进行数量核算。安易软件中需要通过数量余额功能进行录入。在总账主界面，进入系统设置，按图 3 − 13 操作。

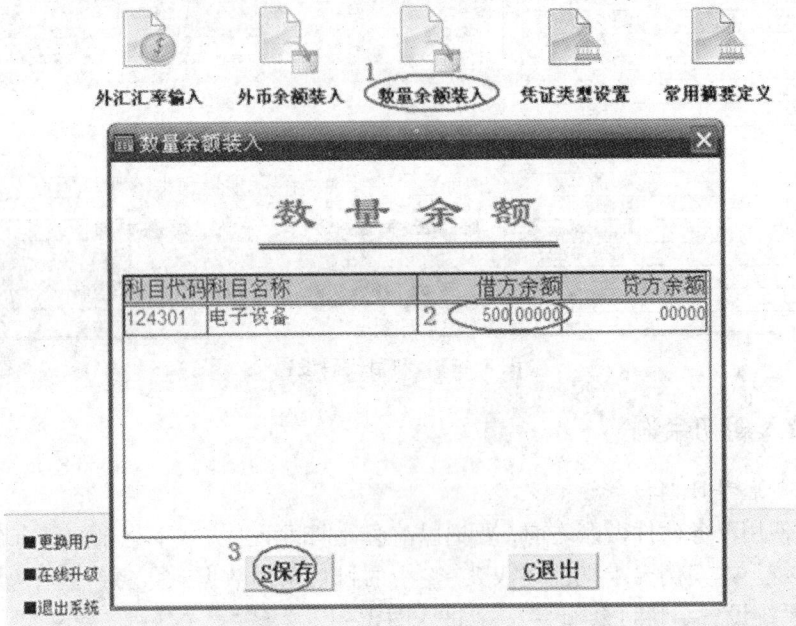

图 3 − 13　数量余额装入

在图 3 − 13 界面下，依次执行 1、2、3 即可录入科目 124301（电子设备）的期初数量 500。如果一个科目的性质被定义为数量类，那以后涉及该科目增减时，就需要额外输入增减数量，以便日后可按照数量金额式的格式查账。

五、设置凭证类型

桂康公司决定采用通用记账凭证方案。依次执行"系统设置→凭证类型设置"，进入图 3 − 14。

在图 3 − 14 界面，依次执行 1、2、3，即可设置成功。对于通用记账凭证而言，对于借贷方科目是没有任何要求的，在电算化方式下采用这种方案较好。

六、输入记账凭证

在输入记账凭证之前，建议将计算机系统时间改为 2011 年 1 月 31 日，因为有很多企业往往在月末才录入本月记账凭证。在总账系统中，进入输入凭证界面的操作如图 3 − 15 所示。

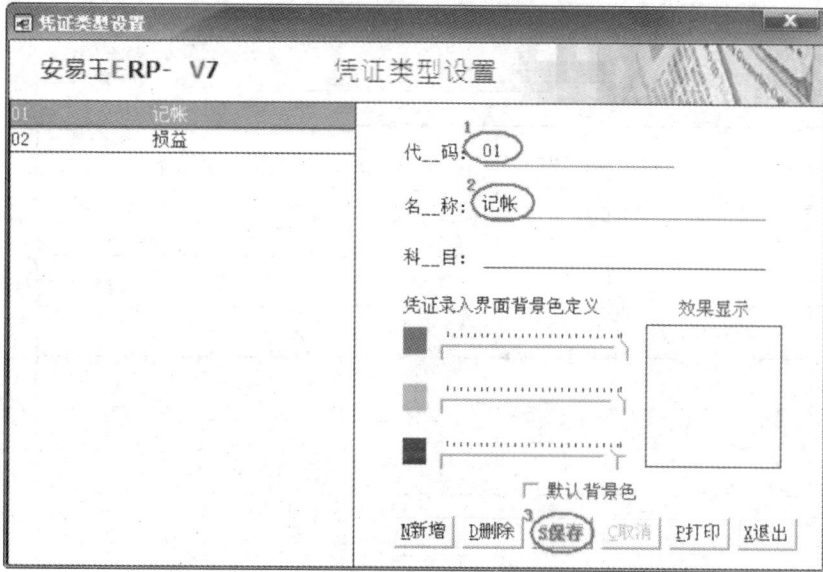

图 3 – 14　凭证类型设置

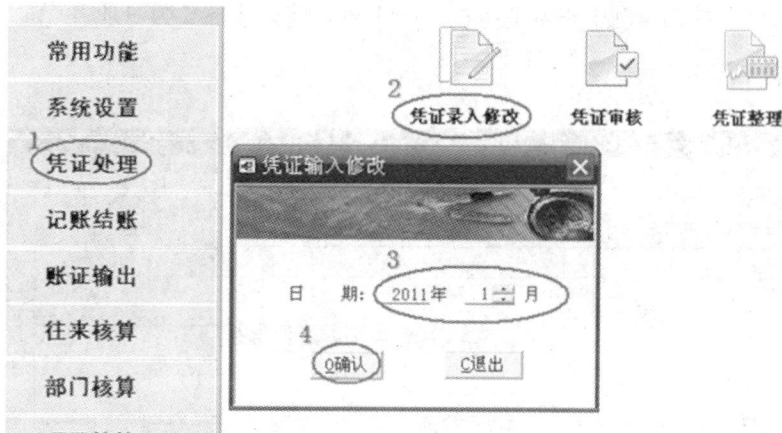

图 3 – 15　凭证录入进入

1. 输入记账凭证（正常业务 1 ~ 11 笔）

以前述正常业务（1）"1 日，向工商银行借入 3 个月期款项 35 000 元"为例，说明如下：

在图 3 – 15 中，依次执行 1、2、3、4 步，注意第 3 步的日期为 2011 年 1 月。随后进入凭证录入界面，如图 3 – 16 所示。

在图 3 – 16 界面中，依次执行步骤 1、2、3、4、5、6、7、8、9、10、11，录入前述第一笔业务的记账凭证。科目可以录入汉字、科目代码、助记码，也可以按"F2"键选择科目代码，要求必须是末级科目。录入金额时，可以按" = "自动取数。存盘后，立即新增一张空白新凭证，可以继续录入其他记账凭证。

在录入过程中，可以通过凭证翻页功能的几个按键方便地在不同凭证之间进行切换：四个按钮从上至下依次是：首张、上张、下张、末张。

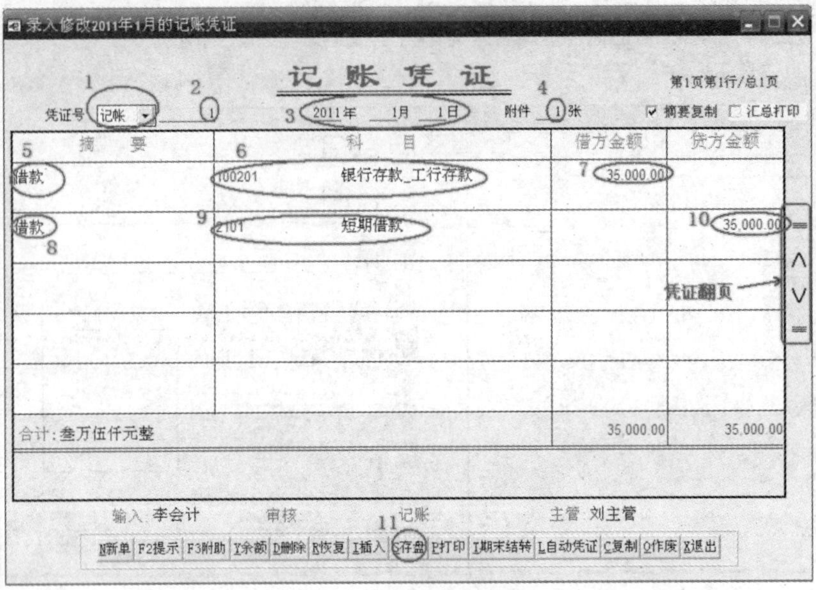

图 3 – 16   凭证录入

依照同法可以录入案例中正常业务的 2~11 笔。前述业务 3 数量业务凭证录入界面如图 3 – 17 所示。

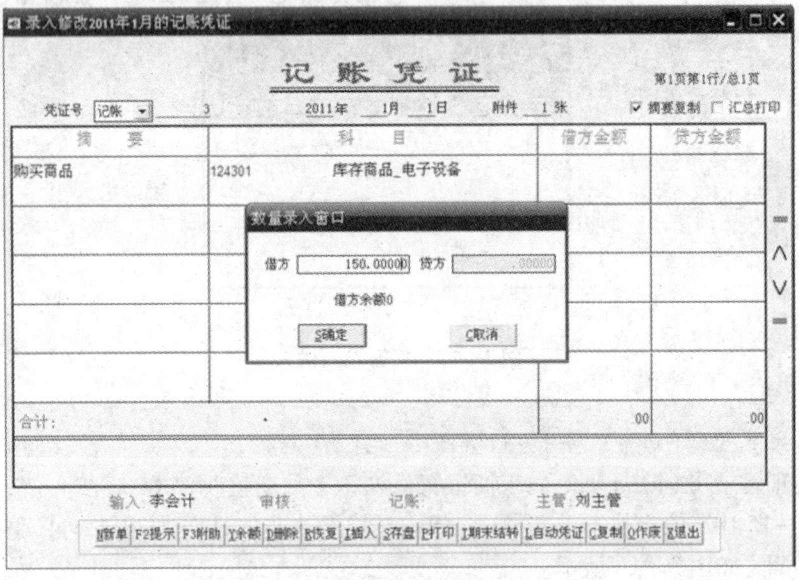

图 3 – 17   数量类科目凭证录入

对于前述业务 12、13（期末损益结转），可以手工输入结转收入和结转费用两张记账凭证，也可以利用自动分录方式生成，本例中采取自动分录生成方式。将在后面结账内容中讲述。

2. 删除记账凭证

在凭证没有审核的状态下，可以直接对凭证进行修改或者删除。要删除某张凭证，需要分两个步骤。

（1）首先在【录入修改】界面执行作废，如图 3 - 18 所示。

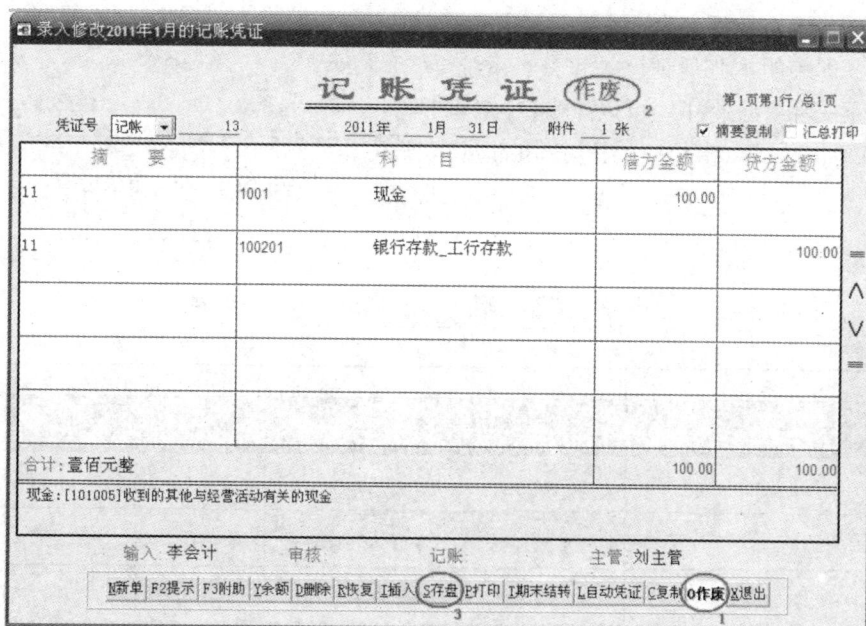

图 3 - 18　凭证作废

（2）执行凭证整理进行彻底删除，如图 3 - 19 所示。

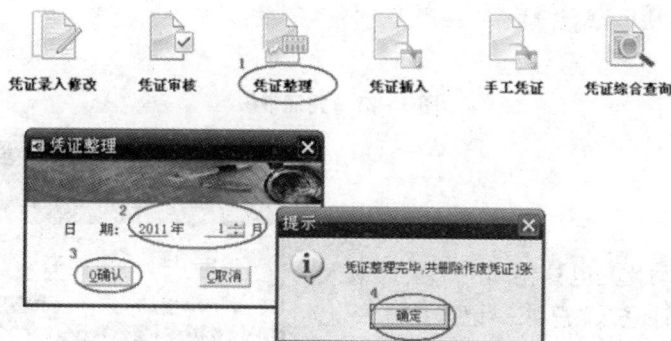

图 3 - 19　凭证删除

七、审核签字

对于所有录入系统的记账凭证，都必须经过审核签字，否则不能记账。要求审核人和制单人不能为同一人，这也是为何一个系统至少两名操作员的原因之一。案例中，要求由张会计进行审核。执行总账界面下的"更换用户"，由张会计依次登"总账→凭证处理→凭证审核"，进入审核选择界面，如图 3 – 20 所示。

在图 3 – 20 中，点击"确认"后进入凭证审核界面，如图 3 – 21 所示(这里的凭证不能编辑)。

在图 3 – 21 审核界面中，执行1【S 审核】，观测到 2，3，即表明本张凭证已被审核，系统会自动切换到下一张凭证待审。可以点击【C 消审】取消审核签字；可以点击【Q 全审】按钮批量审核签字。

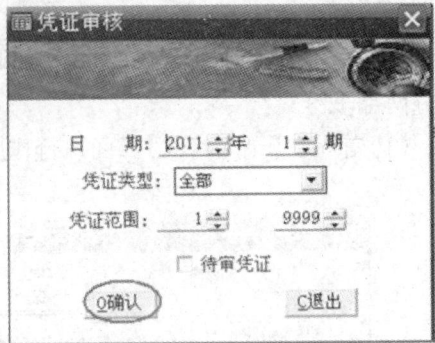

图 3 – 20　审核选择

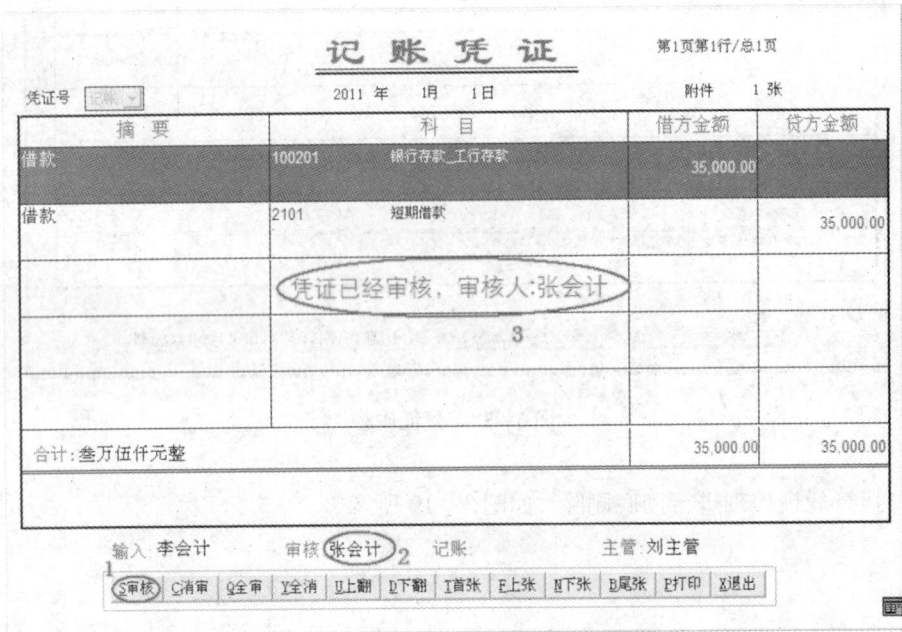

图 3 – 21　凭证审核

八、记账

1. 记账

记账工作自动化是电算化和手工会计最大的不同。由张会计登录"总账→记账结账→记账"，进入图 3 – 22 界面。

2. 反记账

记账后，如果需要修改或者删除原来的错误凭证，必须先执行反记账，如图 3 – 23 所示。

也可以按下会计接组合键 Ctrl + Tab 执行

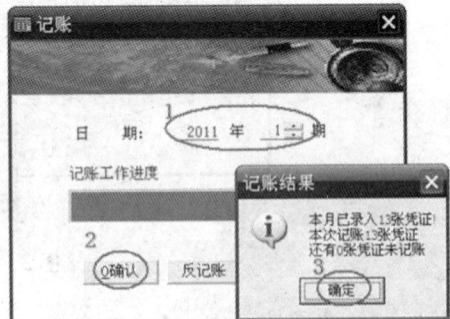

图 3 – 22　记账

反记账。反记账后，由审核人进入审核界面取消审核，再由原来的制单人进入凭证录入修改就可以修改或者删除凭证。

九、查账

1. 查询科目余额表

由张会计进入"总账→账证输出→总账余额表"，依次出现图 3 - 24、图 3 - 25 所示界面。

图 3 - 23　反记账

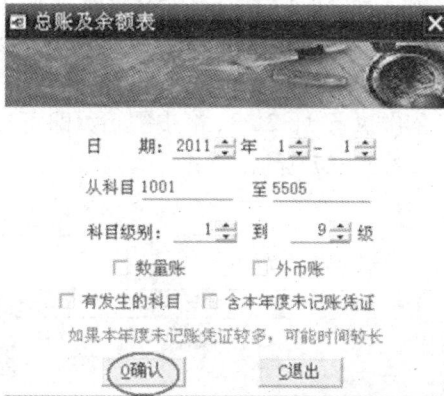

图 3 - 24　科目余额表查询步骤一

总 账 及 科 目 余 额 表

单位：桂康公司　　　　　　　　日期：2011年1至1月

科目代码	科目名称	期初余额		本期发生额		期末余额		累计发生额	
		借方	贷方	借方	贷方	借方	贷方	借方	贷方
124301	电子设备	50,000.00		15,000.00	10,000.00	55,000.00		15,000.00	10,000.00
1501	固定资产	120,000.00				120,000.00			
1502	累计折旧		50,000.00		1,000.00		51,000.00		1,000.00
1801	无形资产	20,000.00				20,000.00			
2101	短期借款		10,000.00	6,000.00	35,000.00		39,000.00	6,000.00	35,000.00
2121	应付账款		40,000.00	40,000.00	15,000.00		15,000.00	40,000.00	15,000.00
2301	长期借款		90,000.00				90,000.00		
3101	实收资本		160,000.00				160,000.00		
3111	资本公积		164,000.00				164,000.00		
3141	利润分配		25,000.00				25,000.00		
5101	主营业务收入				30,000.00		30,000.00		30,000.00
5301	营业外收入				30,000.00		30,000.00		30,000.00
5401	主营业务成本			10,000.00		10,000.00		10,000.00	
5501	营业费用			2,500.00		2,500.00		2,500.00	
5502	管理费用			1,200.00		1,200.00		1,200.00	
550201	办公费			200.00		200.00		200.00	
550202	折旧费			1,000.00		1,000.00		1,000.00	
5505	财务费用			5,500.00		5,500.00		5,500.00	
合计		539,000.00	539,000.00	75,200.00	175,200.00	604,000.00	604,000.00	175,200.00	175,200.00

打印：张会计　　　　　　　审核：

图 3 - 25　科目余额表查步骤二

可以上下左右滚动屏幕查到所有信息。表中的本期发生额指从本月1日起至查账日的月合计,累计发生额指从1月1日至查账日的年累计数。

2.查询总账(以银行存款总账为例)

由张会计依次进入"总账→账证输出→总分类账",出现查询选择界面,如图3－26所示。

依次执行1、2、3、4步骤后,即可查到结果,如图3－27所示。

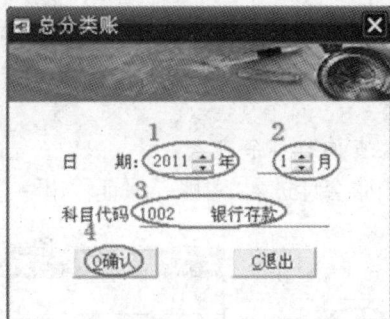

图3－26　总账查询选择

总 分 类 账

会计科目:(1002)银行存款

2011年		凭证号	摘　要	借方金额	贷方金额	余　额	
月	日					借/贷	金额
			年初余额			借	195000.00
1			本期发生额	95000.00	56200.00	借	233800.00
1			本年累计发生额	95000.00	56200.00		

单位:桂康公司　　　　　　　　　审核:　　　　打印:张会计　　　　打印日期:2011.5.22

图3－27　总分类账查询

3.查询日记账(以银行存款——工行存款为例)

由张会计依次进入"总账→账证输出→日记账",出现日记账查询选择界面,如图3－28所示。

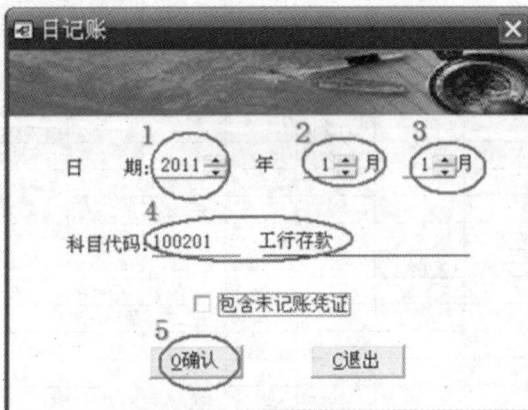

图3－28　日记账查询步骤一

依次执行 1、2、3、4、5 步骤后，出现日记账，如图 3 – 29 所示。

日 记 账

会计科目：（100201）工行存款 日期：2011 年 1 月至 1 月

2011 年		凭证号	摘要	单据号	借方金额	贷方金额	金额	
月	日						借/贷	金额
1	8	记账 5	销售		30 000.00			
1	8		本日小计		30 000.00		借	14 000.00
1	10	记账 7	支付利息			5 500.00		
1	10		本日小计			5 500.00	借	38 500.00
1	15	记账 8	办公用品			200.00		
1	15		本日小计			200.00	借	38 300.00
1	18	记账 9	获得捐赠		30 000.00			
1	18		本日小计		30 000.00		借	38 300.00
1	19	记账 10	广告费			2 500.00		
1	19		本日小计			2 500.00	借	35 800.00
1	20	记账 11	环保罚款			2 000.00		
1	20		本日小计			2 000.00	借	33 800.00
1			本月合计		95 000.00	56 200.00	借	33 800.00
1			本日小计		95 000.00	56 200.00		

图 3 – 29 日记账查询步骤二

4. 查询明细账（以查询库存商品电子设备为例）

张会计依次进入"总账→账证输出→明细账"，进入明细账查询界面，如图 3 – 30 所示。

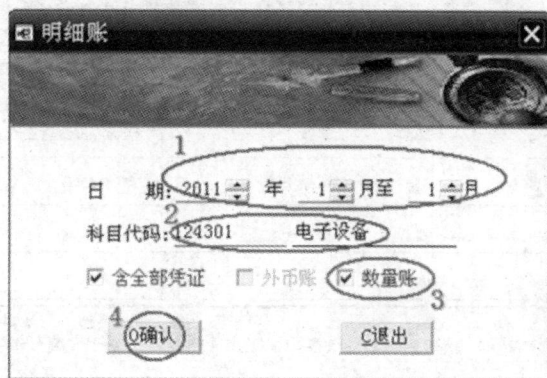

图 3 – 30 明细账查询步骤一

在图3-30界面下,依次执行1、2、3、4步即可查到所需明细账,如图3-31所示。

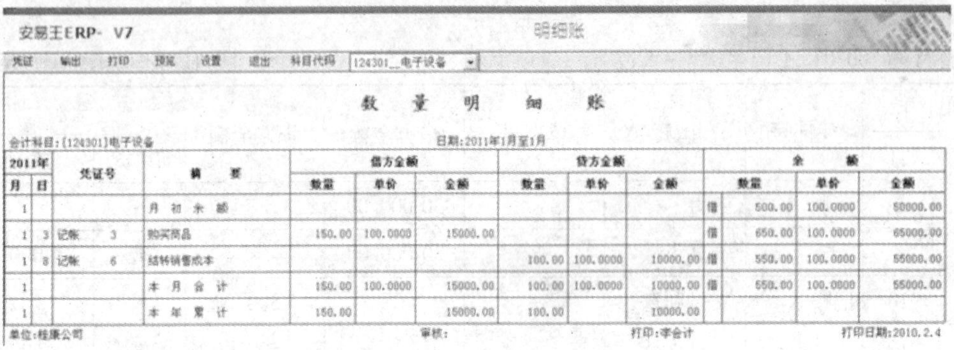

图3-31 明细账查询步骤二

5.查询其他账

安易软件还可以按照需求查询各种其他账。可见,电算化方式下的记账功能十分强大。小到十几笔分录,多到几百笔分录,系统都会在瞬间记完账,之后就可以查到各种账表,包括科目余额表、总账、日记账、明细账等信息,十分迅捷。这就是电算化带给我们的高效率。

十、结账

1.结账前的准备工作

(1)期末损益结转。

对于涉及本年利润相关的转账业务,我们可以设置好自动转账分录,以便计算机在结账的时候自动生成结账分录。由张会计依次进入"总账→系统设置→转账分录定义",出现自动分录定义界面,如图3-32所示。

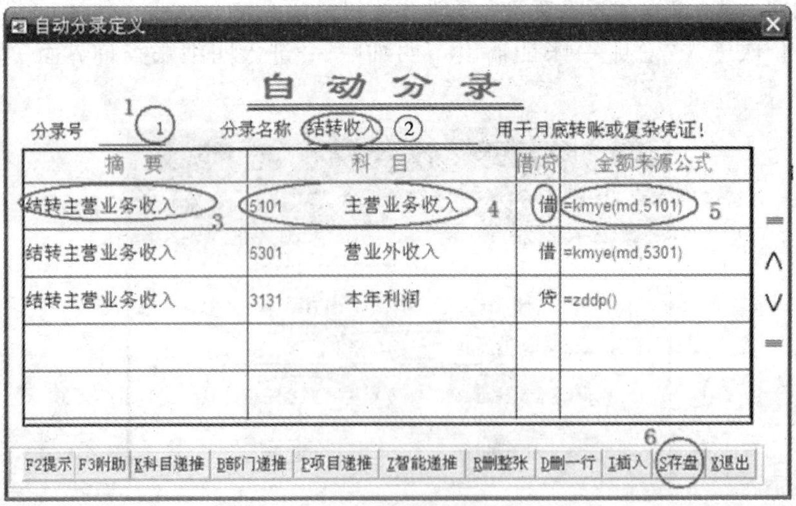

图3-32 结转收入自动分录定义

用同样的方法，继续定义结转费用自动分录，如图 3 - 33 所示。

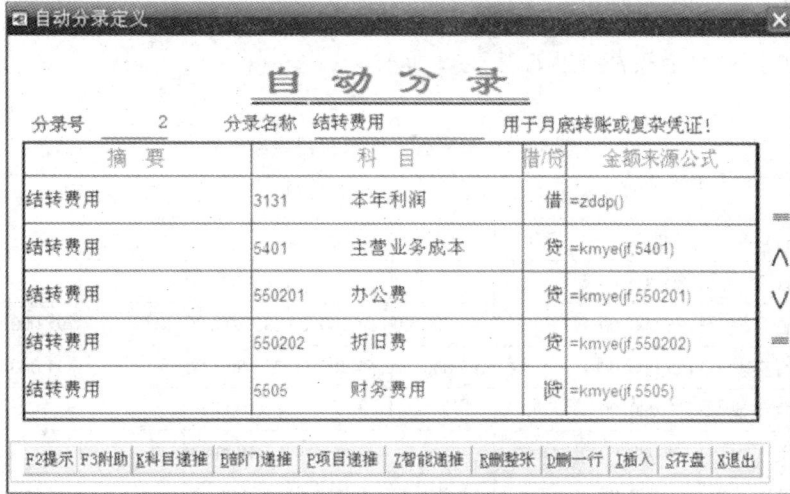

图 3 - 33　结转费用自动分录定义

（2）自动分录生成。

依次进入"总账→凭证处理→凭证录入修改"，进入图 3 - 34 界面。

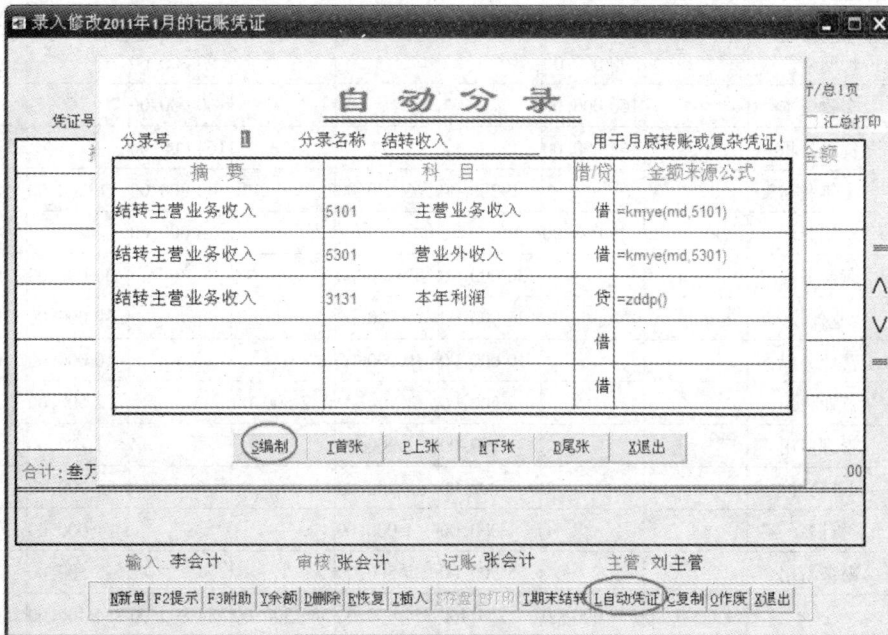

图 3 - 34　自动凭证生成

同理，可以继续生成结转费用的自动凭证，如图 3 - 35 所示。

（3）自动分录审核记账。

自动生成的记账凭证也需要审核、记账，方法同前述。

（4）科目余额表。

最后再查询科目余额表结果如表3－2所示。

表3－2　桂康公司期末科目余额表

科目代码	科目名称	期初余额 借方	期初余额 贷方	本期发生额 借方	本期发生额 贷方	期末余额 借方	期末余额 贷方	累计发生额 借方	累计发生额 贷方
1001	现金	80 000.00				80 000.00			
1002	银行存款	195 000.00		95 000.00	54 200.00	235 800.00		95 000.00	54 200.00
100201	工行存款	195 000.00		95 000.00	54 200.00	235 800.00		95 000.00	54 200.00
1131	应收账款	70 000.00				70 000.00			
1201	物资采购	4 000.00				4 000.00			
1243	库存商品	50 000.00		15 000.00	10 000.00	55 000.00		15 000.00	10 000.00
124301	电子设备	50 000.00		15 000.00	10 000.00	55 000.00		15 000.00	10 000.00
1501	固定资产	120 000.00				120 000.00			
1502	累计折旧		50 000.00		1 000.00		51 000.00		1 000.00
1801	无形资产	20 000.00				20 000.00			
2101	短期借款		10 000.00	6 000.00	35 000.00		39 000.00	6 000.00	35 000.00
2121	应付账款		40 000.00	40 000.00	15 000.00		15 000.00	40 000.00	15 000.00
2301	长期借款		90 000.00				90 000.00		
3101	实收资本		160 000.00				160 000.00		
3111	资本公积		164 000.00				164 000.00		
3131	本年利润			19200.00	60 000.00		40 800.00	19200.00	60 000.00
3141	利润分配		25 000.00				25 000.00		
5101	主营业务收入			30 000.00	30 000.00			30 000.00	30 000.00
5301	营业外收入			30 000.00	30 000.00			30 000.00	30 000.00
5401	主营业务成本			10 000.00	10 000.00			10 000.00	10 000.00
5501	营业费用			2 500.00		2 500.00		2 500.00	
5502	管理费用			1 200.00	1 200.00			1 200.00	1 200.00
550201	办公费			200.00	200.00			200.00	200.00
550202	折旧费			1 000.00	1 000.00			1 000.00	1 000.00
5505	财务费用			5 500.00		5 500.00		5 500.00	
合计		539 000.00	539 000.00	254 400.00	254 400.00	584 800.00	584 800.00	254 400.00	254 400.00

2. 结账

结某个月的账意味着该月有关凭证均已全部输入完毕，并全部记账，本月的所有会计处理已经结束。只有结账后才可以进行下个月的会计处理。不能正确结账一般有两个原因。其一，当月尚有凭证未记账，处理办法，将本月所有记账凭证都审核记账，再结账；其

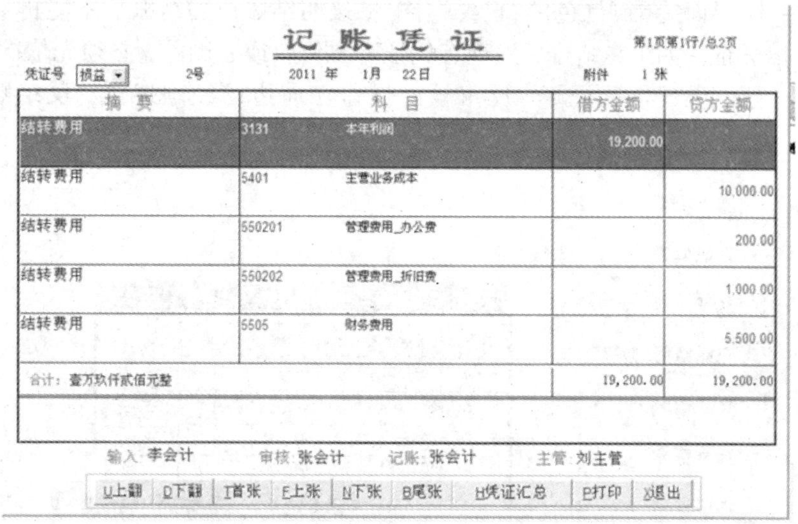

图 3 – 35 结转费用的自动凭证

二, 上月未结账, 本月就不能结账。处理办法, 先对上月进行结账。结账后产生的报表、打印的账册才是完整的。结账前打印的账册、编制的报表不一定能反映该月的全部业务。如果是在 12 月末进行结账时, 将月末余额转入下年年初。建议: 结账前做一次数据备份。如果结账不正确可以恢复重做。

由张会计依次进入"总账→记账结账→结账", 进入结账界面, 如图 3 – 36 所示。

在图 3 – 36 界面中, 先选中需要结账的月份, 再点击"结账", 即可完成。结账成功后, 再进入结账, 观测到结果如图 3 – 37 所示。

图 3 – 36 结账

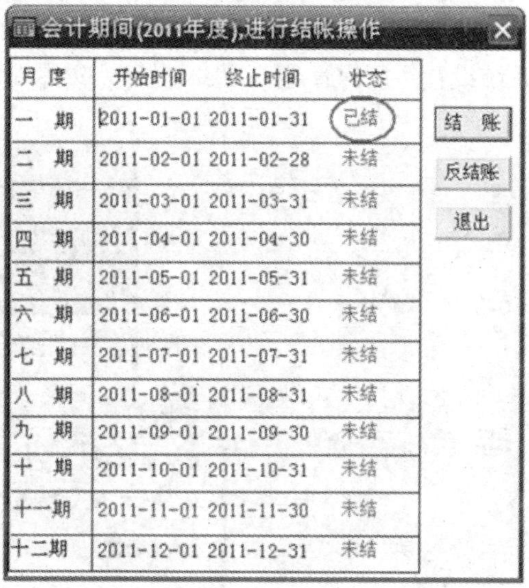

图 3 – 37 结账后

在图3-37界面，看到红色的"已结"字样，表明结账成功结账后不能再录入、修改、删除当月记账凭证。如果在结账后发现有凭证需要修改或者删除，必须先依次进行"反结账→反记账→反审核"。反记账、反审核的操作在前边已经阐述过。反结账的操作如图3-38所示。

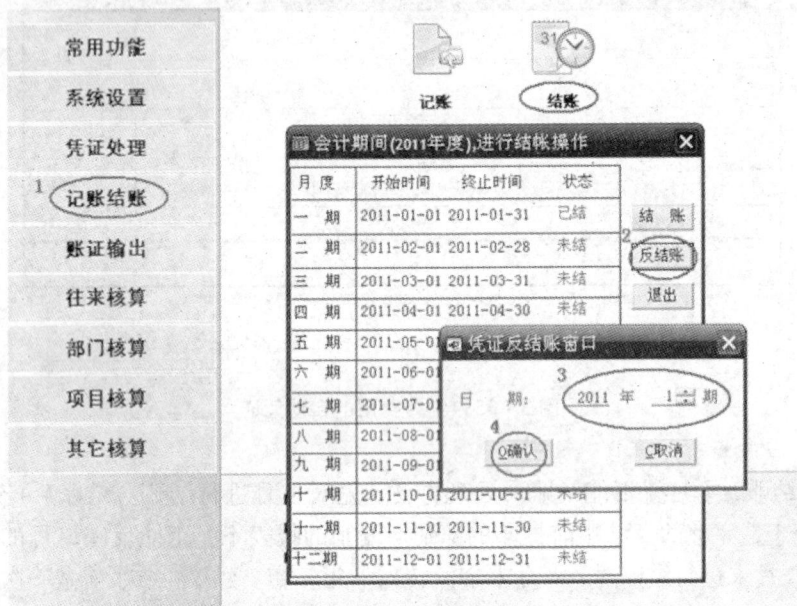

图3-38 反结账

十一、编制报表

1.赋予报表编制权限

编制报表必须要具有报表编制权限。如果没有权限，应该先赋权。依次进入"总账→系统设置→用户管理"，进入图3-39界面。

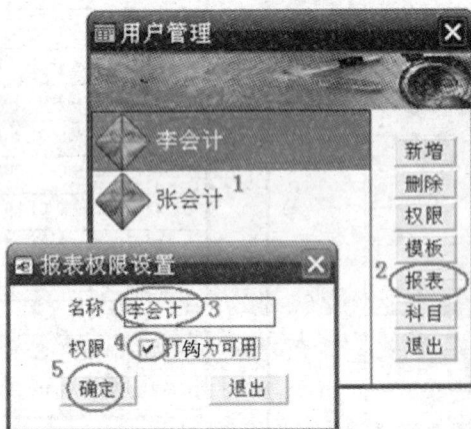

图3-39 赋予报表编制权限

在图3-39界面下，依次执行1、2、3、4、5，对李会计赋予报表编制权限。

2.登录报表模块

依次进入"控制台→报表"，进入报表登录界面，如图3-40所示。

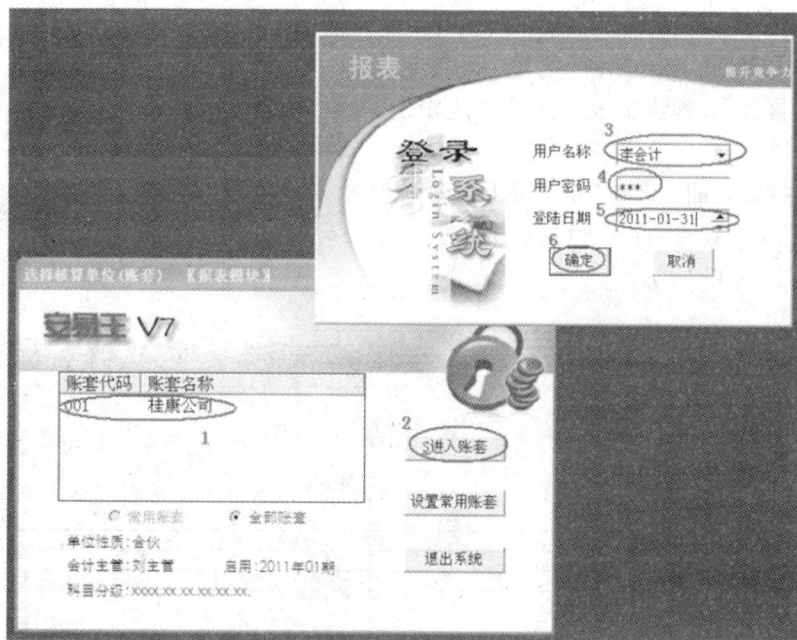

图3-40 报表模块登录

图3-40中，依次执行1、2、3、4、5、6，最后进入安易报表总界面，如图3-41所示。

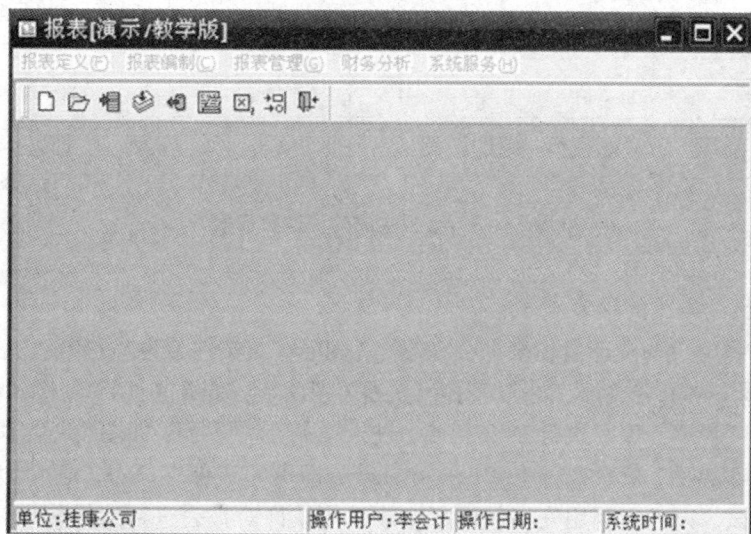

图3-41 报表总界面

安易报表提供了一个类似于 excel 电子表格一样的操作环境，可以方便快速地编制各种外部报表和内部报表。

3.利用模板快速生成资产负债表

（1）生成资产负债表。

在报表主界面，依次执行菜单"报表定义"→"定义报表"，弹出报表定义界面，如图 3-42 所示。

在图 3-42 界面，选择"资产负债表"并确认，随后，我们会看到资产负债表结果已经出来了，如图 3-43 所示。

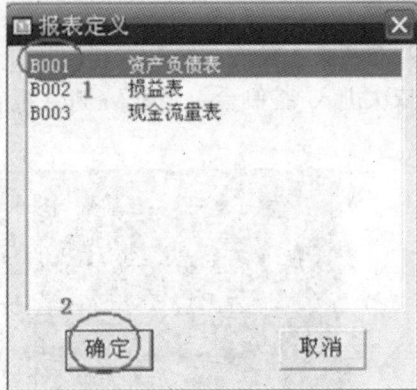

图 3-42 报表定义选择图

图 3-43 模板生成的资产负债表

（2）保存已经生成的报表。

本例要求将生成的资产负债表保存在"C:\sqlbak"，文件名为"资产负债表.xls"。

在图 3-33 界面，执行菜单【报表】→【另保存为本地 excel 文件】，如图 3-44 所示。

在图 3-44 界面，依次执行 1、2 两步，进入"另存为"界面，如图 3-45 所示。

在图 3-45 界面，依次执行 1、2、3、4 几步，即可完成保存任务。还可以将报表另存为其他几种格式，以方便利用安易软件之外的其他软件对报表进行编排打印。最后，打开生成的"资产负债表.xls"进行查阅，结果如表 3-3 所示。

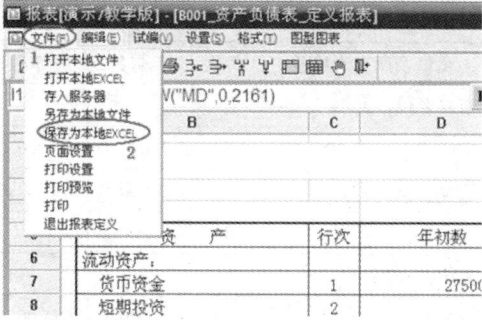

图 3-44 保存资产负债表

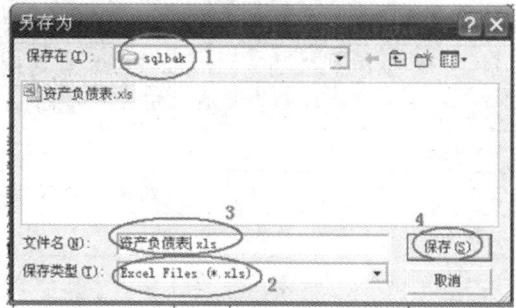

图 3-45 报表另存为窗口

表 3-3 桂康公司 1 月份资产负债表编制

单位：　　　　　　　　　　2011 年 01 月 31 日　　　　　　　　　　单位：元

资产	行次	年初数	期末数	负债及所有者权益	行次	年初数	期末数
流动资产：				流动负债：			
货币资金	1	275 000.00	315 800.00	短期借款	30	10 000.00	39 000.00
短期投资	2			应付票据	31		
应收票据	3			应付账款	32	40 000.00	15 000.00
应收账款	4	70 000.00	70 000.00	预收账款	33		
减:坏账准备	5			其他应付款	34		
应收账款净额	6	70 000.00	70 000.00	应付工资	35		
预付账款	7			应付福利费	36		
应收补贴款	8			应交税金	37		
其他应收款	9			应付利润	38		
存货	10	54 000.00	59 000.00	其他未交款	39		
待摊费用	11			预提费用	40		
待处理流动资产净损失	12			一年内到期的长期负债	41		
一年内到期的长期债券投资	13			其他流动负债	42		
其他流动资产	14			流动负债合计	43	50 000.00	54 000.00
流动资产合计	15	399 000.00	444 800.00	长期负债：			
长期投资				长期借款	44	90 000.00	90 000.00
长期投资	16			应付债券	45		
固定资产：				长期应付款	46		
固定资产原价	17	120 000.00	120 000.00	其他长期负债	47		
减:累计折旧	18	50 000.00	51 000.00	其中:住房周转金	48		
固定资产净值	19	70 000.00	69 000.00	长期负债合计	49	90 000.00	90 000.00
固定资产清理	20			递延税项：			
在建工程	21			递延税款贷项	50		
待处理固定资产净损失	22			负债合计	51	140 000.00	144 000.00

续表 3－3

资产	行次	年初数	期末数	负债及所有者权益	行次	年初数	期末数
固定资产合计	23	70 000.00	69 000.00	所有者权益：			
无形及递延资产：				实收资本	52	160 000.00	160 000.00
无形资产	24	20 000.00	20 000.00	资本公积	53	164 000.00	164 000.00
递延资产	25			盈余公积	54		
递延及无形资产合计	26	20 000.00	20 000.00	其中：公益金	55		
其他资产：				未分配利润	56	25 000.00	65 800.00
其他长期资产	27			所有者权益合计	57	349 000.00	389 800.00
递延税项：							
递延税款借项	28						
资产总计	29	489 000.00	533 800.00	负债及所有者权益总计	58	489 000.00	533 800.00

主管：　　　　　　　　　　　　　　　审核：　　　　　　　　　　　　　　　制表：

4. 利用模板快速生成利润表

用同样的方法，可以生成利润表，如图 3－46 所示，需要将表名改为“利润表”。

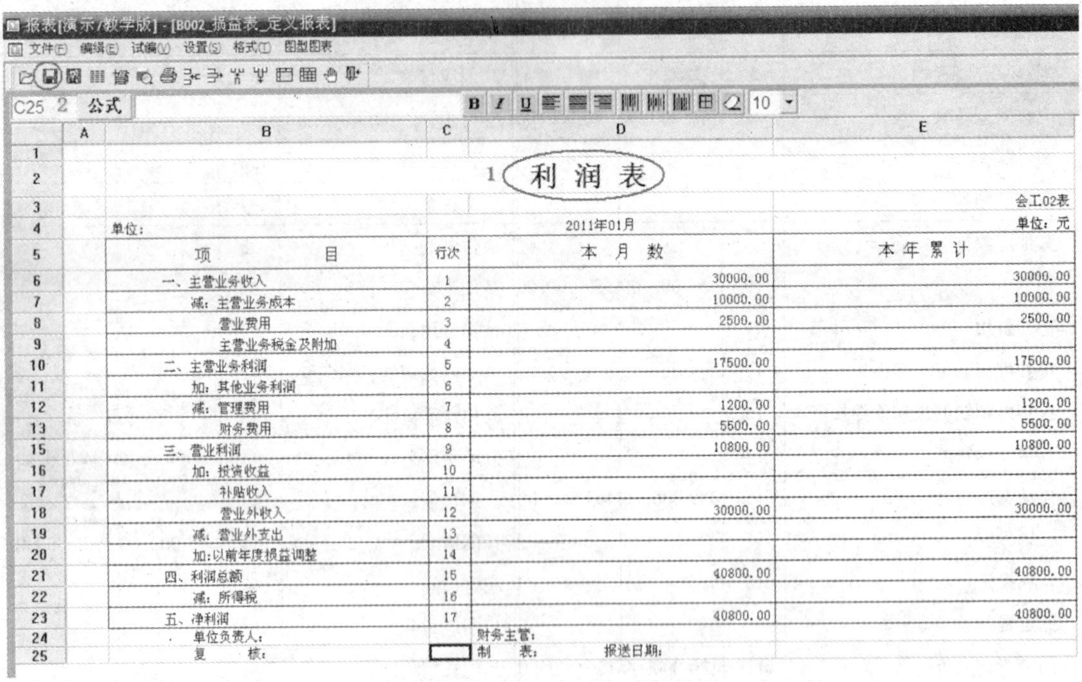

	利 润 表		
			会工02表
单位：		2011年01月	单位：元
项　　目	行次	本 月 数	本 年 累 计
一、主营业务收入	1	30000.00	30000.00
减：主营业务成本	2	10000.00	10000.00
营业费用	3	2500.00	2500.00
主营业务税金及附加	4		
二、主营业务利润	5	17500.00	17500.00
加：其他业务利润	6		
减：管理费用	7	1200.00	1200.00
财务费用	8	5500.00	5500.00
三、营业利润	9	10800.00	10800.00
加：投资收益	10		
补贴收入	11		
营业外收入	12	30000.00	30000.00
减：营业外支出	13		
加：以前年度损益调整	14		
四、利润总额	15	40800.00	40800.00
减：所得税	16		
五、净利润	17	40800.00	40800.00
单位负责人：		财务主管：	
复　核：		制　表：　　报送日期：	

图 3－46　模板生成的利润表

5. 安易软件的函数

资产负债表和利润表属于对外报表，有固定统一的格式，安易公司已经将它们做成了模板，我们通过调用模板，可以自动快速生成报表。但是在实际管理工作中，我们还会需要各种内部特殊报表，这种报表没有现成的模板，需要财务人员利用安易软件提供的公式和函数等高级功能才能实现。函数是编制报表的关键。安易报表软件主要函数及其语法如图 3 –47 所示。

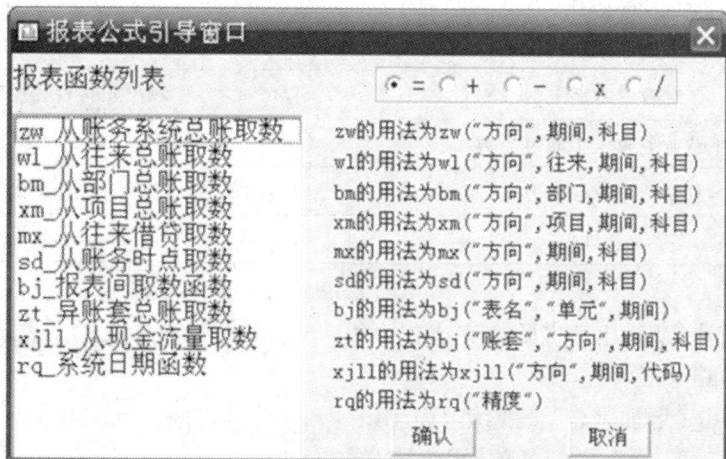

图 3 –47　安易报表函数

对图 3 –47 中所列示的安易报表函数说明如下：

①zw：从总账余额表取各期的期初数、本期借方、本期贷方等。其中方向的参数有：

CJ：期初借方，CD：期初贷方，JF：本期借方，DF：本期贷方。

MJ：期末借方，MD：期末贷方，JL：借方累计，DL：贷方累计。

方向参数适用于所有取数公式，CJ 是初借的拼音简写，其他参数类推。

对应数据库表名：a_zzye，账务类函数使用最为广泛，是安易函数的主体部分。

②wl：从往来汇总表中取数。对应数据库表名：a_wlye。

③bm：从部门汇总表中取数。对应数据库表名：a_bmye。

④xm：从项目汇总表中取数。对应数据库表名：a_xmye。

⑤mx：从往来汇总表中取科目的借贷方汇总数，分拆借贷方余额。

对应数据库表名：a_wlye

⑥xjll：从现金流量表取数。对应数据库表名：a_xjdm。

⑦sum：求和，用法例 sum(d7：d18)，求 D 列 7 行到 18 行的和。

单元格中数据与公式的区别在于第一个字符是否为 = ，是等号的系统当做公式，否则作为数据。

6. 编制自定义报表

为了对几个常用函数进行练习，同时也为了熟悉自定义报表的基本步骤，我们来编制一个"公式练习表"，其基本结构和金额取数公式如表 3 –4 所示。

表 3-4　公式练习表

项目	金额
现金期初借方数	zw("cj",0,1001)
银行存款期末借方数	zw("mj",1,1002)
短期借款期初数	zw("cd",0,2101)
实收资本期末数	zw("md",1,3101)
主营业务收入本期贷方数	zw("df",0,5101)
管理费用本期借方数	zw("jf",0,5502)
合计	Sum(b4:b7)

接下来我们按以下几个步骤来完成这个报表。操作步骤如下：

（1）新表登记（增加表名"公式练习表"）。

在报表主界面，依次执行菜单【报表定义】→【新表登记】，进入新表登记界面，如图 3-48所示。

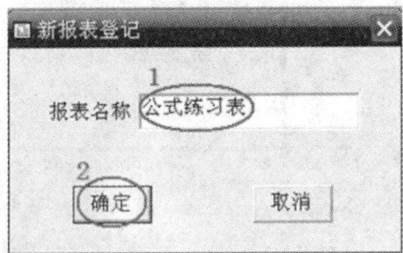

（2）定义报表（设置报表结构）。

在报表主界面，依次执行菜单【报表定义】→【定义报表】，进入定义报表界面，如图 3-49 所示。

图 3-48　新表登记

在图 3-49 界面内选中"公式练习表"，点击确定，进入空白报表，按照上述表 3-4 设置报表栏目信息（公式暂不输入），如图 3-50 所示。

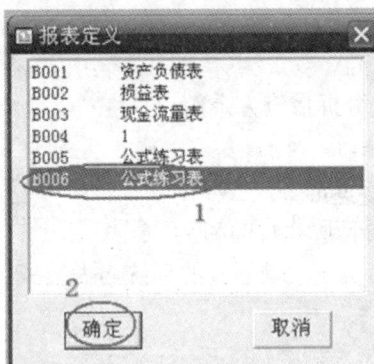

图 3-49　定义报表

图 3-50　设置报表栏目结构

（3）美化表格。

在上述图 3-50 中设置好的表格从视觉上看不够美观，需要按照下列要求进一步美化报表。

①将单元格 A1：B1 合并为一个单元格,将"公式练习表"设为对齐,黑体,4 号,设置行高为 20。

用鼠标拖动方式选中 A1：B1,点击菜单工具栏的 🔲 图标进行组合;通过菜单【格式】→【单元字体】设置字体风格;通过菜单【设置】→【设置行高】设置行高为 20。

②对 A2：B9 设置线型为全部、中线、蓝色。

选中 A2：B9,执行菜单【格式】→【线型】,进入线型设置界面,如图 3 – 51 所示。

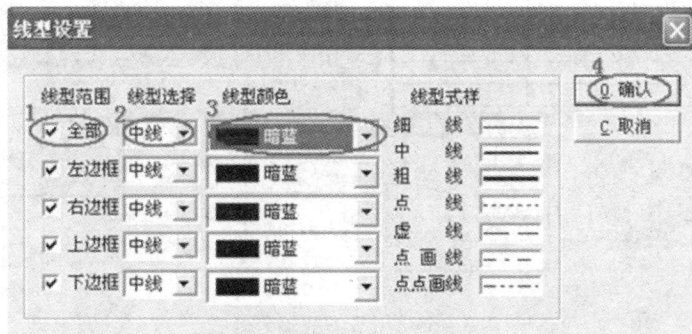

图 3 – 51　报表线型设置

在图 3 – 51 界面,依次选中"全部、中线、暗蓝",最后点击"确认"。

③将 A2：B9 区域字体设为 5 号仿宋,橄榄色,加粗,将行高设为 25,列宽设为 200。操作和前边类似,略!

(4)公式设置。

安易软件的公式是形如"B3 = zw('cj',0,1001)"。公式要由单元格(如 B3)、"＝"函数、运算符、表达式等组成。公式可以自己录入,也可以由系统引导生成。以下我们分别用引导方式和录入方式完成公式练习表中的金额栏的公式定义(参照表 3 – 4)。公式中的字符必须是英文半角,大小写通用。

①手工录入 B3 单元格公式:B3 = zw("cj",0,1001),如图 3 – 52 所示。

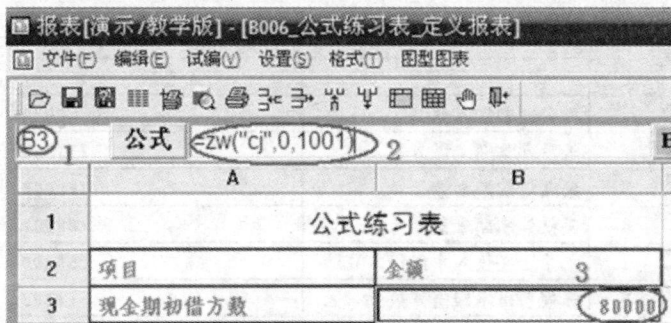

图 3 – 52　手工录入公式

②引导输入 B4 单元格公式：B4 = zw（"mj"，1，1002），操作步骤如图 3 - 53 所示。

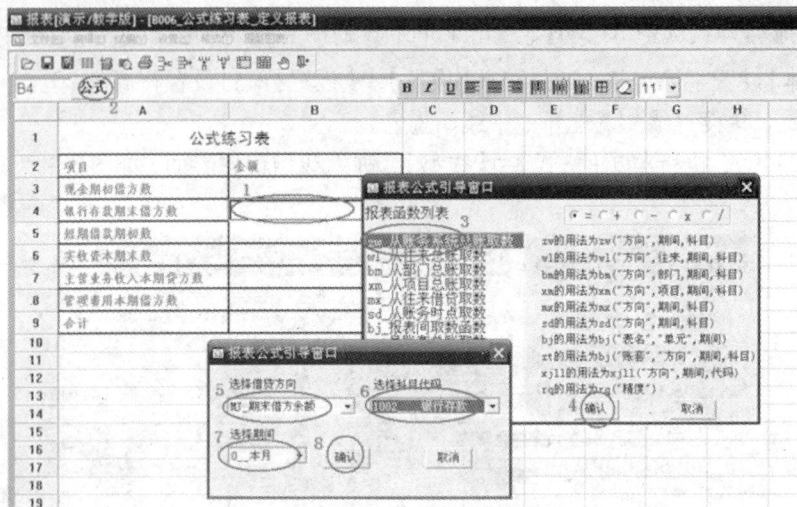

图 3 - 53　引导方式输入公式

依次执行图 3 - 53 界面下的 1、2、3、4、5、6、7、8，最后自动生成 B4 单元格的公式。

③依照同理，生成 B5、B6、B7、B8 单元格公式（略），其中：

公式 B8 = Sum（b4：b7）意指：B8 单元格的数据由 B4 + B5 + B6 + B7 的和构成，简写为 sum（b4：b7），和 excel 的求和公式类似。

（5）编制生成报表。

依次执行菜单【试编】→【试编与检查】→【保存试编数据】，最后生成的报表如图 3 - 54所示。

	A	B
1	公式练习表	
2	项目	金额
3	现金期初借方数	80000
4	银行存款期末借方数	235800
5	短期借款期初数	10000
6	实收资本期末数	160000
7	主营业务收入本期贷方数	30000
8	管理费用本期借方数	1200
9	合计	435800

图 3 - 54　公式练习表最后结果

利用自定义方式,可以编制出各种满足个性化需求的报表。

十二、数据备份和恢复

安易软件提供了四种备份恢复方法,分别是:在模块内备份和恢复法;系统管理备份恢复法;退出模块时自动备份法;复制备份法。其中复制备份法最容易操作。建议采用复制备份法。复制备份法的具体操作步骤如下:

(1)首先关闭所有正在运行的安易模块。

(2)将安易自带数据库停止并退出。这一步比较关键,如果做得不对,会导致以后的备份文件出现数据库连接问题而无法使用。正确的操作是:

首先,双击右下方任务栏内的安易数据库图标 📓,出现图 3 – 55 所示界面。

在图 3 – 55 所示界面,先执行"停止服务",再执行"退出管理器",这样才能确保数据库真正关闭。

图 3 – 55　安易数据库管理

(3)关闭安易系统控制面板。

(4)将安易软件整个安装目录下含所有文件复制到另外一个硬盘内或者移动存储设备内。

(5)使用的时候直接在备份文件夹依次打开控制台、打开数据库,即可正常使用了。

这种方法对非专业人士和初学者比较适合,真正实现了 U 盘做账。

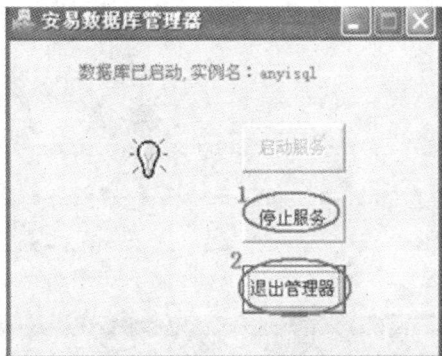

第三节　安易 V7.1 工资管理模块应用

桂康公司从 2011 年 1 月 1 日起采用安易 V7.1 实现工资管理电算化。本公司有经理室、办公室、财务科、一车间、二车间五个部门;人员有经理、中层干部、普通员工三类。共有员工 16 名,工资由中国工商银行代发;和工资计算相关的项目有 24 个。需要对职工代扣个人所得税;期望通过安易工资管理系统,每月只需输入基本工资信息、考勤资料后,由系统自动计算应发工资、个人所得税、实发工资等,并由系统按部门进行工资分配。结合桂康公司工资管理的实际情况和安易软件的具体要求,从以下 14 个方面实现工资核算管理电算化,以减轻财务人员工作量。

首先要进入工资管理系统,鼠标双击控制台图标 🎮 →点击 💿 工资 →选择账套"桂康公司"→点击"确认",进入图 3 – 56 界面。

在图 3 – 56 界面,依次执行 1、2、3、4,进入安易工资管理主界面,如图 3 – 57 所示。

在工资管理主界面可以完成工资管理的初始化操作、日常操作、期末操作。在工资管理系统也需要增加操作员并赋予权限,操作和前述图 3 – 6、图 3 – 7 基本相同。本案例默认的工资管理员为"1",密码为"1"。

图 3-56　进入工资管理

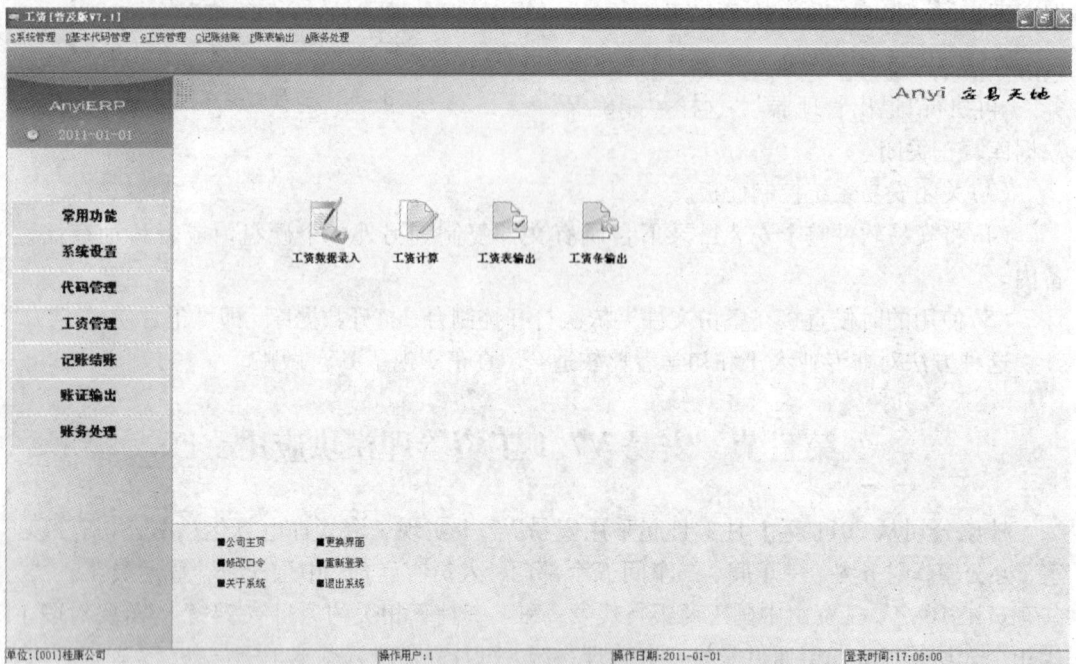

图 3-57　工资管理主界面

一、部门档案设置

【例】　本账套部门编码和部门名称信息如下：01——经理室，02——办公室，03——财务科，04——一车间，05——二车间。

在图 3-57 工资管理主界面，执行"代码管理→部门代码管理"进入部门代码管理主界面，如图 3-58 所示。

在图 3-58 界面，依次执行 1、2、3、4 几步，即可将"01——经理室"增加到系统。重

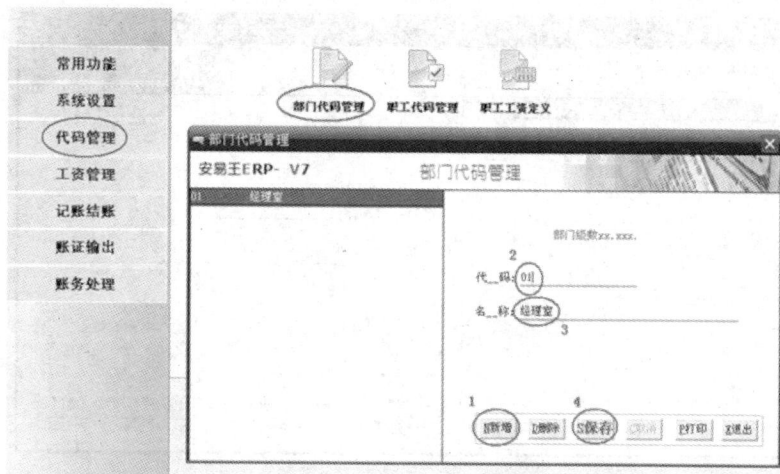

图 3 − 58　部门代码管理设置

复执行 1、2、3、4，可将其他几个部门信息也增加到系统，最后，设置好部门代码，如图 3 − 59 所示。

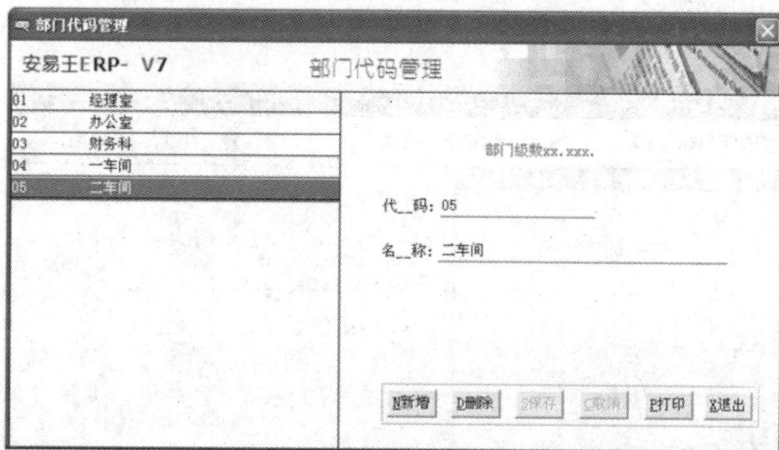

图 3 − 59　部门代码设置结果

二、人员类别设置

【例】　本案例要求设置三类人员，分别是 01——经理、02——中层干部、03——普通员工。

在图 3 − 57 工资管理主界面，依次执行"系统设置→人员类别定义"，进入人员类别定义界面，如图 3 − 60 所示。

在图 3 − 60 界面，依次执行 1、2、3 三项操作，即可将"01——经理"人员类别增加到系统。重复步骤 1、2、3，增加其他人员类别到系统内。

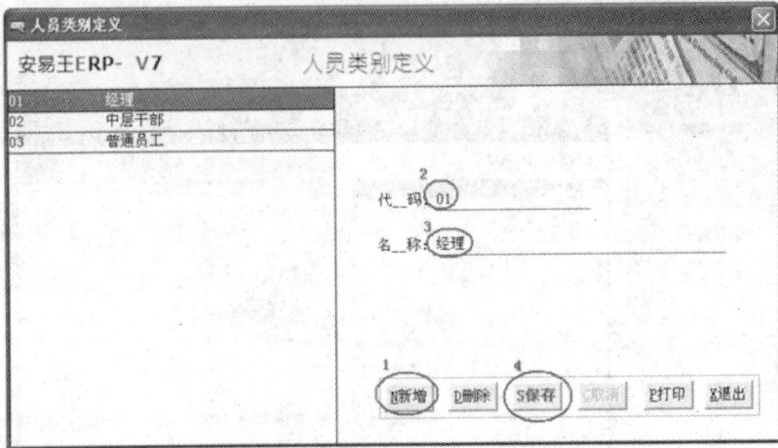

图 3 – 60　人员类别定义

三、银行代码管理

【例】　桂康工资为职工代发工资的银行为"工商银行，代码为 01"。

在工资管理主界面依次执行菜单【系统管理】→【银行代码管理】，进入银行代码管理界面如图 3 – 61 所示。

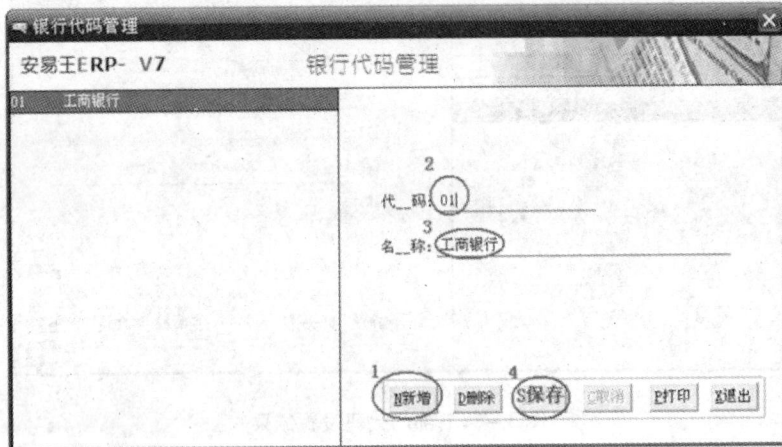

图 3 – 61　银行代码管理

在图 3 – 61 中，依次执行 1、2、3、4 四项操作，即可将"01——工商银行"增加到系统中。

四、职工代码管理

【例】　桂康公司共 16 名职工，其基本信息如表 3 – 5 所示。要求将所有人员信息增加到工资系统内部。

表 3 – 5　桂康公司职员代码表

代码	姓名	类别	部门	开户行	账号	是否计税	中外
01	周全	经理	经理室	01	3100186101	是	中
02	王军	经理	经理室	01	3100186102	是	中
03	徐磊	中干	办公室	01	3100186201	是	中
04	童君	员工	办公室	01	3100186202	是	中
05	李会计	中干	财务科	01	3100186301	是	中
06	张会计	员工	财务科	01	3100186302	是	中
07	申清华	中干	一车间	01	3100186401	是	中
08	姜青青	员工	一车间	01	3100186402	是	中
09	廖星	员工	一车间	01	3100186403	是	中
10	金忠	员工	一车间	01	3100186404	是	中
11	石方明	员工	一车间	01	3100186405	是	中
12	赵秀英	中干	二车间	01	3100186501	是	中
13	吴志赣	员工	二车间	01	3100186502	是	中
14	董欢欢	员工	二车间	01	3100186503	是	中
15	杜飞	员工	二车间	01	3100186504	是	中
16	陈平	员工	二车间	01	3100186505	是	中

　　在工资管理主界面，依次执行"代码管理→职工代码管理"，进入职工代码管理界面，如图 3 – 62 所示。

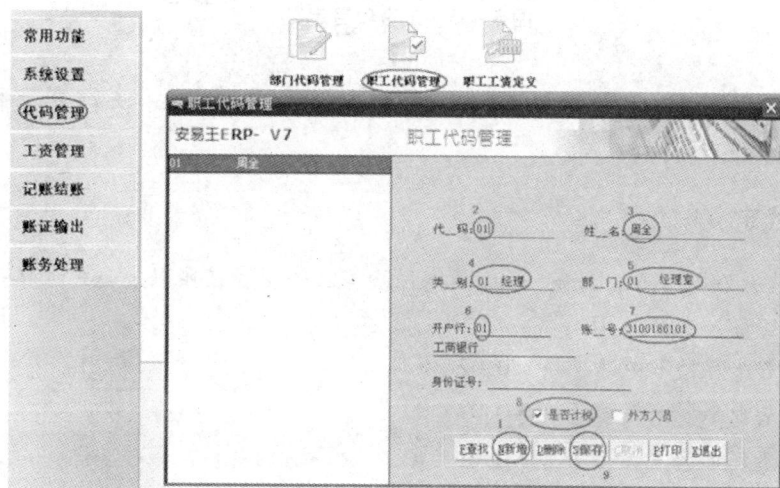

图 3 – 62　职工代码管理

在图中依次执行1、2、3、4、5、6、7、8八个步骤，将第一个职工"周全"增加到系统。其中类别、部门、开户行等都是通过鼠标右键，在弹出框中选择输入的。如果选中外方人员，则在后边计算个人所得税的时候采用不同的扣税标准。重复上述八步骤，增加所有职工信息到系统中。

五、工资项目定义

【例】　桂康公司和工资计算分配相关的信息有：基本工资，工龄，工龄工资，交通补贴，物价补贴，话费补贴，目标津贴，煤气补贴，应发合计，病假天数，病假扣款，事假天数，事假扣款，个人养老保险，个人失业保险，个人医疗保险，住房公积金，扣款合计，计税工资，代扣税，实发工资，领款人（日后签名用）。要求将这些工资项目增加到安易工资系统中。

在工资管理主界面，执行"系统设置→工资项目定义"，进入图3－63界面。

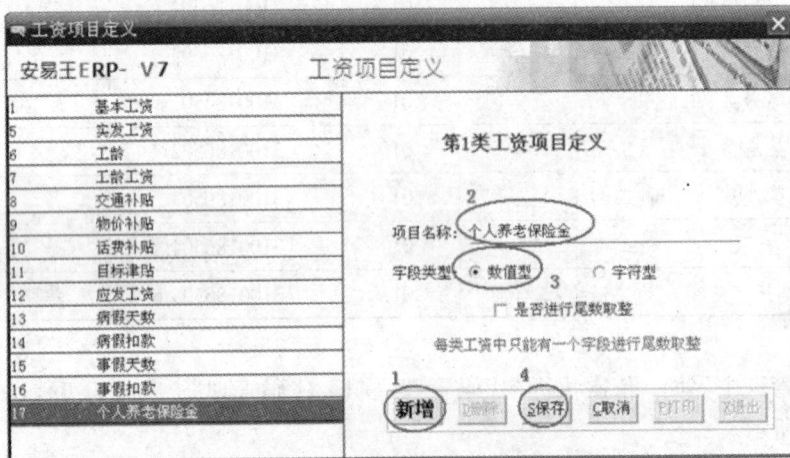

图3－63　工资项目定义

在图3－63工资项目定义界面，依次执行1、2、3、4步骤，将上述17个工资项目增加到系统内。

六、公式定义

【例】　桂康公司的工龄工资、个人养老保险等工资项目按照以下公式计算：

(1)工龄工资 = 工龄 × 10

(2)个人养老保险 = 基本工资 × 0.02

(3)个人失业保险 = 基本工资 × 0.02

(4)个人医疗保险 = 基本工资 × 0.01

(5)个人住房公积金 = 基本工资 × 0.1

(6)应发工资 = 基本工资 + 工龄工资 + 交通补贴 + 物价补贴 + 话费补贴 + 目标津贴

(7)计税工资 = 应发合计 － 个人养老保险 － 个人医疗保险 － 个人失业保险 － 个人住房

公积金

（8）实发工资 = 应发工资 − 病假扣款 − 事假扣款 − 代扣税

（9）事假扣款 = 基本工资 × 事假天数 ÷ 30

要求在工资系统内定义这 9 个公式。

公式的定义有人工输入方式和引导提示生成两种模式。现采用引导提示生成"工龄工资 = 工龄 × 10"

在工资管理主界面，执行"系统设置→工资公式定义→选择第一类工资→确认"，进入工资公式定义界面，依照顺序，依次进入图 3 − 64 至图 3 − 66。

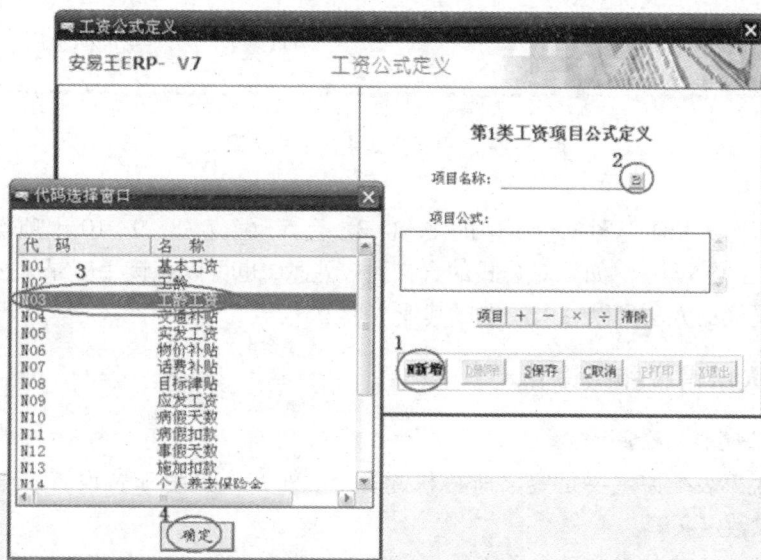

图 3 − 64　引导方式生成公式步骤一

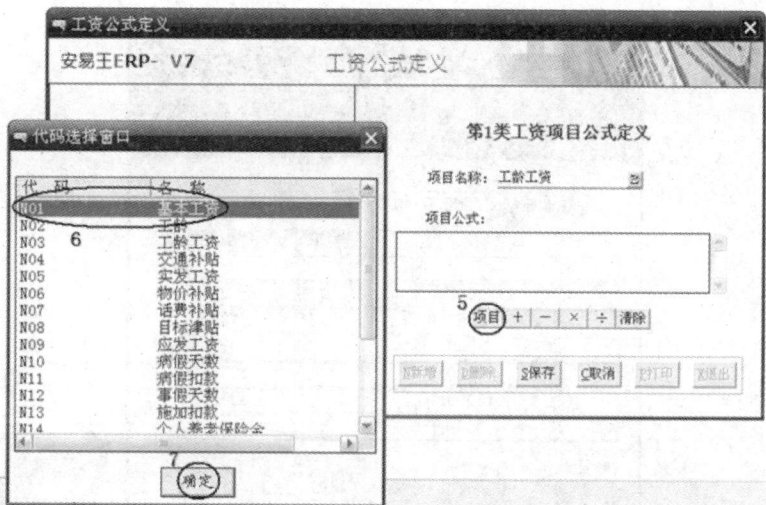

图 3 − 65　引导方式生成公式步骤二

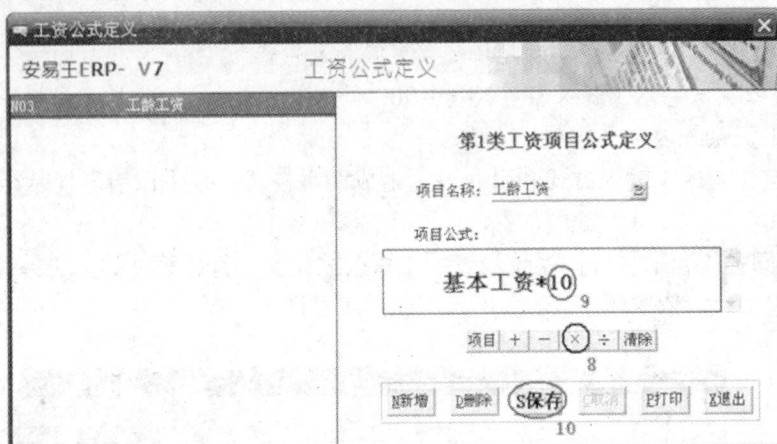

图 3 –66　引导方式生成公式步骤三

依次执行图 3 – 64 至图 3 – 66 中的 1、2、3、4、5、6、7、8、9、10 十项操作后，生成"工龄工资 = 工龄 × 10"。如果对公式的含义比较熟悉，也可以直接手工录入公式，结果是一样的。用同样的方法可以录入或生成其他八个公式。

七、个人所得税扣缴设置

1. 所得税税率表维护

所得税税率表维护主要是定义所得税起征点、外方人员附加费设置、超额累进税率表、速算扣除数定义等。

【例】　要求：将桂康公司个人所得税起征点修改为 2000 元，其他数据保持不变。

在工资管理主界面，依次进入菜单【系统管理】→【所得税税率表维护】，进入所得税税率表维护界面，如图 3 – 67 所示。

图 3 – 67　所得税税率表维护

在图 3－67 界面，依次执行 1、2 即可完成设置，其他数据保持不变。图中的附加费适用于外籍人员。起征点、税率起点、所得税税率、速算扣除数都可以根据实际情况进行调整。

2. 所得税公式定义

所得税公式定义主要是标注个人工资项目中扣税项目的名称以及和该项目相关的扣税基数。每个单位情况会有所不同。

【例】　桂康公司的个人所得税项目名称为"代扣税"；扣税工资类别为第一类工资"1"；扣税基数对应的工资项目为"计税工资"。

在工资管理主界面，进入系统设置，进入图 3－68 界面。

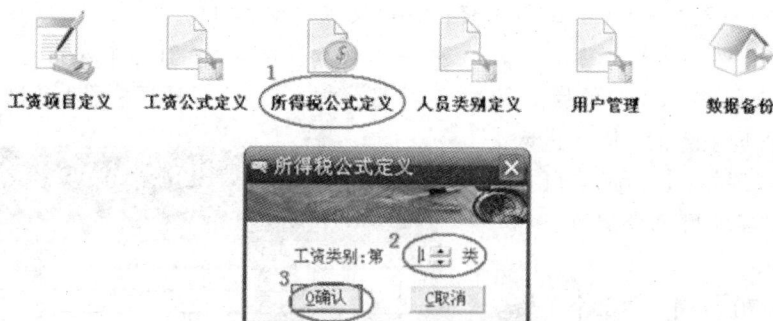

图 3－68　所得税公式定义步骤一

在图 3－68 界面下，依次执行 1、2、3 三个步骤，进入所得税公式定义界面如图 3－69 所示。

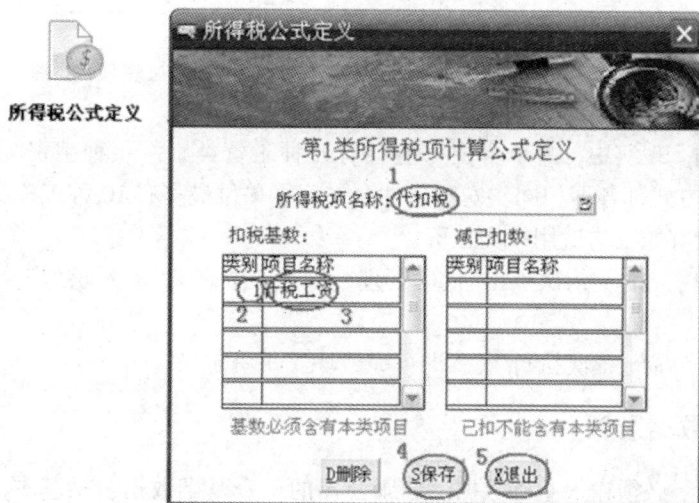

图 3－69　所得税公式定义步骤二

在图 3－69 界面，将所得税项名称选为"代扣税"；在扣税基数设置中的第一行，在类别下填写"1"，在项目名称下填写"计税工资"，点击"保存"，再点击"退出"。如果单位有第二类、第三类工资的话，可以依次设置。

八、调整工资项目顺序

在默认情况下，各种工资表各栏目的先后顺序是按照工资项目设置的先后顺序排列的。在实际中，我们往往希望按照自己习惯的先后顺序显示工资项目，这就需要调整工资项目顺序。

【例】　桂康公司工资项目按照以下顺序排列：

(1)实发工资；(2)应发工资；(3)计税工资；(4)代扣税；(5)基本工资；(6)工龄；(7)病假天数；(8)事假天数；(9)工龄工资；(10)交通补贴；(11)物价补贴；(12)话费补贴；(13)目标津贴；(14)煤气补贴；(15)病假扣款；(16)事假扣款；(17)个人养老保险；(18)个人失业保险；(19)个人医疗保险；(20)个人住房公积，其他项目顺序按照系统默认。

在工资管理主界面，依次进入菜单【系统管理】→【工资项目排序】，进入工资项目排序界面，如图 3－70 所示。

在图 3－70 界面，在每个工资项目名称前的项目序号栏内写入规定的顺序，例如在实发工资前写 1，在应发工资前写 2，依次类推。全部写完后，点击"保存"。这里的排序决定后面工资输出表的栏目顺序。改变顺序不会影响工资数据。

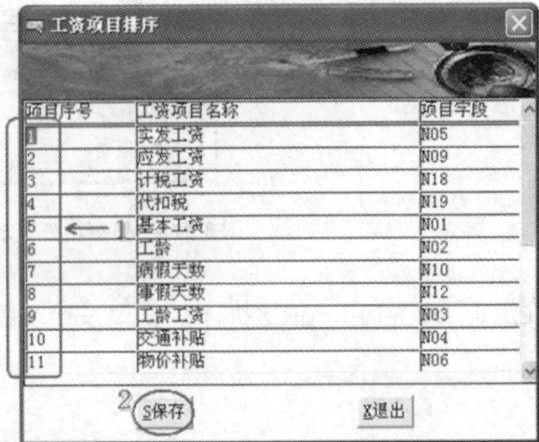

图 3－70　工资项目排序

九、职工工资定义

职工工资定义是定义每个职工适用的工资类别。现实中，一个单位可能会有几种工资类别。每种工资类别下的工资项目、公式、计税方式都各不相同。安易软件允许每个单位最多有 10 种工资类别。

桂康公司所有职工均适用一类工资。

在工资管理主界面，依次点击"代码管理→职工工资定义"进入职工工资定义界面，如图 3－71 所示。

在图 3－71 界面，依次执行 1、2 即可完成职工工资定义。

十、工资数据录入

要计算工资，必须输入基础数据。桂康公司的工资基础数据包括基本工资、工龄、事假天数、病假天数这四项。

【例】　根据人事部门等其他部门提供的数据，本月份需要录入的基本工资数据如表 3－6 所示。

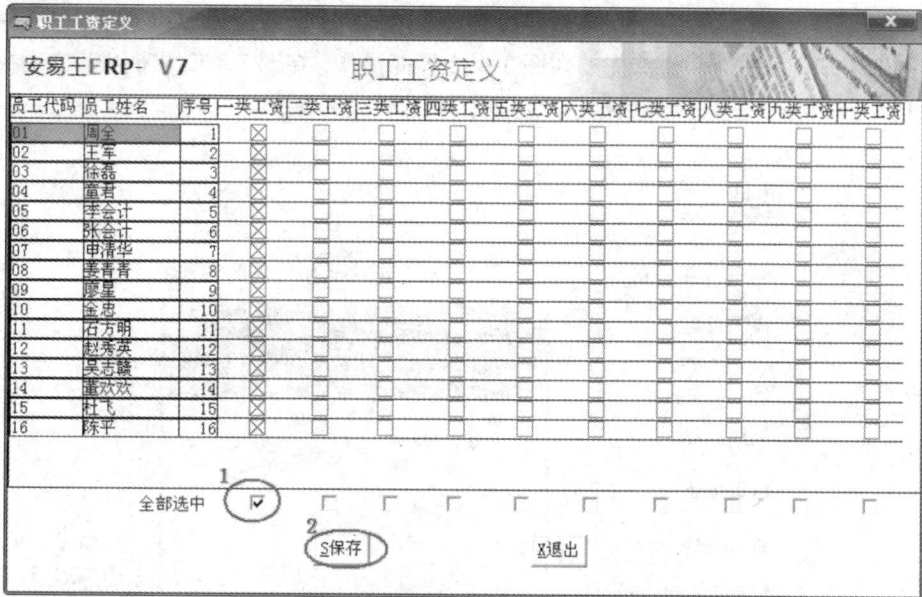

图 3 –71 职工工资定义

表 3 –6 工资基础数据表

职员	部门	基本工资	工龄	事假天数	病假天数
周全	经理室	3000	25	2	
王军	经理室	2800	18		
徐磊	办公室	2500	15		
童君	办公室	2000	5		
江明	财务科	2500	8		
李路	财务科	2000	7		
申清华	一车间	2500	12		
姜青青	一车间	2000	6		
廖星	一车间	2000	7		
金忠	一车间	2000	5		
石方明	一车间	2000	6		
赵秀英	二车间	2500	10		
吴志赣	二车间	1800	4		3
董欢欢	二车间	2000	5		
杜飞	二车间	2200	8		
陈平	二车间	2100	9	3	

　　注意录入工资基本数据的时候需要按照不同的部门分别录入。以录入"01——经理室"人员工资基础数据为例，首先要在图 3-72 界面操作，在图 3-72 界面中，依次执行 1、2、3、4、5、6 步骤，进入工资数据录入界面，如图 3-73 所示。

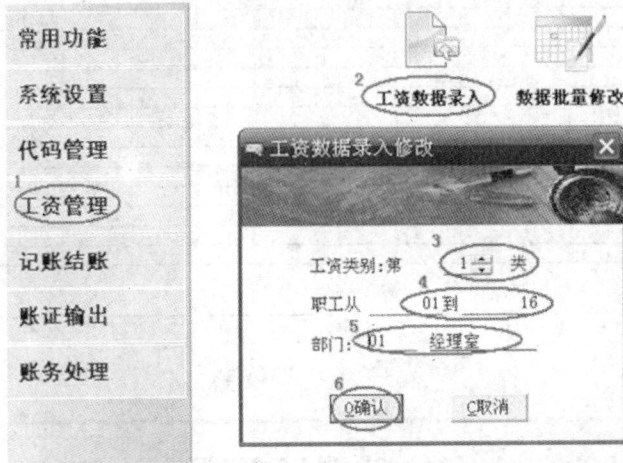

图 3-72　经理室人员工资数据录入步骤一

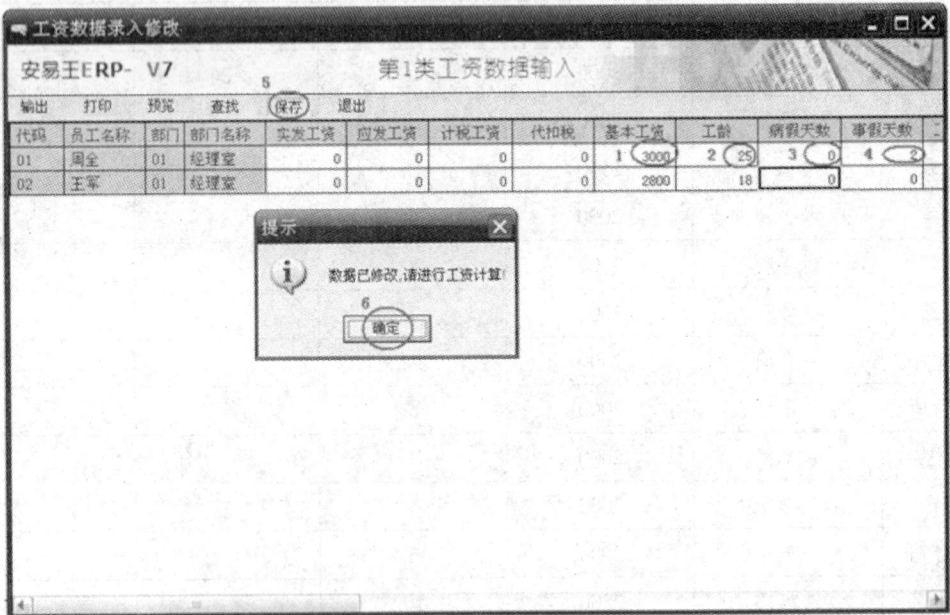

图 3-73　经理室人员工资数据录入步骤二

　　在图 3-73 界面下，依次执行 1、2、3、4、5、6，录入经理室 2 名员工的基础工资数据。
　　之后，退出图 3-73 界面，重复执行图 3-72 中的操作，继续完成其他几个部门的工资基础数据。

十一、特殊工资数据录入(数据批量修改)

【例】 桂康公司决定:1 月份交通补贴每人 200 元;物价补贴每人 300 元;本月不发目标津贴;煤气津贴每人 200 元;话费补贴:经理人员每人 200 元;中层干部每人 150 元;普通员工不发话费补贴;病假扣款:工龄在 10 年以上(含 10 年)的员工,其病假扣款为"病假天数×50";工龄在 10 年以下的人员,其病假扣款为"病假天数×80";批量工资数据替换修改。

特殊工资数据录入需要用到数据批量修改功能。首先进入图 3 –74 界面中,在图 3 –74 界面中,依次执行 1、2、3、4,进入工资数据批量修改主界面,如图 3 –75 所示,上述特殊工资数据的录入都是在此界面完成的。

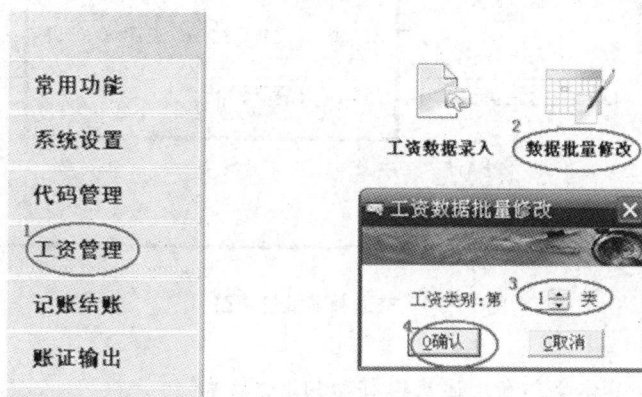

图 3 – 74 数据批量修改步骤一

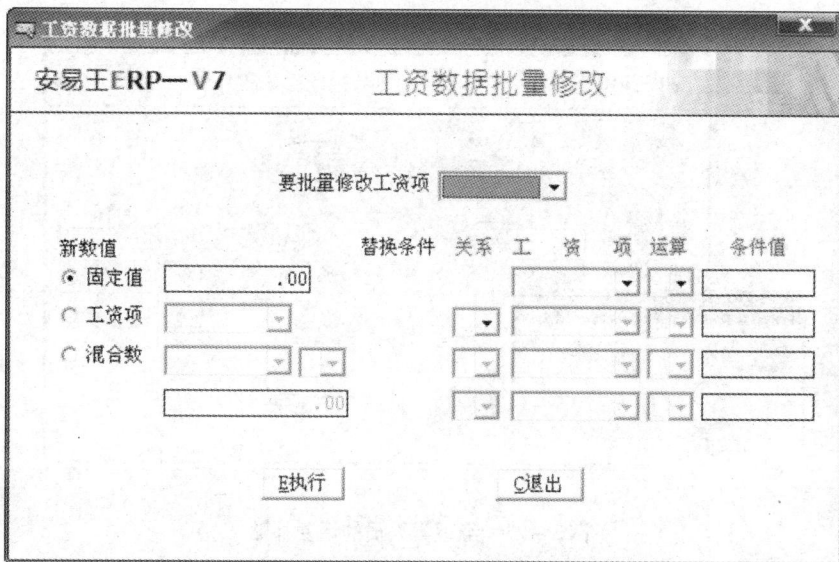

图 3 – 75 工资数据批量修改

1. 交通补贴替换

在此界面，依次执行 1、2、3、4、5，即可完成交通补贴的批量替换，如图 3-76 所示。

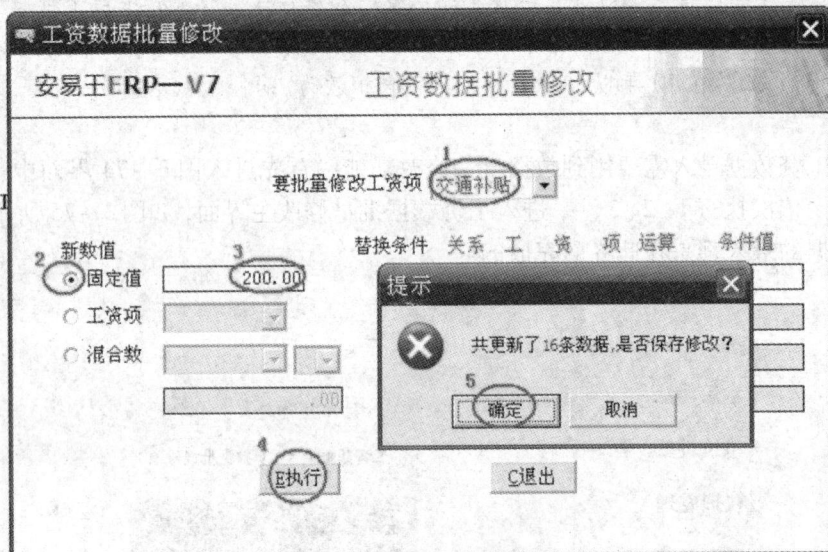

图 3-76　交通补贴批量修改

2. 物价补贴替换（具体操作和上述交通补贴相近，故略）

3. 话费补贴替换

（1）经理类人员的话费补贴替换，如图 3-77 所示。

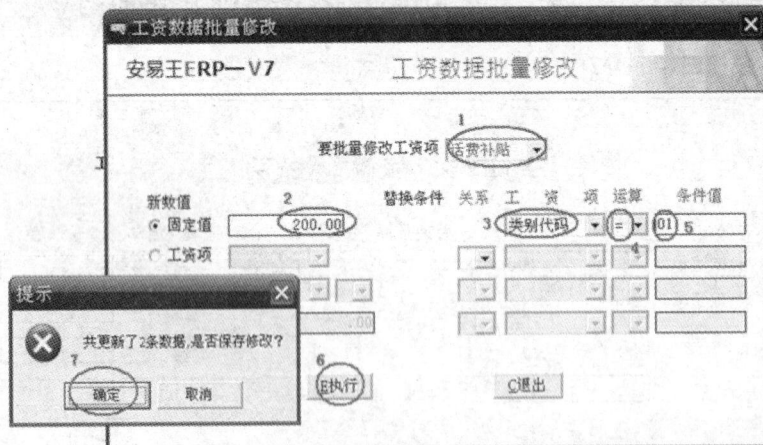

图 3-77　经理类人员的话费补贴

（2）中层干部话费补贴替换，如图 3-78 所示。

（3）普通员工话费补贴。

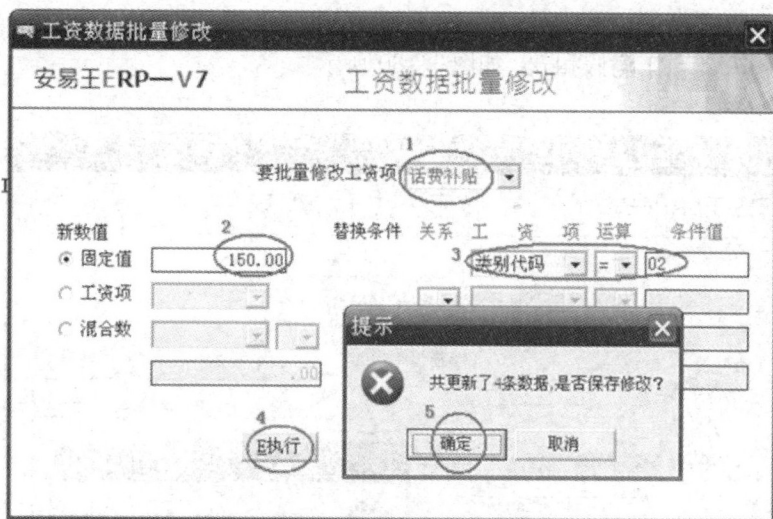

图 3 - 78 中层干部人员的话费补贴

因为本月普通员工不发话费补贴,对普通员工的话费补贴不执行任何操作即可。

4. 目标津贴替换

由于桂康公司本月不发目标津贴,故不用执行任何操作即可。如果发放,操作步骤与前边的类似。

5. 煤气津贴(和前边的操作类似,此处从略)

6. 病假扣款的处理

(1)工龄≥10 年的员工病假扣款,如图 3 - 79 所示。

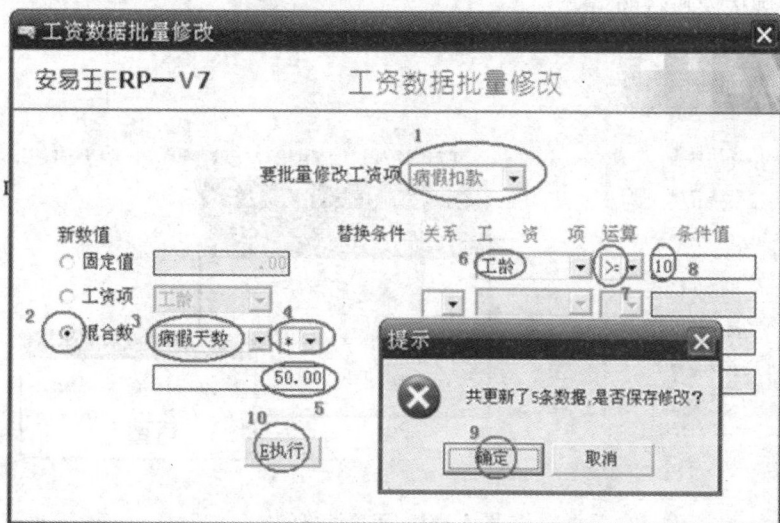

图 3 - 79 病假扣款设置一

依次执行图 3 - 79 界面的 1、2、3、4、5、6、7、8、9、10，即可完成替换。

（2）工龄 < 10 年员工病假扣款，如图 3 - 80 所示。

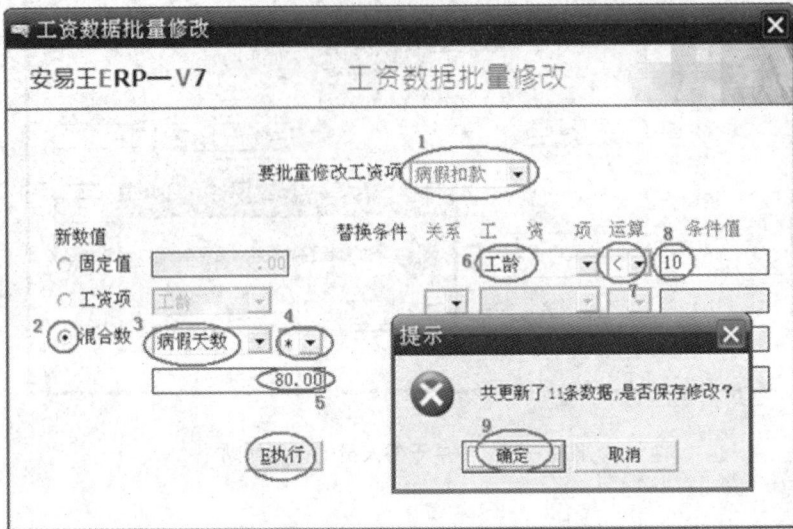

图 3 - 80　病假扣款设置二

依次执行图 3 - 80 界面的 1、2、3、4、5、6、7、8、9、10，即可完成替换。

十二、工资计算（工资记账）

工资计算也就是工资记账。输入完基础工资数据和批量填写特殊数据后，需要进行正式的工资计算。工资计算就是系统按照我们预先定义的公式进行运算。工资计算是按照图 3 - 81 所列步骤依次执行的。

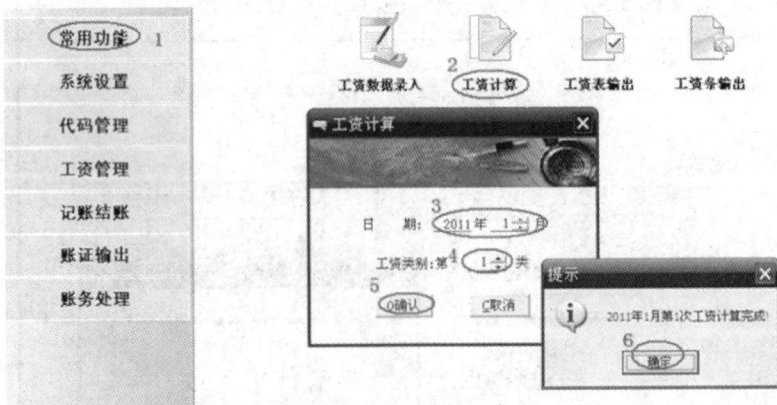

图 3 - 81　工资计算

在图 3 - 81 界面内，依次执行 1、2、3、4、5、6 即可完成 1 月份的工资计算。

工资计算也可以进入"记账结账→工资记账"界面下完成,其结果是一样的。

十三、工资表输出

工资计算之后,我们需要查询各种工资信息,以满足统计分析的需要。

【例】　查询桂康公司 1 月工资表条和工资输出表。

1. 查询工资条(如图 3 - 82、图 3 - 83 所示)

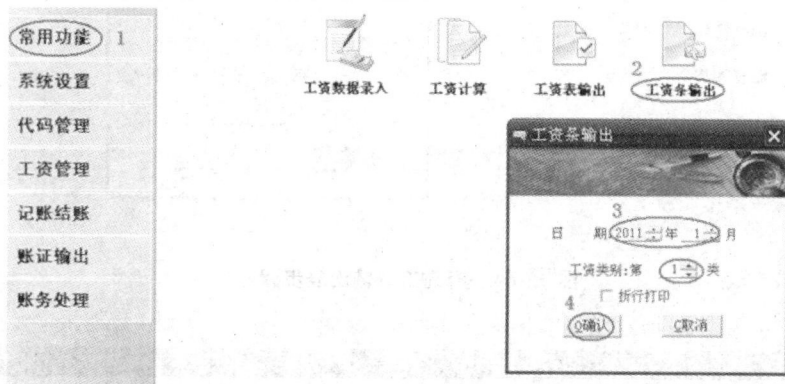

图 3 - 82　查询工资条步骤一

2011年1月　第一类　工资条　　　　　单位:(001)桂康公司

代码	员工名称	部门	部门名称	实发工资	应发工资	计税工资	代扣税	基本工资	工龄	病假天数	事假天数
01	周全	01	经理室	4015.00	4450.00	4000.00	235.00	3000.00	25.00	0.00	2.00

代码	员工名称	部门	部门名称	实发工资	应发工资	计税工资	代扣税	基本工资	工龄	病假天数	事假天数
02	王军	01	经理室	3981.00	4180.00	3760.00	199.00	2800.00	18.00	0.00	0.00

代码	员工名称	部门	部门名称	实发工资	应发工资	计税工资	代扣税	基本工资	工龄	病假天数	事假天数
03	徐磊	02	办公室	3462.50	3600.00	3225.00	137.50	2500.00	15.00	0.00	0.00

代码	员工名称	部门	部门名称	实发工资	应发工资	计税工资	代扣税	基本工资	工龄	病假天数	事假天数
04	董君	02	办公室	2690.00	2750.00	2450.00	60.00	2000.00	5.00	0.00	0.00

代码	员工名称	部门	部门名称	实发工资	应发工资	计税工资	代扣税	基本工资	工龄	病假天数	事假天数
05	李会计	03	财务科	3399.50	3530.00	3155.00	130.50	2500.00	8.00	0.00	0.00

代码	员工名称	部门	部门名称	实发工资	应发工资	计税工资	代扣税	基本工资	工龄	病假天数	事假天数
06	张会计	03	财务科	2708.00	2770.00	2470.00	62.00	2000.00	7.00	0.00	0.00

代码	员工名称	部门	部门名称	实发工资	应发工资	计税工资	代扣税	基本工资	工龄	病假天数	事假天数
07	申清华	04	一车间	3435.50	3570.00	3195.00	134.50	2500.00	12.00	0.00	0.00

图 3 - 83　查询工资条步骤二

2. 查询工资输出表(如图 3-84、图 3-85 所示)

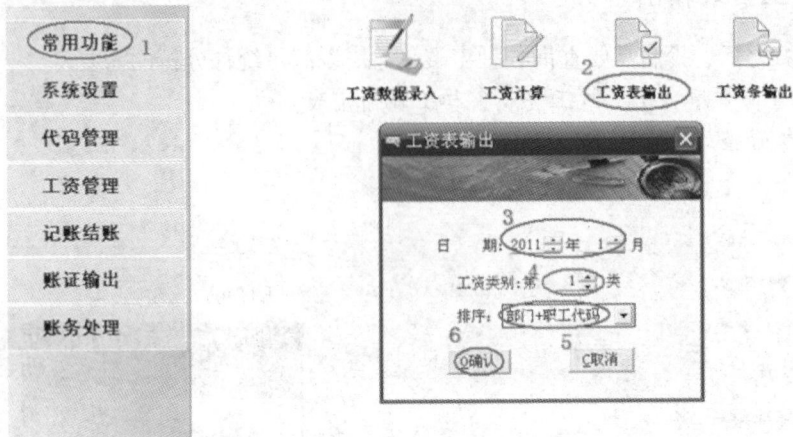

图 3-84　查询工资输出表步骤一

2011年1月 第一类 工资发放表

单位:(001)桂康公司(共16人)　　　　　　2011年1月1日

代码	员工名称	部门	部门名称	实发工资	应发工资	计税工资	代扣税	基本工资	工龄	病假天数	事假天数	工龄工资	交通补贴
01	周全	01	经理室	4015.00	4450.00	4000.00	235.00	3000.00	25.00	0.00	2.00	250.00	200.00
02	王军	01	经理室	3981.00	4180.00	3760.00	199.00	2800.00	18.00	0.00	0.00	180.00	200.00
03	徐磊	02	办公室	3462.50	3600.00	3225.00	137.50	2500.00	15.00	0.00	0.00	150.00	200.00
04	童君	02	办公室	2690.00	2750.00	2450.00	60.00	2000.00	5.00	0.00	0.00	50.00	200.00
05	李会计	03	财务科	3399.50	3530.00	3155.00	130.50	2500.00	8.00	0.00	0.00	80.00	200.00
06	张会计	03	财务科	2708.00	2770.00	2470.00	62.00	2000.00	7.00	0.00	0.00	70.00	200.00
07	申清华	04	一车间	3435.50	3570.00	3195.00	134.50	2500.00	12.00	0.00	0.00	120.00	200.00
08	姜青青	04	一车间	2699.00	2760.00	2460.00	61.00	2000.00	6.00	0.00	0.00	60.00	200.00
09	廖星	04	一车间	2708.00	2770.00	2470.00	62.00	2000.00	7.00	0.00	0.00	70.00	200.00
10	金忠	04	一车间	2690.00	2750.00	2450.00	60.00	2000.00	5.00	0.00	0.00	50.00	200.00
11	石方明	04	一车间	2699.00	2760.00	2460.00	61.00	2000.00	6.00	0.00	0.00	60.00	200.00
12	赵秀英	05	二车间	3417.50	3550.00	3175.00	132.50	2500.00	10.00	0.00	0.00	100.00	200.00
13	吴志赣	05	二车间	2258.00	2540.00	2270.00	42.00	1800.00	4.00	3.00	0.00	40.00	200.00
14	董炊炊	05	二车间	2690.00	2750.00	2450.00	60.00	2000.00	5.00	0.00	0.00	50.00	200.00
15	杜飞	05	二车间	2900.00	2980.00	2650.00	80.00	2200.00	8.00	0.00	0.00	80.00	200.00
16	陈平	05	二车间	2607.50	2690.00	2575.00	72.50	2100.00	9.00	0.00	3.00	90.00	200.00
合计				48360.50	50600.00	45215.00	1589.50	35900.00	150.00	3.00	5.00	1500.00	3200.00

主管签字:

图 3-85　查询工资输出表步骤二

十四、工资转账处理

在工资模块计算出工资数据后,需要按照部门将工资进行分配,生成工资分配的记账凭证传递到总账系统中去。工资转账分两个步骤完成,即工资自动分录定义和凭证生成。

1. 工资自动分录定义

工资模块自动分录定义的目的是由工资系统自动生成工资分配的记账凭证传递到总账中。实现工资业务和工资核算的统一。

在做工资自动分录定义之前，需要先在总账模块中增设"管理费用——薪资（科目550203）"，以便和总账系统的科目统一起来，便于生成分配凭证。增设科目的操作见前面章节内容，此处从略。

【例】　对桂康公司的工资模块进行自动分录定义。

基本操作步骤如下：

首先，在工资管理主界面，依次进入"账务处理→自动分录定义"，进入图 3-86 界面。

自 动 分 录

分录号　　1　　　　　　　　用于生成工资凭证！

摘　要	科　目	借/贷	金额来源公式
分配工资	4101	借	=bm(05,1,应发工资)
分配工资	550203	借	=bm(01,1,应发工资)
分配工资	550203	借	=bm(02,1,应发工资)
分配工资	550203	借	=bm(03,1,应发工资)
分配工资	2151	贷	=qb(1,应发工资)

F2提示　F3附助　D删除　插入　S存盘　X退出

图 3-86 工资系统自动分录定义

接着，在图 3-86 界面中，逐行定义。基本思路是：一车间和二车间的应发工资计入制造费用；经理室、办公室、财务科人员的应发工资计入管理费用——薪资账户。金额来源涉及两个函数：

bm(05，1，应发工资)的含义是取 05 部门 1 月份应发工资。

qb(1，应发工资)的含义是取全部部门的 1 月份应发工资合计。

输入公式的时候，可以直接录入，也可以点击右键按照引导方式——自动生成。这笔自动分录一共 6 行，借方是"制造费用"或者"管理费用——薪资"，每个部门一行，共 5 个部门，所以是 5 行。贷方是应付工资，1 行。屏幕上只显示 5 行，在最后一行按回车键即可实现滚屏。

录入完毕后，一定要执行"保存"。

2. 凭证生成

【例】　针对上述的工资自动分录定义生成工资分配的记账凭证。根据工资自动定义生成凭证依次要经过图 3-87、图 3-88、图 3-89 的操作。

在工资主界面，执行"账务处理→凭证生成→确定日期为 2011 年 1 月→确定"，之后进入图 3-88 界面。

常用功能
系统设置
代码管理
工资管理
记账结账
账证输出
1 账务处理

自动分录定义　　2 凭证生成

工资凭证生成

3 日　期：2011年 1 月
4 O确认　　C取消

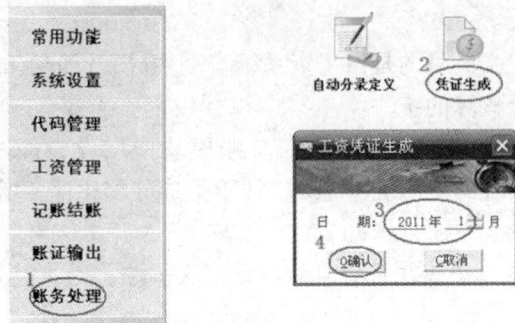

图 3-87　工资系统生成凭证步骤一

自 动 分 录

分录号 1 ①　　　　　　　用于生成工资凭证！

摘　要	科　目	借/贷	金额来源公式
分配工资	4101	借	=bm(04,1,应发工资)
分配工资	4101	借	=bm(05,1,应发工资)
分配工资	550203	借	=bm(01,1,应发工资)
分配工资	550203	借	=bm(02,1,应发工资)
分配工资	550203	借	=bm(03,1,应发工资)

3 S编制　　　　X退出

| N新单 | F2提示 | F3附助 | D删除 | R恢复 | I插入 | S存盘 | P打印 | X退出 | L自动凭证 | Q作废 |
2

图 3-88　工资系统生成凭证步骤二

记 账 凭 证

凭证号 记账▼　　12　2011年　1月　31日　附件　1张　☑摘要复制

摘　要	科　目		借方金额	贷方金额
分配工资	4101	生产成本	14,610.00	
分配工资	4101	生产成本	14,710.00	
分配工资	550203	薪资	8,630.00	
分配工资	550203	薪资	6,350.00	
分配工资	550203	薪资	6,300.00	
合计：			50,600	50,600

输入：1　　审核：　　记账：　　主管：刘主管

| N新单 | F2提示 | F3附助 | D删除 | R恢复 | I插入 | S存盘 | P打印 | X退出 | L自动凭证 | Q作废 |

图 3-89　工资系统生成凭证步骤三

在图 3 - 88 界面，依次输入分录号 1→点击自动凭证→点击编制，生成记账凭证如图 3 - 89 所示。

最后，点击"存盘"即可完成全部过程。在实际工作中，还要根据工资总额的一定百分比计提福利、社保、公积金等，可以比照同样的方法定义自动分录、生成记账凭证。如果已经保存了生成的自动凭证，要删除的话，必须进入总账系统，在凭证录入界面执行作废，在凭证处理界面执行凭证整理。如果生成凭证的过程中提示"本期已经结账，不能生成凭证"，则需要进入总账系统进行反结账后才可继续操作。

十五、工资系统结账

1. 结账

结账意味着本月工资全部处理完毕。如果本月处理都已经完毕，并且没有错误，就可以至此结账，不结账则不能处理下个月的工资数据。结账是按照图 3 - 90 的界面操作的。

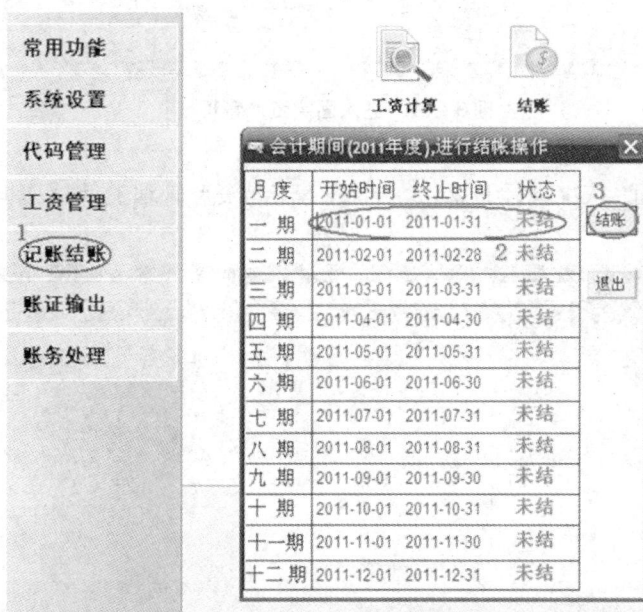

图 3 - 90 工资结账

2. 反结账

结账后如果需要修改本月的工资数据，需要先进行工资系统反结账。在工资结账界面，按下组合键"Ctrl + Tab"，选中需要反结账的时间，点击"确定"，即可完成。

第四节 安易固定资产管理模块应用

【例】 桂康公司从 2011 年 1 月 1 日起采用安易 V7.1 实现固定资产管理电算化。本公司有经理室、办公室、财务科、一车间、二车间五个部门；在期初有楼房、联想电脑、宏基电脑、柳微货车、龙门刨机床五种固定资产。固定资产管理的主要工作有卡片管理、资产新增、资产减少、原值变动、内部调拨、计提折旧、折旧分配、各种固定资产内部账表的输出。结合桂康公司固定资产管理的实际情况和安易软件的具体要求，从以下几个方面实现固定资产核算、管理电算化，以减轻财务人员工作量。

首先要进入资产管理系统：鼠标双击控制台图标 🔧 →点击 💰 资产 →选择账套"桂康公司"→点击"确认"，进入图3-91界面。

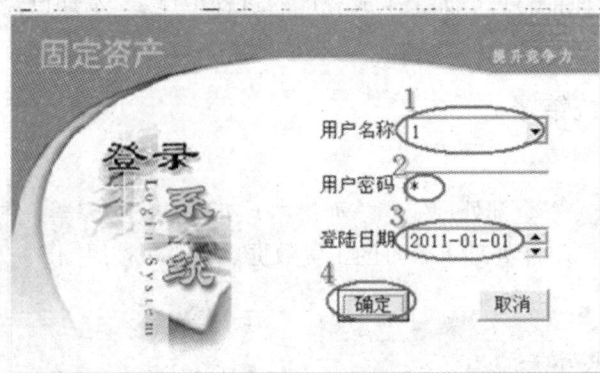

图3-91 进入固定资产管理

在图3-91界面，依次执行1、2、3、4，进入安易资产管理主界面，如图3-92所示。

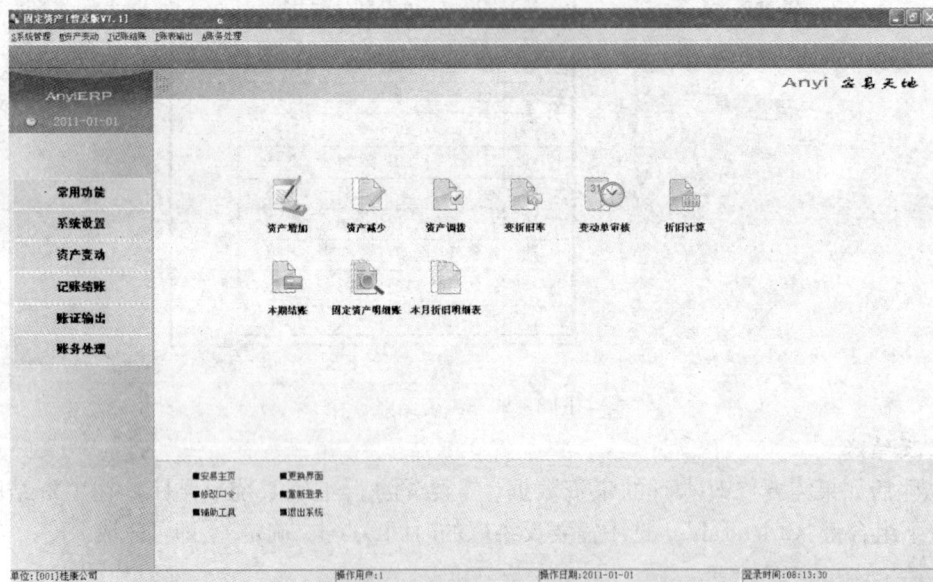

图3-92 资产管理主界面

在资产管理主界面可以完成资产管理的初始化操作、日常操作、期末操作。在工资管理系统也需要增加操作员并赋予权限，操作和前述图3-6、图3-7基本相同。本案例默认的资产管理员为"1"，密码为"1"。

一、部门代码设置

固定资产需要实行部门管理，因此需要增设部门代码和部门名称信息。由于部门信息属于公用信息，在前述工资系统中已经设置过，在资产管理中可以共用，因此此步骤可以省略。如果前面没有设置过，则必须在资产管理系统或其他系统增设部门信息。

二、职员档案

固定资产实行保管员制度，因此需要增设保管员信息。保管员也是系统内部员工，在前述工资系统也已经增设过，故此处从略。如果前面没有设置过，则必须在资产管理系统或其他系统增设职员信息。

三、资产代码和资产名称

【例】　桂康公司对五种固定资产进行统一编码，方案为：01（楼房），02（电脑），02001（联想电脑），02002（宏基电脑），03（柳微小货车），04（龙门刨机床）。

在资产管理主界面，依次进入"系统设置→资产代码设置"进入资产代码设置主界面，如图 3 – 93 所示。

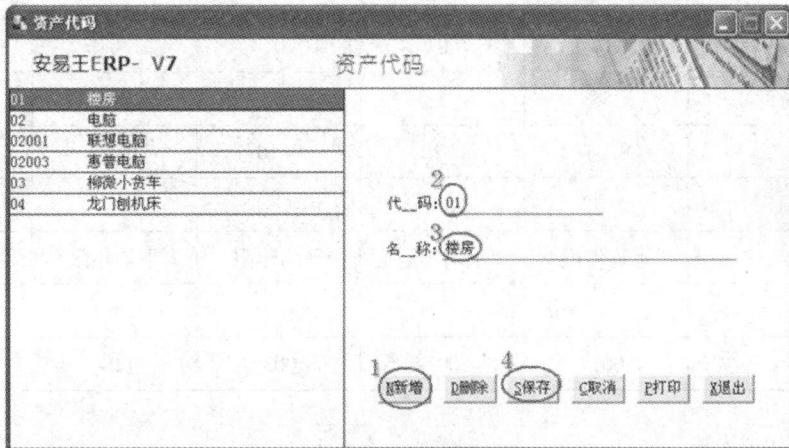

图 3 – 93　资产代码

在图 3 – 93 界面中，依次执行 1、2、3、4 几个步骤，即可将"01——楼房"增加至系统内部。重复执行 1、2、3、4 几个步骤，可以将其他资产增加至系统内。注意案例的编码方案为"xx. xxx. xx"，即一级部门代码二位数，二级部门代码三位数，三级部门代码二位数。要遵循"先上级后下级"的规则。资产代码的新增、修改、删除都在此界面进行。

四、录入固定资产原始卡片

固定资产管理实行卡片制，即"一资一卡"，每种固定资产都应该建立一张唯一对应的卡片，记录名称、时间、价值、折旧、部门、使用等信息。在实现资产管理电算化之初，必须把原有的所有资产的卡片录入系统,如果原来没有建立卡片的,需要补建并录入系统。桂康公司固定资产原始卡片信息如表3-7所示。

表3-7　桂康公司固定资产原始卡片

资产 项目	楼房 (01)	联想电脑 (02001)	宏基电脑 (02002)	柳微货车 (03)	龙门刨机床 (04)
计量单位	座	台	台	辆	套
数量	1	1	1	1	1
地点	金鸡路1号	经理室	财务室	一车间	二车间
部门	经理室	经理室	财务科	一车间	二车间
保管人员	王军	王军	李会计	申清华	陈平
购入日期	1996-12-01	2010-11-30	2010-11-30	2010-11-30	2010-11-30
状态	启用	启用	启用	启用	启用
启用日期	1996-12-31	2010-12-01	2010-12-15	2010-12-01	2010-12-01
资产原值	62 500	5 000	5 000	17 500	30 000
累计折旧	50 000	0	0		
使用年限(尚可)	5	5	5	4	10
残值率	0.04	0.10	0.10	0.04	0.05
残值					
折旧方法	平均年限	平均年限	平均年限	平均年限	平均年限
折旧率					
凭证号	001	002	003	004	005

【例】　要求将表3-7中的5张卡片录入系统。

在资产管理主界面,依次进入"系统设置→资产卡片录入",进入资产卡片录入界面,如图3-94所示。

在图3-94界面,在左边列表中选中"01楼房",在右边的编辑区域录入相应信息,点击"保存"完成第一张卡片录入。用同样的方法录完其他资产卡片。需要注意的是,这里只能选择已有资产录入或修改,不能新增资产,也不能在此删除卡片。

五、计算折旧

录完原始卡片信息后,就可以计提1月份的折旧了。企业计提折旧可以在月初、月中、月末进行,无论在哪个时点计提,对折旧额是没有任何影响的。月初计提折旧能更好地贯彻"当月新增的资产当月不提折旧,当月减少的资产当月照提折旧"这一惯例。

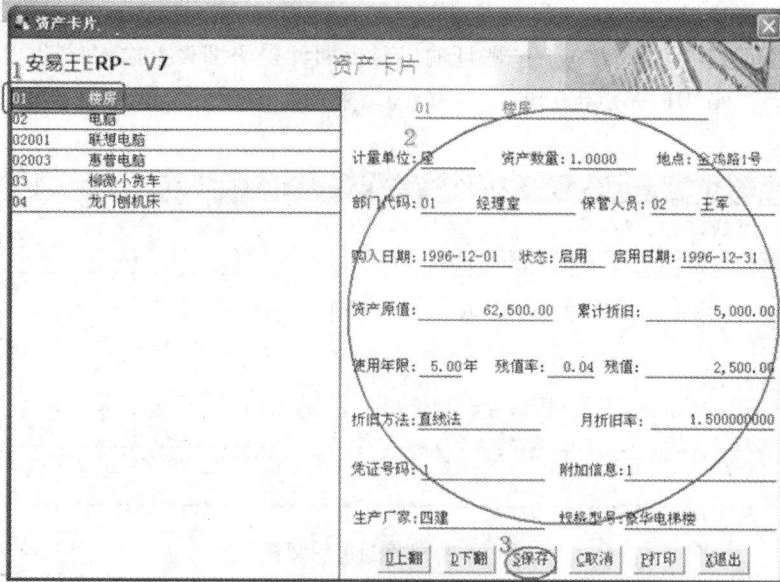

图 3 – 94　资产卡片

【例】　1 月 1 日计提桂康公司 1 月份的折旧。

在资产管理主界面, 进入"记账结账", 依次执行图 3 – 95 界面下的 1、2、3、4 几个步骤, 即可完成 1 月折旧计提工作。

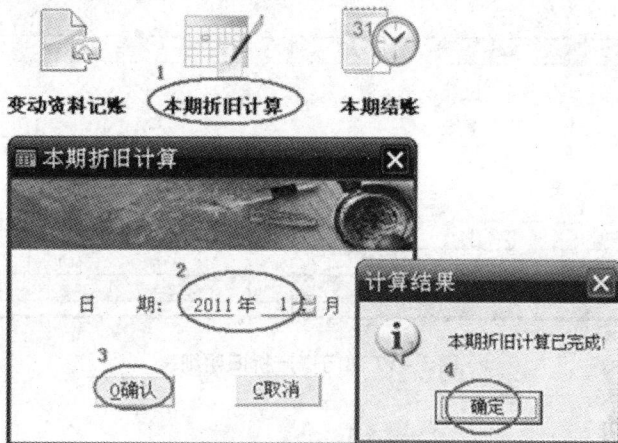

图 3 – 95 计提折旧

计提折旧工作也可以在"常用功能→计提折旧"下完成, 结果是一样的。

六、折旧查询

计提完折旧后, 可以查询各种折旧统计表。

【例】　要求查询办公楼的折旧计提明细表和经理室的部门折旧计提明细表。

1. 查询折旧计提明细表

在资产管理主界面，依次执行“账证输出→折旧计提明细表→输入日期 2011 年 1 月 1 日→输入资产代码‘01’→点击‘确定’”，查询结果如图 3－96 所示。

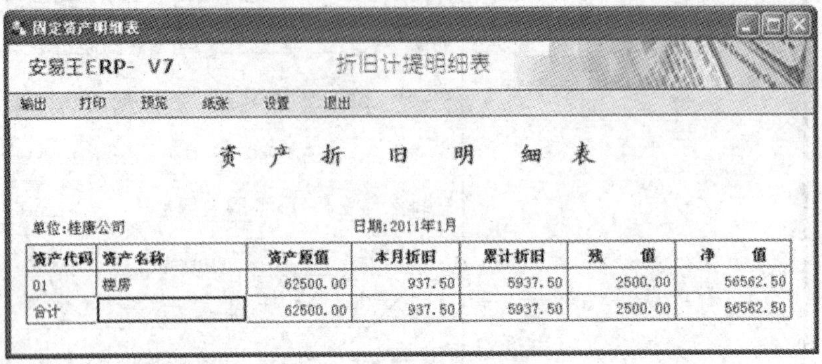

资产代码	资产名称	资产原值	本月折旧	累计折旧	残 值	净 值
01	楼房	62500.00	937.50	5937.50	2500.00	56562.50
合计		62500.00	937.50	5937.50	2500.00	56562.50

图 3－96 资产折旧明细表

2. 部门折旧计提明细表

在资产管理主界面，依次执行“账证输出→部门折旧计提明细表→输入日期 2011 年 1 月 1 日→输入部门代码‘01’→点击‘确定’”，查询结果如图 3－97 所示。

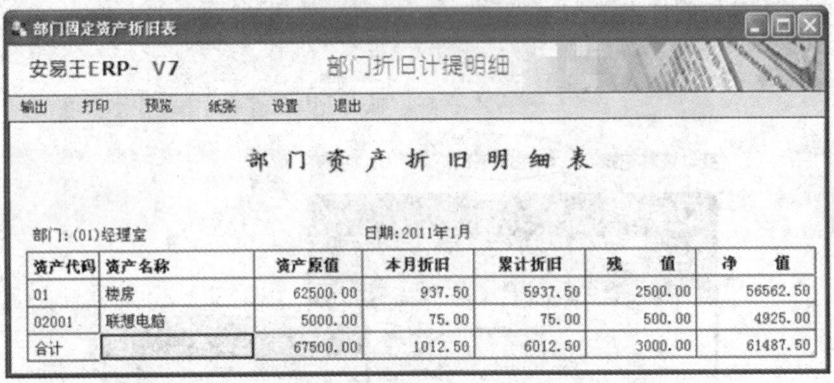

资产代码	资产名称	资产原值	本月折旧	累计折旧	残 值	净 值
01	楼房	62500.00	937.50	5937.50	2500.00	56562.50
02001	联想电脑	5000.00	75.00	75.00	500.00	4925.00
合计		67500.00	1012.50	6012.50	3000.00	61487.50

图 3－97 部门资产折旧明细表

七、资产变动

1. 新增资产

【例】 1 月 15 日直接购入一车间的惠普电脑一台，购价 6 000 元，预计使用年限为 5 年，净残值为 3%，采用“直线法”计提折旧。1 月 16 日正式投入使用。保管员为姜青青，使用状态为启用。卡片编号为 02003。

(1)增加资产代码。

在资产管理主界面，依次执行“系统设置→资产代码设置”进入资产代码管理界面，如图 3－98 所示，依次执行 1、2、3、4 各步骤，增加“02003——惠普电脑”至系统。

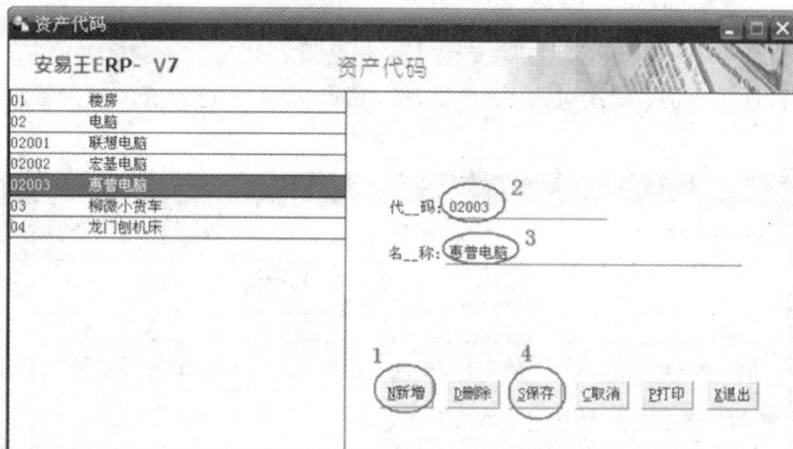

图 3 – 98 购置资产代码设置

（2）增加资产卡片。

在资产管理主界面，依次点击"系统设置→资产卡片录入"进入资产卡片管理界面，如图 3 – 99 所示，依次执行 1、2、3 各步骤，增加"02003——惠普电脑"的详细信息到系统卡片中。

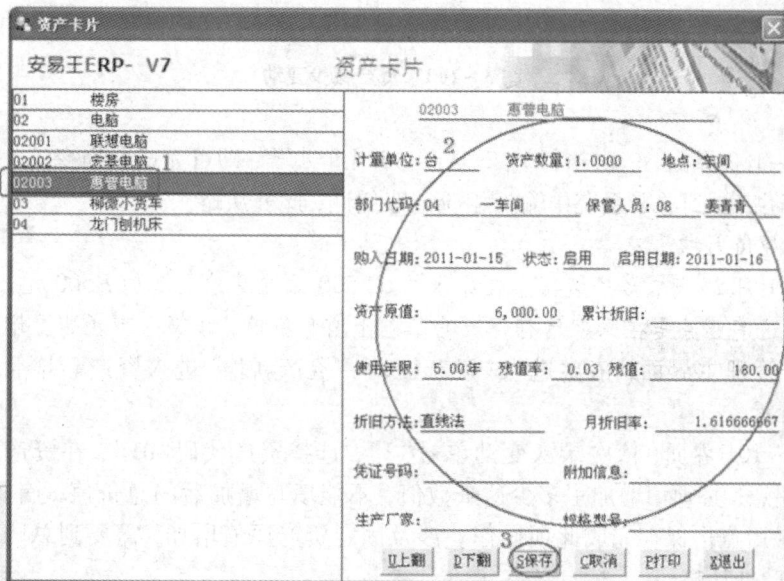

图 3 – 99 新增资产卡片设置

新购置资产的卡片信息，也可以依次进入"资产变动→资产增加"中填写资产增加变动单来完成，执行结果是一样的。

（3）新购置资产的会计处理。

涉及购置固定资产的记账凭证，需要到总账系统中操作。此处略。

2.资产原值全部减少

【例】　1月20日,财务室的宏基笔记本意外毁损。

在资产管理主界面,依次进入"资产变动→资产减少",进入资产减少管理界面,如图3-100所示。

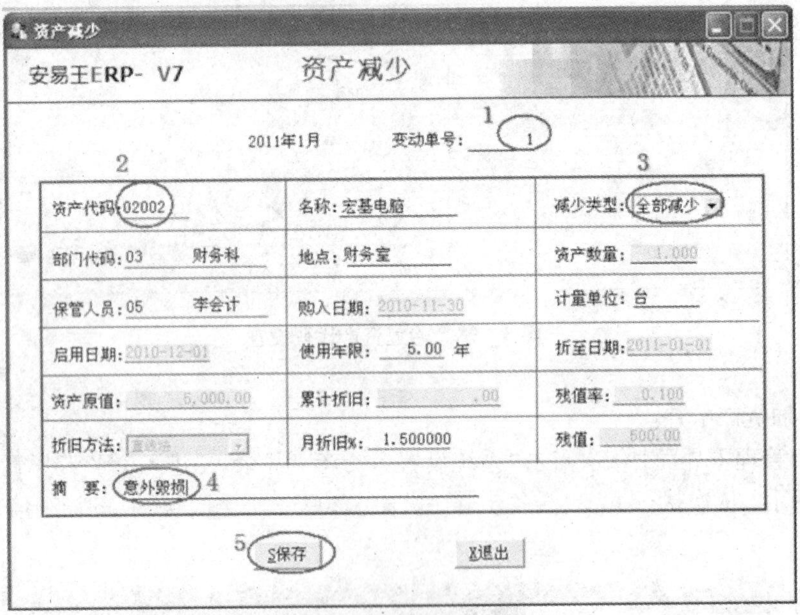

图3-100　资产减少变动

在图3-100界面,依次执行1、2、3、4、5几个步骤,即可完成毁损变动。涉及固定资产的毁损,还需要到总账系统中输入相应记账凭证,此处从略。

3.资产原值新增

【例】　1月25日,楼房装修。在原来的62 500元的基础上增加7 500元,填写资产增加变动单。这笔业务是在原来已有资产的基础上增加价值,和第一步新购置增加不同。

在资产管理主界面,依次进入"资产变动→资产新增"进入资产新增管理界面,如图3-101所示。

在图3-101界面,依次录入变动单号"2",选择资产代码"01",在资产原值处填入"7 500",注意,必须填增加了多少这个数值,不能填写增加后的总价值,摘要处填入"改建增值",最后点击保存完成此项操作。涉及固定资产原值增加,需要到总账系统中进行账务处理,此处从略。

4.资产原值部分减少

【例】　1月31日,进行资产减值测试,二车间的龙门刨机床减值10 000元。填写资产减值变动单。(原值部分减少)

在固定资产主界面,依次点击"资产变动→资产减少"进入资产减少管理界面,如图3-102所示,依次执行图中的1、2、3、4、5、6即可完成减值操作。

注意,变动单号由系统自动生成。要修改或者删除变动单,需要到"资产变动→变动单修改"中完成,此处从略。

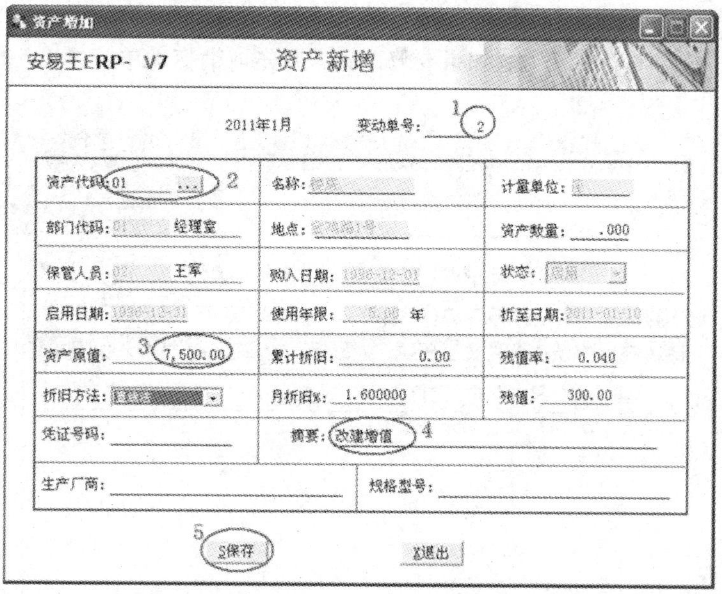

图 3 – 101　资产原值新增

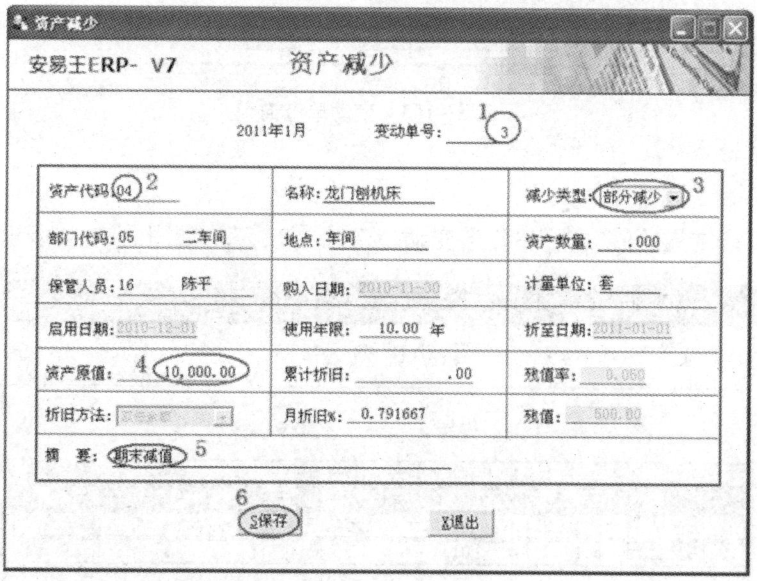

图 3 – 102　资产减值

涉及固定资产减值的问题，需要到总账系统中进行相应账务处理，此处从略。

八、变动单修改、审核、记账

1. 变动单查询修改

【例】　查询上述录入的变动单。

在固定资产主界面依次进入"资产变动→变动单修改"，出现担心横修改界面，如图 3 – 103 所示，依次输入查询时间，点击"查询"，表内就会显示出已经录入的变动单。双击变动单，可进行修改。点击"删除"按钮，可以删除选中的变动单。注意，对于已经审核过的变动单，不能在此查询修改，如果要修改，需要先取消变动单审核。

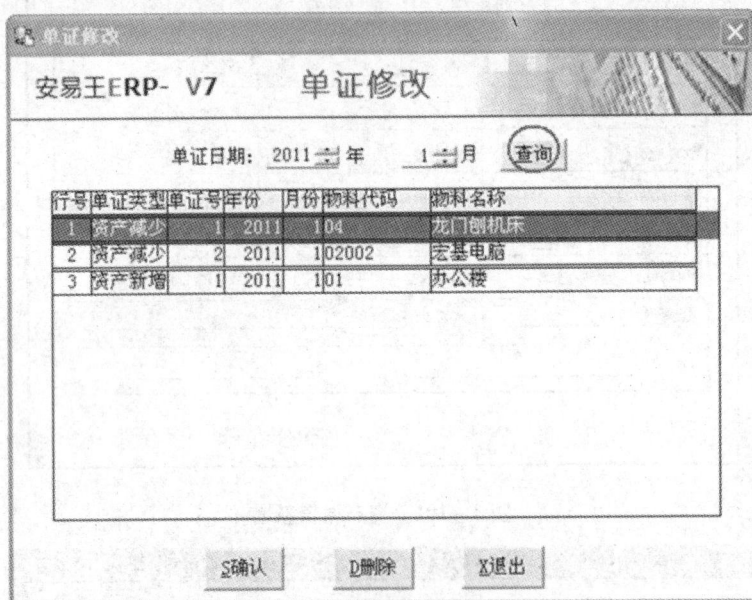

图 3 – 103　变动单查询

2. 变动单审核

【例】　审核上述变动单。

在固定资产主界面依次进入"资产变动→变动单审核"，如图 3 – 104 所示。

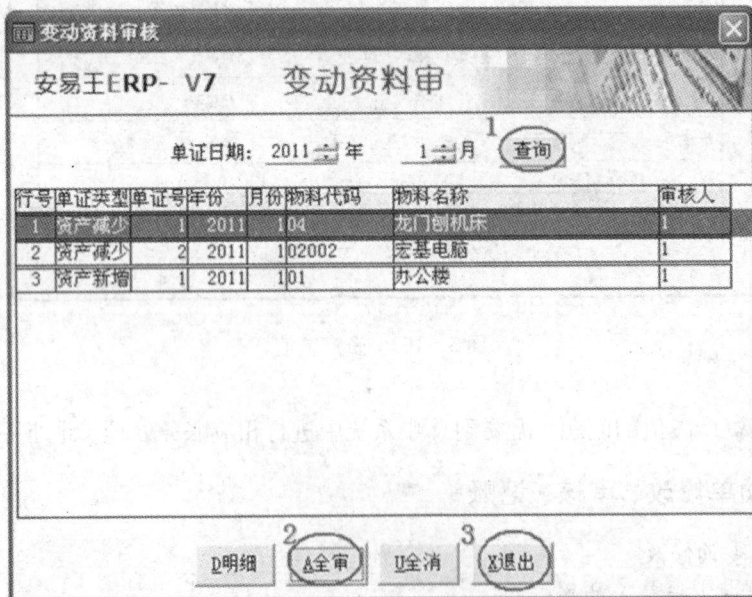

图 3 –104 变动单审核

在图 3 – 104 中，依次执行 1、2、3 几步，即可完成审核。未审核的单据不能进行下一步"变动单据记账"，审核后如果要修改原单据，还可以取消审核签字。

3. 变动单据记账

变动单据记账实质是指用已经审核过的变动单据数据更新原来对应的固定资产，让固定资产的价值和变动后的结果吻合。这里的"账"是固定资产管理方面的内部账，不是会计意义上的"账"，这里的记账不会影响总账中的固定资产账。

(1)单据记账。

【例】　对前述业务 2、3、4 三张变动单进行记账。

在固定资产主界面依次进入"记账结账→变动资料记账"，进入变动单记账界面，如图 3 – 105 所示。

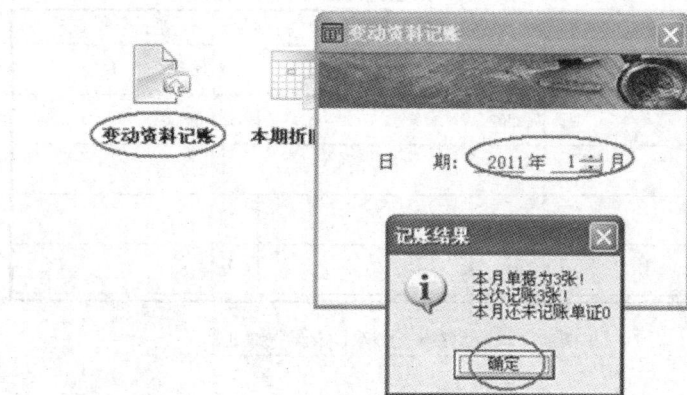

图 3 – 105　变动单记账

在图 3 – 105 界面，依次输入时间，点击"确定"后即可完成变动单记账。

(2)单据反记账。

变动单记账后，如要修稿变动单，则需要执行单据反记账。依次进入"记账结账→变动资料记账"，进入变动单记账界面，如图 3 – 106 所示。

在图 3 – 106 界面按下组合键"Ctrl + Tab"，进入单据反记账界面，如图 3 – 107 所示。

在图 3 – 107 界面输入时间并确定即可完成单据反记账。反记账后的单据如果需要编辑，还要取消单据审核，最后在单据修改界面进行编辑。

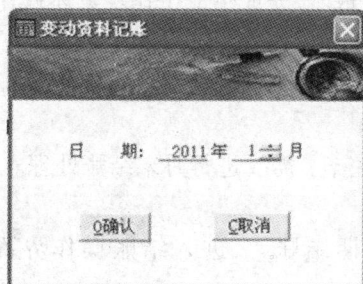

图 3 – 106　单据反记账步骤一

图 3 – 107　单据反记账步骤二

九、自动转账分录定义和生成

1. 自动转账分录定义

【例】 桂康公司按照部门分配折旧，经理室、办公室、财务科的固定资产折旧计入"管理费用——折旧"；一车间和二车间的固定资产折旧计入"制造费用"。

在资产管理主界面，依次进入"账务处理→自动分录定义"，出现自动分录定义界面，如图 3 – 108 所示。

自 动 分 录

分录号　　　1　　　　　　　　用于生成固定资产凭证！

摘　要	科　目	借/贷	金额来源公式
计提折旧	4105	借	=bm(04)
计提折旧	550202	借	=bm(03)
计提折旧	550202	借	=bm(02)
计提折旧	550202	借	=bm(01)
计提折旧	1502	贷	=qb()

| F2提示 | F3帮助 | D删除 | I插入 | S存盘 | X退出 |

图 3 – 108　折旧自动分录定义

在图 3 – 108 界面中，每个部门一行，一共要定义六行，其中借方五行，贷方一行。屏幕只显示五行，可以通过按回车键，实现滚屏。

bm(04)的含义是取 04 部门 1 月折旧额，bm(05)，bm(03)，bm(02)，bm(01)的含义照此类推。

qb()的含义是指取所有部门 1 月折旧额。

录入完毕后，一定要执行"保存"。

2. 自动分录凭证生成

【例】 生成固定资产折旧分配的记账凭证。

在固定资产主界面，依次进入"账务处理→凭证生成"，完成生成工作。具体操作和前述工资图 3 – 88、图 3 – 89 操作过程基本相同，此处从略。

十、固定资产期末结账

经过上述各项操作后，固定资产模块的处理已经完毕，需要进行月末结账处理。

【例】 月末，对桂康公司固定资产模块进行结账。

在资产管理主界面，依次执行"记账结账→本期结账"，进入结账操作界面，如图 3 – 109所示。

结完账后，可以进行下个月的固定资产业务处理了。如果结账后发现本月折旧还有错误，需要在结账界面按下组合键"Ctrl + Tab"取消结账。

变动资料记账　　本期折旧计算　　本期结账

月 度	开始时间	终止时间	状态	
一　期	2011-01-01	2011-01-31	未结	结账
二　期	2011-02-01	2011-02-28	未结	
三　期	2011-03-01	2011-03-31	未结	退出
四　期	2011-04-01	2011-04-30	未结	
五　期	2011-05-01	2011-05-31	未结	
六　期	2011-06-01	2011-06-30	未结	
七　期	2011-07-01	2011-07-31	未结	
八　期	2011-08-01	2011-08-31	未结	
九　期	2011-09-01	2011-09-30	未结	
十　期	2011-10-01	2011-10-31	未结	
十一期	2011-11-01	2011-11-30	未结	
十二期	2011-12-01	2011-12-31	未结	

会计期间(2011年度),进行结帐操作

■更换界面
■重新登录
■退出系统

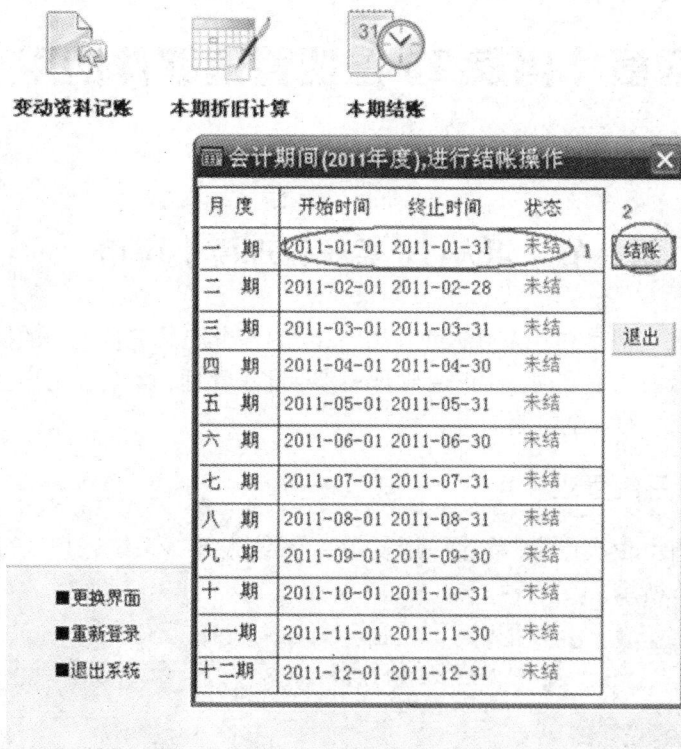

图 3 - 109　资产结账

第四章　用友 T6 企业管理软件应用

第一节　用友 T6 系统管理模块应用

系统管理的主要功能是对用友普及型 ERP – T6 的各个产品进行统一的操作管理和数据维护，具体包括以下几个方面：①账套管理；②年度账管理；③系统用户及操作权限的集中管理；④设立统一的安全机制。

一、注册登录系统管理

打开"开始"菜单，依次点击"程序→用友 T6→系统服务→系统管理"，弹出"系统管理"窗口，如图 4 – 1 所示。

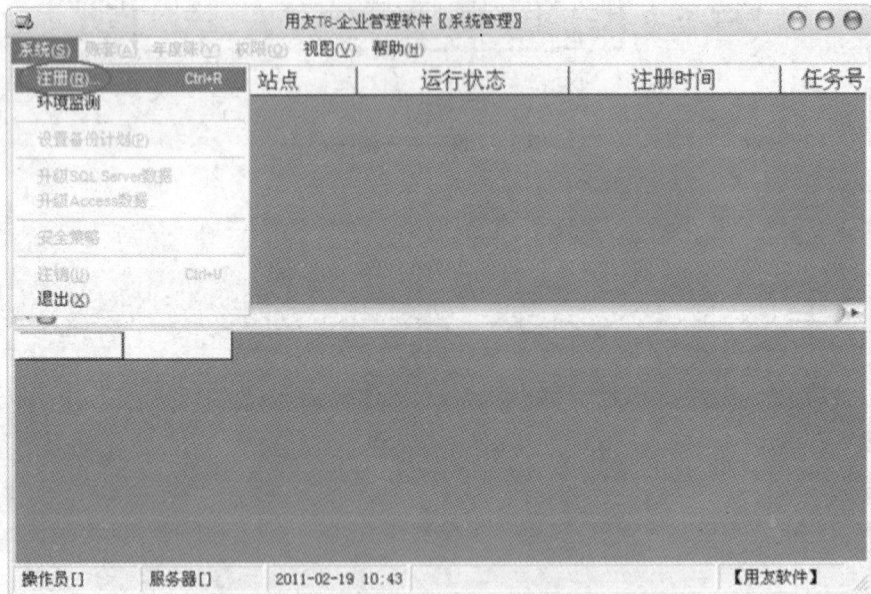

图 4 – 1　用友 T6 企业管理软件系统管理

在"系统管理"窗口中，单击"系统"菜单，选择"注册"功能，系统会弹出"【系统管理】"窗口，如图 4 – 2 所示。此时可以根据需要选择不同的注册方式，以系统管理员（admin）或账套主管（在已经存在账套的情况下）身份进行注册。

系统管理员负责整个用友系统总体控制和维护，管理该系统中的所有账套。系统管理员可以建立、引入和输出账套，设置用户、角色及其权限，进行备份计划设置，监控系统运

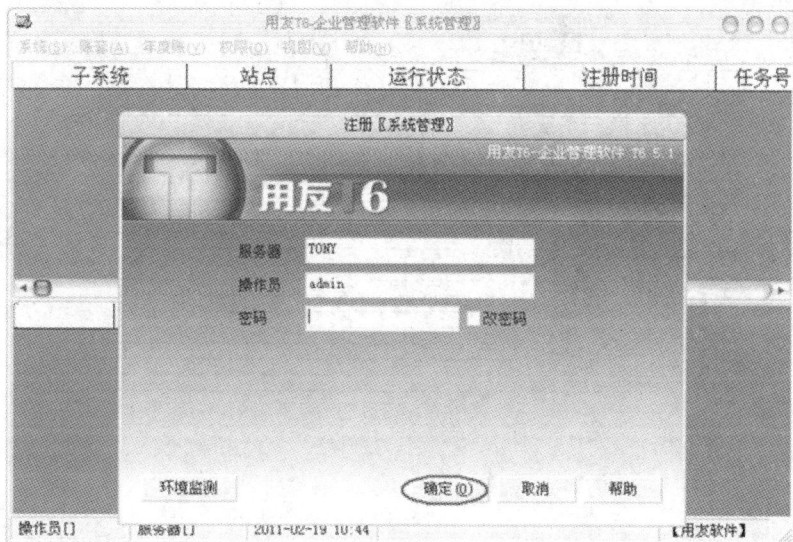

图 4-2　系统管理注册

行过程以及清除异常任务等。系统管理员的名称是用友系统默认并固定的(用户名为 admin，初始密码默认为空，可修改)。

账套主管是系统管理员在建立账套过程中指定的管理该账套的主管。账套主管负责账套维护，主要包括对账套进行修改，对所选年度内的账套进行管理(包括账套的创建、清空、引入、输出及各个子系统的年末结转)，以及设置该账套操作员权限。

账套主管可以登录企业应用平台对有权限的账套进行业务操作，但系统管理员不能对账套业务进行操作。

二、角色和用户

用友普及型 ERP - T6 中对用户和权限做了精细的管理，根据需求可以进行角色和用户的定义。

角色是指在企业管理中拥有某一类职能的组织，这个角色组织可以是实际的部门，可以是由拥有同一类职能的人构成的虚拟组织。例如：实际工作中最常见的会计和出纳两个角色(他们既可以是同一个部门的人员，也可以分属不同的部门，但工作职能是一样的)。我们在设置了角色后，就可以定义角色的权限，当用户归属某一角色后，就相应地拥有了该角色的权限。设置角色的方便之处在于可以根据职能统一进行权限的划分，方便授权。角色的相关操作如下：

(1)以系统管理员的身份登录到系统管理的界面。

(2)在系统弹出的窗口中单击"权限"菜单下的"角色"项，弹出"角色管理"窗口，可以根据需要进行角色的增加、修改和删除操作，如图 4-3 所示。

用户是指有权限登录系统，对应用系统进行操作的人员，即通常意义上的"操作员"。每次注册登录应用系统，都要进行用户身份的合法性检查。只有设置了具体的用户之后，才能进行相关的操作。

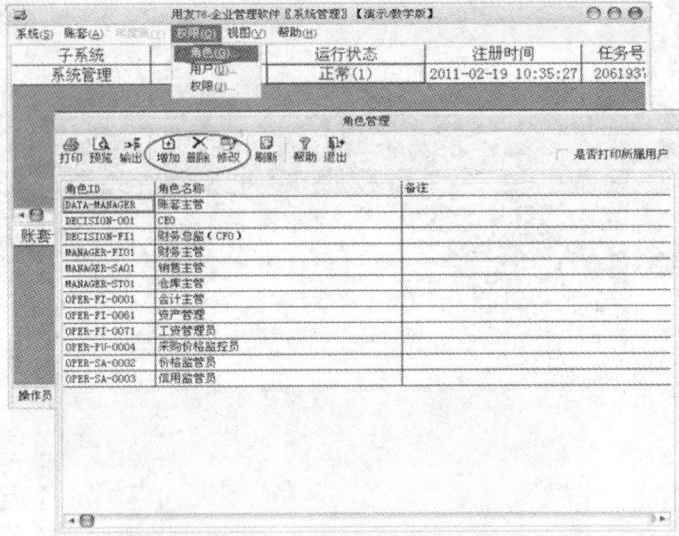

图 4 – 3   用友 **T6** – 企业管理软件角色管理

【例】 增加操作员。

(1) 单击"权限"菜单下的"用户"项，系统弹出"用户管理"窗口，单击"增加"按钮，系统弹出"增加用户"窗口，在编号中输入"001"，在姓名中输入"刘伟"，单击"增加"按钮保存并增加新用户，如图 4 – 4 所示。

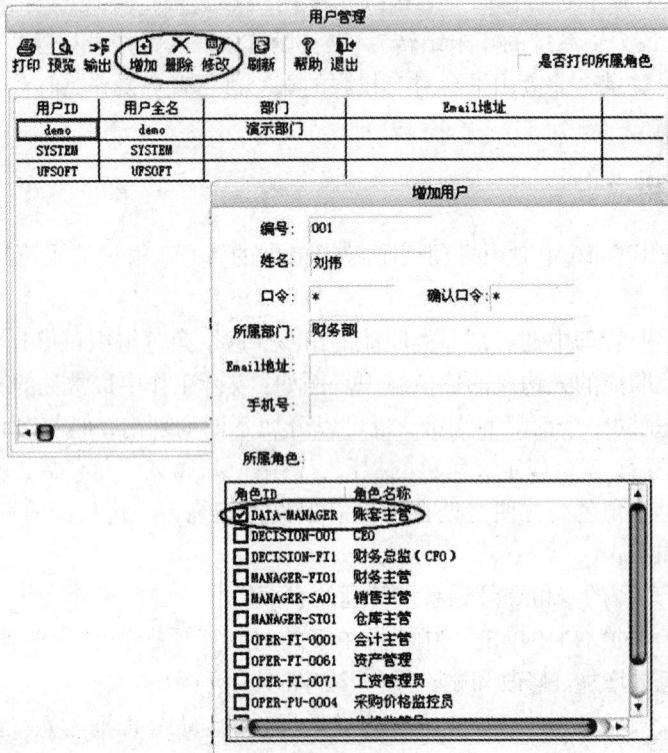

图 4 – 4   增加用户

（2）参照表 4 – 1，录入其他用户资料。

表 4 – 1　科力公司使用用友软件的用户档案

用户编号	用户名	口令	所属部门
001	刘伟	1	财务部
002	李小丽	2	财务部
003	陈姗姗	3	财务部
004	赵薇薇	4	财务部
005	陈卉	5	财务部

三、建立新账套

建立新账套，即将会计的核算主体的名称、所属行业、启用时间和编码规则等信息设置到系统中，称为建账，建账完成后，才可以启用各个子系统，进行相关的业务操作。

【例】　建立模拟企业的账套。

（1）在"系统管理"窗口中，以系统管理员身份注册，然后单击"账套"菜单下的"建立"选项，系统弹出"创建账套"窗口，如图 4 – 5 所示。

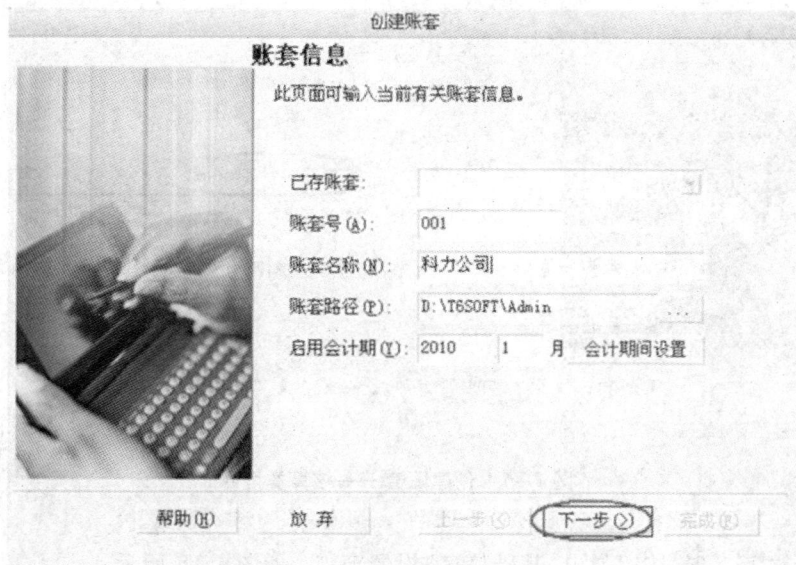

图 4 – 5　创建账套——账套信息

（2）单击"下一步"按钮，输入单位信息，单位信息用于记录本次新建账套的单位基本信息，结果如图 4 – 6 所示。

（3）单击"下一步"按钮，弹出"核算类型"设置界面，如图 4 – 7 所示。

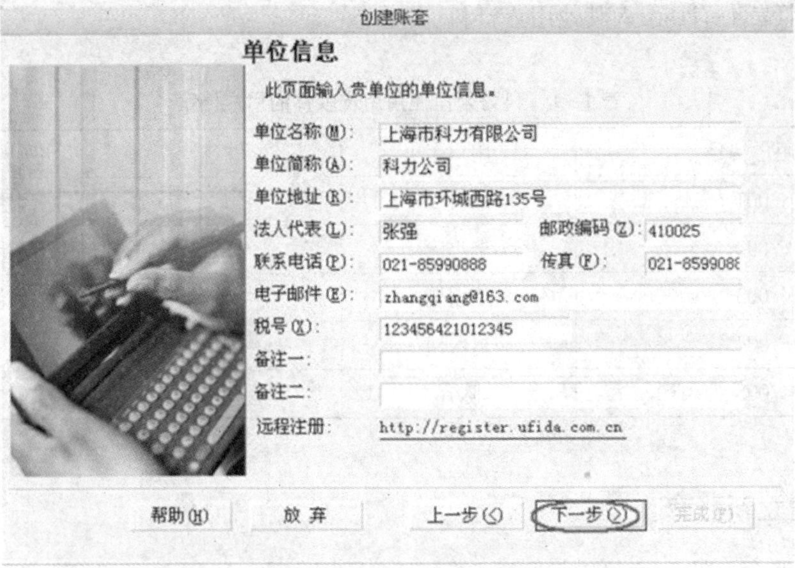

图 4-6　创建账套——单位信息

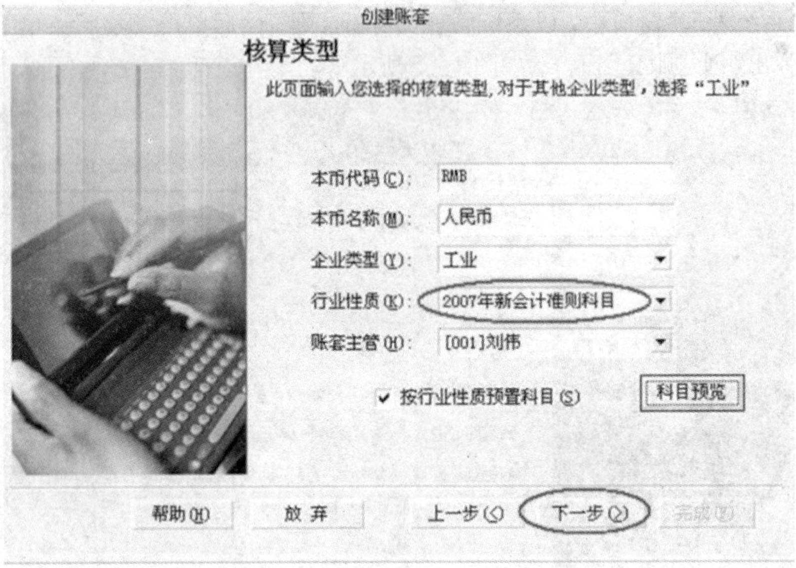

图 4-7　创建账套——核算类型

(4)单击"下一步"按钮弹出"基础信息"设置窗口,如图 4-8 所示。

(5)单击"完成"按钮,系统提示"是否可以建账了?"单击"是"开始建账。建账完成后,系统弹出"分类编码方案"窗口,如图 4-9 所示,这是本账套由系统预设置的编码方案。按要求进行修改,之后单击"保存"按钮即可。

(6)保存后,单击"退出"按钮,系统弹出"数据精度定义"窗口,数据精度表示系统处理资料的小数位数,超过该精度的数据,系统会以四舍五入的方式进行取舍,如图 4-10 所示。

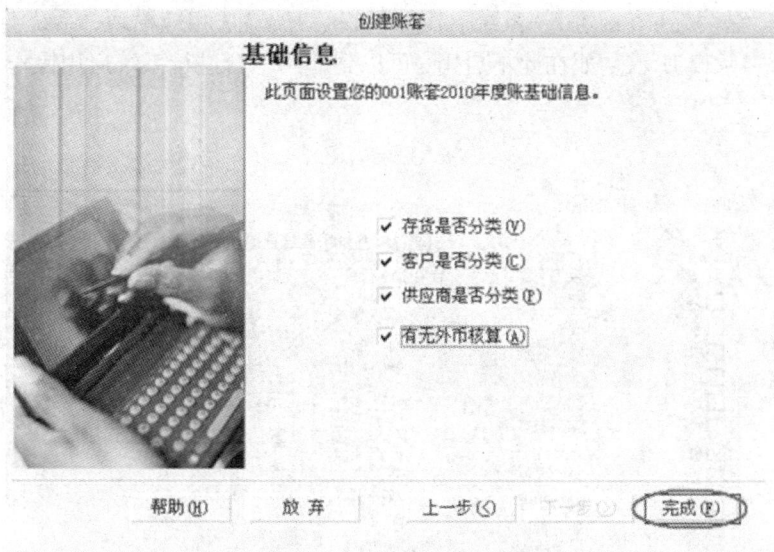

图 4 - 8　创建账套——基础信息

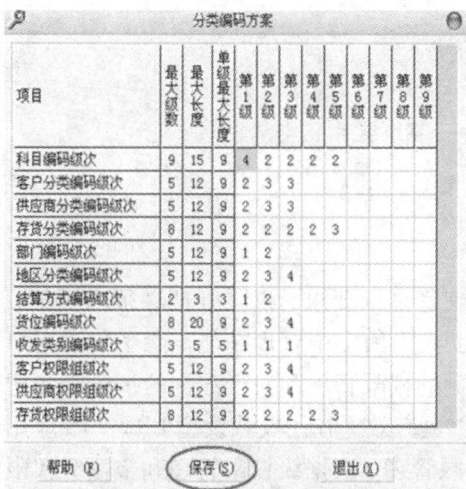

图 4 - 9　分类编码方案设置

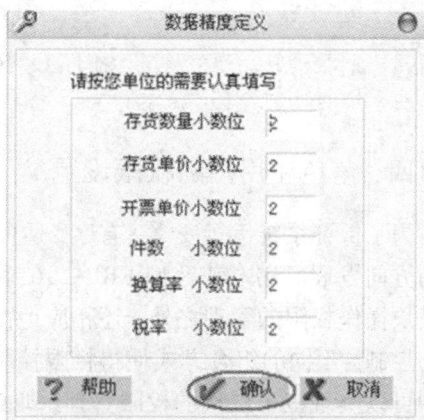

图 4 - 10　数据精度定义设置

（7）使用系统默认设置则单击"确定"按钮，账套建立完毕。此时系统提示"是否启用模块"，如图 4 - 11 所示，启用时系统记录启用日期和启用人。模块只有在启用之后才能在用友软件中使用。

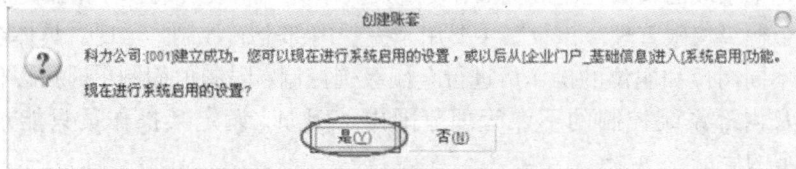

图 4 - 11　创建账套——系统启用提示

（8）单击"是"按钮直接进入"系统启用"设置接口，勾选相应模块，系统会提示录入启用日期，如图4－12所示。如在此不启用，可以到应用平台进行系统启用操作。

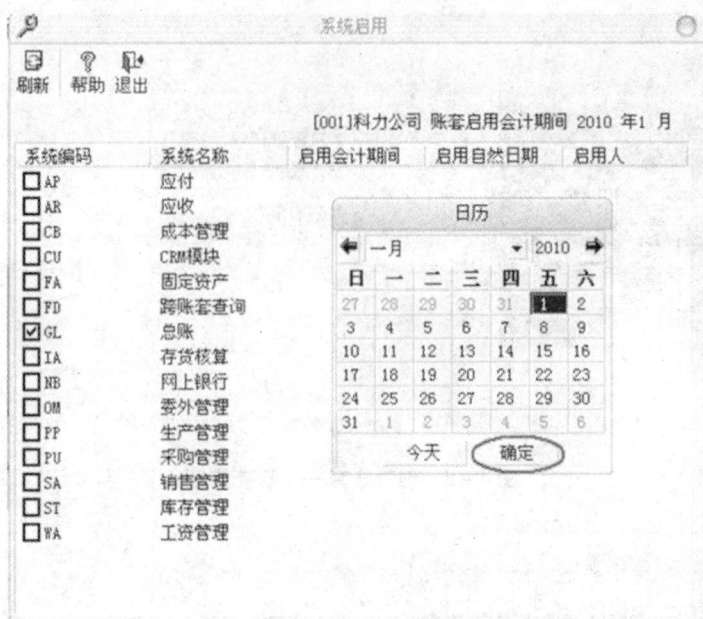

图4－12　创建账套——系统启用

四、角色和用户的权限设置

为了保证系统运行安全、有序，适应企业精细管理的要求，权限管理必须向更细、更深的方向发展。用友普及型 ERP－T6 系统提供了权限的集中管理功能。除了提供用户对各模块操作权限的管理之外，还相应地提供了金额的权限管理和对于数据的字段级和记录级的控制，不同的组合方式使得权限控制更灵活、更有效。在用友普及型 ERP－T6 应用系统中可以实现三个层次的权限管理，即功能级权限管理、数据级权限管理和金额级权限管理。其中功能级权限分配在系统管理中设置完成，在企业应用平台中主要完成数据级权限分配和金额级权限分配。

第一，功能级权限管理。功能级权限管理提供了更为细致的功能级权限管理功能，包括各功能模块相关业务的查看和分配权限。

第二，数据级权限管理。该权限可以通过两个方面进行控制，一个是字段级权限控制，另一个是记录级的权限控制。例如，设定某操作员只录入某一种凭证类别的凭证。

第三，金额级权限管理。该权限主要用于完善内部金额控制，实现对具体金额数量划分级别，对不同岗位和职位的操作员进行金额级别控制，限制他们制单时可以使用的金额数量，不涉及内部系统控制的不在管理范围内。例如，设定某操作员只能录入金额在20 000元以下的凭证。

用友 T6 中可同时存在多位操作员，同一操作员可以对多个账套进行管理。

在角色、用户设置完毕，新账套建立完成之后，需要为角色、用户设置具体权限。

【例】 为模拟账套中的用户设置权限。

(1)打开"系统管理"，以"admin"身份注册，单击权限菜单下的权限，系统弹出"操作员权限"窗口。单击选中操作员"001"，选择 001 账套，选择 2010，然后勾选"账套主管"项，则将编号为"001"的操作员设置成了 001 账套 2010 年度账套主管，如图 4 - 13 所示。

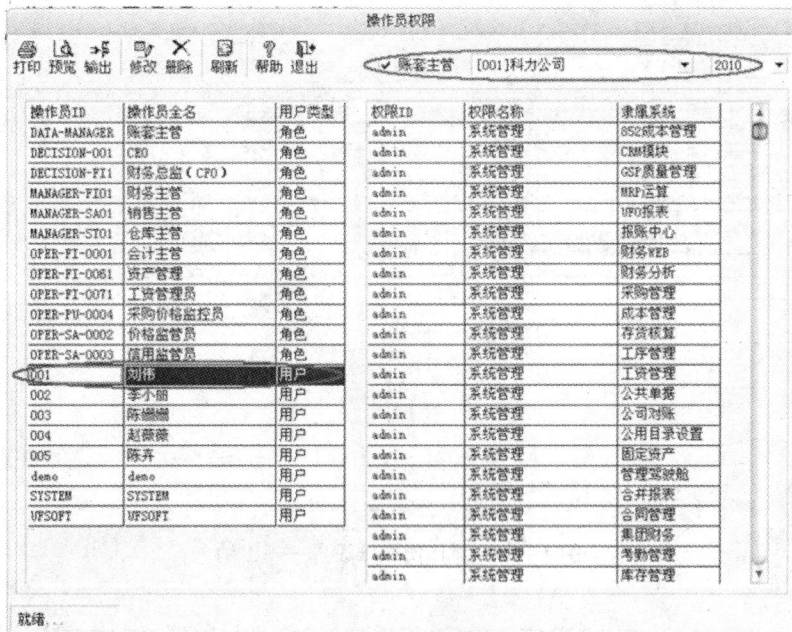

图 4 - 13　操作员权限设置——账套主管

(2)选中操作员"002"，然后单击"修改"按钮，系统弹出"增加和调整权限"窗口，选择好账套和年度，然后单击"修改"按钮，勾选总账系统中的出纳和凭证菜单下的出纳签字权限，然后单击"保存"按钮保存设置，如图 4 - 14 所示。

(3)参照表 4 - 2，分别为操作员 003、004、005 设置权限。

表 4 - 2　科力公司中各用户权限

用户编码	用户名	功能级权限
001	刘伟	账套主管
002	李小丽	具有总账系统凭证下的出纳签字权限及出纳的所有权限
003	陈姗姗	具有应收系统的所有权限及总账系统除设置、主管签字、审核凭证、记账、恢复记账前状态及出纳(包含出纳签字)以外的所有权限
004	赵薇薇	具有应付系统的所有权限及总账系统除设置、主管签字、审核凭证、记账、恢复记账前状态及出纳(包含出纳签字)以外的所有权限
005	陈卉	具有总账系统下除设置、主管签字、审核凭证、记账、恢复记账前状态及出纳(包含出纳签字)以外的所有权限

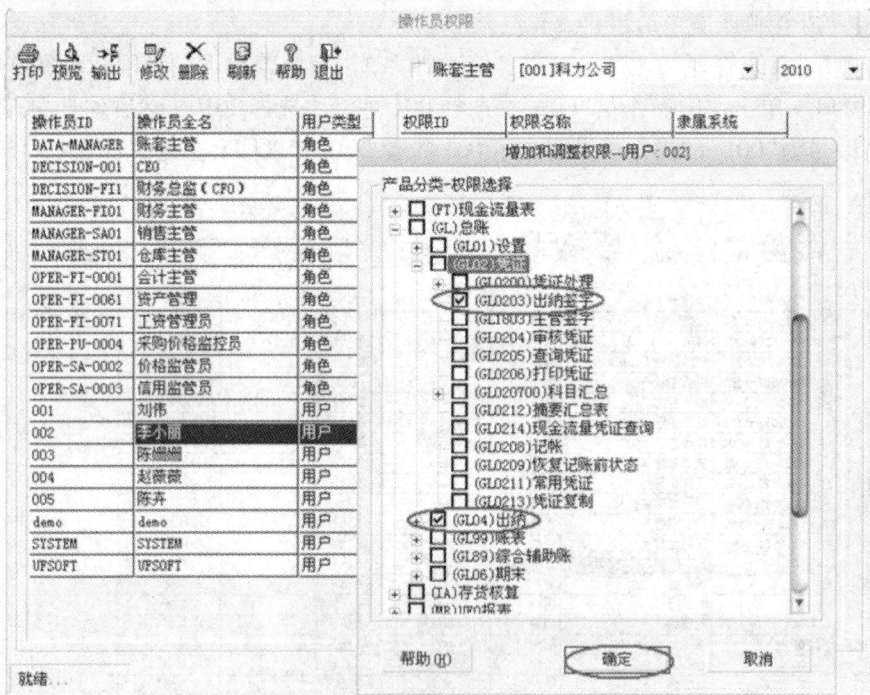

图 4 – 14 操作员权限设置——出纳

(4)权限设置完毕，单击"确定"按钮，可以在"操作员权限"窗口中看到该操作员对指定年度的账套所拥有的权限。

五、账套的输出和引入

将企业资料备份保存到不同的介质上（如光盘、网络磁盘等）是非常重要的，如果因为外界的原因（如地震、火灾、电脑病毒或人为的误操作等）使软件失效，备份资料可以使企业的损失降到最小。

企业不仅应做好备份工作，还要处理好信息化系统的安全问题，如安装杀毒软件，使用 UPS（不间断电源）等，加强资料的安全性；将备份的资料复制到不同的机器上进行保存；年度资料刻录成光盘进行保存等。

下面介绍如何在系统管理中对账套数据进行备份。

【例】 账套输出。

(1)打开"系统管理"窗口，用"admin"身份进行注册，单击"账套"菜单下的"输出"选项，系统弹出"账套输出"窗口，选择需要备份的 001 账套，如果希望备份完成之后删除账套数据，则需勾选"删除当前输出账套"项，如图 4 – 15 所示。

(2)单击"确认"按钮，系统开始账套备份处理，然后系统提示选择备份的路径，单击下拉菜单，选择"F:\科力公司手工备份"，单击"确定"按钮，系统将 001 账套备份在指定的文件夹中，如图 4 – 16 所示。

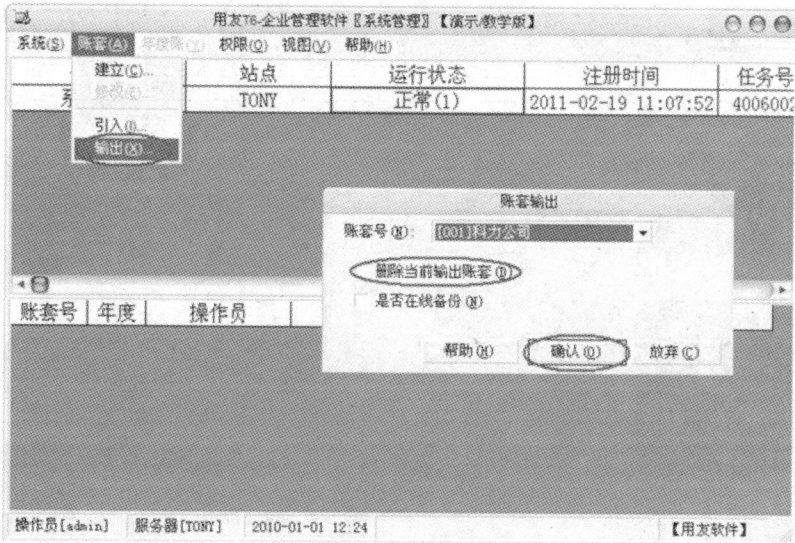

图 4 – 15 账套输出设置

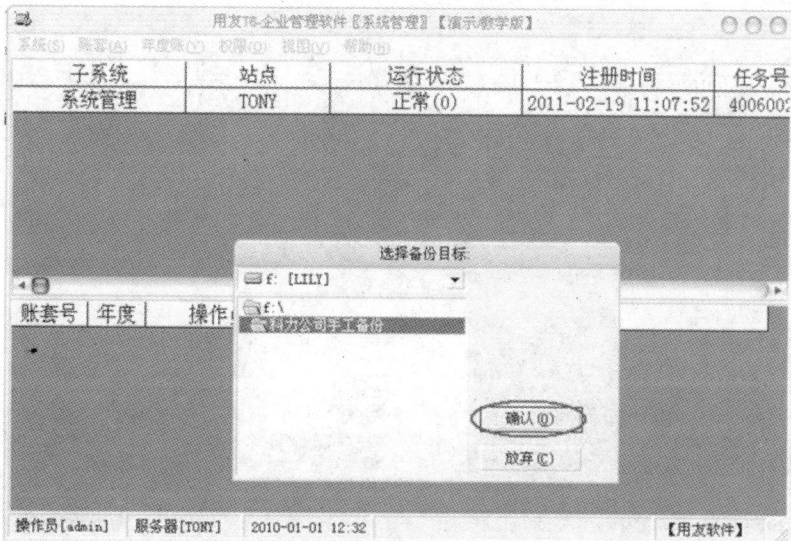

图 4 – 16 账套输出备份路径选择

【例】 账套引入。

引入账套功能是指将系统外某账套数据引入本系统中。有时账套数据损坏，也要将原来备份的资料重新引入进来。

（1）打开"系统管理"窗口，用"admin"身份进行注册。

（2）单击"账套"菜单下的"引入"选项，系统弹出"引入账套数据"窗口，如图 4 – 17 所示。

（3）选择需要引入的账套数据，然后单击"确定"按钮，系统提示"重新指定账套路径吗"，单击"否"按钮，默认系统路径，即可把资料引入进来，如图 4 – 18 所示。

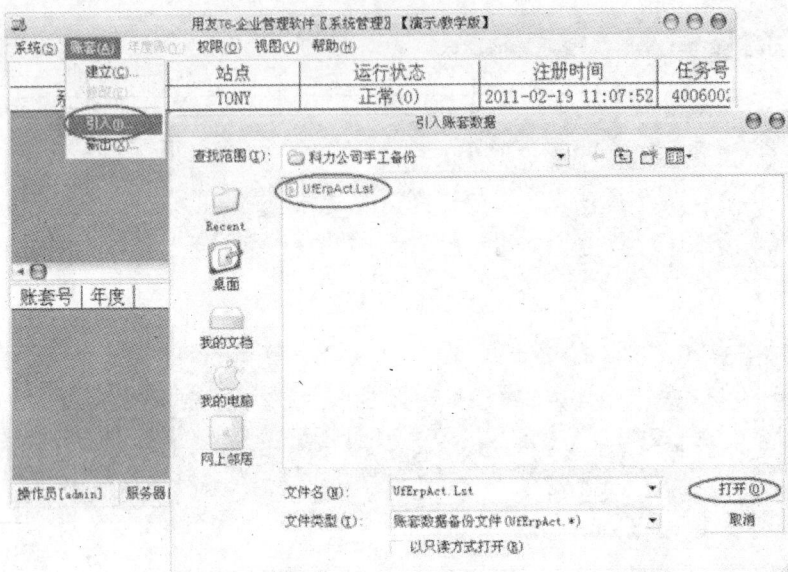

图 4-17　账套引入设置

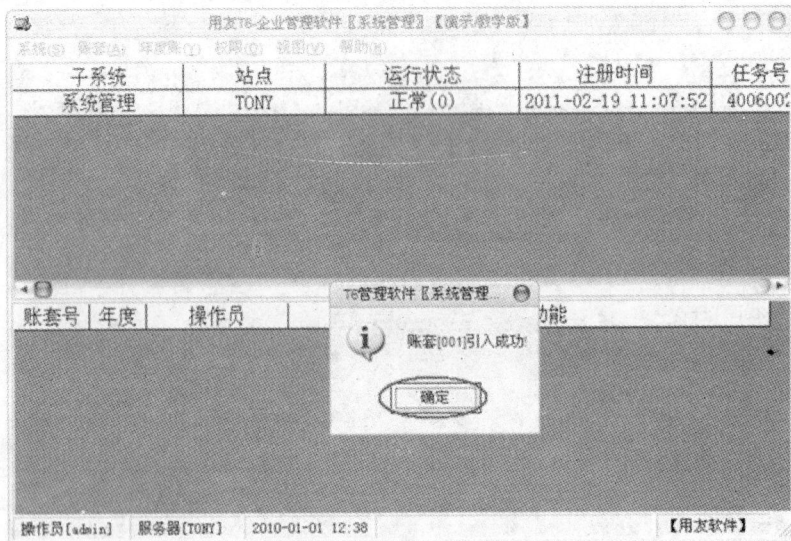

图 4-18　账套引入成功提示

第二节　用友 T6 基础信息设置

基础信息是企业中各部门公用的共享信息，是整个系统的基础。基础信息设置包括前述的编码方案、数据精度、基础档案信息和数据权限及单据设置，下面将会分别进行介绍。

首先，需要修改计算机系统日期为 2010 年 1 月 1 日，以"刘伟"身份注册登录 001 账套，打开 T6 企业门户，进入设置平台。

一、部门档案设置

部门指在核算单位管辖下的具有财务核算或业务管理要求的单元体，它不一定是实际中的部门机构（即如果该部门不进行财务核算或业务管理，可以不在系统中设置该部门档案）。部门档案信息包含：部门编码、名称、负责人和部门属性等信息。

【例】 录入部门档案。

（1）打开"机构设置"目录，选择"部门档案"命令，系统弹出部门档案设置窗口，部门档案的编码规则为"＊－＊＊"，表示编码方案为 1~2，即一级部门编号由一位数字（1~9）组成，其下属部门编号由两位数字组成（01~99）。

（2）单击"增加"按钮，部门编码输入"1"，部门名称输入"综合部"，部门属性录入"管理部门"。单击"保存"按钮保存设置。

（3）参照表 4－3，将其他部门档案信息依次录入。

表 4－3　科力公司组织架构

部门编码	部门名称	部门属性
1	综合部	管理部门
101	总经理办公室	综合管理
102	财务部	财务管理
2	销售部	市场营销
201	销售一部	专售电视机
202	销售二部	专售空调机
203	销售三部	售大型设备
3	采购部	采购供应
4	制造部	研发制造
401	产品研发	技术开发
402	制造车间	生产制造

二、职员档案设置

职员档案是指企业各职能部门中需要进行核算和业务管理的职员信息，不需要将公司所有的职员信息都设置进来，如生产部门只需设置生产部负责人和各生产部文员即可，而生产线员工可以不设置。设置职员档案之前必须先设置部门档案。

【例】 录入职员档案信息。

（1）打开"机构设置"目录，单击"职员档案"项，在部门职员中选择"总经理办公室"后单击"增加"按钮，系统弹出"增加职员档案"窗口。

（2）在"增加职员档案"窗口中，录入职员的相关信息后，单击"保存"按钮保存职员信息。录入过程中，特别注意部门和职员的对应关系。

（3）录入表 4 - 4 中的其他人员档案。

表 4 - 4　科力公司职员档案资料

职员编码	职员名称	所属部门	职员属性
01	张强	总经理办公室	总经理
02	刘伟	财务部	财务主管
03	李小丽	财务部	出纳
04	陈姗姗	财务部	会计
05	赵薇薇	财务部	会计
06	陈卉	财务部	会计
07	赵婷	销售一部	部门经理
08	赵倩	销售二部	部门经理
09	陈果	销售三部	部门经理
10	李强	采购部	部门经理
11	张静	产品研发	部门经理
12	王武	制造车间	部门经理

三、客商信息设置

此功能用来设置与企业有业务往来的客商信息，包括客户分类、客户档案、供应商分类、供应商档案和地区分类。

1. 客户分类设置

企业可以依据自身管理的要求对客户进行相应的分类，建立客户分类体系，以便对业务数据按照相应的分类进行统计分析。

【例】　录入客户分类信息。

（1）打开"往来单位"目录，选择"客户分类"命令，系统进入客户分类录入窗口，单击"增加"按钮，录入分类信息，单击"保存"按钮保存分类信息。

（2）参照表 4 - 5 增加其他客户分类信息。

表 4 - 5　科力公司客户分类

类别编码	类别名称
01	企业单位
0101	工业企业
0102	商业企业
0103	金融企业
02	事业单位
0201	机关
0202	学校
03	其他

2. 客户档案设置

客户档案用于设置往来客户的档案信息，以便于管理客户资料以及资料的录入和统计分析。如果在建立账套时选择了客户分类，则必须设置完成客户分类后再编辑客户档案。

建立客户档案主要是为了企业的销售管理、库存管理和应收账管理服务。在填制销售出库单、销售发票，进行销售结算、应收款结算和有关客户单位统计时都会用到客户单位档案，因此必须正确设立客户档案，以便减少工作差错。在输入单据时，如果单据上的客户单位不在客户档案中，需要在此建立该客户档案。

【例】　录入客户档案信息。

(1)打开"往来单位"目录，选择"客户档案"命令，同时在客户分类中选择"工业企业"，单击"增加"按钮，系统弹出"增加客户档案"窗口。

(2)在"增加客户档案"窗口中，选择"基本"选项卡，录入"客户编码"、"客户名称"、"客户简称"、"所属分类"信息；然后再录入"其他"选项卡中的"发展日期"。录入完毕，单击"保存"按钮保存信息。

(3)参照表 4 - 6 录入其他客户档案。

表 4 - 6　科力公司客户档案信息

客户编码	客户名称	客户简称	所属分类	发展日期
001	昆明万邦集团有限公司	昆明万邦	0101	2006.01.01
002	福建商贸有限公司	福建商贸	0102	2006.01.01
003	华东银行北京分行	华银京分	0103	2006.01.01
004	上海市政府办公厅	沪办公厅	0201	2006.01.01
005	杭州第五中学	杭五中	0202	2006.01.01

3. 供应商分类设置

企业对供应商进行分类管理，建立供应商分类体系。可将供应商按行业、地区等进行划分，根据不同的分类建立供应商档案(供应商分类设置和客户分类设置原理相同)。

【例】　录入供应商分类信息。

供应商分类与客户分类设置方式一样，在此不再详细介绍。参照表 4 - 7 录入供应商分类信息。

表 4 - 7　科力公司供应商分类

类别编码	类别名称
01	长期供应商
0101	福建地区
0102	上海地区
0103	浙江地区
02	临时供应商

4. 供应商档案设置

设置往来供应商的档案信息，便于管理供应商资料，录入、统计和分析业务数据。如果在建立账套时勾选了供应商分类，则必须先设置供应商分类，然后才能设置供应商档案。

建立供应商档案主要是为企业的采购管理、库存管理和应付账管理服务。填制采购入库单、采购发票，进行采购结算、应付款结算和有关供货单位统计时都会用到供货单位档案，因此要正确设立供应商档案，以便减少工作差错。在录入单据时，如果单据上的供货单位不在供应商档案中，则需要在此建立该供应商的档案。

【例】 录入供应商档案。

供应商档案与客户档案设置方式类似，在此不再详细介绍。参照表4-8录入供应商档案信息。

表4-8　科力公司供应商档案

供应商编码	供应商名称	供应商简称	所属分类	发展日期
001	福建德盈钢铁有限公司	福建德盈	0101	2006.01.01
002	上海万利塑成集团公司	上海万利	0102	2006.01.01
003	杭州正德机电有限公司	杭州机电	0103	2006.01.01

四、财务基础档案

财务方面的设置包括会计科目、凭证类别、外币设置、项目目录和备查科目设置。

1. 会计科目

一级科目设置必须符合会计制度的规定，而明细科目则可以根据实际情况，在满足核算、管理及报表的要求下进行设置。在进行建账时，如果选择了按行业预设科目，则系统会按新建账套的行业类型预设一级会计科目。

【例】 修改会计科目。

(1)选择"基础档案"下"财务"的"会计科目"，系统弹出"会计科目"设置窗口。如果在建账时勾选"按行业预设科目"项，则在会计科目设置时，系统自动生成相应行业的会计科目，在此基础上，再根据企业的需要，设置明细科目即可。

(2)选中"应收票据"会计科目，单击"修改"按钮，系统弹出"会计科目——修改"窗口。

(3)单击"修改"按钮，辅助核算选择"客户往来"，受控系统选择"应收系统"，单击"确定"按钮保存修改设置，如图4-19所示。

(4)参照表4-9，按照同样方法修改"应收账款"、"应付票据"和"应付账款"科目的相关设置。

表4-9　科力公司会计科目设置

科目编码	科目名称	辅助核算	受控系统
1121	应收票据	客户往来	应收系统
1122	应收账款	客户往来	应收系统
2201	应付票据	供应商往来	应付系统
2202	应付账款	供应商往来	应付系统

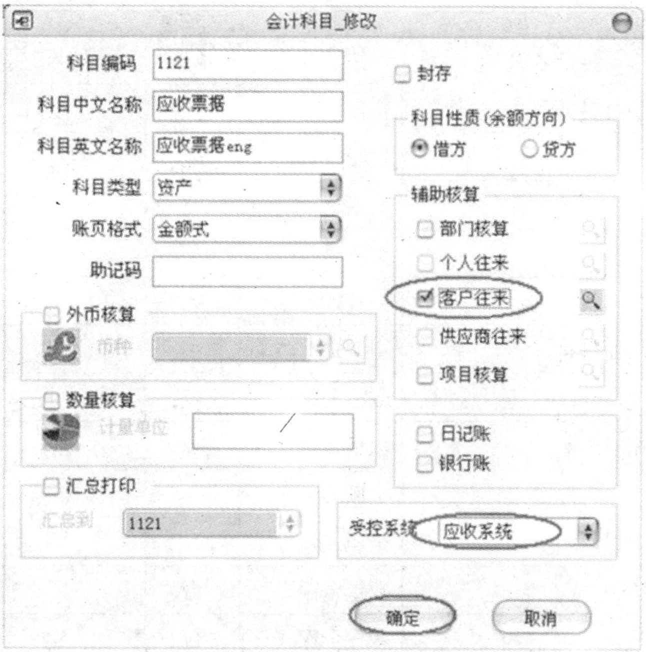

图 4-19　会计科目修改完成图示

【例】　新增会计科目。

（1）单击会计科目设置界面中的"增加"按钮，系统弹出"会计科目——新增"窗口，录入科目编码"100101"，科目中文名称"人民币户"，账页格式选择"金额式"，勾选"日记账"，单击"确定"按钮即可新增会计科目。

（2）参照表 4-10，增加其他会计科目。录入时注意"账页格式"、"外币核算"、"数量核算"、"辅助核算"和是否是"日记账"和"银行账"。

表 4-10　科力公司新增会计科目

科目编码	科目名称	账页格式	单位	核算账类
100101	人民币户	金额式		日记账
100102	美元户	外币金额式		日记账、外币核算
100201	人民币户	金额式		日记账、银行账
100202	美元户	外币金额式		日记账、银行账、外币核算
110101	股票	金额式		
110102	债券	金额式		
112101	银行承兑汇票	金额式		客户往来
112102	商业承兑汇票	金额式		客户往来
122101	备用金	金额式		部门核算
122102	应收个人款	金额式		个人往来

续表 4-10

科目编码	科目名称	账页格式	单位	核算账类
140101	生产用材料采购	金额式		
14010101	钢材	数量金额式	吨	
14010102	塑料制材	数量金额式	吨	
14010103	其他	金额式		
140102	其他用材料采购	金额式		
140301	生产用原材料	金额式		
14030101	钢材	数量金额式	吨	
14030102	塑料制材	数量金额式	吨	
14030103	其他	金额式		
140302	其他原材料	金额式		
140501	电视机	数量金额式	台	
140502	空调机	数量金额式	台	
140503	X 型数控设备	数量金额式	台	
220101	商业承兑汇票	金额式		供应商往来
220102	银行承兑汇票	金额式		供应商往来
222101	应交增值税	金额式		
22210101	进项税额	金额式		
22210102	已交税金	金额式		
22210103	转出未交增值税	金额式		
22210104	销项税额	金额式		
22210105	进项税额转出	金额式		
22210106	转出多交增值税	金额式		
222102	未交增值税	金额式		
222103	应交所得税	金额式		
222104	应交城建税	金额式		
222105	应交教育费附加	金额式		
222106	应交个人所得税	金额式		
224101	工会经费	金额式		
224102	教育经费	金额式		
410101	法定盈余公积	金额式		
410102	法定公益金	金额式		

续表 4 - 10

科目编码	科目名称	账页格式	单位	核算账类
500101	基本生产成本	金额式		
410401	提取法定盈余公积	金额式		
410402	提取任意盈余公积	金额式		
410403	提取法定公益金	金额式		
410404	应付普通股股利	金额式		
410405	转作股本的普通股股利	金额式		
410406	未分配利润	金额式		
500101	基本生产成本	金额式		
50010101	直接材料	金额式		项目核算
50010102	直接人工	金额式		项目核算
50010103	制造费用	金额式		项目核算
510101	工资费用	金额式		
510102	折旧费用	金额式		
510103	材料费用	金额式		
510104	其他费用	金额式		
600101	电视机	金额式	台	数量核算
600102	空调机	金额式	台	数量核算
600103	X 型数控设备	金额式	台	数量核算
640101	电视机	金额式	台	数量核算
640102	空调机	金额式	台	数量核算
640103	X 型数控设备	金额式	台	数量核算
660201	工资	金额式		部门核算
660202	福利费	金额式		部门核算
660203	折旧费用	金额式		部门核算
660204	差旅费	金额式		部门核算
660205	办公费	金额式		部门核算
660206	其他	金额式		部门核算
660301	利息费用	金额式		
660302	汇兑损益	金额式		
660303	其他	金额式		

2. 凭证类别设置

【例】　设置凭证类别。

（1）在企业门户主界面，依次点击"设置→基础档案→财务"，选择"凭证类别"目录，系统弹出"凭证类别预置"窗口，如图4－20所示。

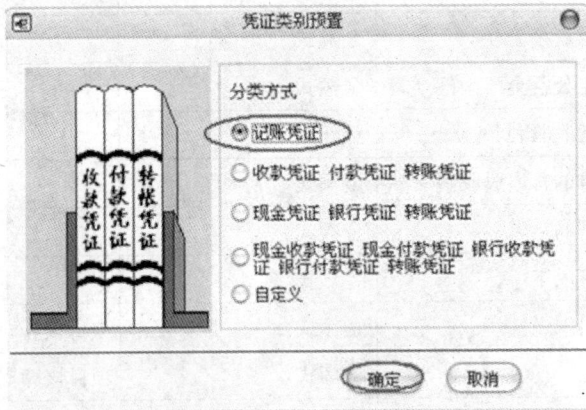

图4－20　凭证类别设置

（2）勾选"记账凭证"项，单击"确定"按钮。

（3）单击"财务"下"凭证类别"，再次打开"凭证类别"设置窗口，可以看到已经设置好的凭证类型，如图4－21所示。双击"限制类型"可为该凭证设置限制科目，比如选择"借方必有"那些科目，在使用该凭证类别时借方必须有对应的科目，否则系统会视该张凭证为不合法。如果凭证类别选择"收款凭证"、"付款凭证"和"转账凭证"则需要修改"限制类型"选项。

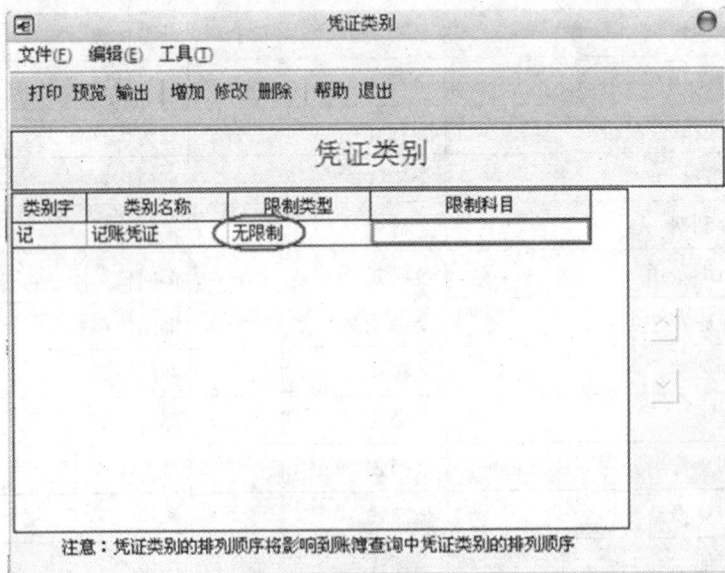

图4－21　凭证限制类型设置

3. 外币设置

核算单位涉及外币业务,需要进行汇率管理时,可在此进行外币设置。既可以减少录入汇率的次数和差错,又可以避免在汇率发生变化时出现错误。

使用固定汇率(即使用月初或年初汇率)作为记账汇率时,在填制每月的凭证前,应预先在此录入该月的记账汇率,否则在填制该月外币凭证时,将会出现汇率为零的错误。

使用变动汇率(即使用当日汇率)作为记账汇率时,在填制某天的凭证前,应预先在此录入该天的记账汇率。

【例】　进行外币设置。

(1)在企业门户主界面,依次点击"设置→基础档案→财务",选择"外币设置"目录,系统弹出"外币设置"窗口。单击"增加",选择"固定汇率",录入"币符"、"币名",选择"折算方式"后,单击"确定"按钮,如图 4-22 所示。

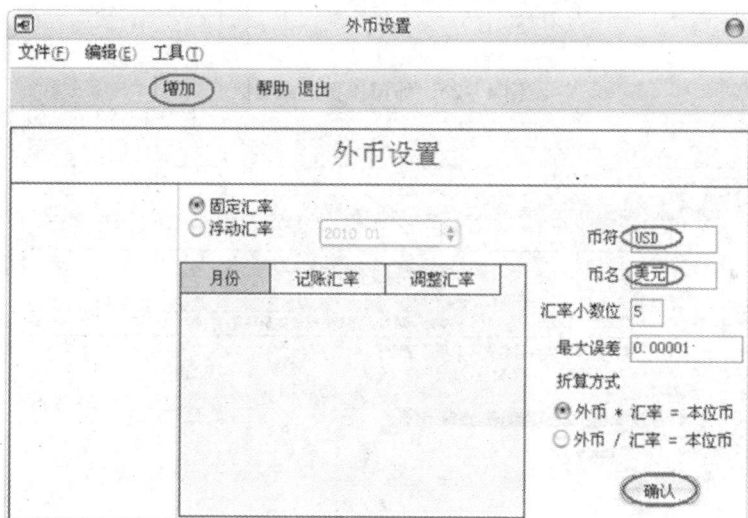

图 4-22　增加外币设置

(2)添加"美元"外币后,录入一月份的固定汇率"6.8"和调整汇率"6.79",如图 4-23 所示。

4. 项目目录

科目设置时,如果设置了科目的辅助核算为项目核算,则项目目录在此进行设置。企业因业务核算需要,需要对具体的项目进行核算和管理,如在建工程、对外投资、技术改造合同等,这时需要设置项目核算。

在项目目录设置中首先需要定义进行项目核算的项目大类,然后再定义该项目大类的项目级别,接着在该项目大类下再定义项目小类。建立完成项目小类后,开始建立具体的项目档案。最后为该项目大类指定对其进行核算的会计科目。

【例】　进行项目目录设置。

(1)在企业门户主界面,依次点击"设置→基础档案→财务",选择"项目目录"命令,系统弹出"项目档案"设置窗口,如图 4-24 所示。

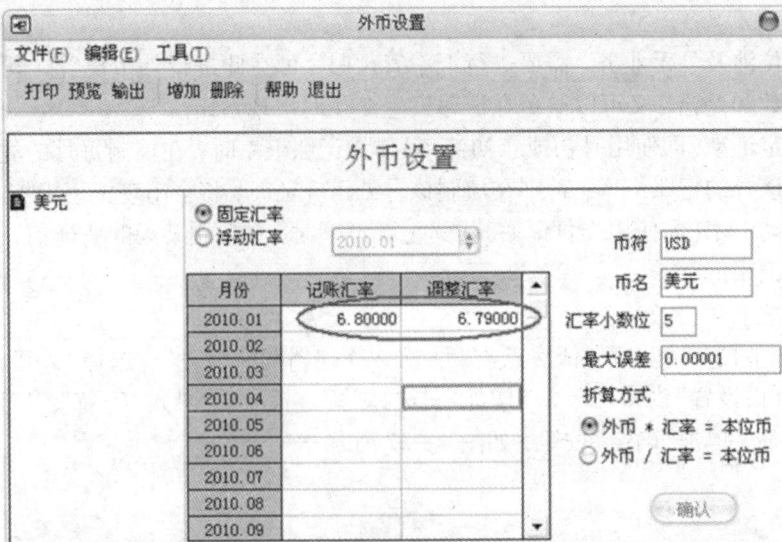

图 4 - 23　外币设置汇率录入

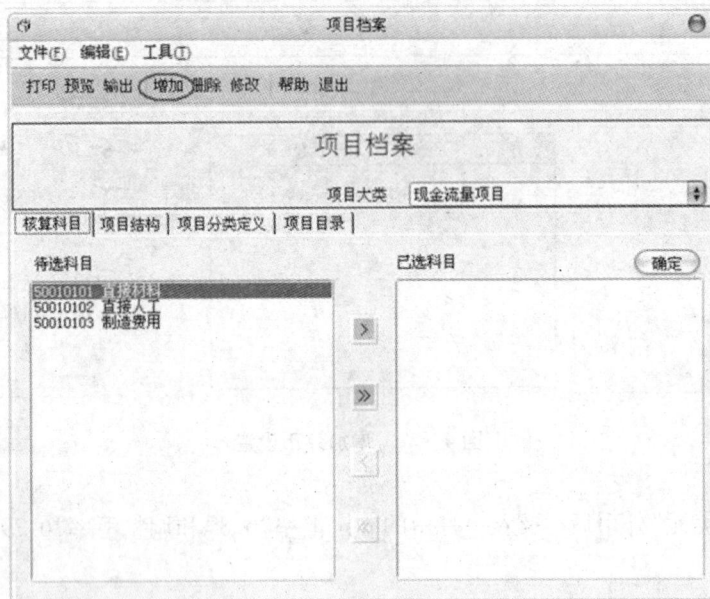

图 4 - 24　增加项目大类

（2）单击"增加"按钮，系统弹出"项目大类定义——增加"窗口，如图 4 - 25 所示。

（3）输入新项目大类的名称"生产成本"，项目属性为"普通项目"，单击"下一步"按钮，进入"项目级次"设置窗口，系统默认一级为 1，其他都为 0，还可以修改项目级次，一共可以定义 8 级，如图 4 - 26 所示。

（4）默认系统设置，单击"下一步"按钮，系统弹出"定义项目栏目"窗口，在这里定义项目描述。单击"增加"按钮可以增加新的描述字段，如图 4 - 27 所示。

（5）单击"完成"按钮，退出"定义项目栏目"窗口。

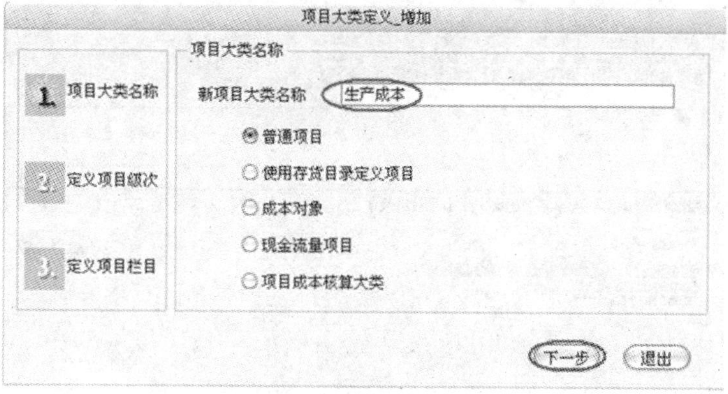

图 4 – 25　增加项目大类名称

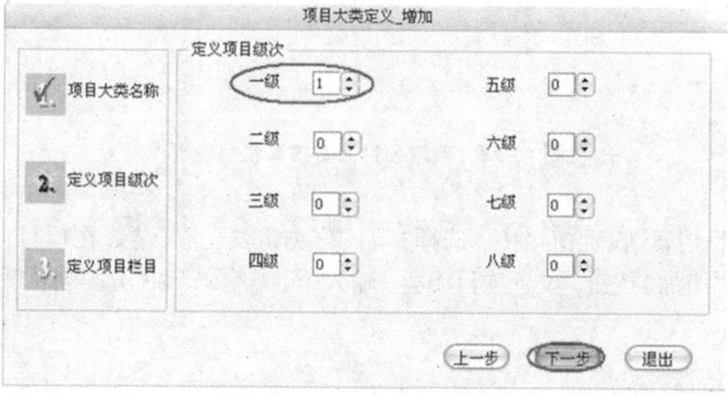

图 4 – 26　设置项目大类级次

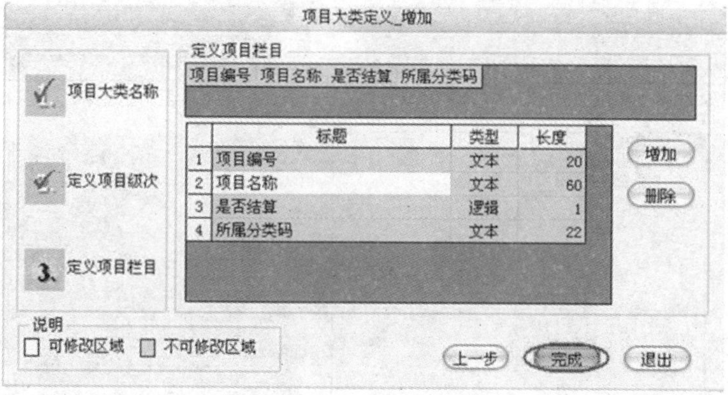

图 4 – 27　定义项目栏目

　　(6)在项目档案的"核算科目"设置页中,首先选择已经设置好的项目大类"生产成本",然后单击"单箭头"或"双箭头"按钮选择"待选科目"中的科目,如图 4 – 28 所示,这样在填制凭证时,如果使用到该科目,系统就会自动提示要核算的项目档案。"项目档案"窗口中,"核算科目"选项卡中的"待选科目"是指设置会计科目时选择了辅助核算中的项目核算功能的科目(请参阅会计科目设置)。

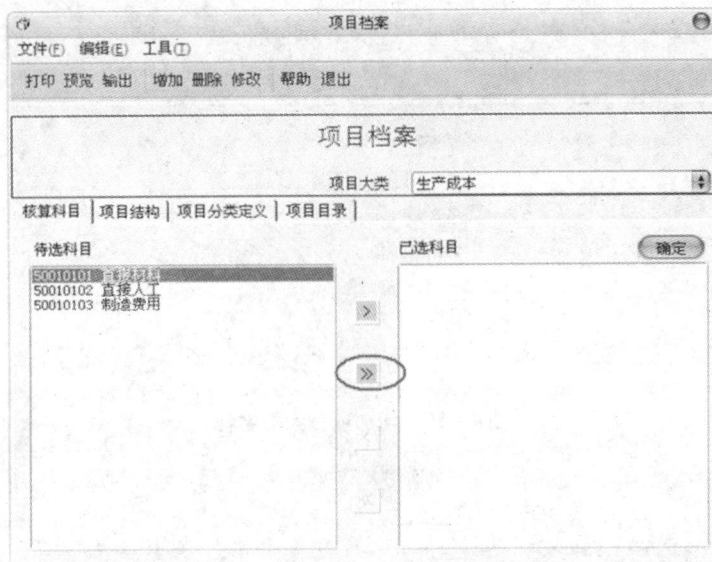

图 4 - 28　新增项目大类核算科目设置

（7）在"项目档案"设置窗口中，选择"项目分类定义"选项卡，在项目大类中选择"生产成本"，单击"增加"按钮，设置项目小类，输入"分类编码"和"分类名称"，单击"增加"，如图 4 - 29 所示。

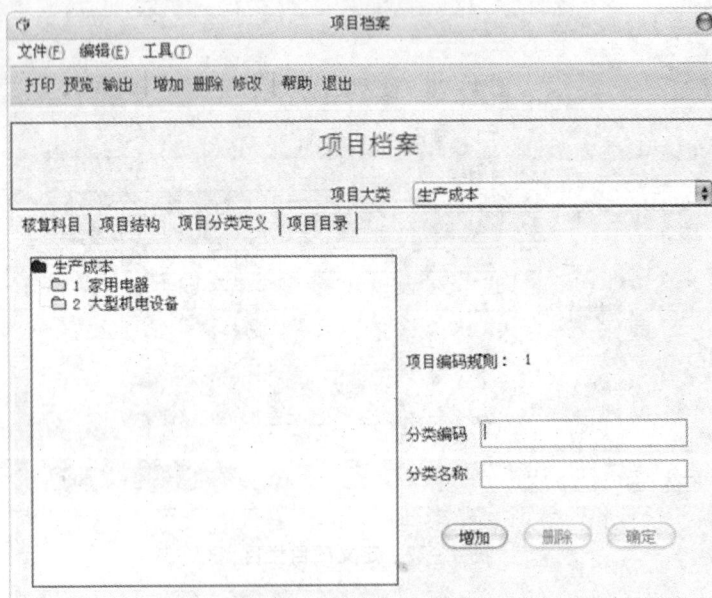

图 4 - 29　项目小类录入完成图示

（8）完成项目分类定义后，选择"项目目录"选项卡，在项目大类中选择"生产成本"，单击"维护"按钮，系统弹出"项目目录维护"窗口，如图 4 - 30 所示。

（9）单击"增加"按钮，增加具体项目档案。项目编码输入"101"，项目名称输入"电视

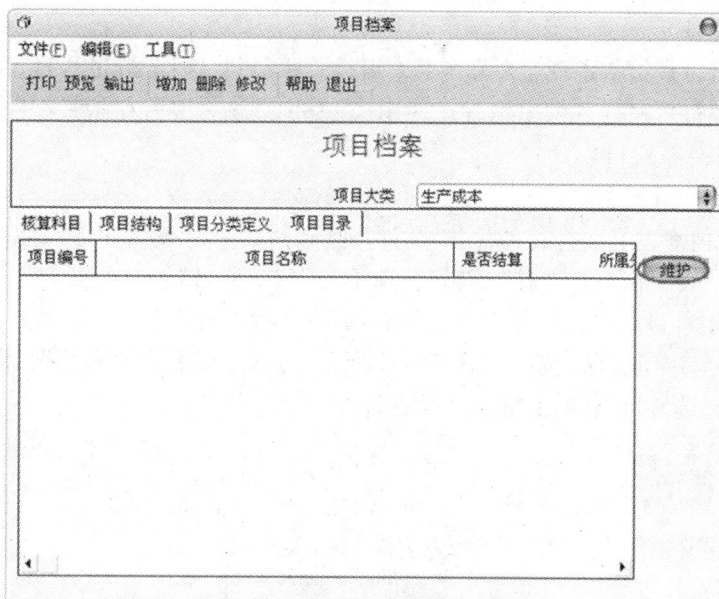

图 4 - 30　新增具体项目档案

机"；项目编码输入"102"，项目名称输入"空调机"；项目编码输入"103"，项目名称输入"X 型数控设备"。

5. 结算方式设置

本功能用来建立和管理用户在经营活动中所涉及的结算方式，它与财务结算方式一致，如现金结算、支票结算等。结算方式最多可以分为两级。结算方式一旦被引用，便不能修改和删除。

【例】　进行结算方式设置。

(1)在企业门户主界面，依次点击"设置→基础档案→财务"，选择"结算方式"，系统弹出"结算方式"设置窗口。单击"增加"按钮，录入"结算方式编码"和"结算方式名称"，单击"保存"按钮保存设置。

(2)参照表 4 - 11，录入其他结算方式。

表 4 - 11　科力公司结算方式

结算方式编号	结算方式名称	票据管理
1	现金结算	否
2	支票结算	否
201	现金支票	是
202	转账支票	是
3	托收承付	否
4	委托收款	否
9	其他	否

6.指定会计科目

指定会计科目是指指定现金总账科目、银行总账科目、现金流量科目。此处指定的现金总账科目和银行总账科目供出纳管理使用(在查询现金、银行存款日记账前,必须指定现金、银行存款总账科目)。

【例】 指定会计科目。

(1)在企业门户主界面,依次点击"设置→基础档案→财务",选择"会计科目",系统弹出"会计科目"设置窗口。选择"编辑"菜单下的"指定科目"。

(2)在"指定科目"窗口,选择"现金总账科目",将待选科目"库存现金"选入"已选科目",单击"确定"按钮保存设置,如图4-31所示。选择"银行总账科目",将待选科目"银行存款"选入"已选科目",单击"确定"按钮保存设置。

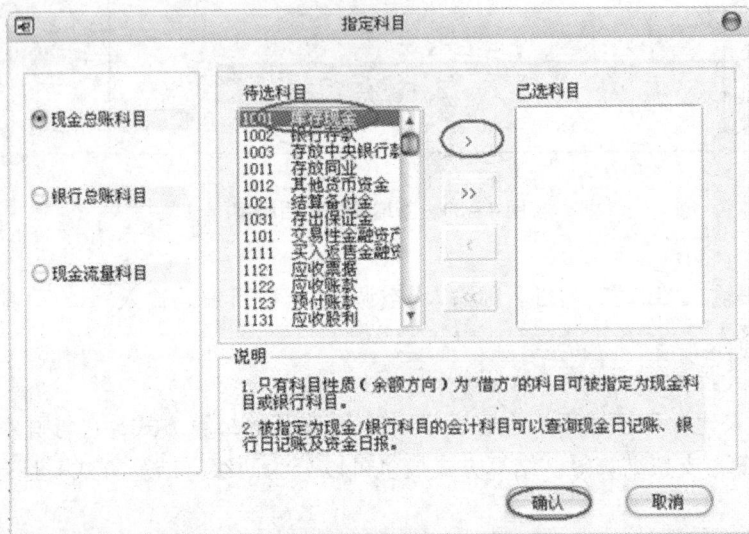

图4-31　指定现金总账及银行总账科目

第三节　用友 T6 总账模块应用

总账系统是用友 T6 最重要的模块,是其他所有模块的中心。总账系统的操作要严格遵循一定的顺序。总账系统一般操作流程如图4-32所示。

一、总账系统初始化

初始化设置是使用总账系统的第一步,它直接关系到系统的日后使用及业务点控制的便利与否,初始化设置时要建立基础档案,并且录入会计科目的期初余额。

1.选项设置

建立新账套后,业务变更或发生其他情况,有可能是账套信息与核算单位所要求的内容不符,此时可以通过选项设置功能进行查看和调整,如改变"制单控制"、"凭证编号方式"、转化"固定汇率"和"浮动汇率"、改变账簿打印格式等。

【例】 进行选项设置。

(1)展开"总账"图标,打开总账系统。

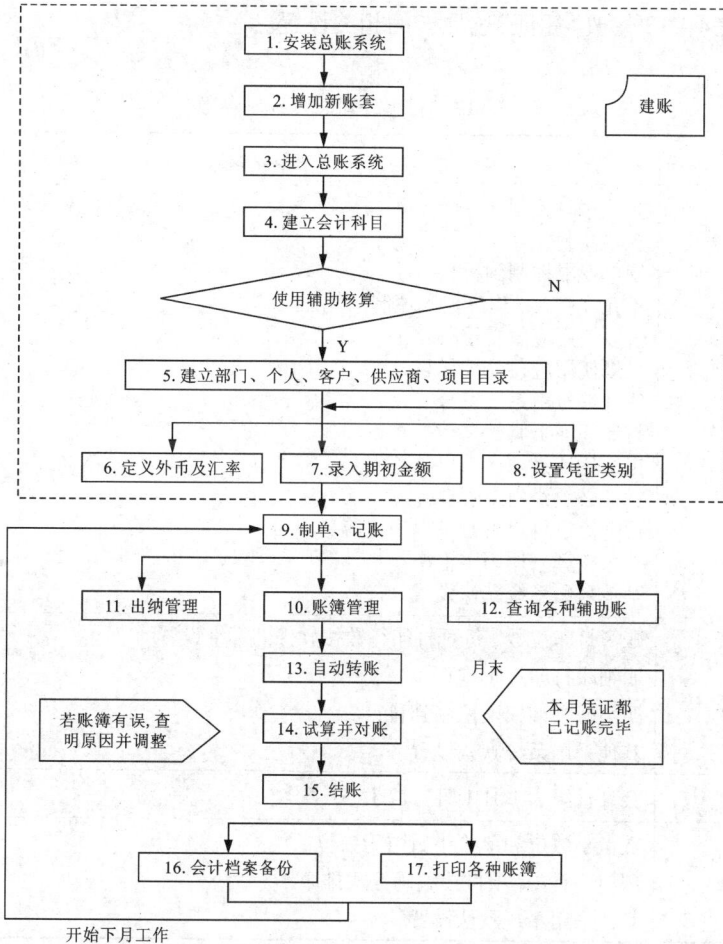

图 4 - 32　用友 T6 总账系统业务操作流程图

（2）展开"设置"菜单，单击"选项"命令，系统弹出"选项"设置窗口，单击"编辑"按钮可进行修改，如图 4 - 33 所示。

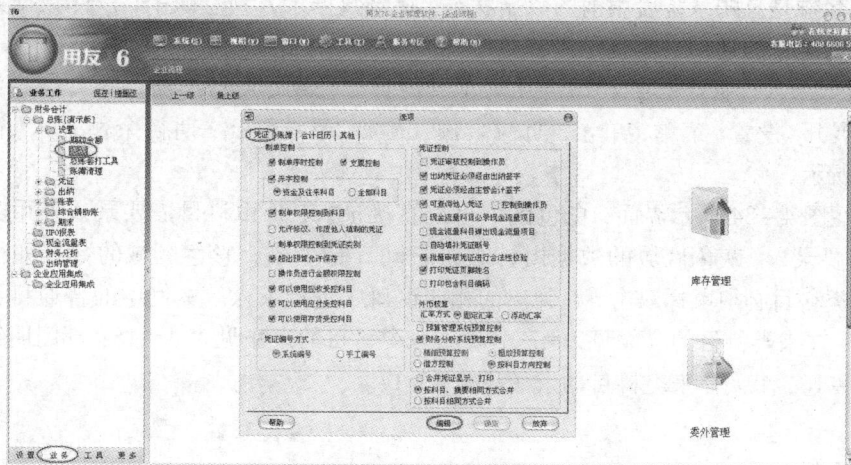

图 4 - 33　选项设置

（3）根据表4-12修改"凭证"选项卡的相关设置。

表4-12　科力公司总账控制参数

选项卡	参数设置
凭证	制单序时控制 支票控制 制单权限控制到科目 不允许修改、作废他人填制的凭证 可以使用应收受控科目 可以使用应付受控科目 凭证编号由系统编号 打印凭证页脚姓名 出纳凭证必须经由出纳签字 凭证必须经由主管会计签字 现金流量科目不必录入现金流量项目 外币核算采用固定汇率 其他采用系统默认设置
账簿	账簿打印位数、每页打印行数按软件的标准设置 明细账打印按年排页 明细账查询权限控制到科目 其他采用系统默认设置
会计日历	会计日历为1月1日—12月31日
其他	数量小数位和单价小数位为二位 部门、个人、项目按编码方式排序 其他采用系统默认设置

（4）"账簿"和"会计日历"选项卡设置从略。

2. 录入期初余额

期初余额是总账系统启用前的数据状态，将该数据录入到总账中，以此数据为开始节点。总账系统中的期初余额就是指各会计科目的期初余额。

【例】 录入模拟账套在2010年1月1日的会计科目的期初余额。

（1）展开"设置"菜单，单击"期初余额"选项，系统弹出"期初余额录入"窗口，如图4-34所示。

（2）在图4-34所示界面，白色区域可以直接录入，外币科目需要录入外币金额。数量科目需要录入。灰色区域的数据由计算机自动计算生成。彩色区域的数据如往来类科目、项目类科目必须鼠标双击，在弹出的相应窗口中进行录入。本例中的普通科目余额见表4-13；往来类科目的余额见表4-14；项目类科目的余额见表4-15；部门明细科目余额见表4-16；个人往来类科目的余额见表4-17。

银行科目（账户）	对账截止日期	单位账账面余额	对账单账面余额	调整后存款余额
人民币户（100201）	2010.01.31	1,022,010.00	1,623,260.00	1,772,010.00
美元户（100202）				

银行存款余额调节表

设置 打印 预览 输出 详细 帮助 退出

银行账户：人民币户（100201）　　　　对账截止日期：2010.01.31

单位日记账		银行对账单	
账面余额	1,022,010.00	账面余额	1,623,260.00
加：银行已收企业未收	900,000.00	加：企业已收银行未收	438,750.00
减：银行已付企业未付	150,000.00	减：企业已付银行未付	290,000.00
调整后余额	1,772,010.00	调整后余额	1,772,010.00

图 4 - 34　科力公司期初余额录入

表 4 - 13　科力公司总账期初余额表

科目编码	科目名称	余额方向	数量、外币	期初余额（元）
100101	人民币户	借		6 200
100102	美元户	借	100	680
100201	人民币户	借		500 000
100202	美元户	借	5 000	34 000
110101	股票投资	借		40 000
110102	债券投资	借		60 000
112101	银行承兑汇票	借		400 000
112102	商业承兑汇票	借		600 000
1122	应收账款	借		900 000
122101	备用金	借		1 000
122102	应收个人款	借		5 000
1231	坏账准备	贷		3 000
14030101	钢材	借	130	130 000
14030102	塑料制材	借	100	50 000
140302	其他原材料	借		20 000
1404	材料成本差异	借		20 000
140501	电视机	借	250	500 000
140502	空调机	借	200	400 000
1511	长期股权投资	借		2 300 000
1601	固定资产	借		80 000 000

续表 4 – 13

科目编码	科目名称	余额方向	数量、外币	期初余额（元）
1602	累计折旧	贷		4 000 000
1604	在建工程	借		1 345 000
1701	无形资产	借		150 000
2001	短期借款	贷		600 000
220101	商业承兑汇票	贷		250 000
220102	银行承兑汇票	贷		150 000
2202	应付账款	贷		580 000
2211	应付职工薪酬	贷		100 000
222103	应交所得税	贷		300 000
222104	应交城建税	贷		15 000
222106	应交个人所得税	贷		5 000
222105	应交教育费附加	贷		7 000
224101	工会经费	贷		28 000
224102	教育经费	贷		22 000
2501	长期借款	贷		1 500 000
4001	实收资本	贷		70 000 000
4002	资本公积	贷		1 104 000
410101	法定盈余公积	贷		1 800 000
410102	法定公益金	贷		69 880
410406	未分配利润	贷		8 998 000
50010101	直接材料	借		1 600 000
50010102	直接人工	借		350 000
50010103	制造费用	借		120 000

表 4 – 14　科力公司往来科目明细账期初余额表

会计科目：112101 银行承兑汇票（应收票据）　　　　　　　　　　　余额：借 400 000 元

日期	凭证号	客户	摘要	方向	金额
2009 – 11 – 25	记 50	杭五中	欠货款	借	400 000

会计科目：112102 商业承兑汇票（应收票据）　　　　　　　　　　　余额：借 600 000 元

日期	凭证号	客户	摘要	方向	金额
2009 – 9 – 25	记 70	福建商贸	欠货款	借	150 000
2009 – 10 – 10	记 40	华银京分	欠货款	借	450 000

续表 4 -14

会计科目:1122 应收账款 　　　　余额:借 900 000 元

日期	凭证号	客户	摘要	方向	金额
2009 - 10 - 20	记60	昆明万邦	欠货款	借	900 000

会计科目:220101 商业承兑汇票(应付票据) 　　　　余额:贷 250 000 元

日期	凭证号	供应商	摘要	方向	金额
2009 - 12 - 5	记17	福建德盈	购材料款	贷	250 000

会计科目:220102 银行承兑汇票(应付票据) 　　　　余额:贷 150 000 元

日期	凭证号	供应商	摘要	方向	金额
2009 - 12 - 5	记20	上海万利	购材料款	贷	150 000

会计科目:2202 应付账款 　　　　余额:贷 580 000 元

日期	凭证号	供应商	摘要	方向	金额
2009 - 6 - 15	记41	杭州机电	购设备款	贷	580 000

表 4 -15　科力公司生产成本项目明细账期初余额表

会计科目:5001(生产成本) 金额:2 070 000 元

科目名称	项目	方向	金额
直接材料 50010101	电视机	借	900 000
	空调机	借	700 000
直接人工 50010102	电视机	借	200 000
	空调机	借	150 000
制造费用 50010103	电视机	借	50 000
	空调机	借	70 000
合计			2 070 000

表 4 -16　科力公司部门明细账期初余额表

会计科目:122101 备用金(其他应收款) 　　　　余额:借 1 000 元

部门	方向	金额
采购部	借	1 000

表 4 -17　科力公司个人往来明细账期初余额表

会计科目:122102 应收个人款(其他应收款) 　　　　余额:借 5 000 元

日期	凭证号	部门	个人	摘要	方向	金额
2009 - 10 - 18	记56	销售一部	赵婷	出差借款	借	5 000

（3）科目余额录入完毕之后，进行试算平衡操作来检验数据的正确性，即检验借方余额是否等于贷方余额。单击"期初余额录入"窗口上的"试算"按钮，如果试算平衡，系统会显示"试算结果平衡"，如图4－35所示。

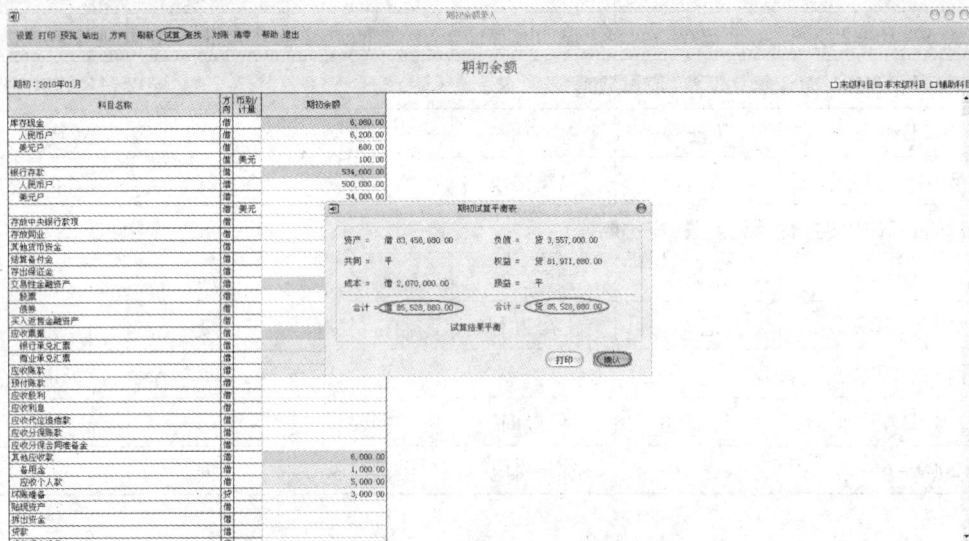

图4－35　期初余额试算平衡

（4）对账是系统自动完成的，检查总账与辅助账或明细账中的数据是否有错误。单击"对账"按钮，系统弹出"期初对账"窗口，单击"开始"按钮开始对账，如果没有错误，系统会给出对账成功信息。如果出现对账错误，系统给出对账错误提示，可以单击"显示对账错误"按钮查看对账错误信息。

（5）最后单击"退出"菜单退出期初余额录入窗口。凭证记账后，期初余额只能浏览，不能修改，如果要修改，需将所有已记账的凭证取消记账方可。

3. 数据权限分配

数据权限设置是对用户操作相应会计科目权限的设置，分为查账和制单权限的设置。此功能可以有效避免企业会计数据不必要的泄露。

【例】　按照表4－18进行数据权限设置。

表4－18　科力公司用户数据权限

用户编号	用户名	所属角色	分配对象	权限	科目名称
002	李小丽	出纳	科目	查账	1001、100101、100102、1002、100201、100202
003	陈姗姗	应收会计	科目	查账及制单	除2201、220101、220102、2202、2203外的所有会计科目
004	赵薇薇	应付会计	科目	查账及制单	除112101、112102、1122、1123外的所有会计科目
005	陈卉	总账会计	科目	查账及制单	除1121、112101、112102、1122、1123、220101、220102、2202、2203外的所有会计科目

（1）展开"数据权限"菜单，单击"数据权限设置"选项，系统弹出数据权限设置窗口。

（2）选择用户"李小丽"，单击"授权"按钮，参照表4-18，选择"权限"及"可用会计科目"，单击"保存"按钮保存设置，如图4-36所示。

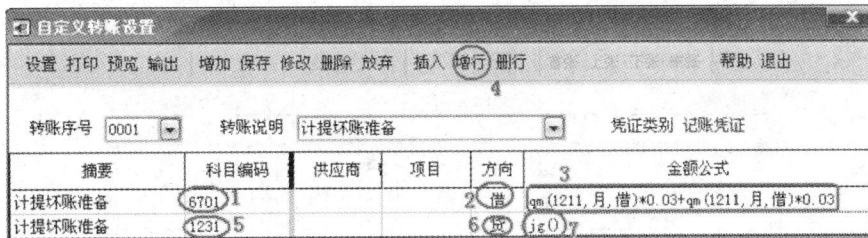

图4-36 操作员数据权限设置

（3）按照同样的方法，参照表4-18为其他用户设置相应的数据权限。

二、日常业务处理

总账系统通过凭证录入、审核、过账后自动生成总分类账、明细分类账等各种账簿供查询，同时接收从业务模块所生成的凭证，如应收款系统生成的销售发票和收款凭证等。当总账系统单独使用时，所有凭证都在总账系统中录入。当总账与其他业务连接使用时，如与应收款管理系统连接使用，则有关应收款的凭证由"应收款"系统生成并传递到"总账"系统中，在经审核、过账后即可生成总分类账和明细分类账等账簿。

总账系统日常操作基本流程为：凭证录入→凭证查询→凭证审核（修改、删除）→凭证过账→各种账簿、报表查询。

1.记账凭证录入

凭证录入的要求如下：录入正确的日期，选择正确的"凭证字"（凭证号由系统自动生成），录入正确的附件数（即原始单据数）、摘要、正确的明细科目和金额；录入不同科目属性时，还需录入对应的内容，如科目有外币属性时录入汇率，科目设有核算项目时录入核算项目，科目设有辅助数量金额核算时录入单价及数量等。保存凭证的前提是借贷平衡。账套主管不进行填制记账凭证操作，以上业务根据财务分工由相应用户进行制单操作。应收受控科目由应收会计填制记账凭证，应付受控科目由应付会计填制记账凭证，其他由总账会计填制记账凭证。

【例】 科力公司2010年1月份发生了11笔业务，要求将这11笔业务对应的记账凭证逐笔录入 T6 总账系统。

录入记账凭证前，建议将计算机系统时间更改为2010年1月31日。现实工作中，往往在期末录入当月的记账凭证。

【业务1】 1月1日，从银行提取现金1 000元备用，结算方式：现金支票，支票号0425，单据张数1张，凭证号：记字0001号，领用部门：销售一部，领用人姓名：赵婷。

（1）以用户"陈卉"身份登录账套。注意"账套"和"日期"的选择。

（2）展开"凭证"菜单，选择"填制凭证"选项，系统弹出"填制凭证"窗口。单击"增加"按钮开始增加一张新凭证，系统自动排号"0001"，日期选择"2010.01.01"，附单据数录入

"1"，回车后进入凭证主体内容的录入。录入摘要"提取备用金"，如图 4 - 37 所示。

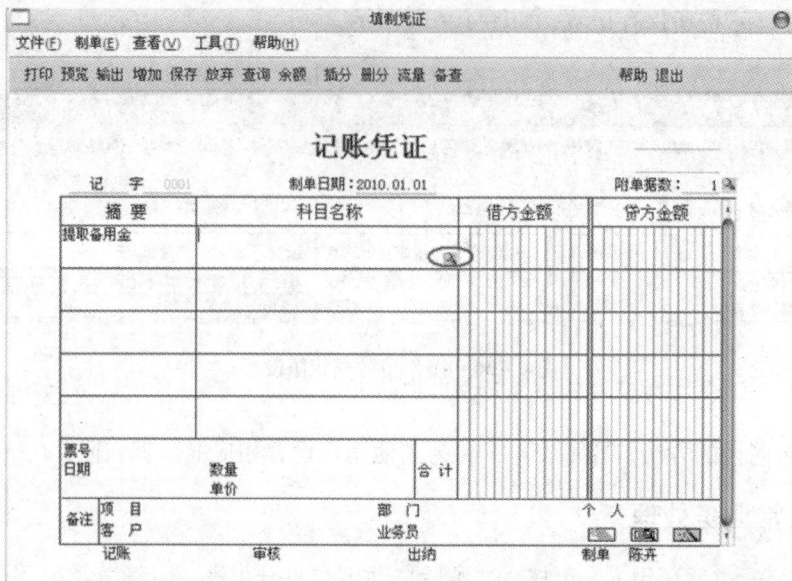

图 4 - 37　增加记账凭证

（3）在科目名称栏中，单击其科目栏的"浏览"按钮进入"科目参照"窗口选择科目"100101 人民币户"，单击"确定"按钮选择，如图 4 - 38 所示。

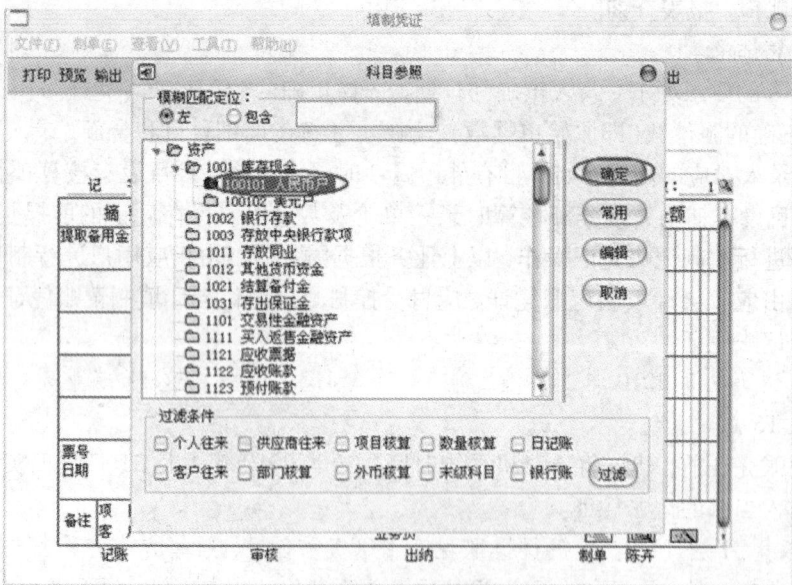

图 4 - 38　记账凭证科目选择

（4）系统弹出"辅助项"录入窗口，选择结算方式"201"，填入票号"0425"，选择日期"2010.01.01"，单击"确定"按钮保存，如图 4 – 39 所示。

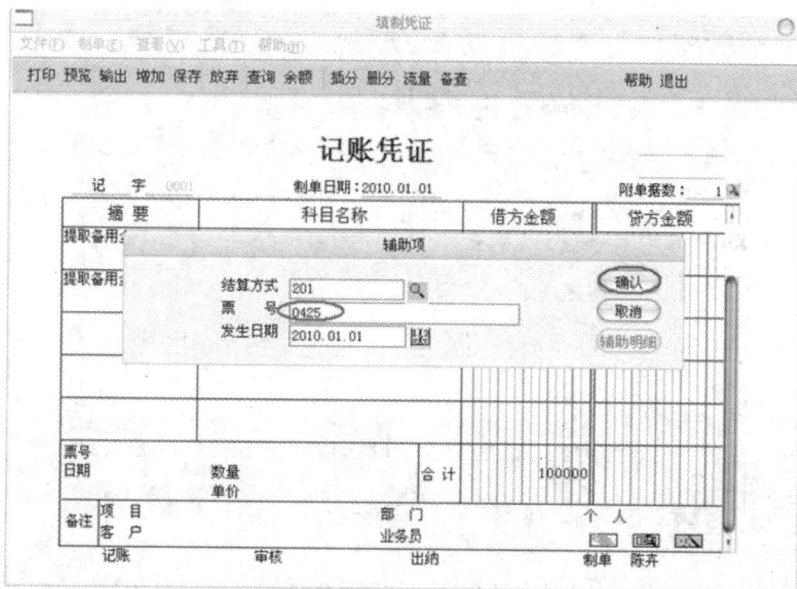

图 4 – 39　会计科目结算信息录入

（5）将光标移在"借方金额"栏，然后录入"1 000"。单击回车键，光标自动跳至第二条分录处，系统将分录一的摘要自动拷贝过来（可修改），按照同样的方法录入第二条分录。录入完毕，单击"保存"按钮，系统弹出"凭证"提示窗口，如图 4 – 40 所示。

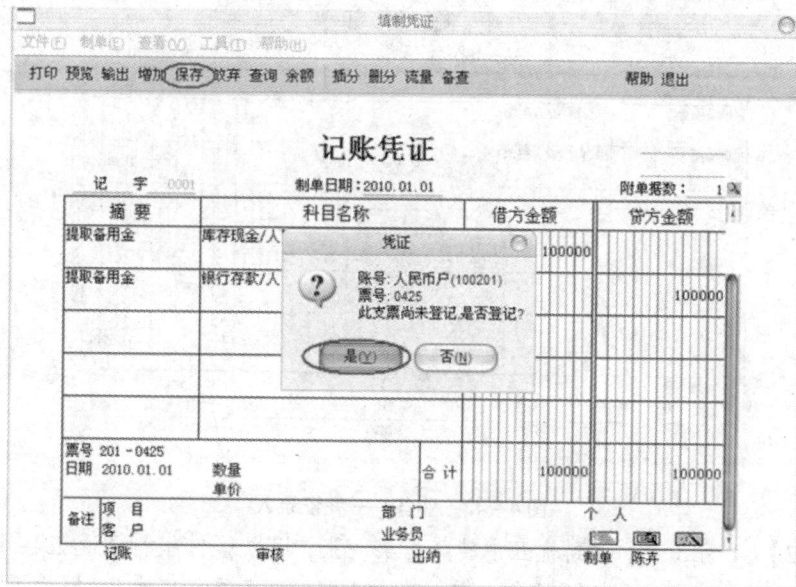

图 4 – 40　凭证支票登记提示

（6）单击"是"按钮，系统弹出"票号登记"窗口，录入相关信息，单击"确定"按钮，保存信息，如图4-41所示。

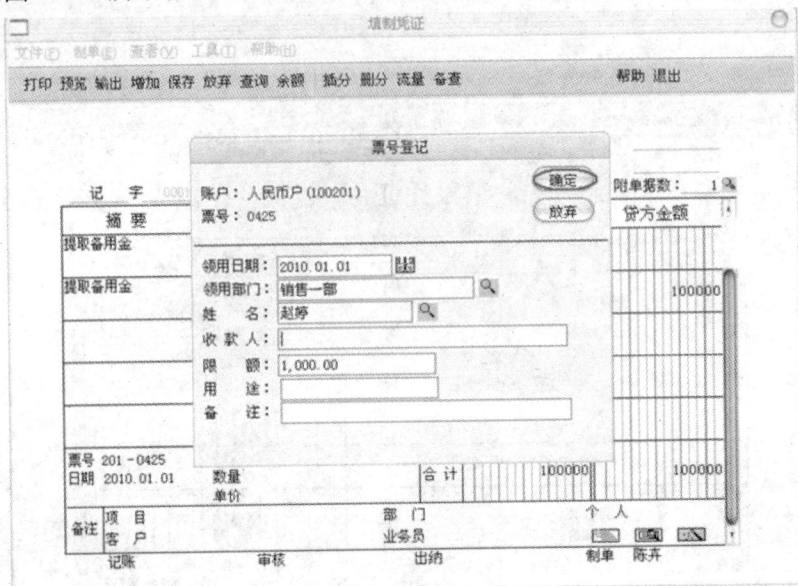

图4-41　支票号登记

（7）单击"保存"按钮保存凭证。系统弹出"凭证已成功保存"提示（如借贷不平衡，系统会给出提示，并不予保存），如图4-42所示。

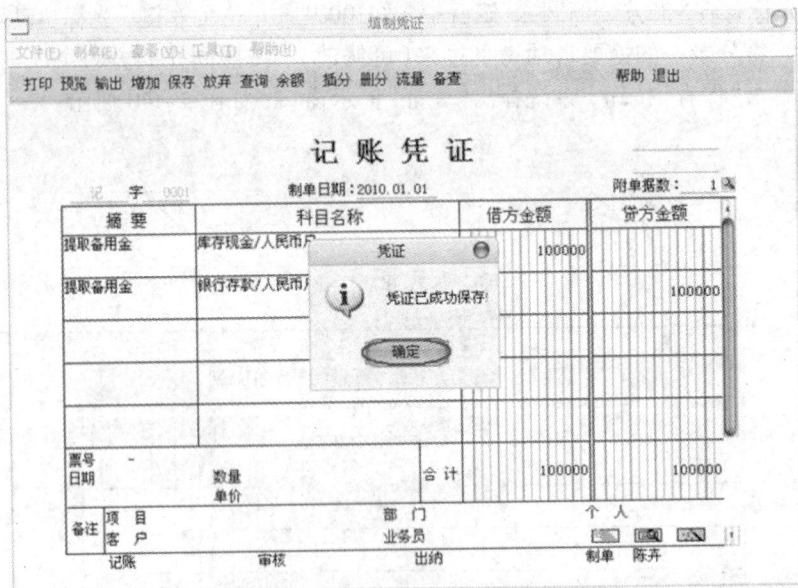

图4-42　业务——凭证录入

【**业务2**】　1月3日，收到杭五中转账支票一张，用以偿付银行承兑汇票400 000元，支票号：0359，凭证号：记字0002号，单据张数1张，业务员：赵倩。（提示：用户应为陈姗姗）

（1）以用户"陈姗姗"身份登录账套。注意"账套"和"日期"的选择。

（2）单击工具栏上"增加"按钮，系统弹出一张空白凭证，并且凭证号自动改为"0002"。日期为"2010.01.03"，附件数录入"1"，摘要录入"收到货款"，如图 4 – 43 所示。

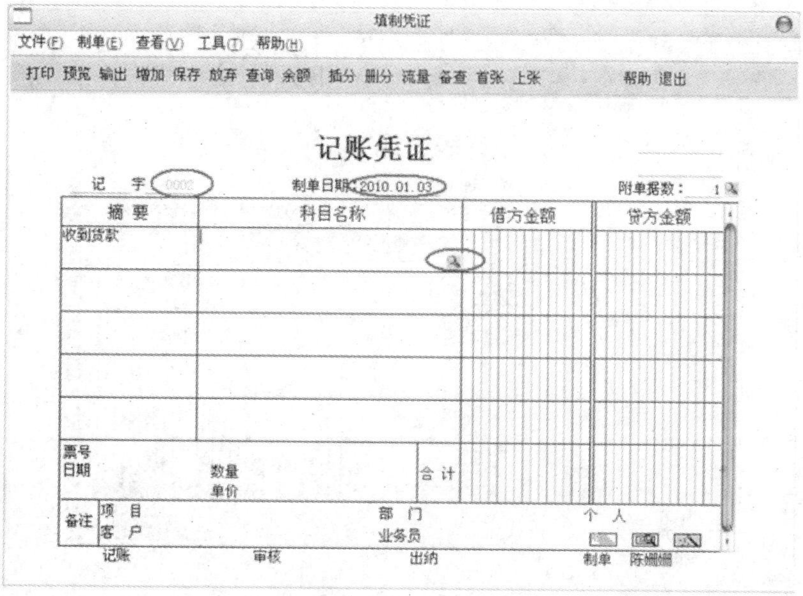

图 4 – 43　增加记账凭证

（3）在科目名称栏中，单击其科目栏的"浏览"按钮进入"科目参照"窗口选择科目"100201 人民币户"，单击"确定"按钮选择，如图 4 – 44 所示。

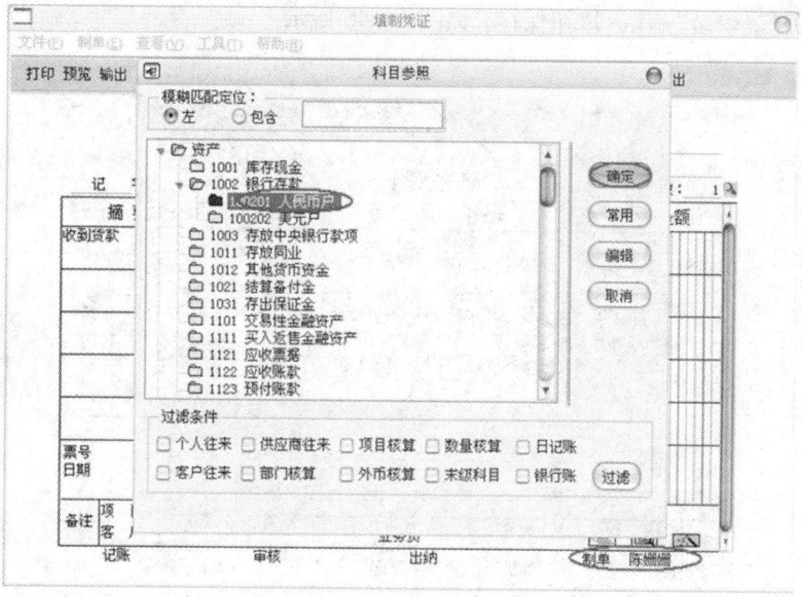

图 4 – 44　记账凭证科目选择

（4）系统弹出"辅助项"录入窗口，选择结算方式"202"，填入票号"0359"，选择日期"2010.01.03"，单击"确定"按钮保存，如图4－45所示。

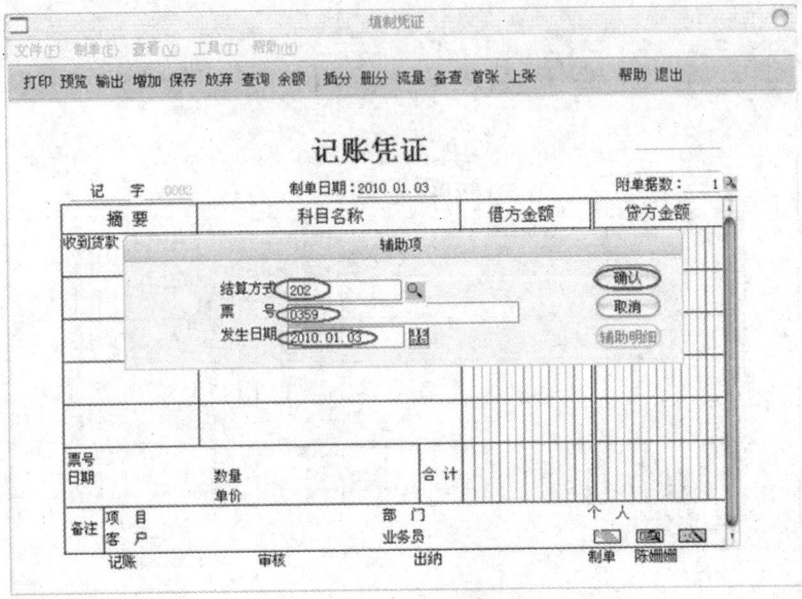

图4－45　会计科目结算信息录入

（5）将光标移在"借方金额"栏，然后录入"400 000"。单击回车键，光标自动跳至第二条分录处，系统将分录一的摘要自动拷贝过来（可修改），按照同样的方法选择会计科目"112101"。系统弹出"辅助项"录入窗口，录入客户"杭五中"，业务员"赵婷"，发生日期"2010.01.03"，单击"确认"按钮保存，如图4－46所示。

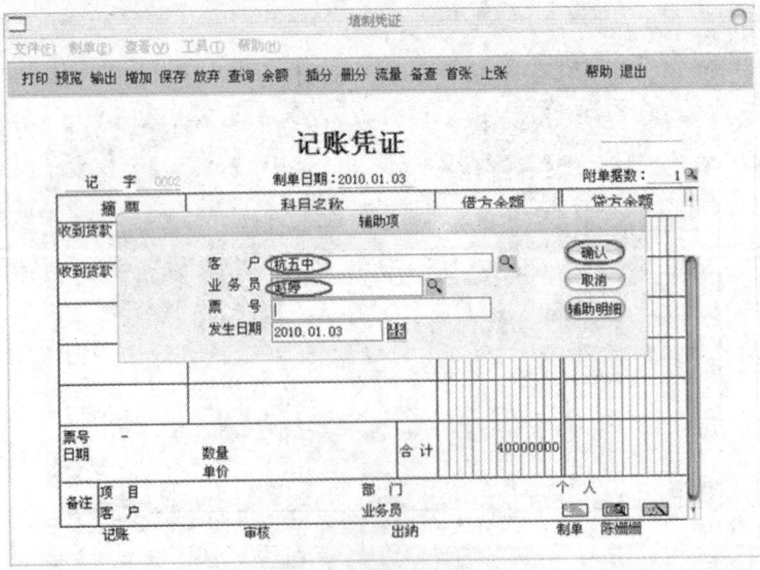

图4－46　会计科目客户信息录入

（6）此时单击"保存"按钮保存凭证。系统弹出"凭证已成功保存"提示。

【业务3】　1 月 5 日，采购部采购钢材 20 吨，单价 1 100 元，增值税专用发票注明：价款 22 000 元，进项税额 3 740 元，用转账支票支付，材料尚未验收入库，支票号：0445，领用部门：采购部，领用人姓名：李强，凭证号：记字 0003 号，单据张数 2 张。

（1）以用户"陈卉"身份登录账套。注意"账套"和"日期"的选择。

（2）单击工具栏上"增加"按钮，系统弹出一张空白凭证，并且凭证号自动改为"0003"，日期为"2010.01.05"，附件数录入"2"，摘要录入"采购材料"。

在科目名称栏中，单击其科目栏的"浏览"按钮进入"科目参照"窗口选择科目"14030101"，单击"确定"按钮。系统弹出"辅助项"设置窗口，数量"20"，单价"1 100"，单击"确定"按钮保存，如图 4 - 47 所示。

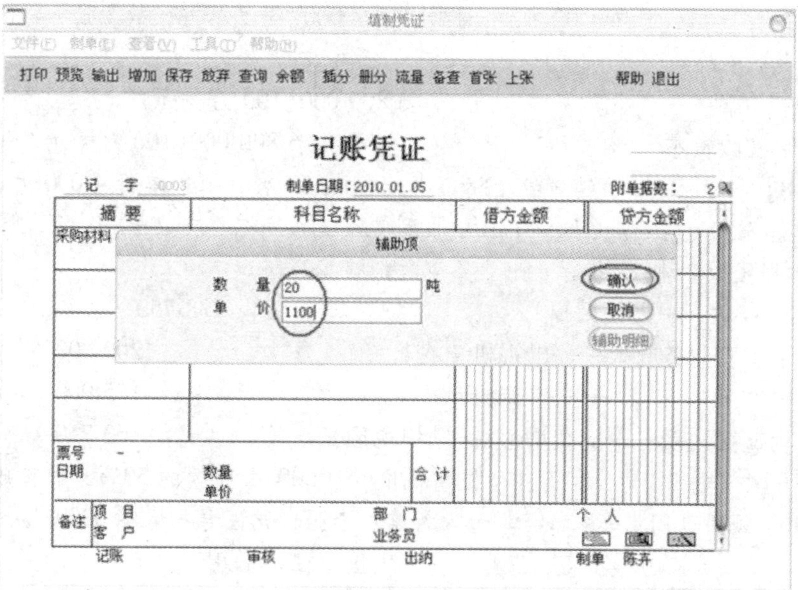

图 4 - 47　会计科目数量信息录入

（3）参照前述方法，录入分录二，分录三，单击"保存"按钮保存凭证。

【业务4】　1 月 7 日，销售一部赵婷报销差旅费 4 500 元，交回多余现金 500 元，凭证号：记字 004 号，单据张数 1 张。会计分录为：

借：库存现金——人民币户　　　　　　　　　　　　　　500

　　销售费用　　　　　　　　　　　　　　　　　　　4 500

　　　贷：其他应收款——应收个人款　　　　　　　　　　　5 000

此业务的特点是个人往来信息的录入，具体操作略。

【业务5】　1 月 15 日，前述采购钢材全部验收入库，钢材计划单价每吨 1 000 元，凭证号：记字 0005 号，单据张数 1 张。

借：原材料——生产用原材料（钢材）　　　　　　　　　20 000

　　材料成本差异　　　　　　　　　　　　　　　　　　2 000

　　　　贷：材料采购——生产用材料采购（钢材）　　　　　　22 000

　　此业务的特点是数量信息的录入。

【业务6】　1月15日，生产电视机领用钢材40吨，塑料制材30吨（计划单价每吨500元）；生产空调机领用钢材70吨，塑料制材40吨，凭证号：记字0006号，单据张数2张。（提示：按计划价结转，月末按综合全月一次加权平均法分摊材料成本差异）

　　　　借：生产成本——基本生产成本——直接材料（电视机）55 000
　　　　　　　　　　——基本生产成本——直接材料（空调机）90 000
　　　　贷：原材料——生产用原材料（钢材）　　　　　　　　110 000
　　　　　　　　　——生产用原材料（塑料制材）　　　　　　35 000

　　此业务的特点是项目信息和数量信息的录入。

【业务7】　1月20日，接受外币投资100万美元，合同无约定汇率，当日汇率为1∶6.8，结算方式：转账支票，支票号0275，凭证号：记字0007号，单据张数2张。（提示：应按1∶6.8进行折算，不确认汇兑损益）

　　　　借：银行存款——美元户　　　　　　　6 800 000（100万美元）
　　　　贷：实收资本　　　　　　　　　　6 800 000（100万美元）

【业务8】　1月25日，销售给上海万邦电视机50台，销售单价4 000元；空调机50台，销售单价3 500元，增值税率17%，收到转账支票一张，支票号：0367，凭证号：记字0008号，单据张数2张。（提示：此业务需数量核算）

　　　　借：银行存款——人民币户　　　　　　　　　　438 750
　　　　贷：主营业务收入——电视机　　　　　　　　　200 000
　　　　　　　　　　——空调机　　　　　　　　　　175 000
　　　　　　应交税费——应交增值税（销项税额）　　　　63 750

【业务9】　1月25日，偿还前欠杭州机电580 000元货款的50%，用转账支票支付，支票号0446，领用部门：采购部，领用人姓名：李强，凭证号：记字0009号，单据张数2张。（提示：操作员应为赵薇薇，此业务需要供应商往来信息）

　　　　借：应付账款——杭州机电　　　　　　　　　　290 000
　　　　贷：银行存款——人民币户　　　　　　　　　　290 000

【业务10】　1月25日，提取本月短期借款利息1 000元，凭证号：记字0010号，单据张数1张。

　　　　借：财务费用——利息费用　　　　　　　　　　1 000
　　　　贷：应付利息　　　　　　　　　　　　　　　1 000

【业务11】　1月25日，计算并分摊本月材料成本率，凭证号：记字0011，单据张数1张。（提示：材料成本差异率计算结果为10%，此业务需要涉及项目信息）

　　　　借：生产成本——基本生产成本——直接材料（电视机）5 500
　　　　　　　　　　——基本生产成本——直接材料（空调机）9 000
　　　　贷：材料成本差异　　　　　　　　　　　　　14 500

2. 出纳签字

　　本案例要求所有涉及现金和银行存款的记账凭证都要经由出纳签字。出纳人员管理着企业现金的收入和支出，为了加强对出纳凭证的管理，出纳人员可以通过出纳签字功能对制单员填制的带有现金、银行科目的凭证进行检查核对。核对的主要内容是科目金额是否正确,对有错误或异议的凭证,应交填制人员修改后,再次核对。如果设置了出纳凭证必须由出纳签字,则未经出纳签字的凭证不能进行审核。

【例】 对涉及现金和银行存款的记账凭证进行出纳签字。

(1)以出纳员"李小丽"的身份注册进入到系统中。

(2)打开总账系统,然后在总账系统窗口中打开"凭证"菜单,单击"出纳签字"选项,系统弹出"出纳签字"条件过滤窗口。

(3)输入凭证过滤条件(只有涉及现金、银行存款的凭证才会执行出纳签字操作),单击"确定"按钮,系统会列出符合条件的凭证记录。双击记录,系统会打开该张凭证,出纳人员确认该张凭证没有问题后,单击"签字"按钮即可完成出纳签字操作,在该张凭证的出纳签字栏中会出现出纳员"李小丽"的名字,如图 4-48 所示。

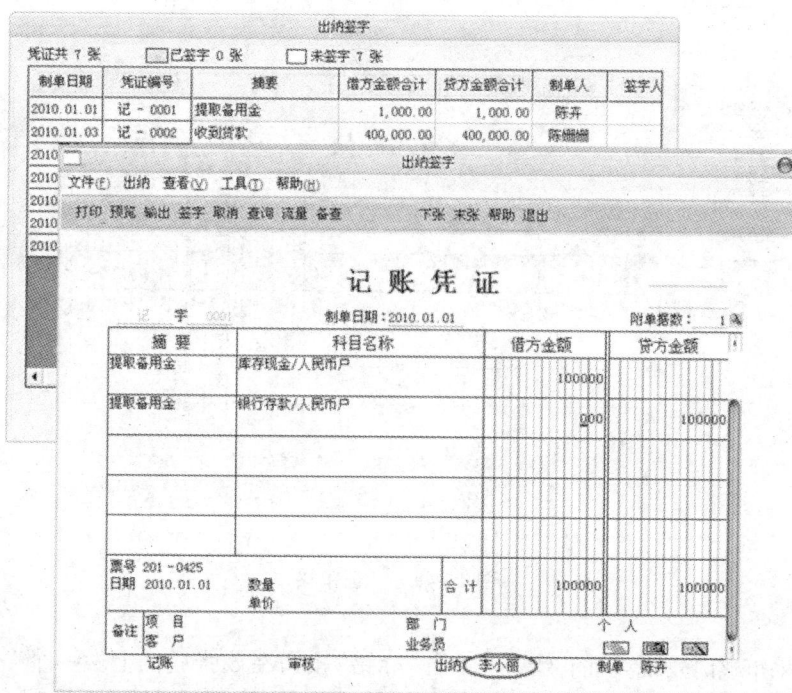

图 4-48 出纳签字

(4)对于大批的凭证需要出纳签字的情况,可在"出纳签字"窗口中打开"出纳"菜单,选择"成批出纳签字"功能。反之,也可以选择"成批取消签字"功能成批取消已完成出纳签字的凭证。

3.凭证审核

审核凭证是审核员按照财会制度,对制单员填制的记账凭证进行检查核对。只有具有审核权的用户才能使用本功能。按照会计制度,制单人和审核人不能为同一人,否则系统会给出"制单人和审核人不能为一人"提示,此时需要以另一具有审核权的用户身份重新登录用友系统方可进行审核。凭证审核后不能修改和删除,只有取消审核后才可以修改和删除。

【例】 对所有记账凭证进行审核。

(1)以用户"刘伟"身份注册进入账套。

(2)打开总账系统,展开"凭证"菜单,单击"凭证审核"选项,系统弹出"凭证审核"条件过滤窗口。

(3)输入过滤条件,单击"确认"按钮,系统列出所有符合条件的记录。(提示:什么条件都不输即默认全部凭证)

(4)双击记录打开凭证,然后单击"审核"按钮,在凭证下方审核人一栏中会出现用户"刘伟"。单击"取消"按钮则会取消审核,如图 4-49 所示。可以进行成批审核和成批取消。

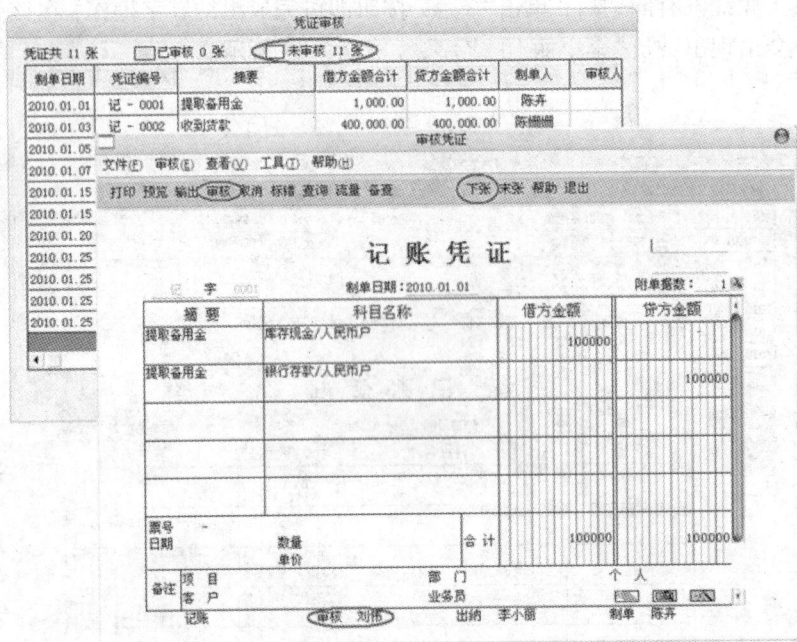

图 4-49 凭证审核

(5)如果审核时发现凭证有错,可单击"标错"按钮在该张凭证上做一个"有错"标志,并且可以填上错误信息,后期可对该标错凭证修改之后再保存,在有"标错"标志的凭证上单击"标错"按钮则取消该张凭证的标错。

4.主管签字

会计凭证的真实性决定了会计数据的准确性,因此用友 T6 系统在设计了出纳签字和凭证审核之后,又增加了主管签字功能进行最后的把关。主管签字后的凭证方可记账。

【例】 对所有记账凭证进行主管签字。

(1)以用户"刘伟"身份注册进入账套。打开总账系统,展开"凭证"菜单,单击"主管签字"选项,系统弹出"主管签字"条件过滤窗口。

(2)输入过滤条件,单击"确认"按钮,系统列出所有符合条件的记录。

(3)双击记录打开凭证,然后单击"签字"按钮,在凭证右上方会出现会计主管"刘伟"的签字。单击"取消"按钮则会取消签字,如图 4-50 所示。

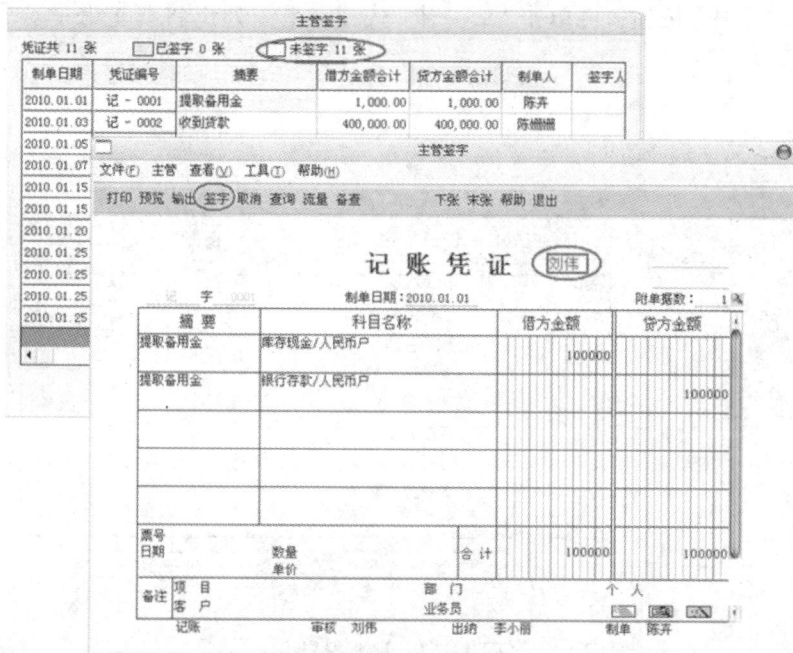

图 4 – 50　主管签字

（4）在"主管签字"窗口中，也可以选择"主管"菜单中的"成批主管签字"功能，进行成批主管签字，反之，也可以成批取消签字。

5. 凭证记账

记账是将已审核之后的凭证记录到具有账户基本结构的账簿中去，也称为登账或过账，是财务业务中最重要的一环。会计凭证审核签字之后，即可用来登记总账和明细账、日记账、部门账、往来账、项目账以及备查账等。记账采用导向方式，记账过程更加明确。

【例】　对前述记账凭证进行记账。

（1）以用户"刘伟"身份注册进入账套。打开总账系统，展开"凭证"菜单，单击"记账"选项，系统弹出"记账"窗口，如图 4 – 51 所示。

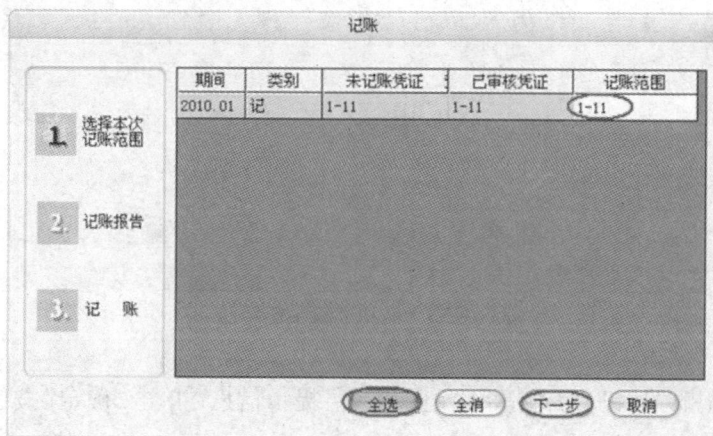

图 4 – 51　记账范围选择

（2）单击"全选"按钮，再单击"下一步"按钮，系统列出将要记账的会计科目，如图 4－52 所示。

图 4－52   记账报告

（3）单击"下一步"，系统开始自动记账，自动记账前系统会检查期初是否试算平衡，如果期初试算不平衡，系统将无法记账，反之，系统会提示"试算结果平衡"，单击"确认"按钮，如图 4－53 所示。

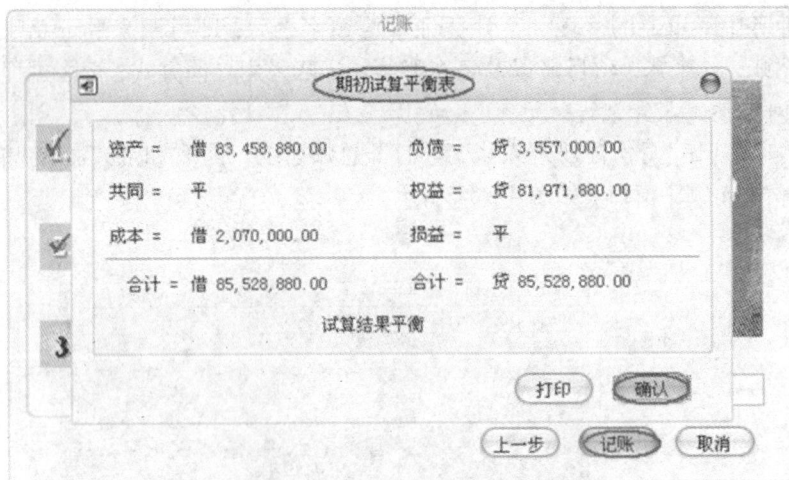

图 4－53   期初试算平衡检验

（4）单击"记账"按钮，系统弹出"记账完毕"提示信息，单击"确定"按钮，记账完成，如图 4－54 所示。

注意：记账后如果要修改或者删除记账凭证，需要恢复到记账前才能做处理。首先，

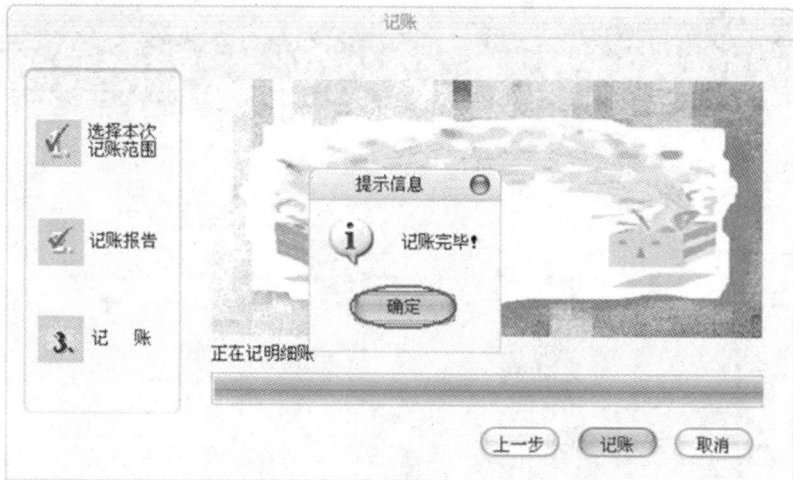

图 4 – 54　记账成功提示

由账套主管进入"总账\期末\对账\"，按下组合键"Ctrl + H"，口令后，系统激活隐藏菜单"恢复到记账前状态"，再执行"总账\凭证"下的"恢复到记账前状态"，选择恢复时间，点击确定并输入主管口令，即可完成恢复。

　6.账表输出

　记账的自动性、快捷性、不可见性是电算化和手工方式的最大区别。前述 11 笔业务在瞬间便记账成功了。在 T6 总账系统中，我们可以根据需要，查询打印科目余额表、总账、日记账、各类明细账(三栏式、数量式、外币式、多栏式)、部门账、项目账、往来账。这些查询操作不会影响到已经生成的会计信息，可以反复使用。由于操作比较简单，建议同学们自学这一部分内容。

三、银行对账

　银行对账是指将核算单位出纳负责的银行日记账和开户银行反馈回来的对账单进行核对，以检查双方记账错误的一项工作。T6 软件的出纳功能形象地模拟了手工方式的这一对账过程，大大地提高了出纳人员的工作效率。T6 系统中，银行对账的基本步骤为：输入银行对账期初数→输入当月对账单信息→银行对账(手工和自动)→输出余额调节表→核销已达账。

　【例】　银行对账。

　(1)以用户"李小丽"身份注册进入账套。

　(2)打开总账系统，展开"银行对账"菜单，单击"银行对账期初录入"选项，系统弹出"银行科目选择"窗口，选择"100201"科目。

　(3)单击"确定"按钮，系统弹出"银行对账期初"录入窗口，在"单位日记账"和"银行对账单"的"调整前余额"分别录入"500 000"，录入完毕单击"退出"按钮退出"银行对账期初"录入窗口，如图 4 – 55 所示。

　(4)展开"银行对账"菜单，选择"银行对账单"选项，系统弹出"银行科目选择"窗口，选择科目"100201"，月份从"2010.01 至 2010.01"，如图 4 – 56 所示。

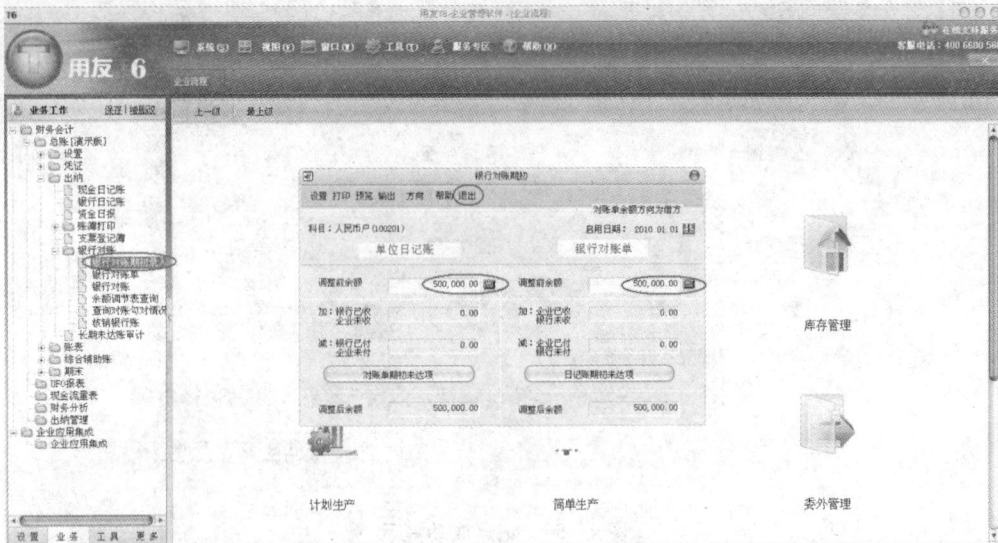

图 4 – 55　银行对账期初余额录入

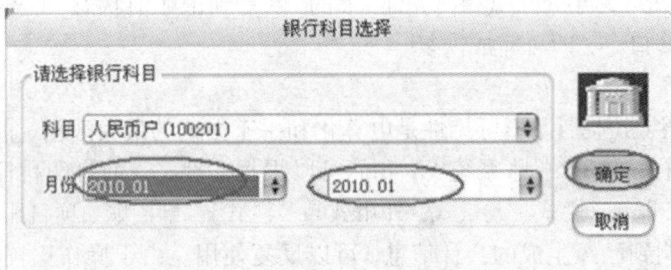

图 4 – 56　银行对账单银行科目选择

(5)单击"确定"按钮,系统弹出"银行对账单录入"窗口,单击"增加"按钮,参照表 4 – 19,录入银行对账单信息,结果如图 4 – 57 所示。

表 4 – 19　科力公司 2010 年 1 月份银行对账单

日期	摘要	结算方式	票号	借方金额	贷方金额	余额
2010.01.01	提取现金	现金支票	0425		1 000	499 000
2010.01.03	收到前欠货款	转账支票	0359	400 000		899 000
2010.01.05	支付货款	转账支票	0445		25 740	873 260
2010.01.23	收到前欠货款	委托收款		900 000		1 773 260
2010.01.24	支付货款	托收承付			150 000	1 623 260

(6)展开"银行对账"菜单,选择"银行对账"选项,系统弹出"银行科目选择"窗口,选择相应的"科目"及"月份",如图 4 – 58 所示。

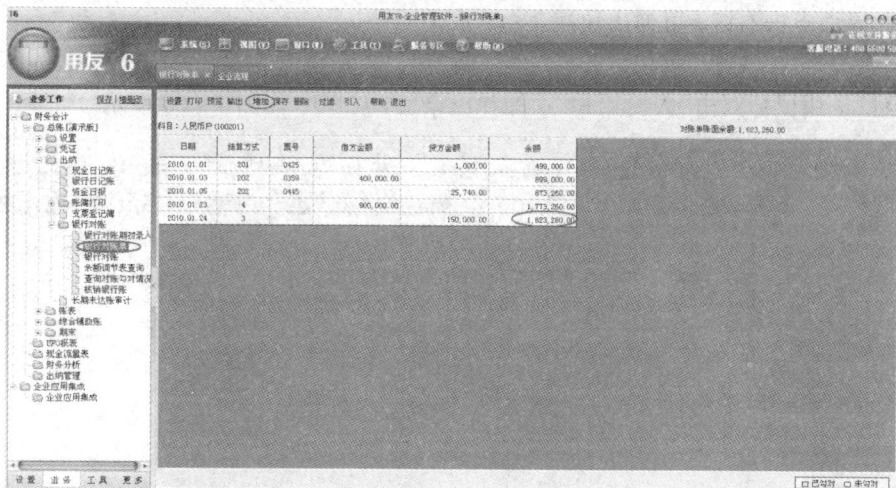

图 4 – 57　银行对账单录入

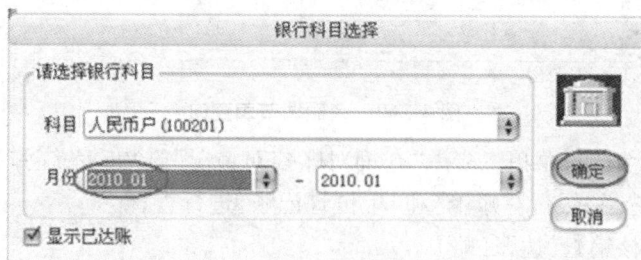

图 4 – 58　银行对账银行科目选择

（7）单击"确定"按钮，系统弹出"银行对账"窗口，单击"对账"按钮，选择截止日期"2010.01.31"，单击"确定"按钮，系统显示对账结果，如图 4 – 59 所示。

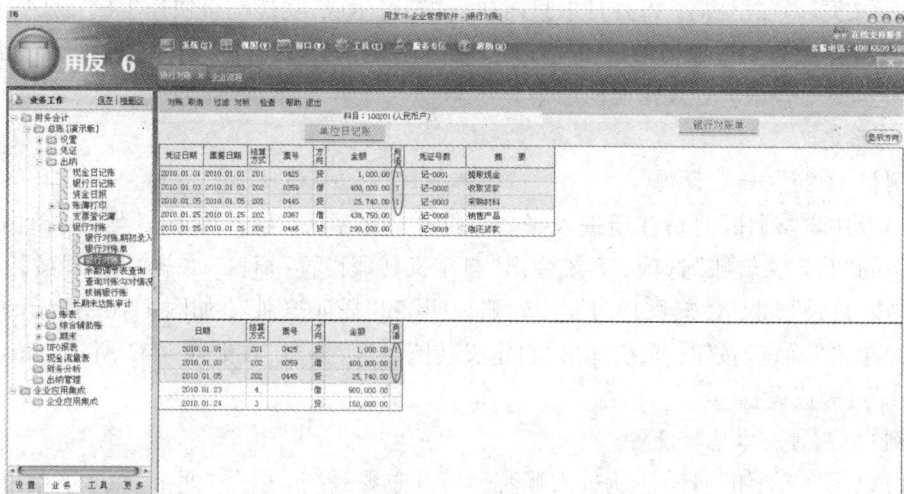

图 4 – 59　银行对账

在此界面点击右键，可弹出快捷菜单，取消对账。

（8）展开"银行对账"菜单，选择"余额调节表查询"选项，系统弹出"银行存款余额调节表"窗口。用鼠标双击"人民币户"，即弹出余额调节表，如图4-60所示。

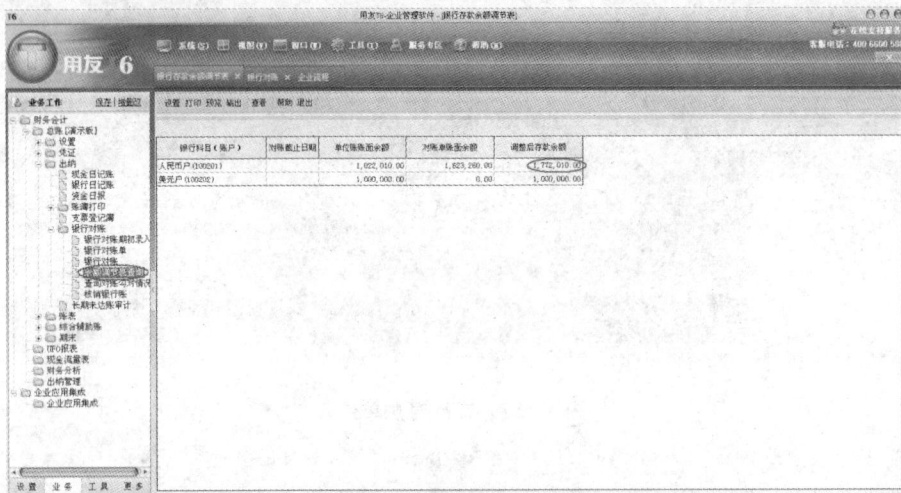

图4-60　余额调节表查询

（9）展开"银行对账"菜单，选择"查询对账勾对情况"选项，系统弹出"查询银行勾对情况"窗口，分别选择"银行对账单"和"单位日记账"进行查看。

（10）核销（反核销）已达账（略）

四、期末处理

总账在期末时的处理工作主要有计提坏账准备、结转销售成本、期末调汇和期末结转损益等。总账系统提供6种转账形式，分别为自定义结转、对应结转、销售成本结转、计划价销售成本结转、汇兑损益结转和期间损益结转。企业可以根据需要，进行相关转账定义。在定义完转账凭证后，每月月末只需执行"转账生成"功能即可快速生成转账凭证。生成的转账凭证将自动追加到未记账凭证中。期末转账前，首先确保对总账中的所有记账凭证已经记过账，否则会导致错误的结果。

1.转账定义

【例】　自定义转账设置。

（1）以用户"刘伟"身份注册进入账套。打开总账系统，展开"期末"菜单，单击"转账定义"下的"自定义转账"选项，系统弹出"自定义转账设置"窗口，单击"增加"按钮，系统弹出"转账目录"，录入"转账序号"、"转账说明"和"凭证类别"，如图4-61所示。

（2）单击"确定"按钮，系统弹出"自定义转账设置"窗口，如图4-62所示。依次执行各步骤即可完成设置。

【例】　销售成本结转设置。

（1）以用户"刘伟"身份注册进入账套。打开总账系统，展开"期末"菜单，单击"转账定义"下的"销售成本结转"选项，系统弹出"销售成本结转设置"窗口，录入库存商品科目"1405"、商品销售收入科目"6001"、商品销售成本科目"6401"，如图4-63所示。

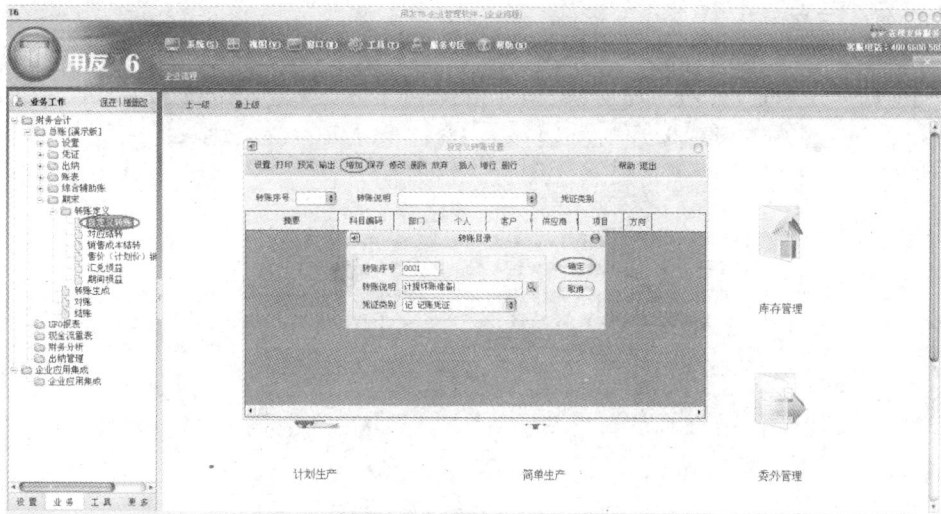

图 4 – 61 增加自定义转账——计提坏账准备

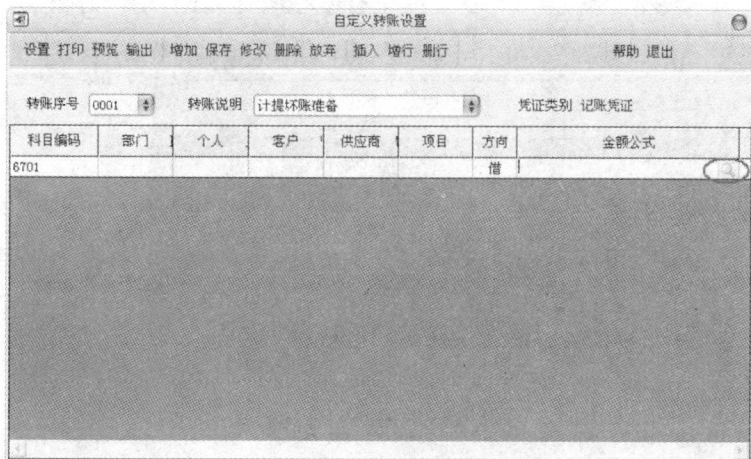

图 4 – 62 自定义转账设置

（2）单击"确定"按钮，完成销售成本结转设置。

【例】 汇兑损益结转设置。

（1）以用户"刘伟"身份注册进入账套。打开总账系统，展开"期末"菜单，单击"转账定义"下的"汇兑损益"选项，系统弹出"汇兑损益结转设置"窗口，录入汇兑损益入账科目"660302"，双击是否计算汇兑损益单元格，如图 4 – 64 所示。

（2）单击"确定"按钮，完成汇兑损益结转设置。

【例】 期间损益结转设置。

（1）以用户"刘伟"身份注册进入账套。打开总账系统，展开"期末"菜单，单击"转账定义"下的"期间损益"选项，系统弹出"期间损益结转设置"窗口，录入本年利润科目"4103"，如图 4 – 65 所示。

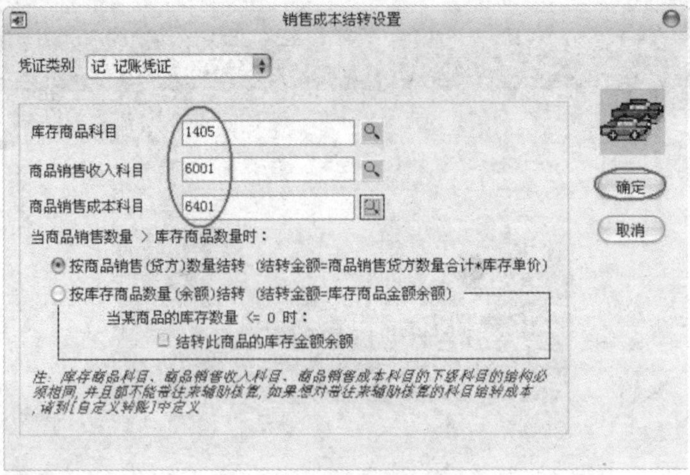

图 4 – 63　销售成本结转设置

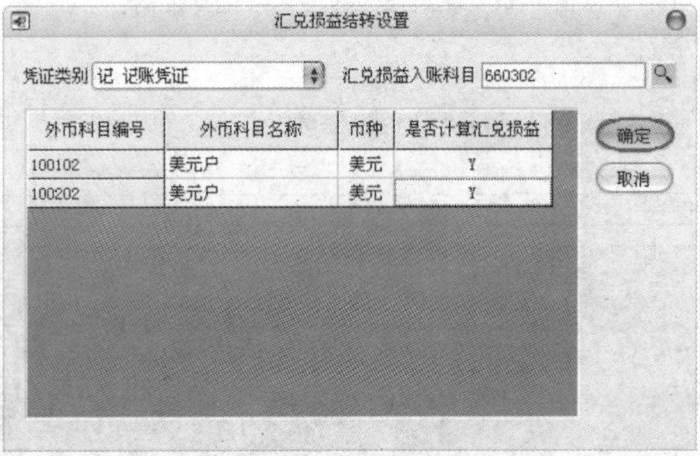

图 4 – 64　汇兑损益结转设置

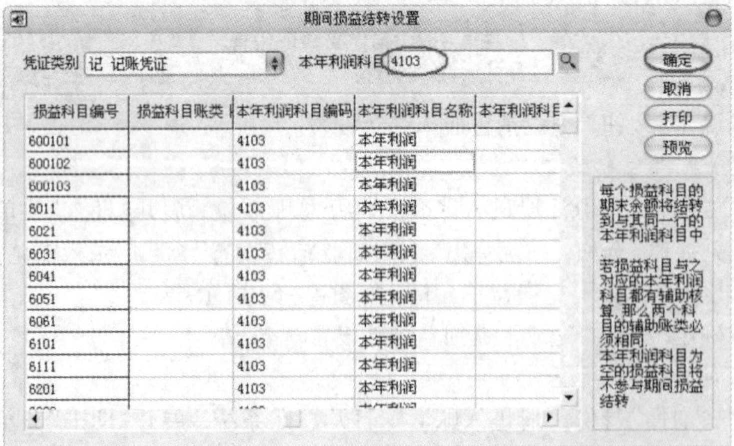

图 4 – 65　期间损益结转设置

（2）单击"确定"按钮，完成期间损益结转设置。

2.转账生成

转账生成是指由系统根据前述的转账定义自动生成记账凭证。

【例】　进行转账生成。

（1）以用户"陈卉"身份注册进入账套。打开总账系统，展开"期末"菜单，单击"转账生成"选项，系统弹出"转账生成"窗口。选择"自定义转账"，单击"全选"按钮，如图 4－66 所示。

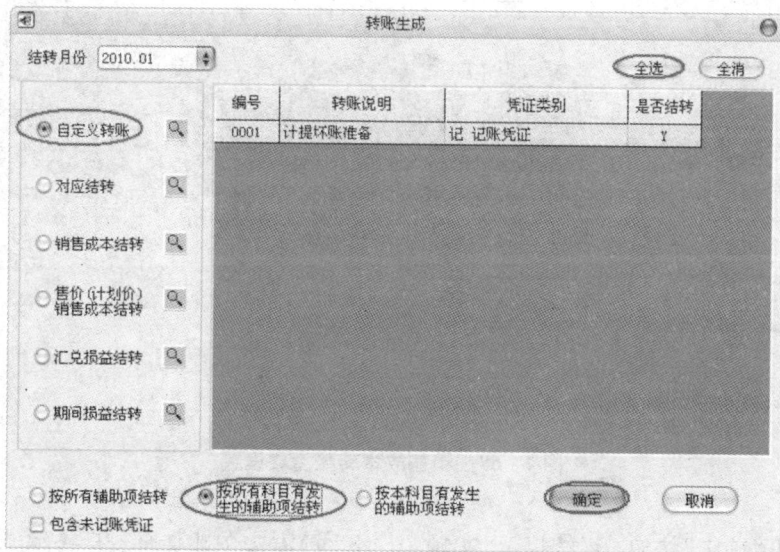

图 4－66　计提坏账准备自定义转账生成设置

（2）单击"确定"按钮，系统弹出生成的记账凭证，单击"保存"按钮保存凭证，如图 4－67 所示。

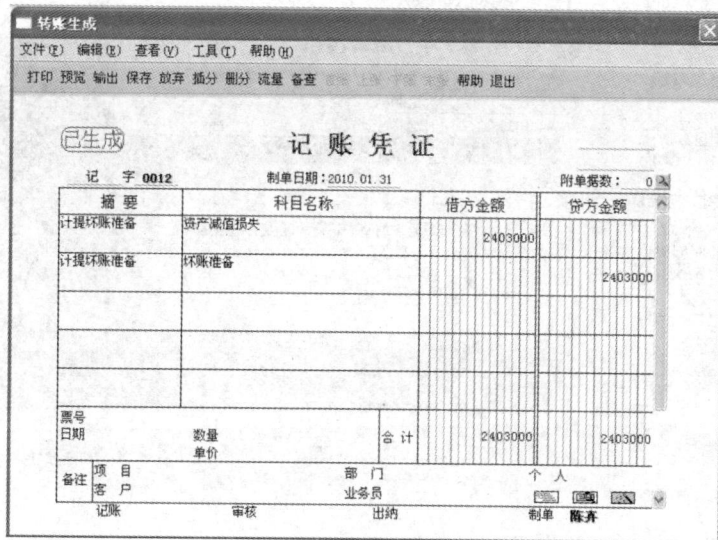

图 4－67　计提坏账准备自定义转账生成凭证

（3）单击"退出"按钮，退出"转账生成"的会计凭证窗口。选择"销售成本结转"，进行销售成本结转操作，如图4-68所示。

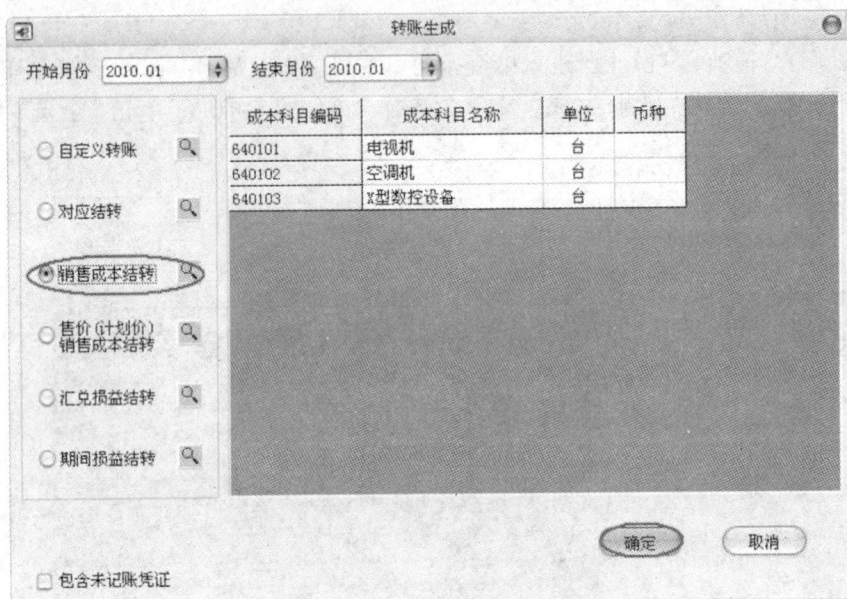

图4-68　销售成本转账生成设置

（4）单击"确定"按钮，系统提示"2010.01月之前有未记账凭证，是否继续结转？"，如图4-69所示。

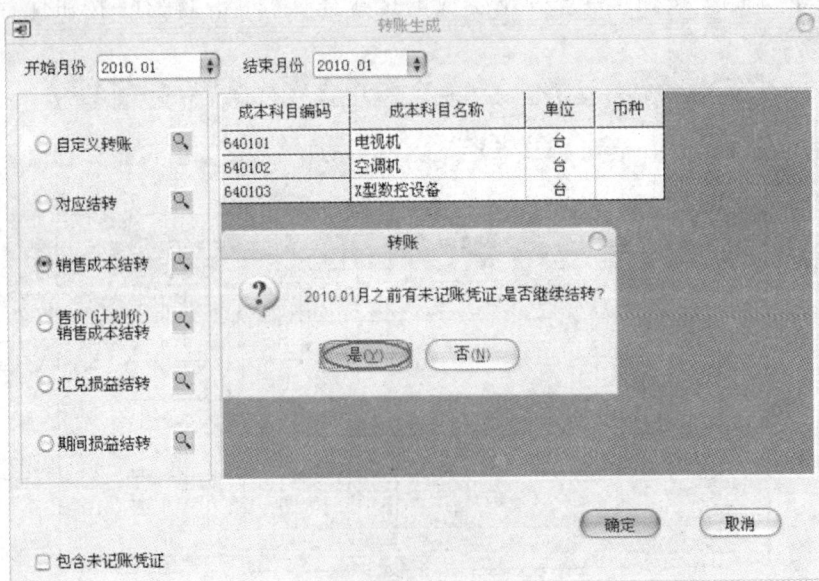

图4-69　销售成本转账设置信息提示

（5）单击"是"按钮，系统弹出"销售成本结转一览表"，如图 4 – 70 所示。

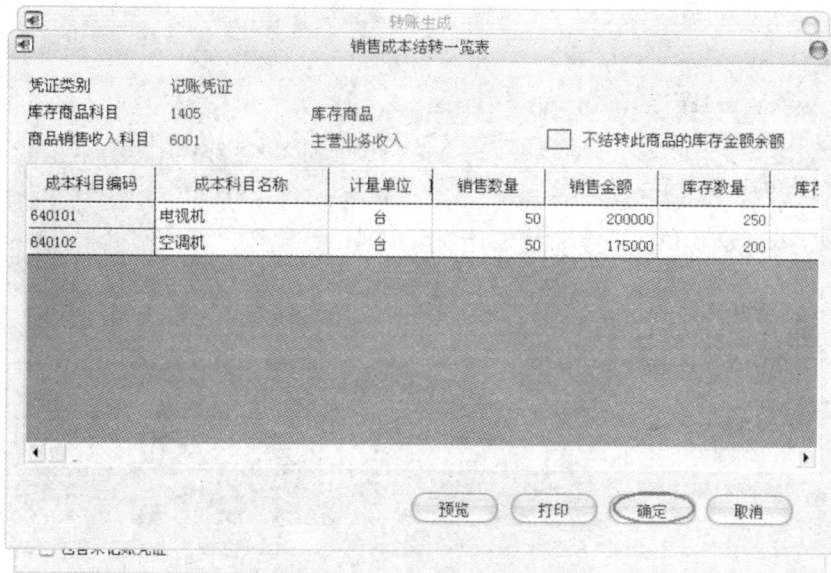

图 4 – 70 销售成本结转一览表

（6）单击"确定"按钮，系统弹出自动生成的销售成本结转凭证，单击"保存"按钮保存凭证，如图 4 – 71 所示。

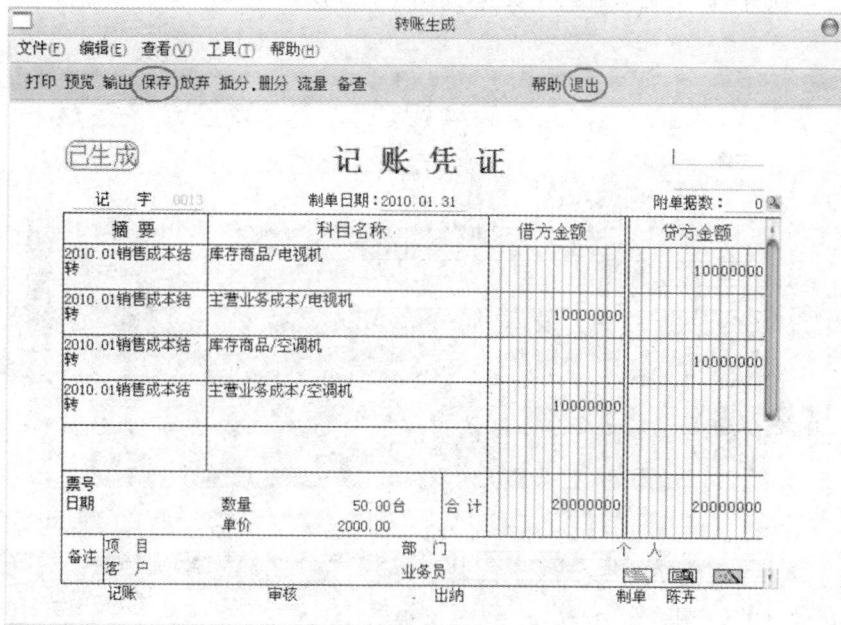

图 4 – 71 销售成本转账生成凭证

（7）单击"退出"按钮，退出"转账生成"的会计凭证窗口。选择"汇兑损益结转"，外币币种"美元 USD"，单击"全选"按钮，进行汇兑损益结转操作，如图 4 - 72 所示。

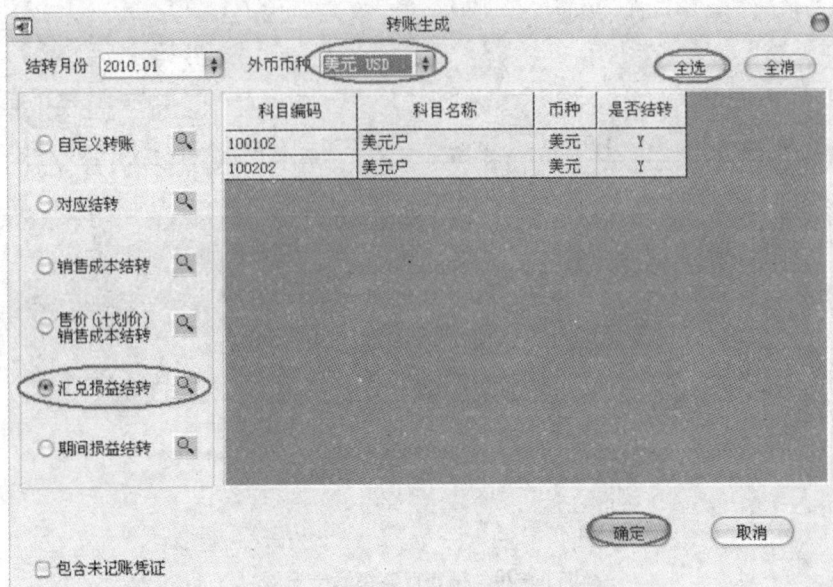

图 4 - 72　汇兑损益转账生成设置

（8）单击"确定"按钮，系统提示"2010.01 月之前有未记账凭证，是否继续结转?"单击"是"按钮，系统弹出"汇兑损益试算表"，如图 4 - 73 所示。

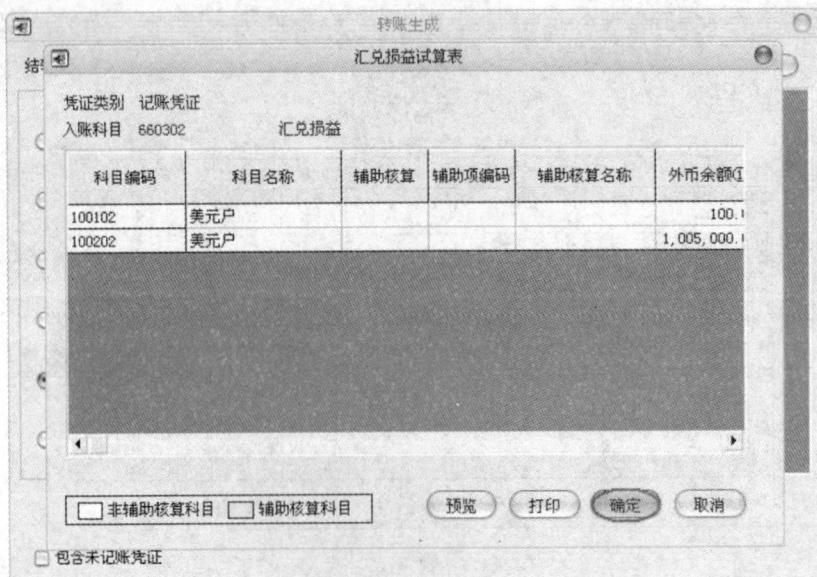

图 4 - 73　汇兑损益试算表

（9）单击"确定"按钮，系统弹出自动生成的汇兑损益结转凭证，单击"保存"按钮保存凭证，单击"退出"按钮即可退出"转账生成"凭证窗口，如图 4-74 所示。

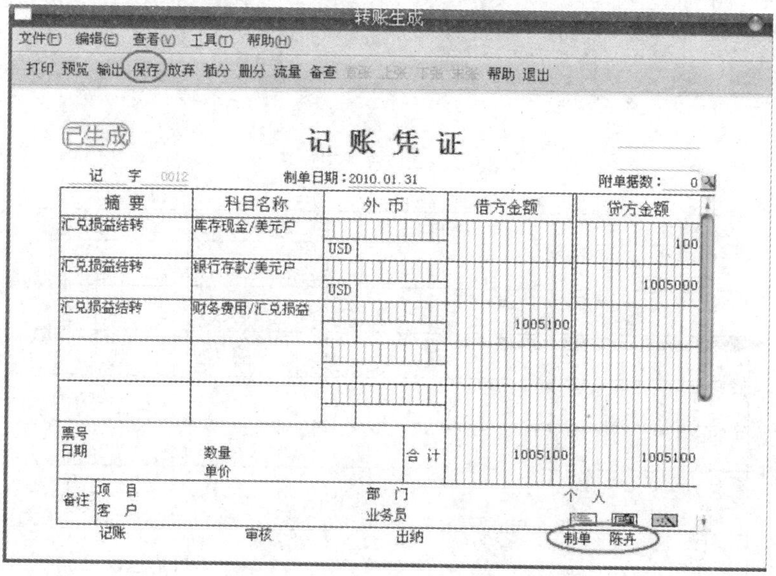

图 4-74 汇兑损益转账生成凭证图

（10）对以上自动生成的三账凭证进行出纳签字、凭证审核、主管签字后方可进行期间损益结转凭证的自动生成操作。以用户"陈卉"身份注册进入账套。打开总账系统，展开"期末"菜单，单击"转账生成"选项，系统弹出"转账生成"窗口。选择"期间损益结转"，单击"全选"按钮，如图 4-75 所示。

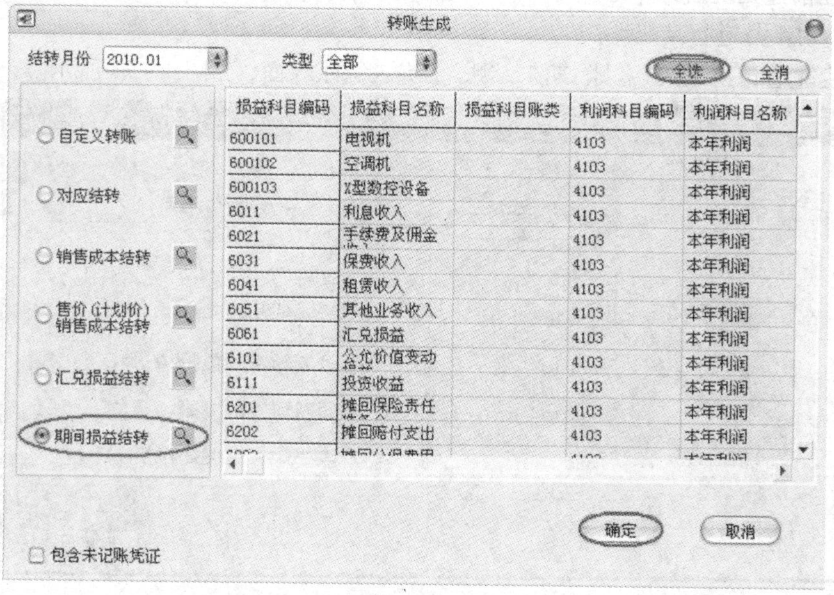

图 4-75 期间损益转账生成设置

（11）单击"确定"按钮，系统弹出自动生成的期间损益结转凭证，单击"保存"按钮保存凭证，如图 4 - 76 所示。

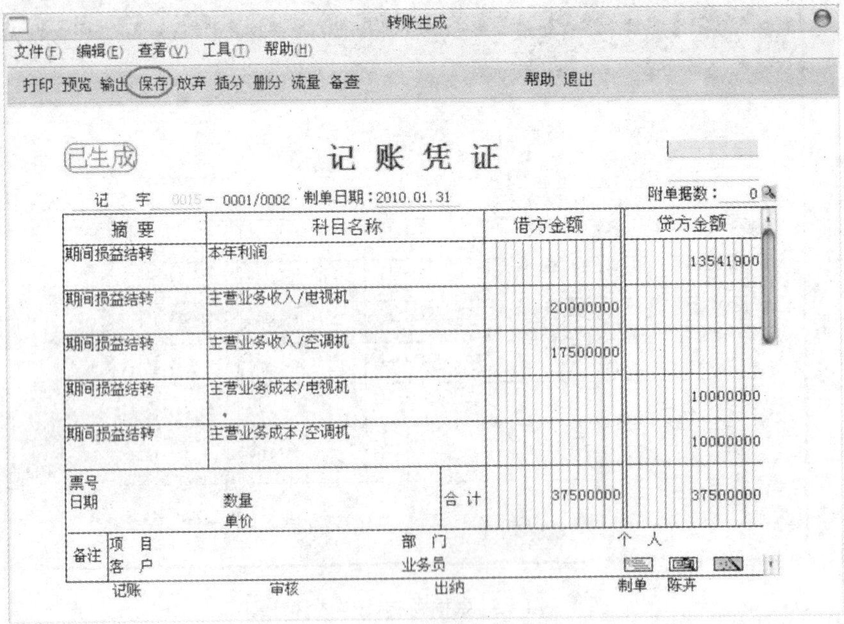

图 4 - 76　期间损益转账生成凭证

（12）单击"退出"按钮，退出"转账生成"凭证窗口，完成转账生成的操作。

3. 结账

执行完前述处理后，科力公司 1 月份的账务工作已经结束了，为了能正常处理下个月业务，必须对 1 月进行结账。

由账套主管依次进入"总账\期末结账"，进入结账界面，如图 4 - 77 所示。

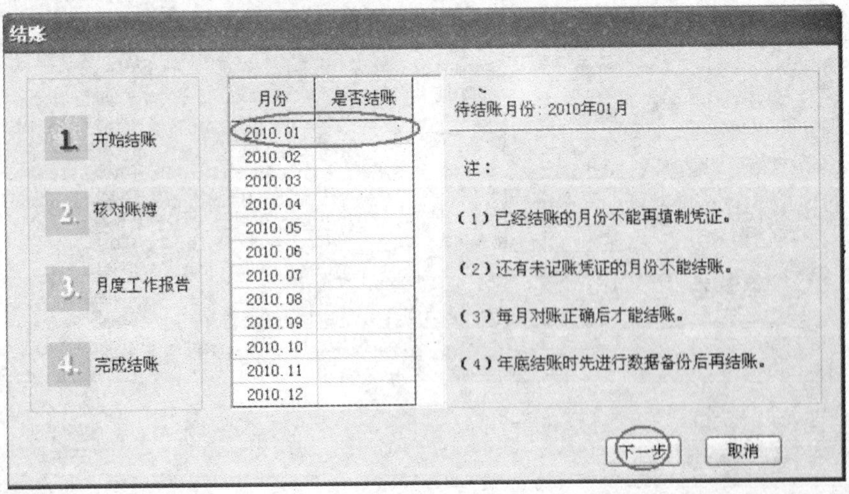

图 4 - 77　结账

后边的操作只要按提示操作即可，最后出现图 4 - 78 界面，表示结账成功！

图 4 - 78　结账成功图

结账有时候不能顺利进行，会出现如图 4 - 79 的提示。

图 4 - 79　结账失败提示

不能结账的主要原因一般有以下几种：①本月还有凭证未记账；②总账之外其他启用模块未结账；③上月没结账。

注意：结账完后，不能再处理当月凭证。结账后如果要编辑当月凭证，需要反结账。由账套主管进入"总账\期末\结账"界面，按下组合键"Ctrl + Shift + F6"，并输入主管密码，就可以取消结账。

第四节　用友T6报表模块应用

用友软件编制报表是通过UFO软件实现的。UFO(User Friend Office)是用友办公软件的简称,是用友软件股份有限公司开发的电子表格软件。UFO报表独立运行时,是用于处理日常办公事务。可以完成制作表格、数据运算、图形制作、打印等电子表的所有功能。UFO报表的主要功能有:文件管理功能;格式管理功能;数据处理功能;图形功能;丰富的打印功能;强大的二次开发功能;支持多窗口操作。利用UFO,我们可以制作出满足单位需求的各种报表。系统提供了模板方式生成报表和自定义方式生成报表两种方式。

一、利用模板生成报表

1. 利用模板生成报表的流程

以账套主管身份登录→财务会计→UFO报表→文件→新建→格式→报表模板→选中和账套匹配的行业→选中模板表→确定→点左下红色的"格式"切换到数据状态→菜单中的数据→关键字→录入→录入单位、时间等信息→确认→重算→出现数字→保存。

【例】 利用模板方式生成科力公司1月份的利润表。

(1)以账套主管身份登录到UFO报表系统,进入图4-80界面。

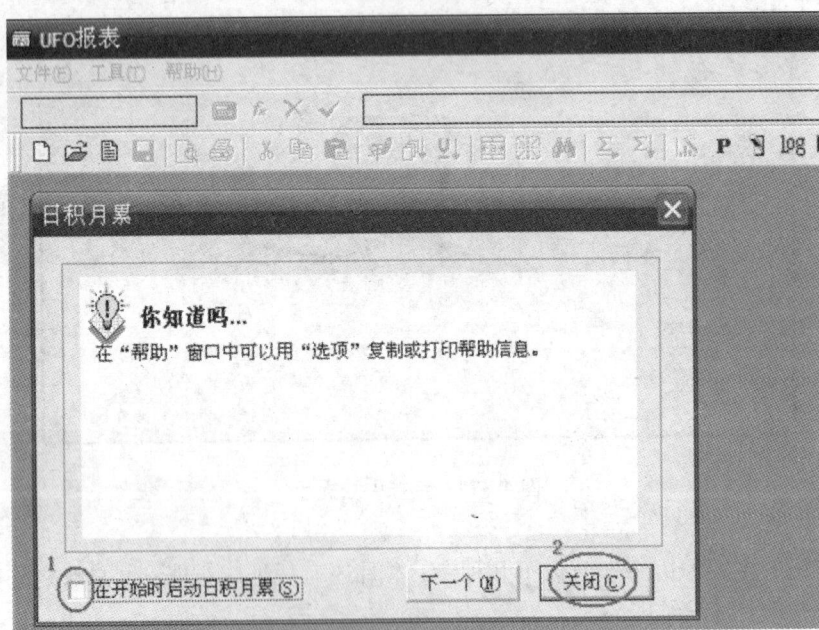

图4-80　利润表编制步骤一

在图4-80界面下,依次执行1、2两步,关闭日积月累提示。

（2）在报表主界面下依次执行"新建→格式→报表模板"，操作如图 4 - 81 所示。

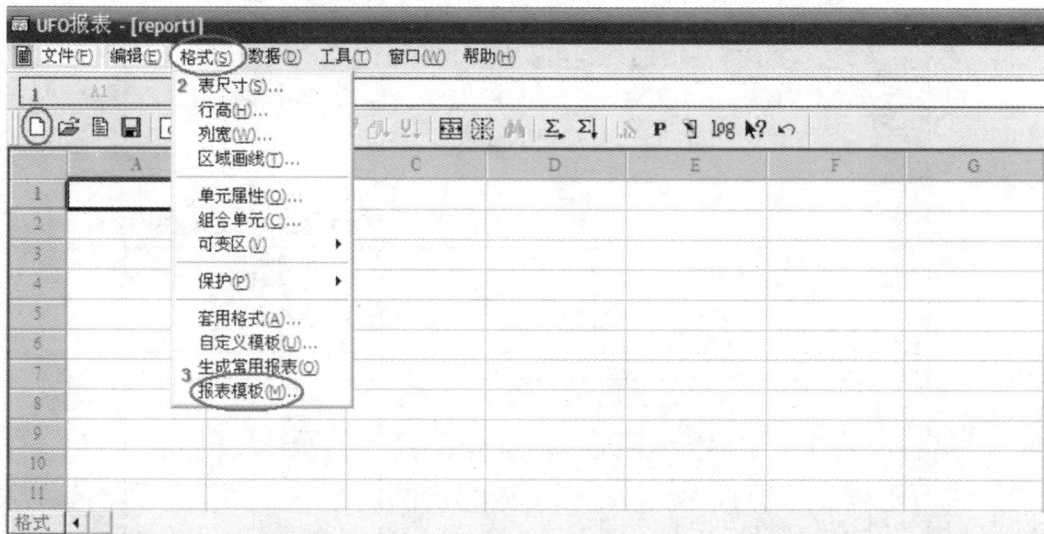

图 4 - 81　利润表编制步骤二

（3）选择行业和报表名称，操作如图 4 - 82 所示。

选择"一般企业（2007 年新会计准则）"，选择"利润表"，点击"确认"。

（4）用模板覆盖当前空表，操作如图 4 - 83 所示。

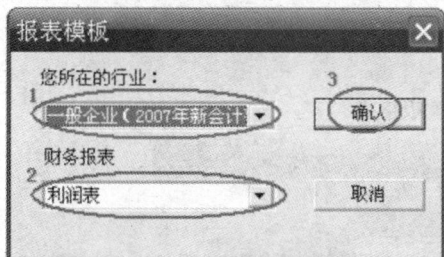

图 4 - 82　报表模板选择

图 4 - 83　模版覆盖当前空表

（5）在利润表模板下，输入时间并切换状态到"数据"状态，操作如图 4 - 84 所示。

在图 4 - 84 界面内，首先在 B3 单元格内输入时间"2010 年 1 月 31 日"，接着点击左下方红色的"格式"按钮，切换到"数据"状态。

（6）在"数据状态下"录入关键字"科力公司"，具体操作如图 4 - 85、图 4 - 86 所示。

（7）表页重算。

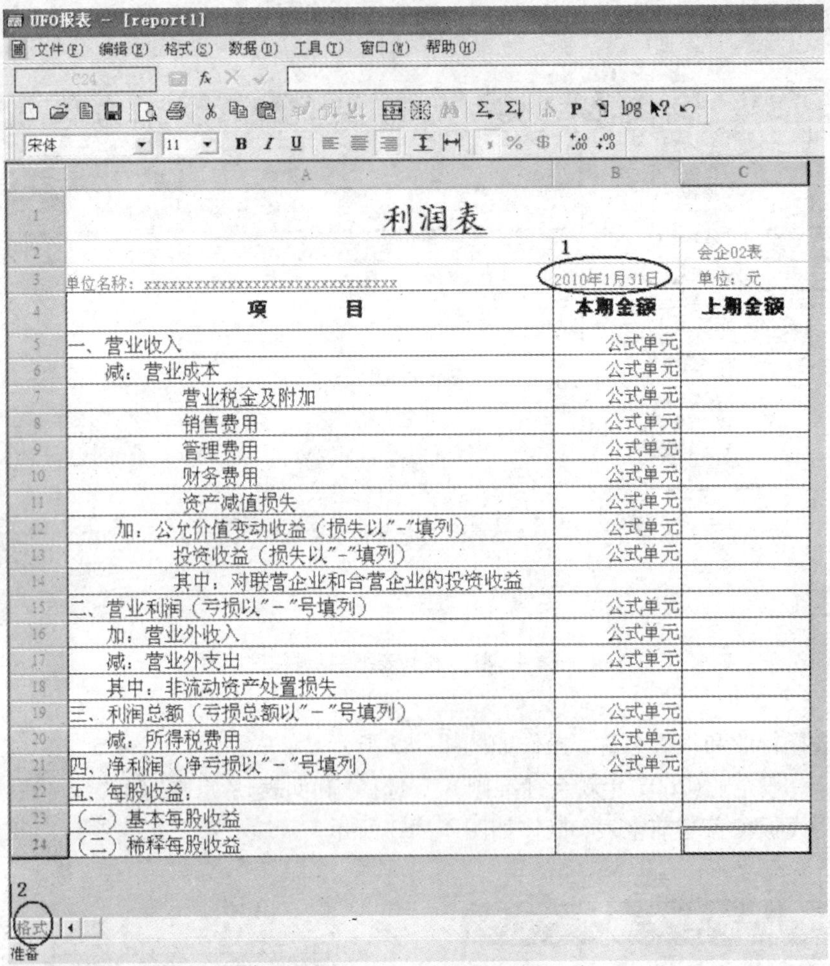

图4-84 利润表模板格式

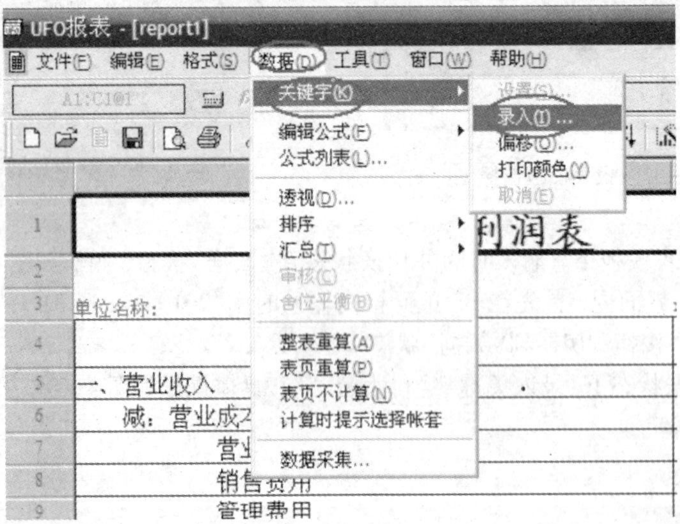

图4-85 关键字设置步骤一

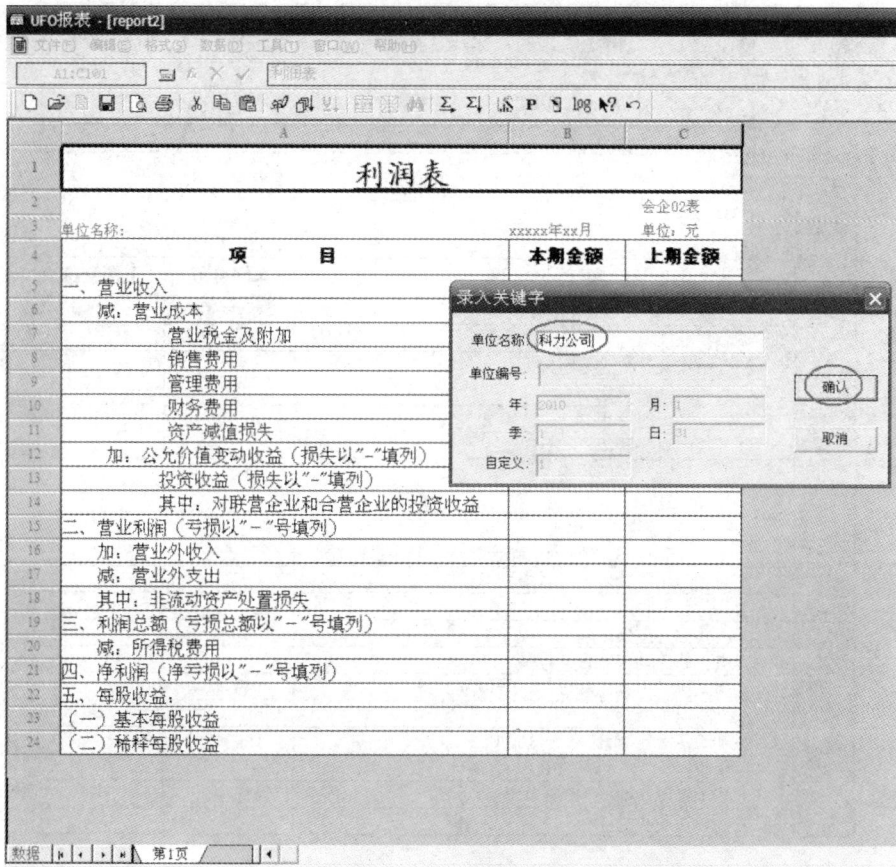

图 4 - 86 关键字设置步骤二

在图 4 - 86 界面下，录完关键字后，弹出重算表页对话框，如图 4 - 87 所示。

重算后，利润表就生成了，如图 4 - 88 所示，在表中可以看到自动计算出来的数据。

（8）保存计算结果，如图 4 - 89 所提示的操作步骤。

点击"保存"→选择路径→选择文件类型→文件命名→点击"另存为"即可保存成功。保存报表的时候可

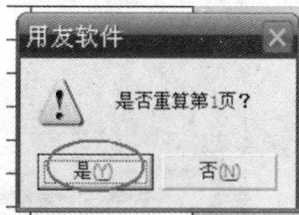

图 4 - 87 重算表页

以根据需要存为 rep 格式（这是默认格式）、xls 格式（可以直接在 excel 中打开编辑）、txt 格式、mdb 数据库格式。

【例】 利用模板方式生成科力公司 1 月份的资产负债表。

（1）操作步骤。

操作步骤基本同前述利润表的一致，在此从略。最后生成的资产负债表如图 4 - 90 所示。

（2）数据调整。

观察发现，资产期末数合计 B37 单元格数字 92 235 309 和负债权益期末数合计 E37 单

图 4 - 88　利润表结果

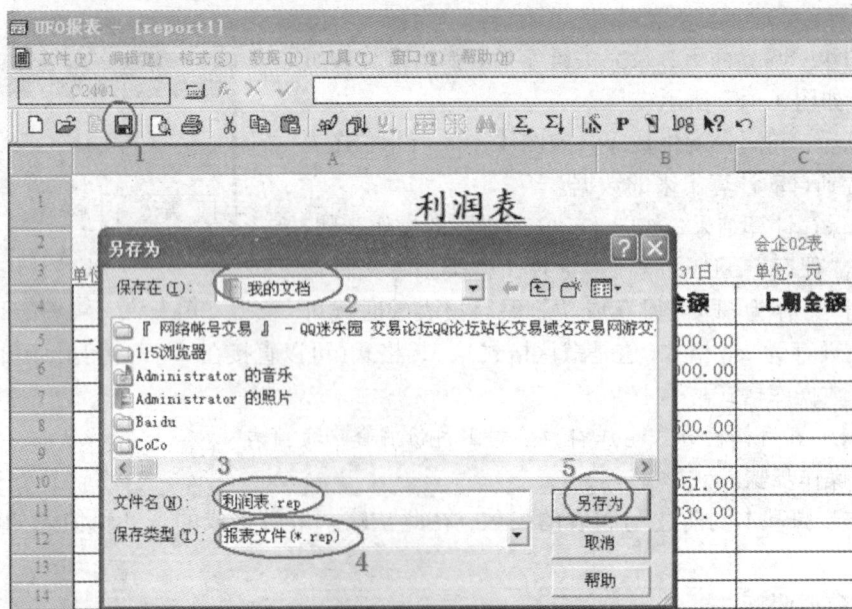

图 4 - 89　保存利润表

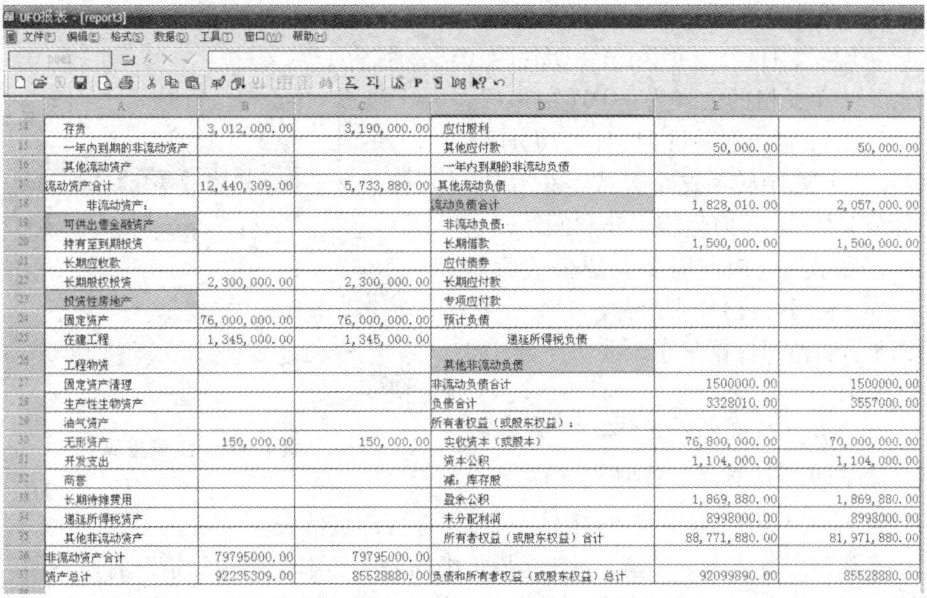

	A	B	C	D	E	F
14	存货	3,012,000.00	3,190,000.00	应付股利		
15	一年内到期的非流动资产			其他应付款	50,000.00	50,000.00
16	其他流动资产			一年内到期的非流动负债		
17	流动资产合计	12,440,309.00	5,733,880.00	其他流动负债		
18	非流动资产：			流动负债合计	1,828,010.00	2,057,000.00
19	可供出售金融资产			非流动负债：		
20	持有至到期投资			长期借款	1,500,000.00	1,500,000.00
21	长期应收款			应付债券		
22	长期股权投资	2,300,000.00	2,300,000.00	长期应付款		
23	投资性房地产			专项应付款		
24	固定资产	76,000,000.00	76,000,000.00	预计负债		
25	在建工程	1,345,000.00	1,345,000.00	递延所得税负债		
26	工程物资			其他非流动负债		
27	固定资产清理			非流动负债合计	1500000.00	1500000.00
28	生产性生物资产			负债合计	3328010.00	3557000.00
29	油气资产			所有者权益（或股东权益）：		
30	无形资产	150,000.00	150,000.00	实收资本（或股本）	76,800,000.00	70,000,000.00
31	开发支出			资本公积	1,104,000.00	1,104,000.00
32	商誉			减：库存股		
33	长期待摊费用			盈余公积	1,869,880.00	1,869,880.00
34	递延所得税资产			未分配利润	8998000.00	8998000.00
35	其他非流动资产			所有者权益（或股东权益）合计	88,771,880.00	81,971,880.00
36	非流动资产合计	79795000.00	79795000.00			
37	资产总计	92235309.00	85528880.00	负债和所有者权益（或股东权益）总计	92099890.00	85528880.00

图 4－90　资产负债表

元格数字 92 099 890 不相等。B37 比 E37 大 135 419，正好是前边利润表中本年利润的数字。经分析需要修改 E34（未分配利润）项目的公式。步骤如下：

第一步，在图 4－90 界面下，点击左下方红色的【数据】按钮，切换到【格式】状态。

第二步，用鼠标双击 E34 单元格，弹出定义公式窗口如图 4－91 所示。

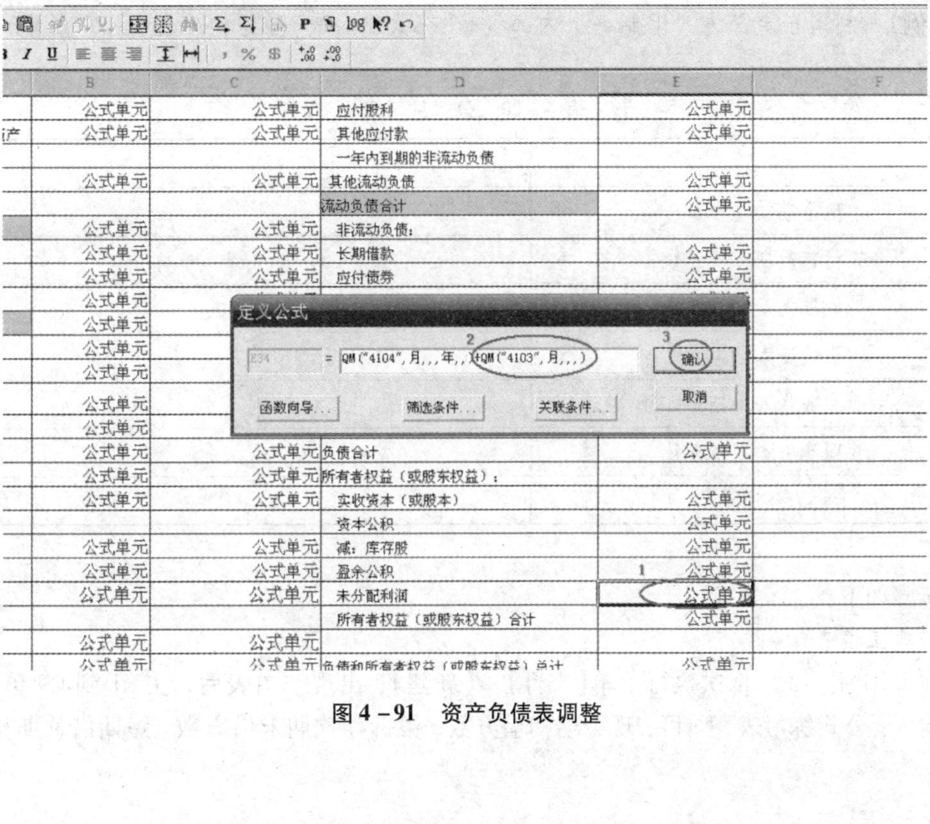

图 4－91　资产负债表调整

第三步，将 E34 单元格的公式修改为：

QM（"4104"，月，，，年，，）＋QM（"4103"，月，，，）。

原来 E34 单元格的公式为：QM（"4104"，月，，，年，，），意指取科目 4104（利润分配）期末余额，在年末结转后这个公式是正确的。但本案例是 1 月份，没有做将本年利润结转利润分配的记账凭证，因此需要在原公式后加上 4103（本年利润科目）期末余额。

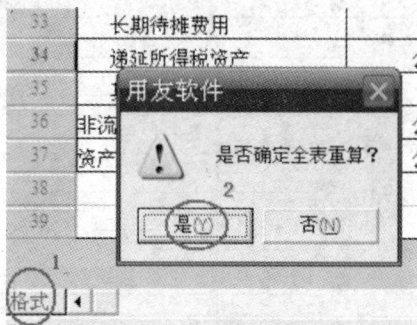

图 4－92　　全表重算

第四步，切换到数据状态，重新计算，如图 4－92 所示。

点击左下方红色的"格式"按钮，切换到"数据"状态，重新计算后，观测到 E37 单元格数据变为 92 235 309，和 B37 平衡了。最后保存资产负债表。

如果发现资产负债表不平衡，一般是模板中的公式和本企业实际情况有所不同，应该查明原因，修改公式即可解决问题。关于 UFO 报表公式问题接下来将详细介绍。

二、利用自定义方式编制报表

前述利润表和资产负债表是对外报表，具有统一的格式，所以用友公司将它们做成了模板，可以让不同企业套用，大大方便了用户。但是，在现实工作中，除了必须对外报送的四张主表之外，还有一些报表是单位内部管理、查阅所需要的，不需要对外报送，没有统一格式，这就需要财务人员利用 UFO 中的公式、函数的知识，通过自定义方式编制。

【例】　利用自定义方式编制一个内部报表"公式练习表"（结构如表 4－20 所示）。

表 4－20　　公式练习表

项目	金额
现金期初借方数	
银行存款期末借方数	
短期借款期初数	
实收资本期末数	
主营业务收入本期贷方数	
管理费用本期借方数	
合计	

步骤如下：

1.建立报表结构

在 UFO 主界面，依次执行菜单【文件】→【新建】，出现空白表后，在 C1 到 C9 单元格依次输入：公式练习表、项目、现金期初借方数、银行存款期末借方数、短期借款期初数、实收资本期末数、主营业务收入本期贷方数、管理费用本期借方数、合计，在 D2 单元格输入：金额。操作如图 4 - 93 所示。

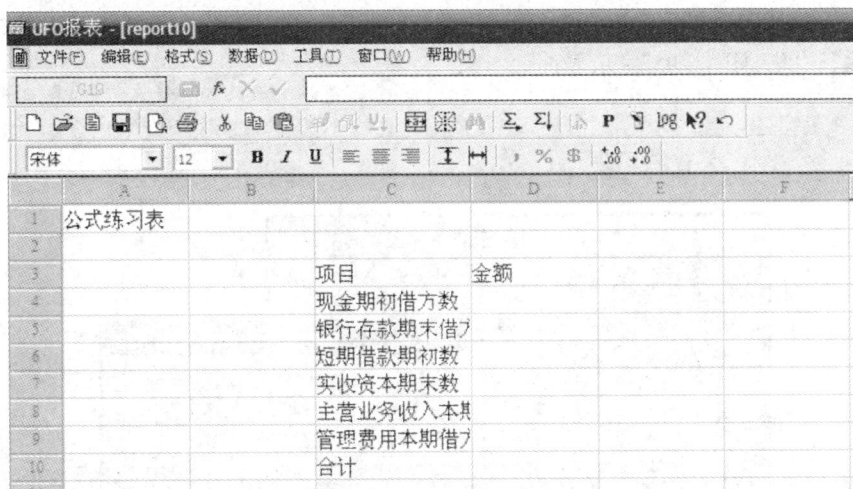

图 4 - 93　定义报表结构

2. 美化报表

（1）将 A1 到 A4 单元格进行整体组合。用鼠标拖动方式选中 A1 到 A4 单元格，点击右键，在弹出菜单中选择【组合】→【整体组合】。

（2）将组合后的 A1 单元格字体设为黑体、16 号、蓝色，居中，行高设为 8。鼠标点击 A1 单元格，点右键，弹出右键菜单，如图 4 - 94 所示。

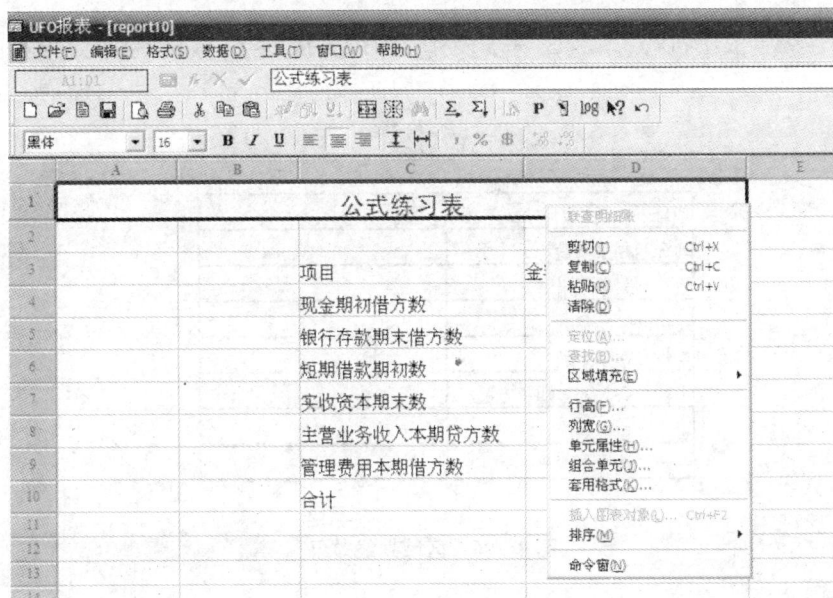

图 4 - 94　单元属性设置

单元格的组合、字体、行高、列宽等都可点击鼠标右键。其中字体要进一步选择【单元属性】→【字体图案设置】，这些设置和 word 类似，此处从略。

（3）选中 C3 到 D10，设置字体为宋体，加粗，12 号，紫色，居中，行高 7，列宽 50。

（4）对 C3 到 D10 单元格进行划线。选中 C3 到 D10 单元格，依次执行菜单【格式】→【区域划线】，进入图 4 - 95 显示界面。

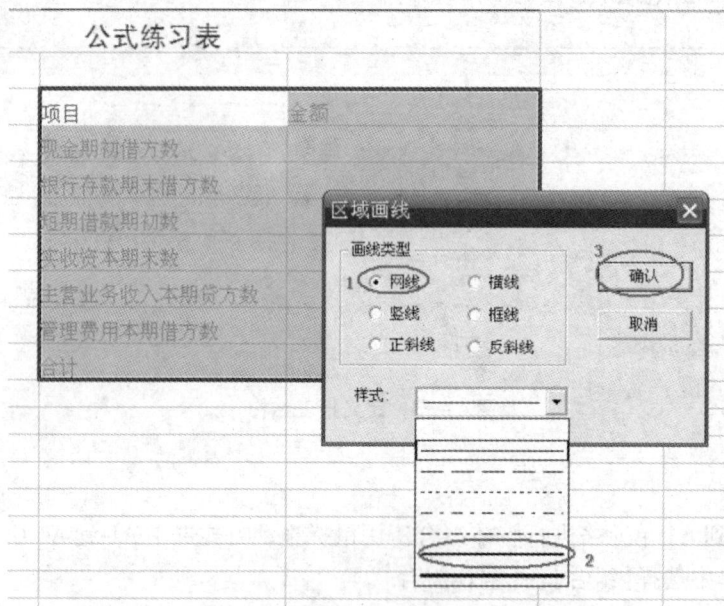

图 4 - 95　区域划线

在图 4 - 95，依次执行 1、2、3 三步操作，即可完成划线。划线后的效果如图 4 - 96 所示。

图 4 - 96　区域划线效果

3. 公式定义

公式是用友 UFO 重要的内容，自定义报表的取数，主要是通过公式实现的。本例中 D3 到 D9 需要定义公式。公式定义有两种方法。第一，自己直接输入；第二，用 UFO 提供的引导方式选择生成。

（1）引导方式生成 D4 单元格公式，如图 4－97 所示。

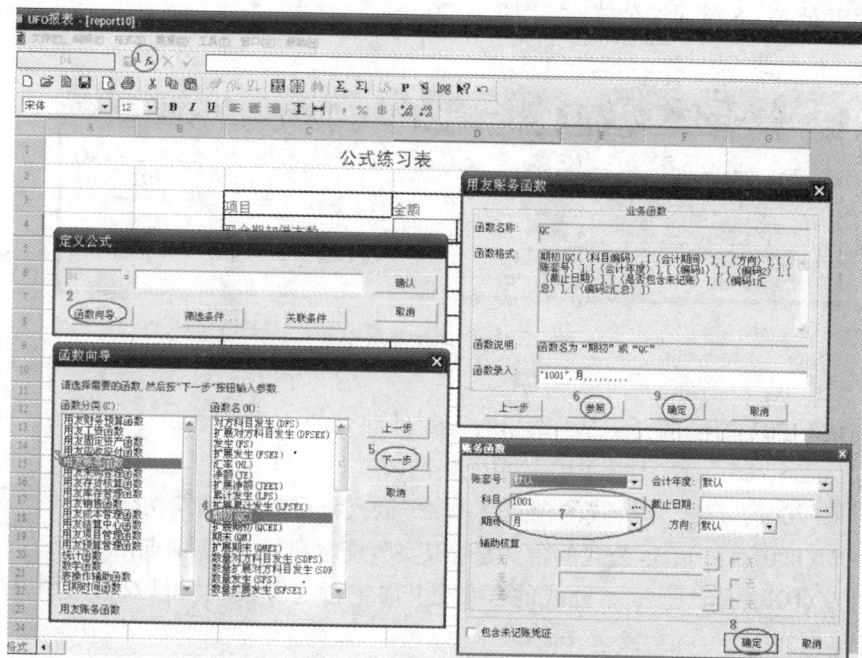

图 4－97　引导输入公式

在图 4－97 中，依次执行 1、2、3、4、5、6、7、8、9 各步骤后，最后引导生成的公式如图 4－98 所示。

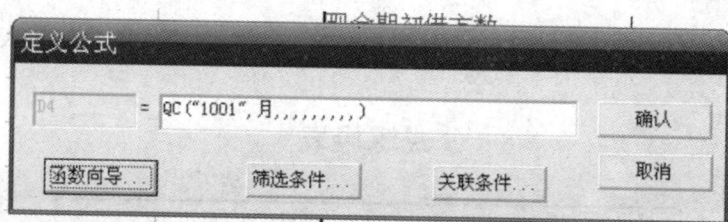

图 4－98　引导输入公式结果

把公式中的字符串双引号删掉，把"月"后的默认参数符号"，"删掉，精简为图 4－99 所示结果。

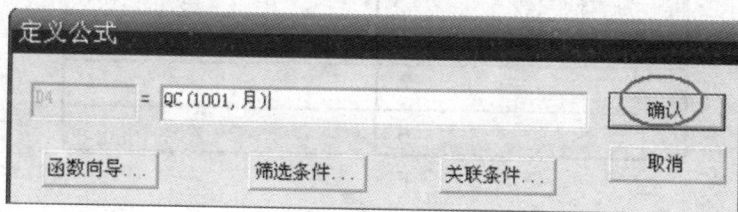

图 4－99　公式精简

点击"确认"保存公式。公式 QC(1001，月)的含义是：取现金科目 1001 的月初余额。余额的借贷方向系统会自动识别。

（2）手工录入 D5 单元格公式，如图 4-100 所示。

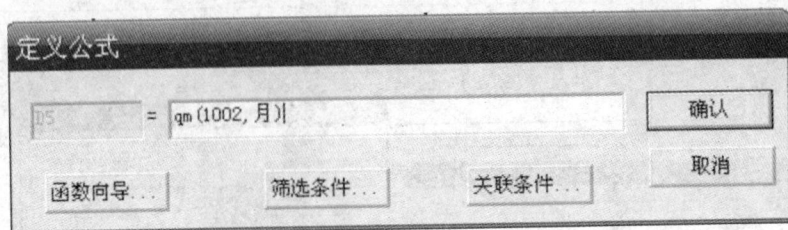

图 4-100　手工录入公式

公式 QM(1002，月)的含义是：取银行存款科目 1002 的期末余额。

（3）录入 D6，D7，D8，D9，D10 等单元格的公式。

D6 = QC(2001，月)，本公式的含义是：取短借款科目 2001 的期初余额。

D7 = QM(4001，月)，本公式的含义是：取实收资本科目 4001 的期末余额。

D8 = FS(6001，月，贷)，本公式的含义是：取主营业务收入科目 6001 的本月贷方发生额。

D9 = FS(6602，月，借)，本公式的含义是：取管理费用科目 6002 的本月借方发生额。

D10 = Ptotal(D3：D9)，本公式的含义是：本表页 D3 到 D9 单元格的合计数。

UFO 中类似的函数还很多，案例中只列举了 QC，QM，FS，Ptotal 等四个最常用的函数，很多函数的用法和 excel 类似。

（4）初步计算。

点击左下方红色的"格式"按钮，切换到"数据"，进行计算，生成的报表如图 4-101 所示。

公式练习表

项目	金额
现金期初借方数	6880.00
银行存款期末借方数	7845960.00
短期借款期初数	600000.00
实收资本期末数	76800000.00
主营业务收入本期贷方数	375000.00
管理费用本期借方数	
合计	85627840.00

图 4-101　自定义表初步计算

其中管理费用没有数字，是因为本案例中管理费用没有发生额。

（5）设置关键字（年、月、日）。

关键字是用来区别同一报表文件不同表页标示的元素，UFO 中允许将单位名称、单位编号、年、月、日、季等作为关键字，也可以自定义关键字。

选中组合单元格 A2 到 D2，依次执行菜单【数据】→【关键字】→【设置】，进入关键字设置界面，如图 4 - 102 所示。

关键字一次只能设置一个，用同样的方法，在组合区域 A2 到 D2 设置"月"关键字和"日"关键字。

（6）调整关键字显示位置。

通过上述设置好关键字后，看到年月日关键字都重叠在区域最右边。必须通过关键字偏移来调整位置，以达到最佳显示效果。依次执行【格式】→【关键字】→【偏移】，进入关键字偏移界面，如图 4 - 103 所示。

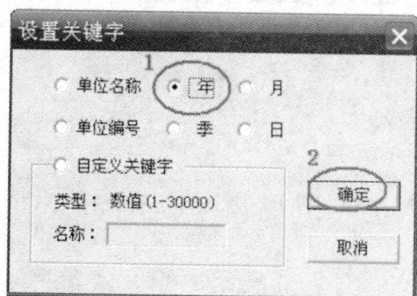

图 4 - 102　关键字设置

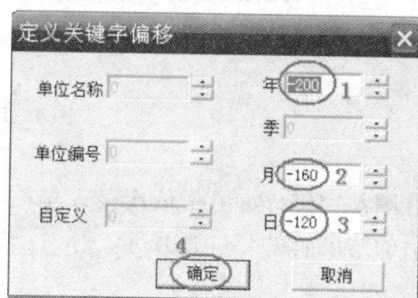

图 4 - 103　关键字偏移

在图 4 - 103 中，"年 - 200"意指年数据从初始位置开始，向左移动 200 个单位，"月 - 160"，"日 - 120"含义类似。调整好关键字位置后的效果如图 4 - 104 所示。

公式练习表

xxxx 年　xx 月　xx 日

项目	金额
现金期初借方数	公式单元
银行存款期末借方数	公式单元
短期借款期初数	公式单元
实收资本期末数	公式单元
主营业务收入本期贷方数	公式单元
管理费用本期借方数	公式单元
合计	公式单元

图 4 - 104　调整好关键字位置

（7）关键字录入。

切换到"数据"状态，进入【数据】→【关键字】→【录入】，如图4-105所示。

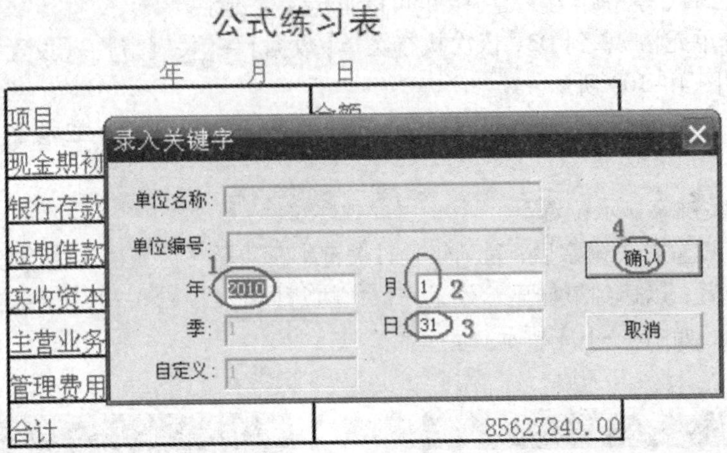

图4-105　关键字录入

在图4-105界面中，依次录入年（2010）、月（1）、日（31），确定后，进行表页重算，重算后的结果如图4-106所示。

公式练习表

2010 年　1 月　31 日	
项目	金额
现金期初借方数	6880.00
银行存款期末借方数	7845960.00
短期借款期初数	600000.00
实收资本期末数	76800000.00
主营业务收入本期贷方数	375000.00
管理费用本期借方数	
合计	85627840.00

图4-106　报表最后数据

（8）保存为rep文件。

点击工具栏的"保存"按钮，出现另存为界面，如图4-107所示，依次执行1、2、3、4步，进行保存。

（9）将公式练习表存为模板文件。

切换到"格式"状态，执行【格式】→【自定义模板】，进入图4-108界面。

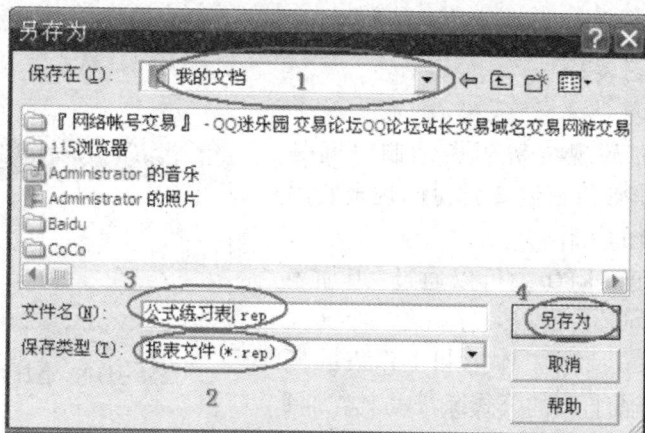

图 4 - 107　自定义报表保存

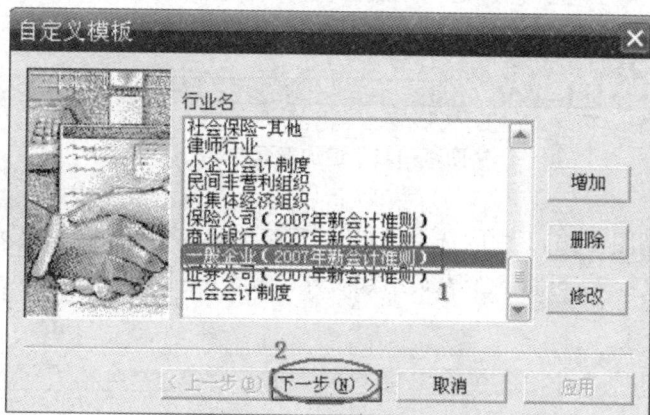

图 4 - 108　自定义模板步骤一

选"一般企业(2007 年新会计准则)",点击"下一步",进入图 4 - 109 界面。

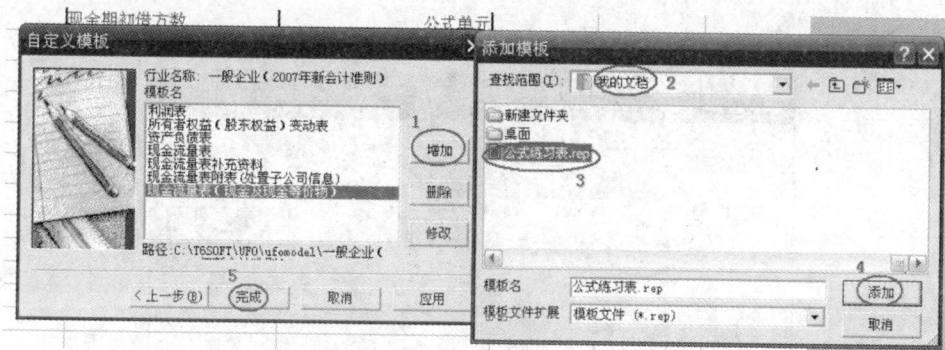

图 4 - 109　自定义模板保存步骤二、三

在图 4 – 109 中，依次执行 1、2、3、4、5 步，模板就保存好了。这样，以后就可以在模板中使用"公式练习表"了。

（10）追加表页。

本例中，我们的现金费用表编制时间是 2010 年 1 月份的，如果编制 2 月份的现金费用表，可以重复前边的操作，另建一个新的文件，但这样做效率太低。UFO 中可以通过"追加表页"功能，实现不同月份的报表存储在一个文件中。思路类似于 excel 中工作簿和工作表的概念。本例要求在当前打开的公式练习表中增加 4 个表页。操作步骤如下：

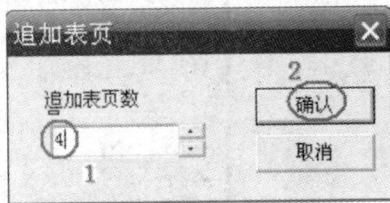

图 4 – 110   追加表页步骤一

切换到"数据"状态，依次执行菜单【编辑】→【追加】→【表页】，如图 4 – 110 所示。

输入追加数量"4"，点击"确定"，观测当前表的底部，如图 4 – 111 所示。

图 4 – 111   追加表页步骤二

将鼠标指定到图 4 – 111 中的选中位置 1，鼠标形状变为"←│→"形状，然后向右拖动到合适位置，再执行 2，可将 5 个表页悉数展开，如图 4 – 112 所示。

图 4 – 112   追加表页步骤三

在最下方的数据栏，选中第 2 页，执行菜单【数据】→【关键字】→【录入】，如图 4 – 113 所示。

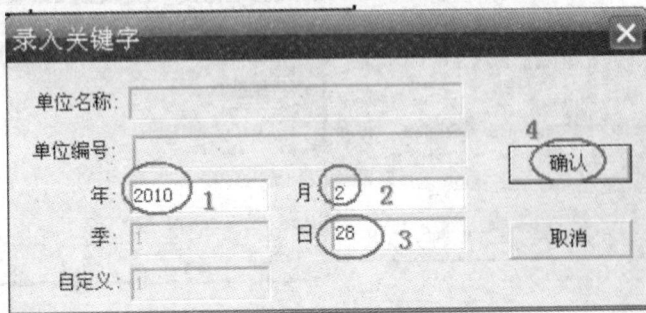

图 4 – 113   追加表页步骤四

在年、月、日关键字后分别输入"2010"，"2"，"28"三个关键字，确认并重算，可以得到 2010 年 2 月 28 日的公式练习表，如图 4 – 114 所示。

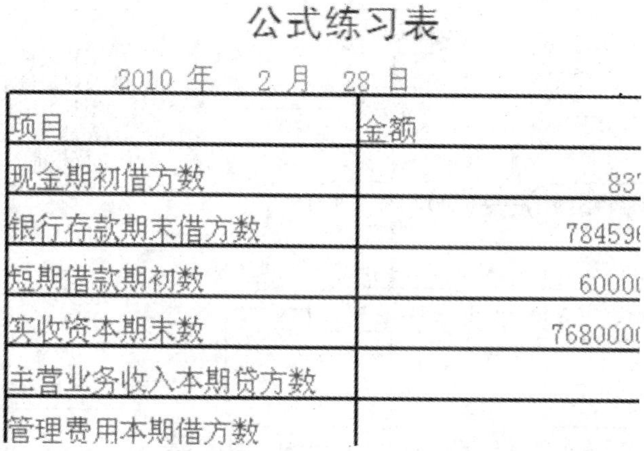

公式练习表

2010 年　2 月　28 日

项目	金额
现金期初借方数	83
银行存款期末借方数	78459
短期借款期初数	60000
实收资本期末数	7680000
主营业务收入本期贷方数	
管理费用本期借方数	

图 4 – 114　表页 2 的显示图

可以用同样的方法得到 3 月，4 月，5 月等月份的报表。表页最大可达到 99 999 个，教学演示版最多能追加 4 个。

第五节　用友 T6 工资管理模块应用

用友 T6 工资管理系统的主要操作流程如图 4 – 115 所示。

实际工作中，不同单位可以结合本单位实际情况，在上述流程图中进行取舍。说明：在进行工资系统案例设计的时候，为了不和其他模块发生过多的数据联系，本工资案例所涉及的账套是独立于前述总账报表账套之外的，这样有利于对工资系统的专项掌握。后边的固定资产模块、购销存模块也都是各自独立的账套。对于实际工作中，一个企业可能会同时使用用友的总账、报表、工资、固定资产、购销存模块，我们可以通过课后综合实训来进行练习。课堂教学中，还是以单模块讲解较好。

一、工资管理系统建账

1. 增加工资管理系统操作人员并赋予角色

【例】　本工资系统需配备两名操作员。其姓名、初始口令及对应角色如表 4 – 21 所示。

表 4 – 21　工资系统操作员

编号	姓名	口令	角色
01	江明	1	账套主管
02	李路	2	工资管理员

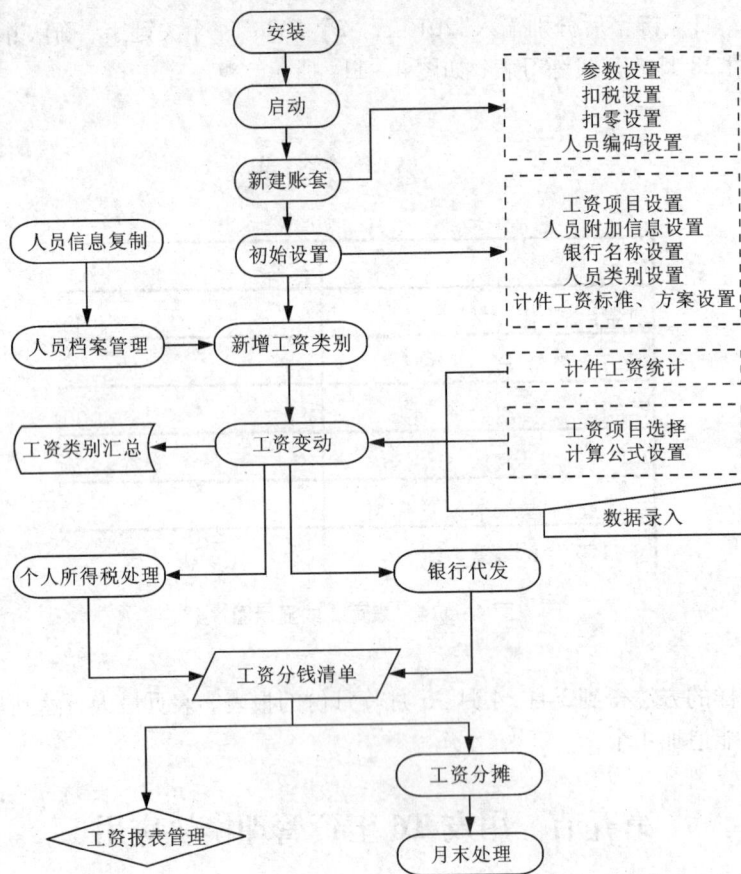

图4-115　用友工资核算系统一般流程

人员、角色的设置见前述内容，此处从略。

2. 新建账套并启用"总账"和"工资"模块

【例】　工资练习账套基本信息。

账套号：521；账套名称：立泰公司；启用时间：2010年12月；单位名称：立泰股份有限公司；单位简称：立泰股份；企业类型：工业；行业性质：2007新会计准则；账套主管：江明；按行业性质预置会计科目。会计科目编码采用4-2方案，部门编码采用1-2方案，其余分类编码方案按默认值。其他信息可以省略。建完账套后直接启用总账系统和工资管理系统，要求启用时间为2010年12月1日。之所以选择12月1日而不是1月1日，是因为我们在后边要讲述年度账结转问题，故设计一个比较特殊的时间。建立启用账套的操作同本章第一节相同，此处从略。本案例的模块启用如图4-116所示。

3. 权限设置

【例】　给操作员李路追加"公用目录设置"权限。

在系统管理面板下，依次进入菜单【权限】→【权限】，进入操作员权限管理界面，如图4-117所示。

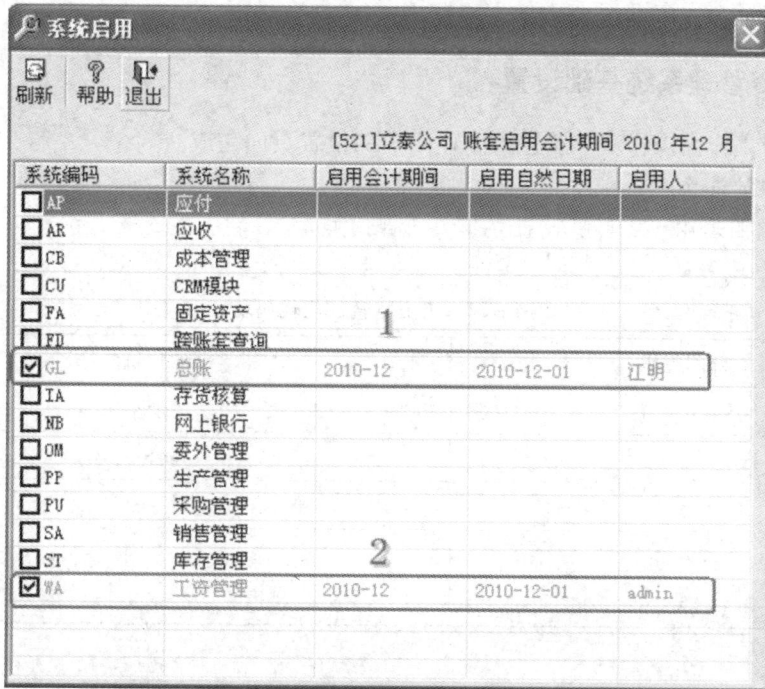

图 4 - 116　总账工资启用

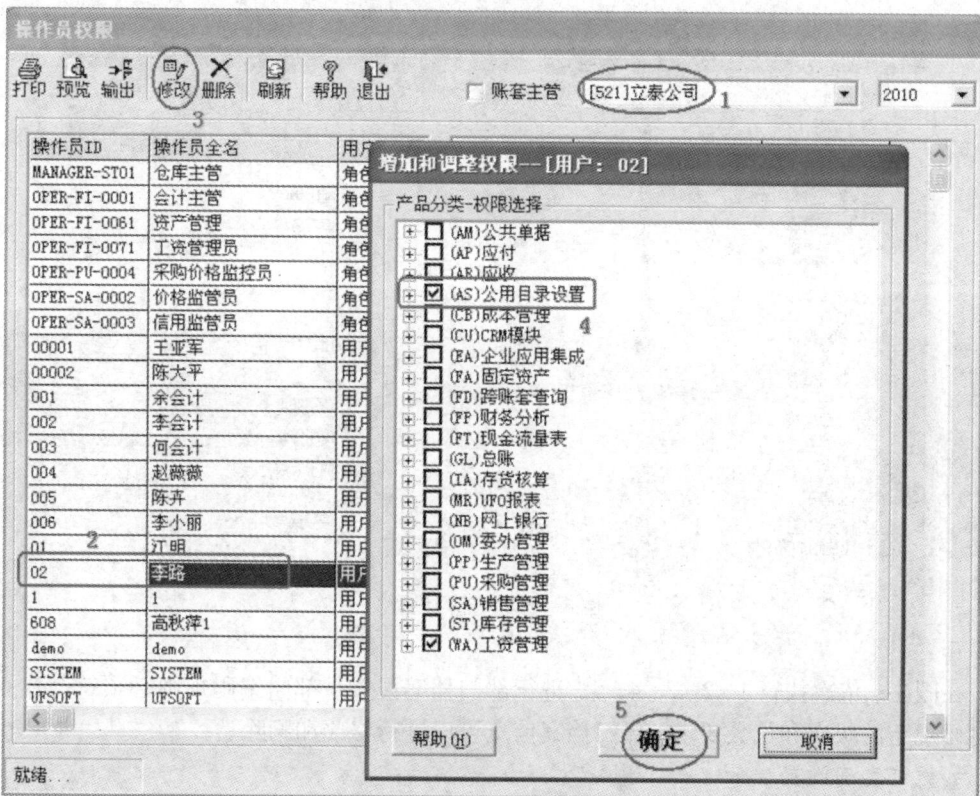

图 4 - 117　操作员李路授权

依次执行1、2、3、4、5步，完成授权。

二、工资管理系统基础设置

基础设置工作由操作员李路进入企业门户的设置页面完成。

1. 部门档案设置

【例】 按照表4-22信息设置立泰公司部门档案。

表4-22   工资账套部门代码表

部门编码	部门名称
1	经理室
2	办公室
3	财务科
4	一车间
5	二车间

由李路注册，进入企业门户的设置页面，在图4-118界面完成设置。

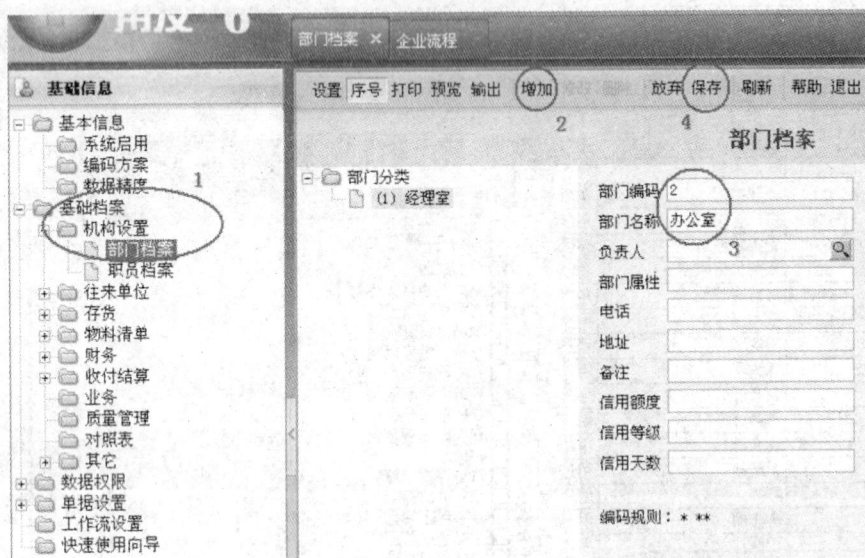

图4-118   部门设置

在图中，依次执行1、2、3、4、5，进行部门档案设置。部门编码规则必须符合建立账套时候规定的级次和位数要求，部门档案信息可以进行修改和删除。

2. 凭证类别设置

由于工资管理系统在期末需要进行分配，生成机制的工资分配记账凭证，传递到总账系统中，因此需要设置记账凭证的类别。

【例】 为立泰公司账套设置一类"机制凭证",以区别人工录入记账凭证。

由操作员李路由李路依注册进入企业门户的设置页面,如图 4-119 所示。

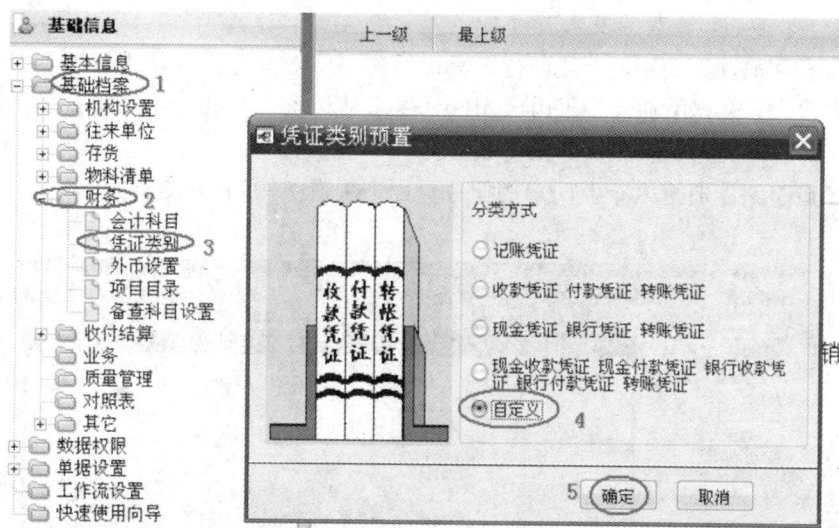

图 4-119 凭证类别设置一

依次执行 1、2、3、4、5,进入"凭证类别"设置界面,如图 4-120 所示。

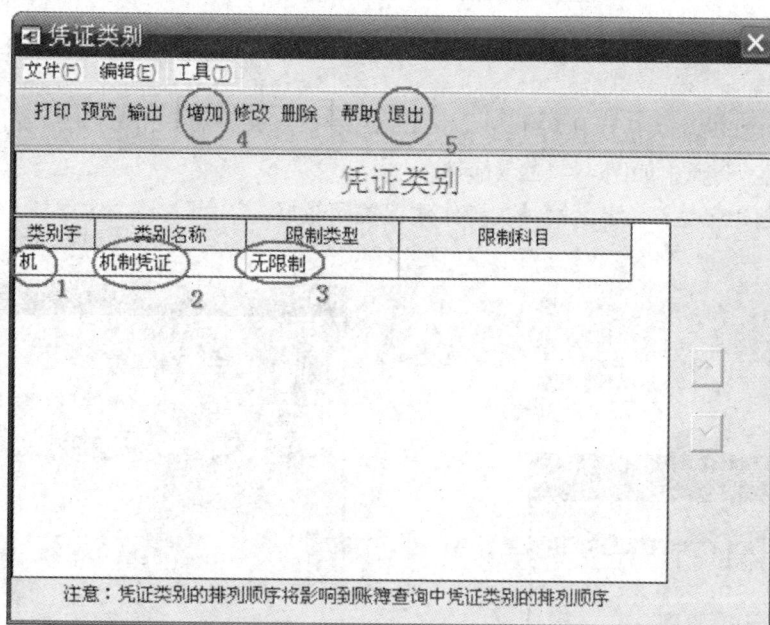

图 4-120 凭证类别设置二

在图 4-120 中,依次执行 1、2、3、4、5,完成"机制凭证"类别定义。

三、建立工资账套

【例】　按照以下几步骤为立泰公司建立工资账套。

1. 参数、扣税、扣零设置及人员编码

工资账套和前述账套不同，是进行工资管理的一些规则定义。本工资账套要求：工资类别个数为多个；核算币别为人民币（RMB）；要求从工资中代扣个人所得税；工资不要求扣零；人员编码长度为 3 位。具体操作如下：

由操作员李路注册进入企业门户的业务页面，在图 4－121 中设置。

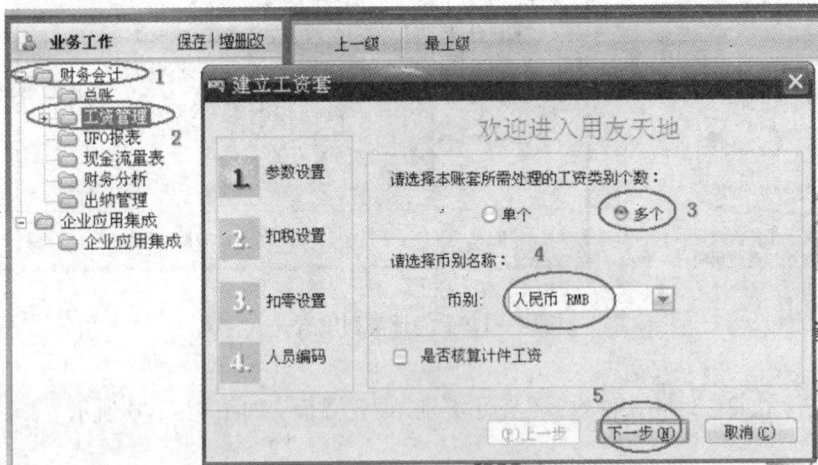

图 4－121　建立工资账套

在图 4－121 界面，依次执行 1、2、3、4、5，完成参数设置、扣税设置、扣零设置、人员编码设置后，会弹出如图 4－122 对话框。

可直接关闭或点击确定。第一次操作建议关闭较好。

图 4－122　未建立类别提示

图 4－123　新建工资类别一步骤一

2. 建立工资类别

本案例要求工资类别有两类，第一类是工资方案一，适用所有部门；第二类是工资方案二，适用于办公室。

由操作员李路进入"工资管理→工资类别→新建工资类别"，依顺序完成图 4 – 123 至图 4 – 128 中的 1、2、3、4、5、6、7、8、9、10、11、12、13、14 步，完成两类工资方案的建立。

图 4 – 124　新建工资类别一步骤二

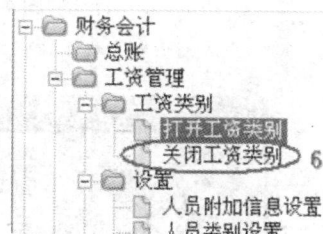

图 4 – 125　关闭工资类别一

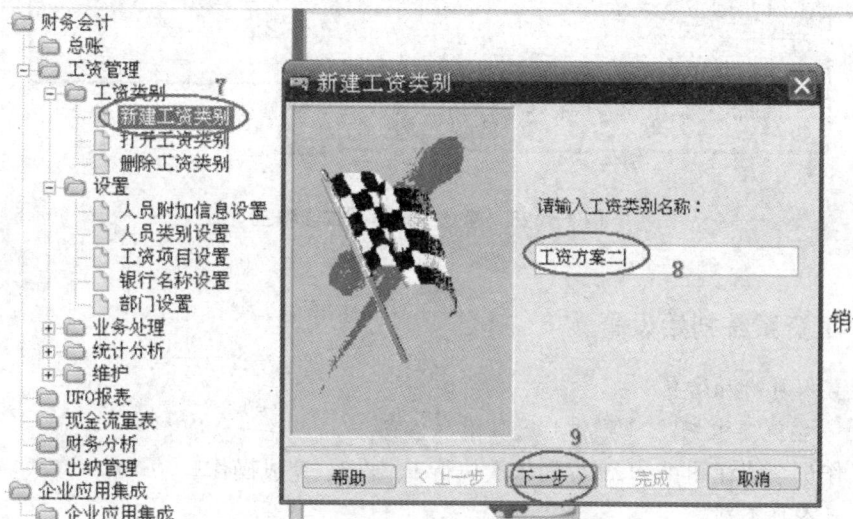

图 4 – 126　建立工资类别二步骤一

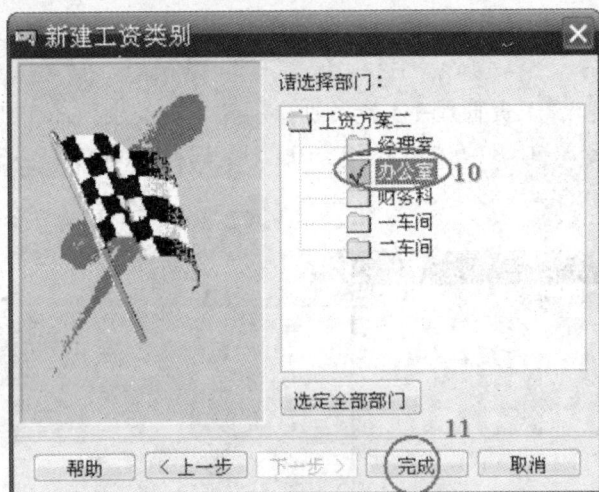

图 4 – 127　建立工资类别二步骤二

图 4 – 128　建立工资类别二步骤三

四、工资系统初始设置

1. 设置人员附加信息

【例】　案例要求把"工龄"作为人员附加信息。

由操作员李路在图 4 – 129 界面依次执行 1、2、3, 完成操作。

2. 设置人员类别

【例】　本案例要求设置三类人员, 分别是经理、中层干部、普通员工。

由操作员李路在图 4 – 130 界面重复执行 1、2、3、4、5, 完成设置。

注意, 人员类别和工资类别是两个不同的概念。

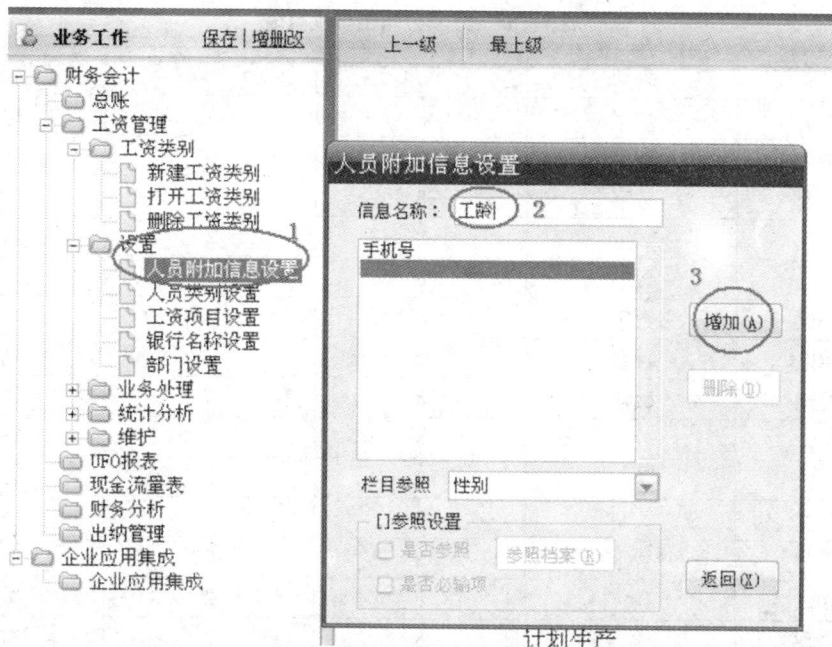

图 4 - 129　人员附加信息

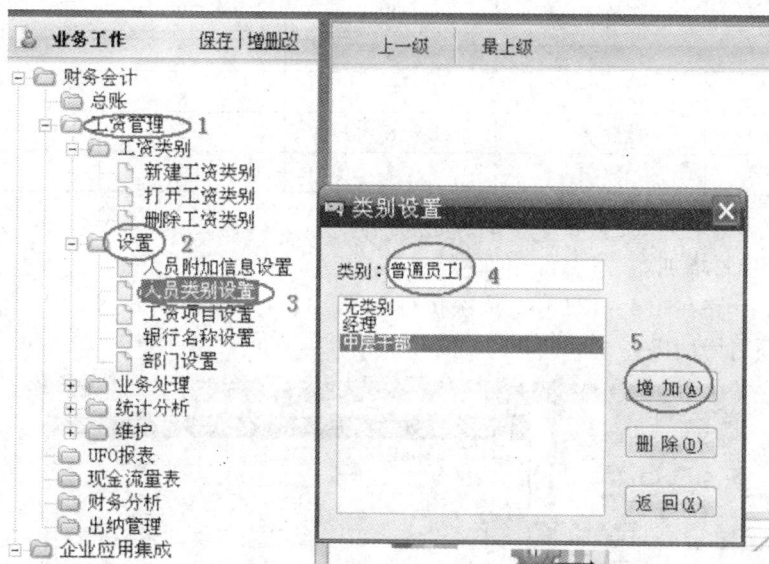

图 4 - 130　人员类别设置

3. 工资项目

工资项目是计算发放工资时的各条目，是工资条上的基本组成内容。每个单位的工资项目都是不同的。

【例】　本案例立泰公司的工资项目组成如表 4 - 23 所示。

表 4 – 23　立泰公司工资项目表

工资项目名称	类型	长度	小数	增减项
基本工资	数字	8	2	增项
工龄	数字	3	0	其他
工龄工资	数字	8	2	增项
交通补贴	数字	8	2	增项
物价补贴	数字	8	2	增项
话费补贴	数字	8	2	增项
目标津贴	数字	8	2	增项
煤气补贴	数字	8	2	增项
应发合计	数字	8	2	增项
病假天数	数字	3	0	其他
病假扣款	数字	8	2	减项
事假天数	数字	3	0	其他
事假扣款	数字	8	2	减项
个人养老保险	数字	8	2	减项
个人失业保险	数字	8	2	减项
个人医疗保险	数字	8	2	减项
住房公积金	数字	8	2	减项
扣款合计	数字	8	2	减项
计税工资	数字	8	2	其他
代扣税	数字	8	2	减项
实发工资	数字	8	2	增项

（1）工资项目增加。

由操作员李路在图 4 – 131 中，依次执行 1、2、3、4、5、6、7、8、9、10，将表 4 – 23 中所有的工资项目增加进去。

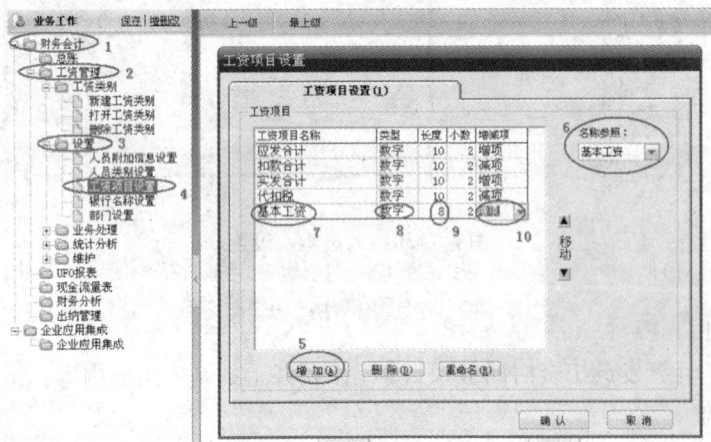

图 4 – 131　工资项目设置

　　工资项目名称最好按照图 4－131 的"第 6 步－名称参照"选项生成，如果名称参照中没有，可以手工录入。增减项是指在进行工资计算时的"＋"或"－"的符号，有三个选项：增项、减项、其他，对于请假天数等就属于其他。

　　（2）工资项目顺序调整。

　　在图 4－132 界面，通过 1、2 两个按钮可以调整每个工资项目今后在工资表中出现的顺序。

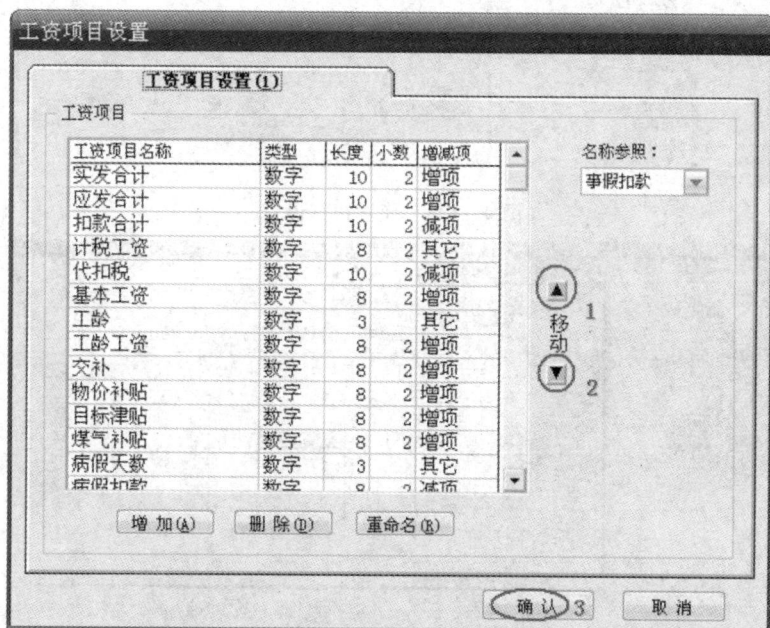

图 4－132　工资项目顺序调整

　　4. 银行名称设置

　　单位工资发放一般都是固定一家银行进行代理的，因此需要设置工资发放银行的基本信息。

　　【例】　立泰公司工资代发银行信息：工商银行，账号定长，账号长度 10 位，录入时自动带入账号长度 7 位。

　　由操作员李路在图 4－133 界面，依次执行 1、2、3、4、5、6、7、8、9，完成银行设置，如图 4－133 所示。

　　5. 人员档案录入

　　（1）对李路赋予相应的部门权限和工资项目权限。

　　【例】　本案例要求由操作员李路录入人员档案。

　　必须先由账套主管江明先对李路赋予相应的部门权限，否则李路将无法顺利完成人员档案录入。赋予部门权限的操作必须有账套主管江明登陆企业门户，进入设置页面，在图 4－134 界面中，依次执行 1、2、3、4、5、6、7、8、9、10、11 步操作完成设置。

　　同时还需要在图 4－135 界面依次执行 1、2、3、4、5 步进行工资项目权限设置。

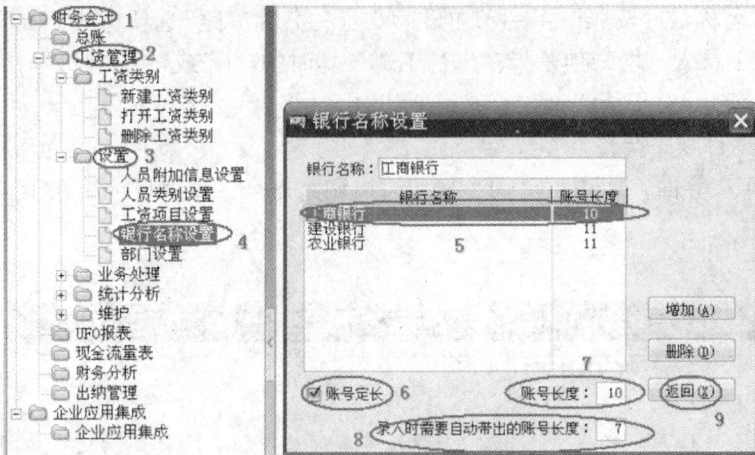

图 4 – 133 代发银行设置

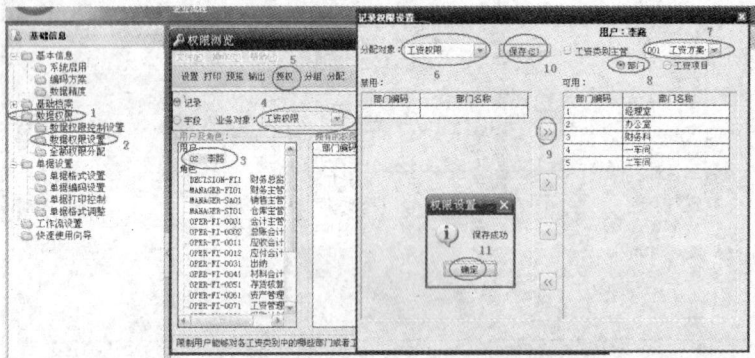

图 4 – 134 部门权限设置

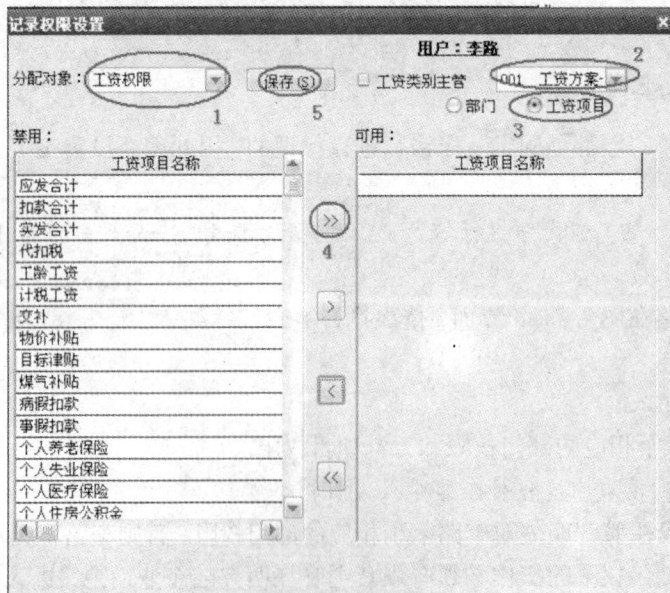

图 4 – 135 工资项目权限设置

（2）打开工资类别一（方案一）。

接下来，由李路登录企业门户，依次进入业务页面，在图4-136界面中操作。

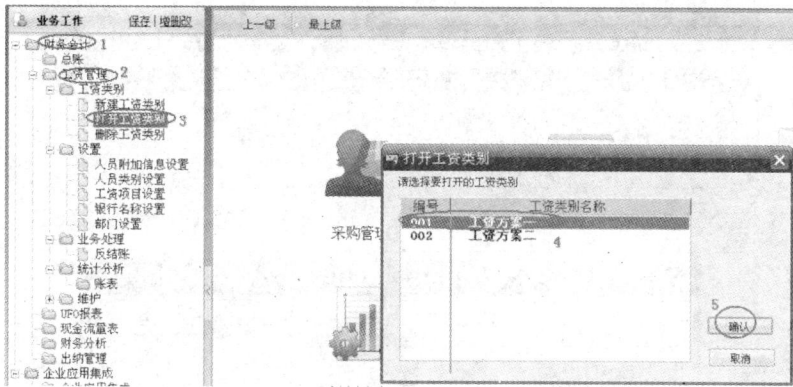

图4-136 人员档案设置进入

依次执行1、2、3、4、5，打开"工资方案一"。

（3）人员档案设置。

【例】 本案例中立泰公司按照工资方案一需要计算工资的人员基本信息资料如下表4-24。

表4-24 立泰公司人员基本信息表

编号	姓名	部门	人员类别	银行账号	工龄
101	周全	经理室	经理	3100186101	25
102	王军	经理室	经理	3100186102	18
201	徐磊	办公室	中层干部	3100186201	15
202	童君	办公室	普通员工	3100186202	5
301	江明	财务科	中层干部	3100186301	8
302	李路	财务科	普通员工	3100186302	7
401	申清华	一车间	中层干部	3100186401	12
402	姜青青	一车间	普通员工	3100186402	6
403	廖星	一车间	普通员工	3100186403	7
404	金忠	一车间	普通员工	3100186404	5
405	石方明	一车间	普通员工	3100186405	6
501	赵秀英	二车间	中层干部	3100186501	10
502	吴志赣	二车间	普通员工	3100186502	4
503	董欢欢	二车间	普通员工	3100186503	5
504	杜飞	二车间	普通员工	3100186504	8
505	陈平	二车间	普通员工	3100186505	9

由李路依次执行"设置→人员档案设置",进入图 4 – 137 界面,依次执行1、2、3、4、5各步骤。

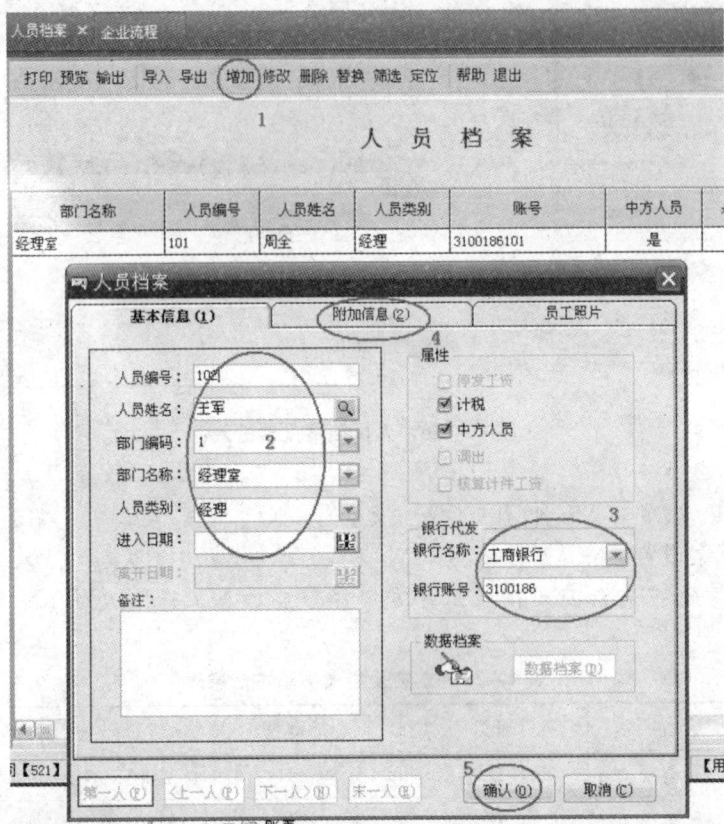

图 4 – 137 人员档案设置

对于大批量的人员档案数据,可以由其他编辑软件预先制定好标准格式文件(一般为文本格式较好),批量导入系统,以节省录入时间。

6. 公式设置

【例】 立泰公司工资方案一的各项计算公式如下:

(1) 工龄工资 = 工龄 × 10

(2) 交通补贴 = 200

(3) 物价补贴 = 300

(4) 话费补贴 = iff(人员类别 = "经理", 200, iff(人员类别 = "中层干部", 150, 0))

此公式含义指:经理人员的话费津贴为200,中层干部人员的话费津贴为150元,其余人员的话费津贴为0元。

(5) 目标津贴 = iff(人员类别 = "经理", 500, iff(人员类别 = "中层干部", 300, 200))

此公式含义指:经理人员的目标津贴为500元,中层干部人员的目标津贴为300元,其余人员的目标津贴为200元。

(6) 煤气补贴 = 200

（7）病假扣款 = iff（工龄 ≥ 10，（基本工资 ÷ 30）× 病假天数 × 0.2，iff（工龄 ≥ 5 and 工龄 < 10，（基本工资 ÷ 30）× 病假天数 × 0.3，（基本工资 ÷ 30）× 病假天数 × 0.5））

此公式的含义是指：工龄在 10 年以上（含 10 年）的人员，病假扣款按照（基本工资 ÷ 30）× 病假天数 × 0.2 计算；工龄在 5 ~ 10 年间（含 5 年）的人员，病假扣款按照（基本工资 ÷ 30）× 病假天数 × 0.3 计算，工龄在 5 年以下的人员，病假扣款按照（基本工资 ÷ 30）× 病假天数 × 0.5 计算。

（8）事假扣款 =（基本工资 ÷ 30）× 事假天数

（9）个人养老保险 = 基本工资 × 0.02

（10）个人失业保险 = 基本工资 × 0.02

（11）个人医疗保险 = 基本工资 × 0.01

（12）个人住房公积金 = 基本工资 × 0.05

（13）计税工资 = 应发合计 − 养老保险 − 医疗保险 − 住房公积金 − 失业保险

需要注意四点：第一，上述相关公式只是本案例立泰公司适用，实际工作中，不同单位的工资计算公式及有关的计提比例是有差异的；第二，在录入上述公式的时候，所有的符号都必须是在英文半角状态下进行的，前后不要有空格；第三，应发合计、扣款合计、实发工资的计算公式由系统自动生成，无须输入。第四，上述公式在进行计算的时候是有严格顺序的。

公式录入操作：由李路进入"工资管理"→"工资类别"→"打开工资类别"→打开工资类别一，接着执行"设置"——"工资项目设置"进入"工资项目设置"界面。此时需要先后进行两个操作才能完成公式定义。

（1）增选需要在公式中出现的工资项目，如图 4 − 138 所示。

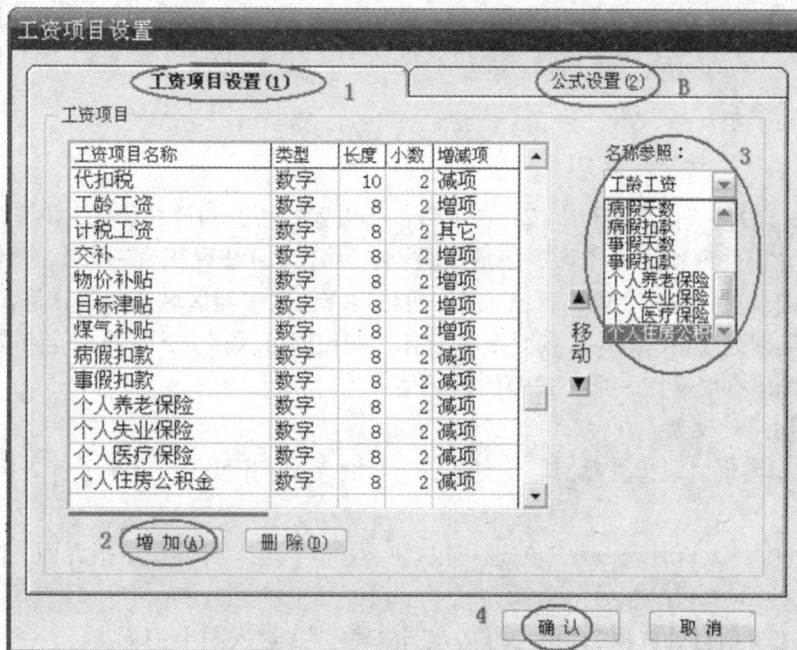

图 4 − 138　公式定义步骤一

注意，这个界面和前述图 4 – 132 是不同的，前图 4 – 132 是在关闭工资类别下设置的，没有本图中的 B 部分，主要是增设本单位所有的工资项目。而本图是在打开工资类别一的状态下的，有 B 部分，主要是围绕公式定义的。通过图中 1、2、3、4 等操作步骤，把后面需要在公式中出现的所有项目全部选中，本例将图中 3（名称参照部分）的选项全部增至左边的工资项目中，不能重复增加，为后边的步骤二做好准备。

（2）定义工资运算公式。

执行图 4 – 138 中的公式设置（2）（B 部分），进入公式定义窗口，如图 4 – 139 所示。

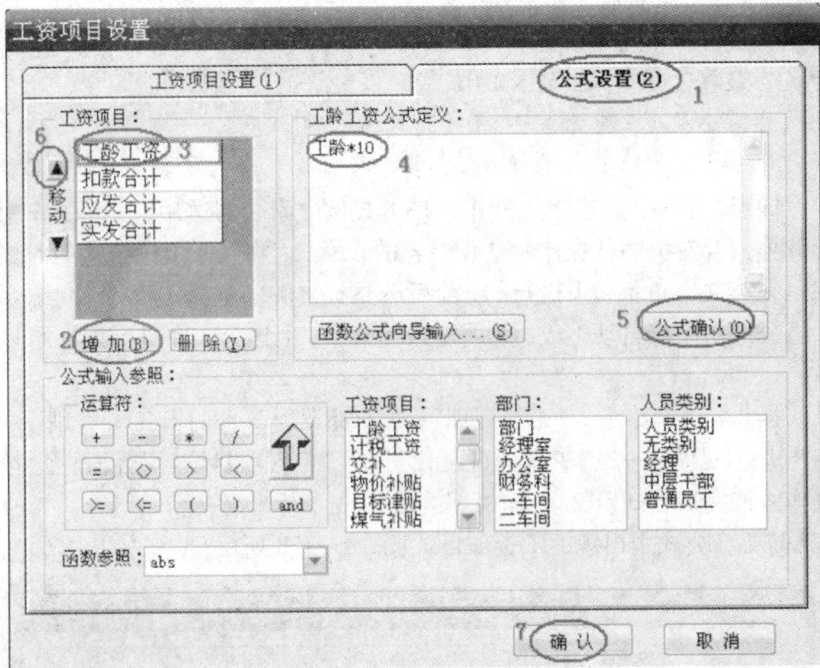

图 4 – 139 公式定义步骤二

在图 4 – 139 中，依次执行 1、2、3、4、5、6，设置好所有的计算公式，并按照计算顺序调好顺序。几个关键项目的计算顺序依次是：应发合计→计税工资→扣款合计→实发工资。在定义公式的过程中，可以自己录入，也可以在公式参照区域选择运算符、工资项目、部门、人员类别提高录入效率，点图中的"确认"按钮即可保存公式。可以全部设置完后确认保存，也可以每次输完一个公式即确认保存。

7. 扣缴所得税设置

【例】 本案例对应工资项目：计税工资；计税基数：3 500 元。税率和速算扣除数按照系统默认。

由李路进入"工资管理→业务处理→扣缴所得税"，进入所得税申报界面，如图4 – 140 所示。

在对应工资项目处选择"计税工资"，点击"确定"，进入图 4 – 141。

在图 4 – 141 界面下，依次"点击税率→在基数处输入起征额 2 000→附加费用默认 3 200→确定"，即可完成所得税扣缴设置。

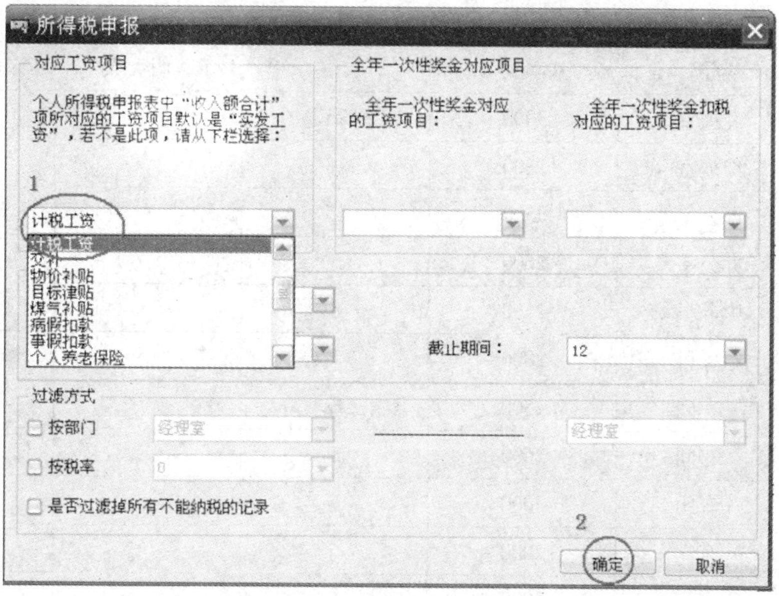

图 4 – 140　所得税申报步骤一

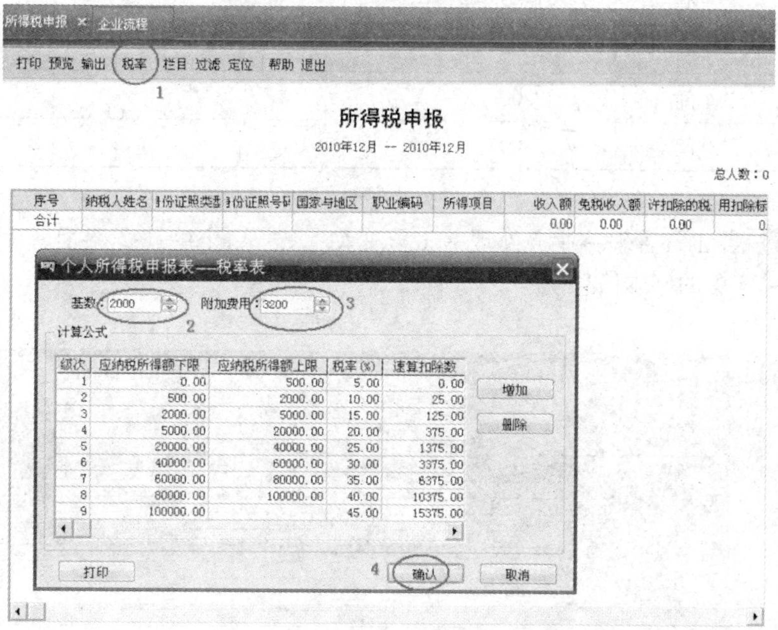

图 4 – 141　所得税申报步骤二

五、工资系统日常业务

1. 录入 12 月份基本工资数据

【例】　根据人事部门等其他部门提供的数据，本月份需要录入的基本工资数据如表 4 – 25 所示。

表 4 – 25　立泰公司 12 月基本工资数据

职员	部门	基本工资	工龄	事假天数	病假天数
周全	经理室	3000	25	2	
王军	经理室	2800	18		
徐磊	办公室	2500	15		
童君	办公室	2000	5		
江明	财务科	2500	8		
李路	财务科	2000	7		
申清华	一车间	2500	12		
姜青青	一车间	2000	6		
廖星	一车间	2000	7		
金忠	一车间	2000	5		
石方明	一车间	2000	6		
赵秀英	二车间	2500	10		
吴志赣	二车间	1800	4		3
董欢欢	二车间	2000	8		
杜飞	二车间	2200	8		
陈平	二车间	2100	9	3	

　　由李路进入"工资管理→业务处理→工资变动"，进入图 4 – 142 界面，在工资变动表中输入表 4 – 25 中的基本信息。

图 4 – 142　工资变动基本数据

　　我们可以看到应发合计、实发合计、交通补贴、物价津贴、目标津贴、煤气补贴、话费补贴等数据已经由系统按照预先定义好的公式自动填好。只需要录入其他工资数据即可。

录入工资数据的时候可以逐行录入、逐列录入，也可以按照标签页方式录入。为了简化录入界面显示，建议在录入时，只把本次需要录入的几个工资项目过滤出来，本例中将基本工资、工龄、病假天数、事假天数过滤出来，操作如图 4 – 143 所示。

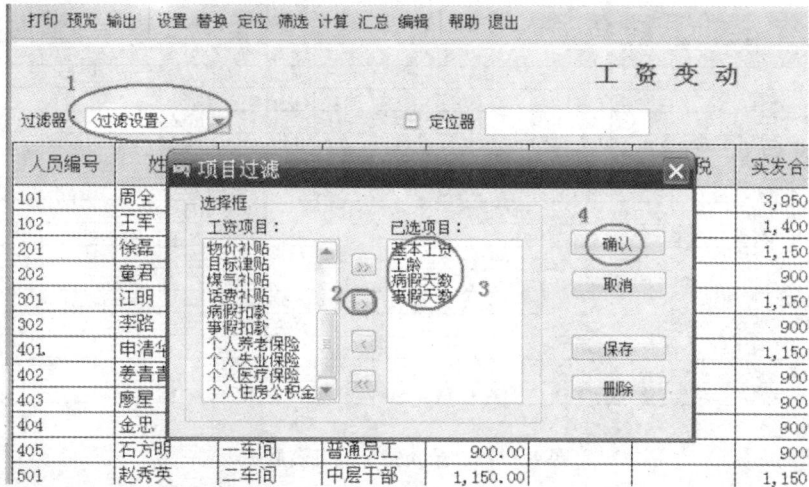

图 4 – 143　工资项目过滤操作

过滤后界面大大简化，如图 4 – 144 所示。

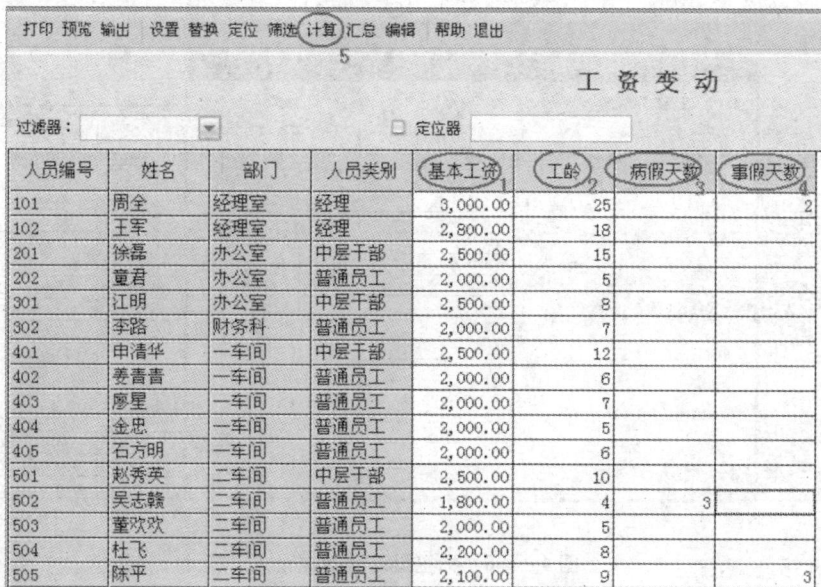

图 4 – 144　工资项目过滤结果

这样录入界面就会清爽很多。建议本案例的所有工资数据都在上述简图 4 – 144 界面逐列录入。在图 4 – 144 界面，点击"计算"（第 5 步）之后，系统自动返还到前图完整界面，我们看到所有项目都已经计算好了，结果如图4-145所示。

工资变动

过滤器：所有项目　　　　定位器

员编号	姓名	部门	人员类别	实发合计	应发合计	扣款合计	计税工资	代扣税	基本工资	工龄工资	交补	物价补贴	目标津贴	煤气补贴	话费补贴	病假扣款	事假扣款	养老仨
101	周全	经理室	经理	3,795.00	4,650.00	855.00	4,200.00	205.00	3,000.00	250.00	200.00	300.00	500.00	200.00	200.00		200.00	60.00
102	王军	经理室	经理	3,789.00	4,380.00	591.00	3,960.00	171.00	2,800.00	180.00	200.00	300.00	500.00	200.00	200.00			56.00
201	徐磊	办公室	中层干	3,307.50	3,800.00	492.50	3,425.00	117.50	2,500.00	150.00	200.00	300.00	300.00	200.00	150.00			50.00
202	夐君	办公室	普通员	2,610.00	2,950.00	340.00	2,650.00	40.00	2,000.00	50.00	200.00	300.00	200.00	200.00				40.00
301	江明	办公室	中层干	3,244.50	3,730.00	485.50	3,355.00	110.50	2,500.00	80.00	200.00	300.00	300.00	200.00	150.00			50.00
302	李路	财务科	普通员	2,628.00	2,970.00	342.00	2,670.00	42.00	2,000.00	70.00	200.00	300.00	200.00	200.00				40.00
401	申清华	一车间	中层干	3,280.50	3,770.00	489.50	3,395.00	114.50	2,500.00	120.00	200.00	300.00	300.00	200.00	150.00			50.00
402	姜青青	一车间	普通员	2,619.00	2,960.00	341.00	2,660.00	41.00	2,000.00	60.00	200.00	300.00	200.00	200.00				40.00
403	廖星	一车间	普通员	2,628.00	2,970.00	342.00	2,670.00	42.00	2,000.00	70.00	200.00	300.00	200.00	200.00				40.00
404	金思	一车间	普通员	2,610.00	2,950.00	340.00	2,650.00	40.00	2,000.00	50.00	200.00	300.00	200.00	200.00				40.00
405	石方明	一车间	普通员	2,619.00	2,960.00	341.00	2,660.00	41.00	2,000.00	60.00	200.00	300.00	200.00	200.00				40.00
501	赵秀英	二车间	中层干	3,262.50	3,750.00	487.50	3,375.00	112.50	2,500.00	100.00	200.00	300.00	300.00	200.00	150.00			50.00
502	吴志赣	二车间	普通员	2,356.50	2,740.00	383.50	2,470.00	23.50	1,800.00	40.00	200.00	300.00	200.00	200.00		90.00		36.00
503	董欢欢	二车间	普通员	2,610.00	2,950.00	340.00	2,650.00	40.00	2,000.00	50.00	200.00	300.00	200.00	200.00				40.00
504	杜飞	二车间	普通员	2,790.00	3,180.00	390.00	2,850.00	60.00	2,000.00	80.00	200.00	300.00	200.00	200.00				44.00
505	陈平	二车间	普通员	2,512.50	3,090.00	577.50	2,775.00	52.50	2,100.00	90.00	200.00	300.00	200.00	200.00			210.00	42.00

图4-145　录入完毕的工资数据

在录入工资数据的时候也可以按照标签页方式录入，界面如图4-146所示。

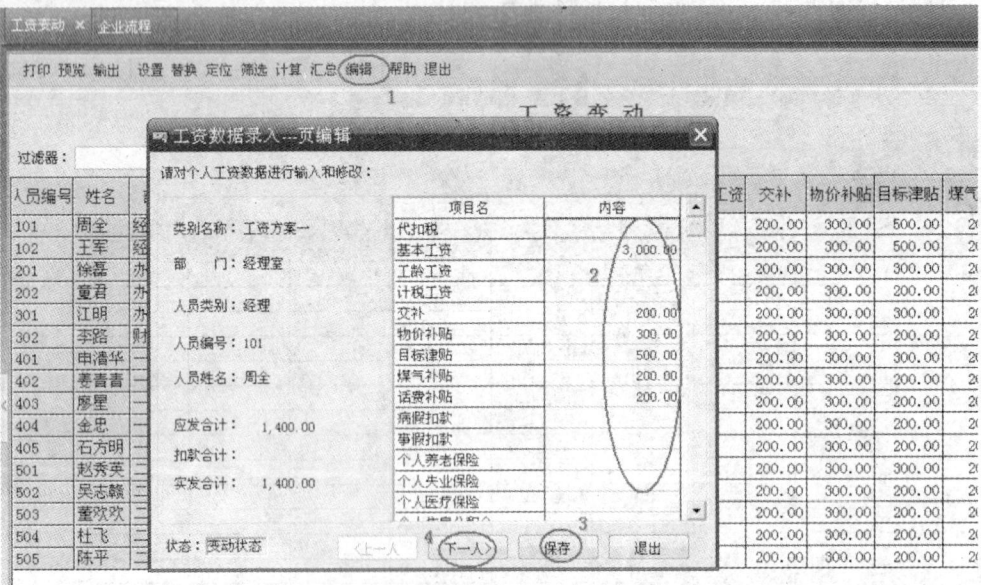

图4-146　标签页工资数据录入

2.12月份特殊工资数据批量录入

【例】　12月份，经研究决定对所有的中层干部增加基本工资200元。

在软件中，我们可以通过"工资变动"界面下的"替换"工具来实现，如图4-147所示。计算机会自动重新计算所有工资项目。注意，使用"替换"对于前边通过公式定义的工资

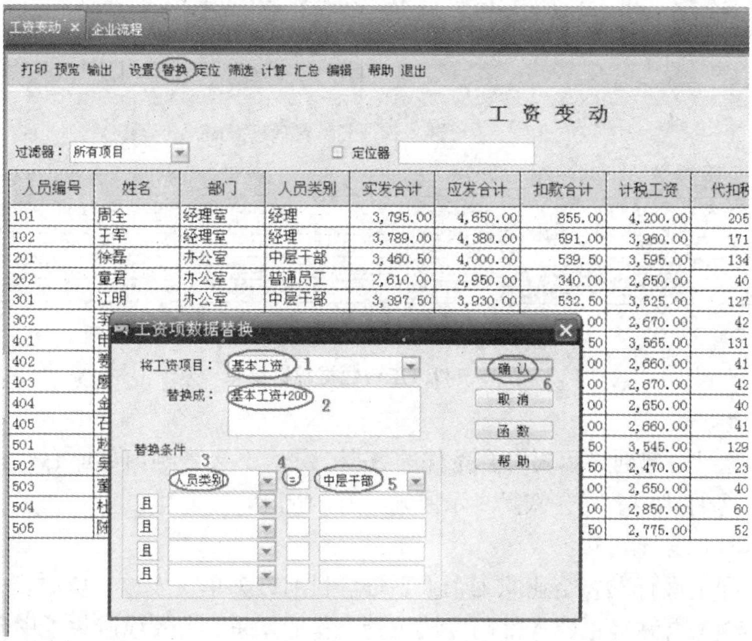

图 4 – 147 工资数据替换

项目是无效的。要想对使用公式产生的工资项目数据批量修改，必须通过修改公式来实现。

3. 筛选满足条件的工资数据

【例】 筛选出二车间基本工资在 2 200 元以下的所有记录。

可以通过"工资变动"界面菜单项中的"筛选"按钮来实现此功能。操作如图 4 – 148 中 1、2、3、4、5、6、7、8、9 各步。

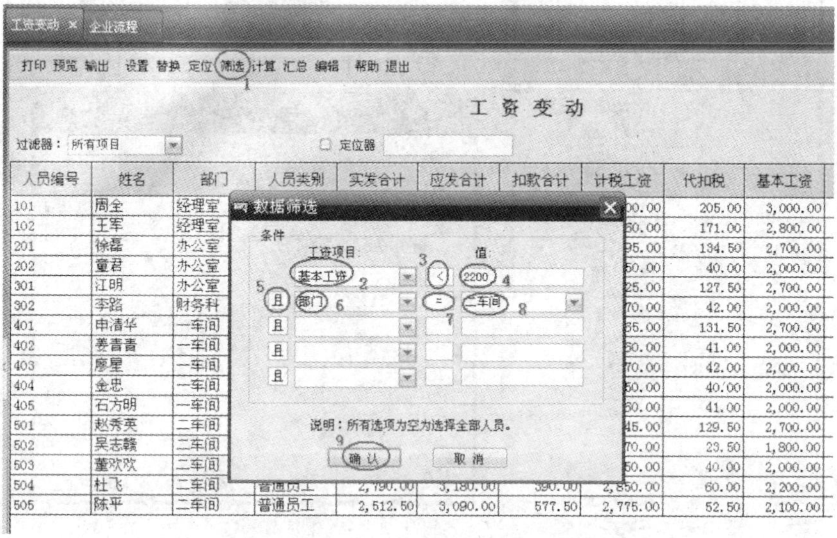

图 4 – 148 工资数据筛选

筛选执行结果如图 4 – 149 所示。

图 4 – 149 工资数据筛选结果

注意，筛选只是起到显示出符合条件的数据记录，不会影响内部原有数据。如果上图 4 – 148 中筛选条件为空，则会恢复显示原来所有的记录。

4. 生成银行代发一览表

银行代发即由银行发放企业职工个人工资。目前许多单位发放工资时都采用工资信用卡方式。这种做法既减轻了财务部门发放工资工作的繁重，有效地避免了财务部门到银行提取大笔现金而带来的风险，又提高了对员工个人工资的保密程度。在工资管理系统，提供了向银行报送员工账号和各月实发工资数据的功能。

【例】 生成立泰公司 12 月份银行代发一览表。

具体操作如图 4 – 150 所示。

图 4 – 150 银行代发数据生成

接下来执行代发过滤条件，如图 4 - 151 所示。

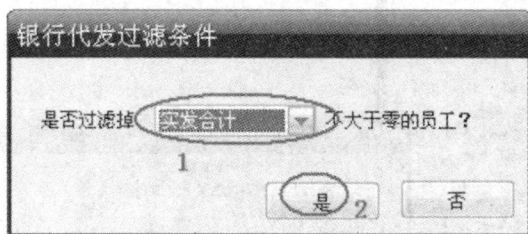

图 4 - 151 银行代发过滤条件

最后，系统自动生成"银行代发一览表"，如图 4 - 152 所示。

银行代发一览表

名称：工商银行 人数：16人

单位编号	人员编号	账号	金额	录入日期
1234934325	101	3100186101	3795.00	20101203
1234934325	102	3100186102	3789.00	20101203
1234934325	201	3100186201	3460.50	20101203
1234934325	202	3100186202	2610.00	20101203
1234934325	301	3100186301	3397.50	20101203
1234934325	302	3100186302	2828.00	20101203
1234934325	401	3100186401	3433.50	20101203
1234934325	402	3100186402	2619.00	20101203
1234934325	403	3100186403	2828.00	20101203
1234934325	404	3100186404	2610.00	20101203
1234934325	405	3100186405	2619.00	20101203
1234934325	501	3100186501	3415.50	20101203
1234934325	502	3100186502	2356.50	20101203
1234934325	503	3100186503	2610.00	20101203
1234934325	504	3100186504	2790.00	20101203
1234934325	505	3100186505	2512.50	20101203
合计			47,274.00	

图 4 - 152 银行代发一览表

补充说明：工资方案二的处理和前述步骤相同，此处从略。

六、工资数据的统计分析

统计分析可以满足各种工资数据的输出和阅读分析。

1. 人员类别工资表

【例】 要求以账套主管身份查询所有部门 12 月份的人员类别汇总表，如图 4 - 153、图 4 - 154 所示。

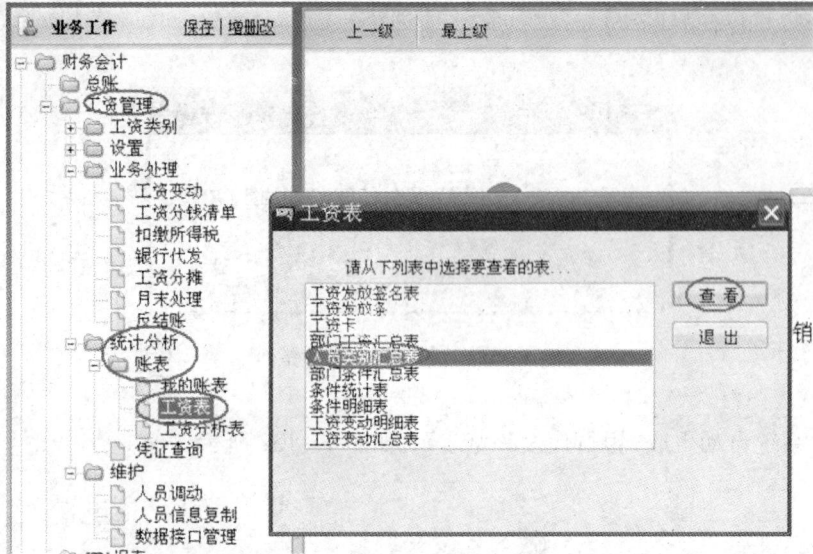

图 4 - 153　人员类别工资汇总表查询步骤一

图 4 - 154　人员类别工资汇总表查询步骤二

2. 按部门的分类统计表

【例】　查询立泰公司所有部门工资分类统计表。

(1)进入部门分类统计表查询选择界面,选定时间,如图 4 - 155 所示。

在图 4 - 155 界面,依次执行 1、2、3、4、5、6、7、8 各步后,进入图 4 - 155 界面。

(2)选择分析部门,本例中选中所有部门,如图 4 - 156 所示。

(3)选择需要查询的工资项目。

本例需要查询的工资项目有实发合计、应发合计、扣款合计、计税工资、代扣税、基本工资、工龄工资,操作如图 4 - 157 所示。

(4)按部门分类统计表输出。

在图 4 - 157 中,通过" > "将所需要的工资项目移至右边的"已选项目"中,点击确定。最后出现查询结果,如图 4 - 158 所示。

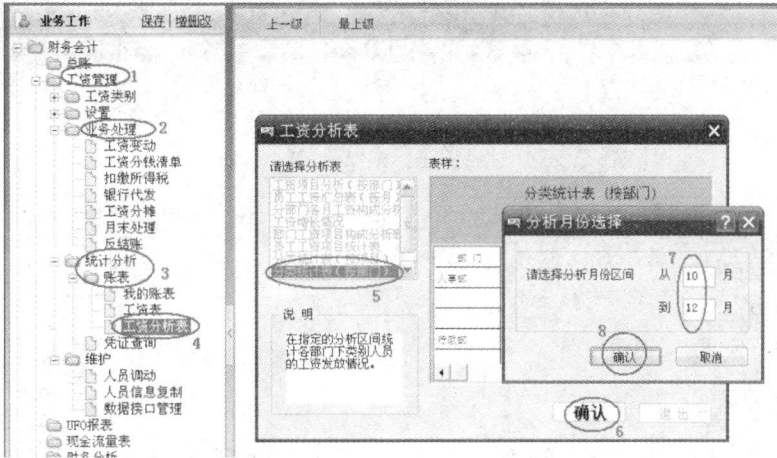

图 4 – 155　部门分类统计表查询步骤一

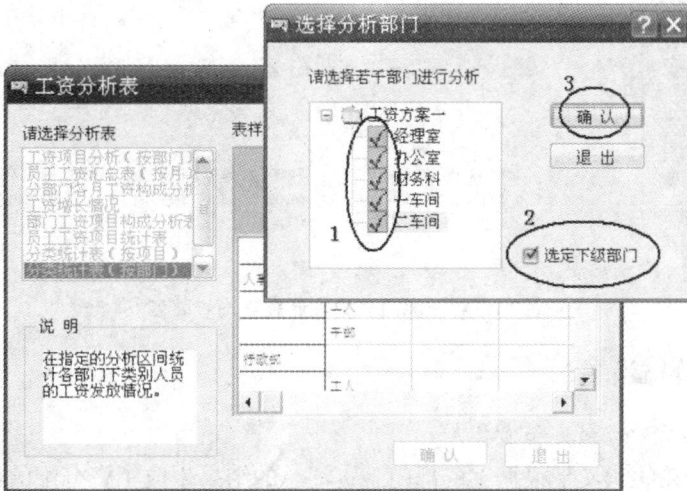

图 4 – 156　部门分类统计表查询步骤二

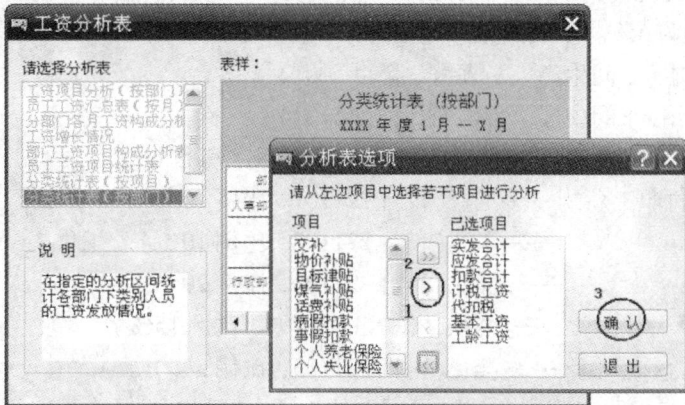

图 4 – 157　部门分类统计表查询步骤三

分类统计表（按部门） × 企业流程

打印 预览 输出 查询 帮助 退出

分类统计表（按部门）

2010 年 度 10 月 -- 12 月

部门	类别	人数	实发合计	应发合计	扣款合计	计税工资	代扣税	基本工资	工龄工资
经理室									
	无类别								
	经理	2	7,584.00	9,030.00	1,446.00	8,160.00	376.00	5,800.00	430
	中层干部								
	普通员工								
办公室									
	无类别								
	经理								
	中层干部	2	6,858.00	7,930.00	1,072.00	7,120.00	262.00	5,400.00	230
	普通员工	1	2,610.00	2,950.00	340.00	2,650.00	40.00	2,000.00	50
财务科									
	无类别								
	经理								
	中层干部								
	普通员工	1	2,628.00	2,970.00	342.00	2,670.00	42.00	2,000.00	70
一车间									
	无类别								
	经理								
	中层干部	1	3,433.50	3,970.00	536.50	3,565.00	131.50	2,700.00	120
	普通员工	4	10,476.00	11,840.00	1,364.00	10,640.00	164.00	8,000.00	240
二车间									
	无类别								

图 4－158　部门分类统计表查询步骤四

七、工资分摊设置

1. 工资分摊设置的意义和准备

进行工资分摊的意义是根据工资部门工资汇总的结果生成工资分配的记账凭证递到总账系统中。本案例中，需要根据应付工资总额的一定比例计提工资、福利、社保、会费等。其中：福利的计提比例为10%，社保的计提比例为20%，住房公积金的计提比例为15%，会费的计提比例为5%。生成的记账凭证为：

借：生产成本（车间生产人员薪酬，科目5001）

　　制造费用（车间中层干部薪酬，科目5101）

　　管理费用（经理室、办公室、财务科人员薪酬，科目6602）

　　贷：应付职工薪酬——工资（科目221101，比例100%）

　　　　　　　　　　——福利（科目221102，比例10%）

　　　　　　　　　　——社保（科目221103，比例20%）

　　　　　　　　　　——公积金（科目221104，比例15%）

　　　　　　　　　　——会费（科目221105，比例5%）

由于要涉及应付职工薪酬会计科目下面的工资、福利、社保公积金、其他会费，需要预先由江明在设置页面增加应付职工薪酬下面的5个明细科目，操作如图4－159所示。

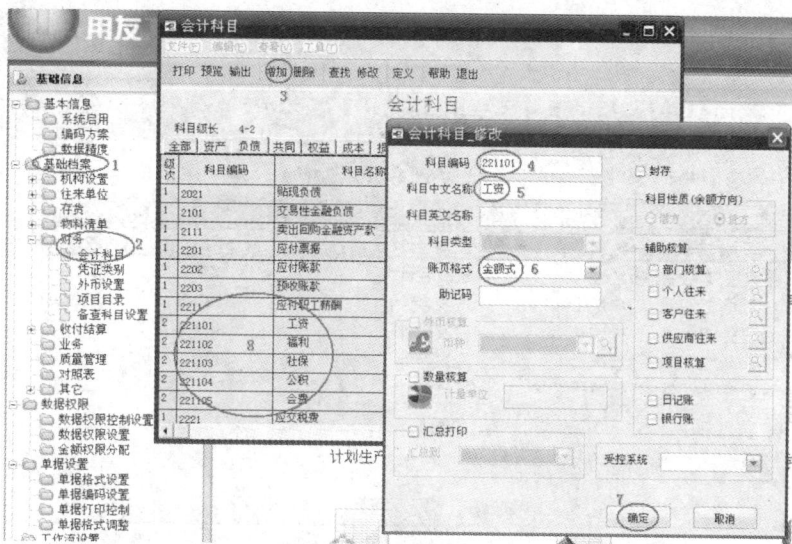

图 4-159 应付职工薪酬明细科目设置

2. 工资分摊设置

T6 工资管理系统要求按照贷方的计提内容分别进行分摊设置，案例中贷方有 5 项内容：工资、福利、社保、公积、会费。相应地需要进行五次独立的分摊设置。下边以工资、福利的分摊为例讲解。

【例】 对立泰公司进行工资分摊设置。

（1）工资的分摊设置。

由李路依次进入"企业门户→业务→工资管理→打开工资方案—→业务处理→工资分摊"，进入工资分摊设置界面，如图 4-160 所示。

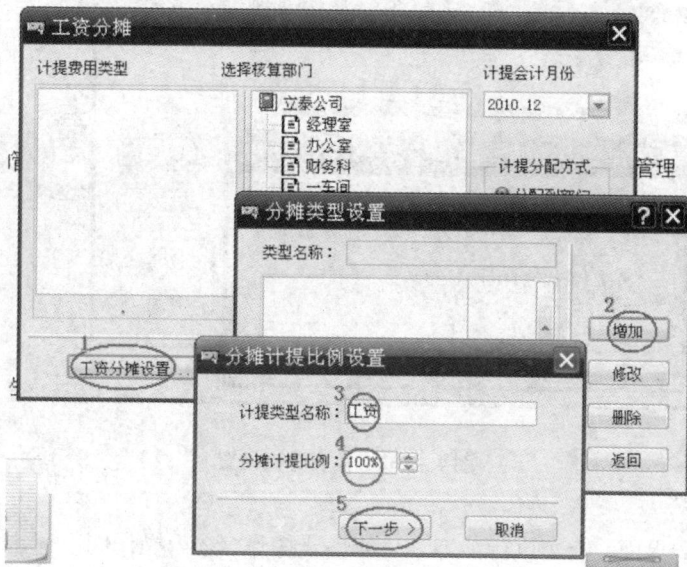

图 4-160 工资分摊设置

在图 4-160 界面下，依次执行步骤 1、2、3、4、5，进入分摊构成设置，如图 4-161 所示。

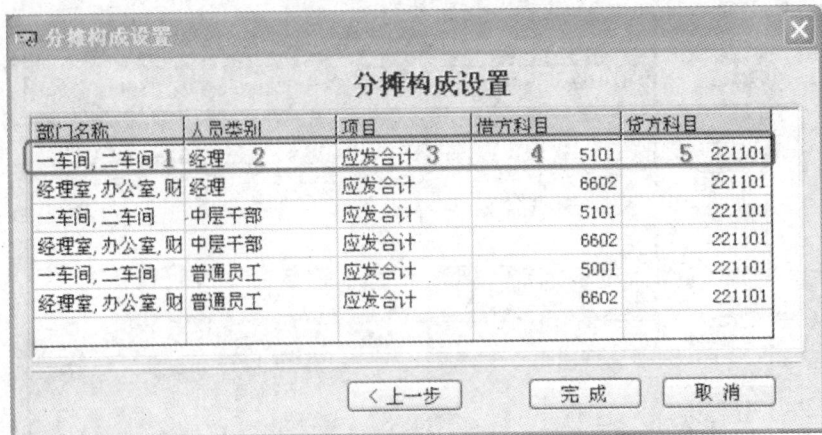

图 4-161　分摊构成设置

在图 4-161 中，一共要设置 6 行，每行中按照 1、2、3、4、5 所列顺序进行。实质上，每行就是一笔会计分录。最详细的设置方案是每个部门每类人员独立做一行设置，案例中有 5 个部门，每个部门有 3 类人员，那就需要设置 15 行，但是考虑到做分录的需要，可以做适当合并。

（2）福利的分摊设置，如图 4-162 所示。

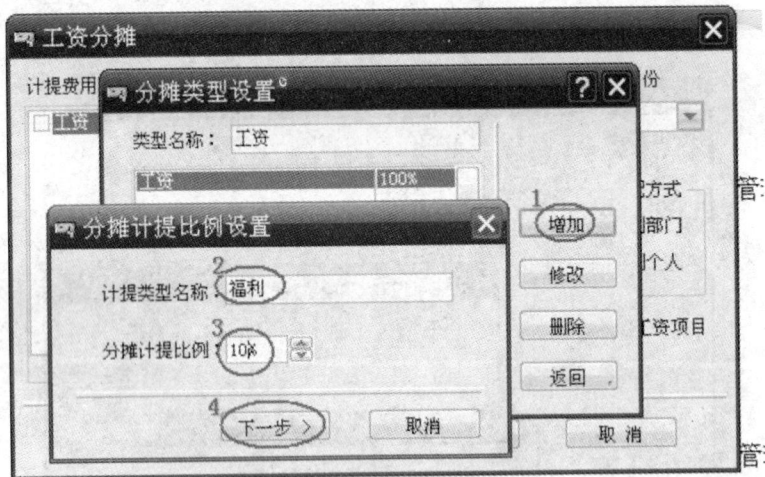

图 4-162　福利分摊设置

在图 4-162 界面，依次执行 1、2、3、4 各步操作，之后操作同上述工资分摊设置，此处从略，最后，福利分摊设置的结果如图 4-163 所示。

用同样的办法可以对社保、公积、会费等内容进行设置。

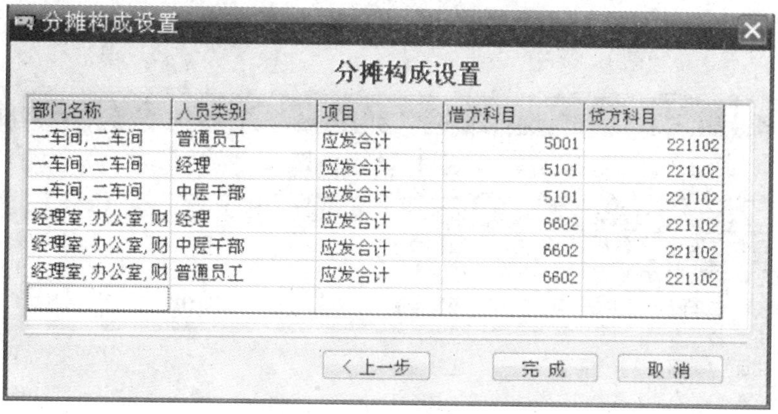

部门名称	人员类别	项目	借方科目	贷方科目
一车间，二车间	普通员工	应发合计	5001	221102
一车间，二车间	经理	应发合计	5101	221102
一车间，二车间	中层干部	应发合计	5101	221102
经理室，办公室，财	经理	应发合计	6602	221102
经理室，办公室，财	中层干部	应发合计	6602	221102
经理室，办公室，财	普通员工	应发合计	6602	221102

图 4－163　福利分摊设置

（3）社保分摊设置如图 4－164 所示。

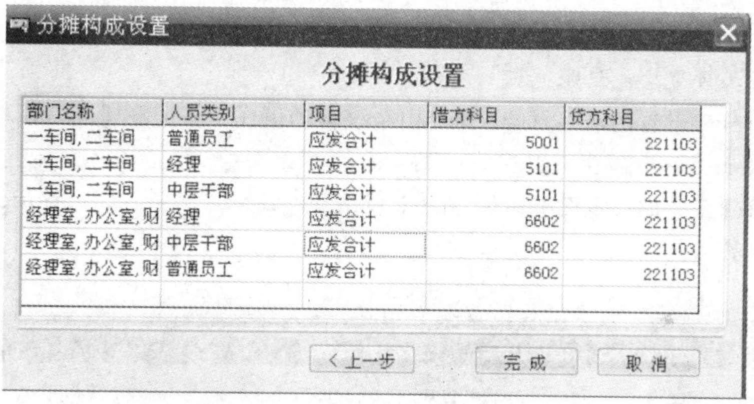

部门名称	人员类别	项目	借方科目	贷方科目
一车间，二车间	普通员工	应发合计	5001	221103
一车间，二车间	经理	应发合计	5101	221103
一车间，二车间	中层干部	应发合计	5101	221103
经理室，办公室，财	经理	应发合计	6602	221103
经理室，办公室，财	中层干部	应发合计	6602	221103
经理室，办公室，财	普通员工	应发合计	6602	221103

图 4－164　社保分摊设置

（4）公积分摊设置如图 4－165 所示。

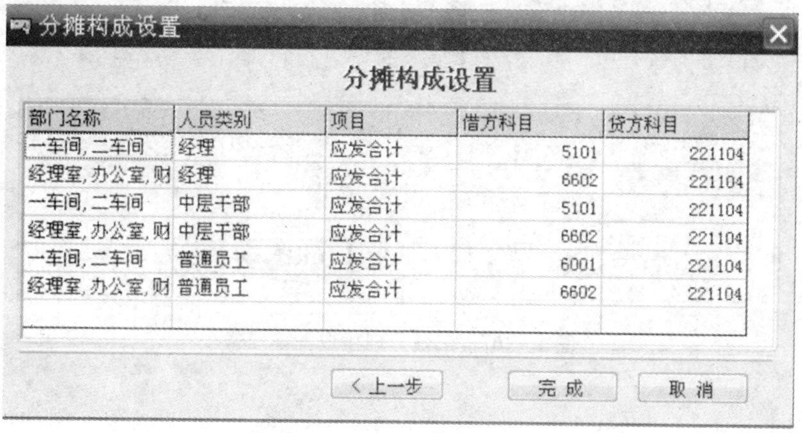

部门名称	人员类别	项目	借方科目	贷方科目
一车间，二车间	经理	应发合计	5101	221104
经理室，办公室，财	经理	应发合计	6602	221104
一车间，二车间	中层干部	应发合计	5101	221104
经理室，办公室，财	中层干部	应发合计	6602	221104
一车间，二车间	普通员工	应发合计	6001	221104
经理室，办公室，财	普通员工	应发合计	6602	221104

图 4－165　公积分摊设置

(5)会费分摊设置如图 4 – 166 所示。

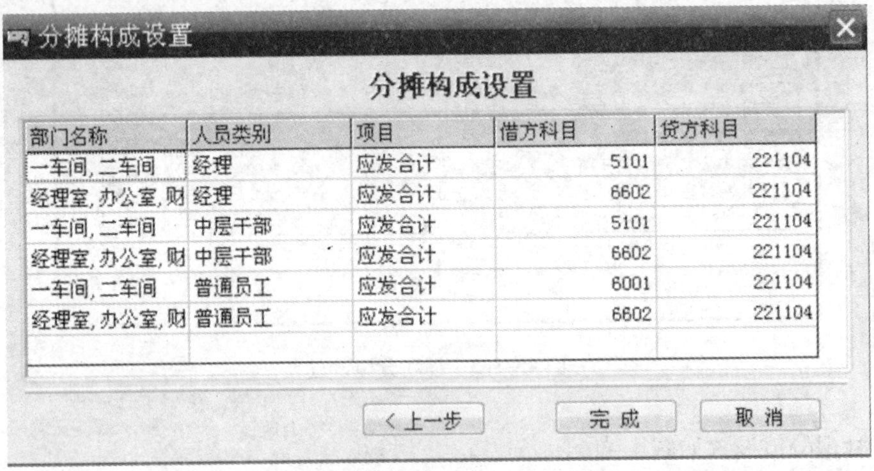

部门名称	人员类别	项目	借方科目	贷方科目
一车间，二车间	经理	应发合计	5101	221104
经理室，办公室，财	经理	应发合计	6602	221104
一车间，二车间	中层干部	应发合计	5101	221104
经理室，办公室，财	中层干部	应发合计	6602	221104
一车间，二车间	普通员工	应发合计	6001	221104
经理室，办公室，财	普通员工	应发合计	6602	221104

图 4 – 166　会费分摊设置

3. 根据分摊设置生成记账凭证

上述进行分摊设置的最终目的，是要由系统自动生成 5 张记账凭证。

【例】　根据上述分摊生成对应的记账凭证。

在工资分摊主界面，如图 4 – 167 所示，依次执行 1、2、3、4、5、6 各步，之后就可生成需要的记账凭证。

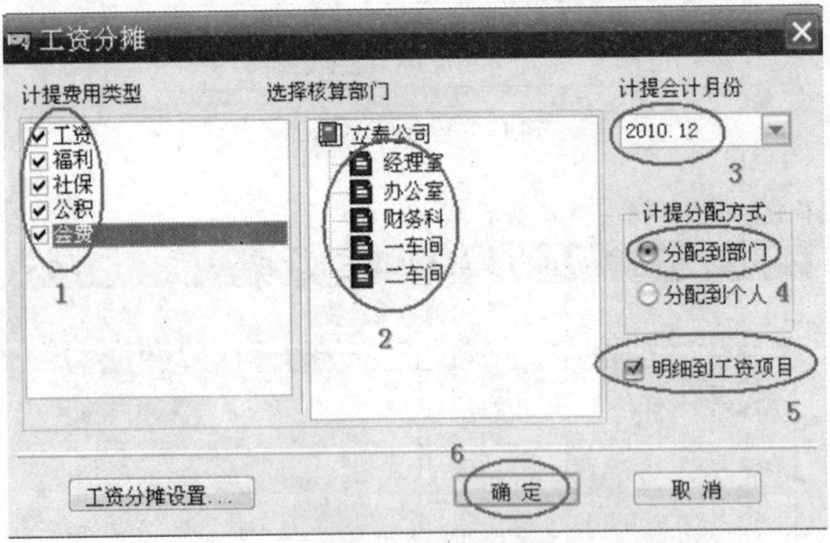

图 4 – 167　工资分摊生成凭证准备

（1）生成工资分摊凭证，如图 4 – 168 所示。

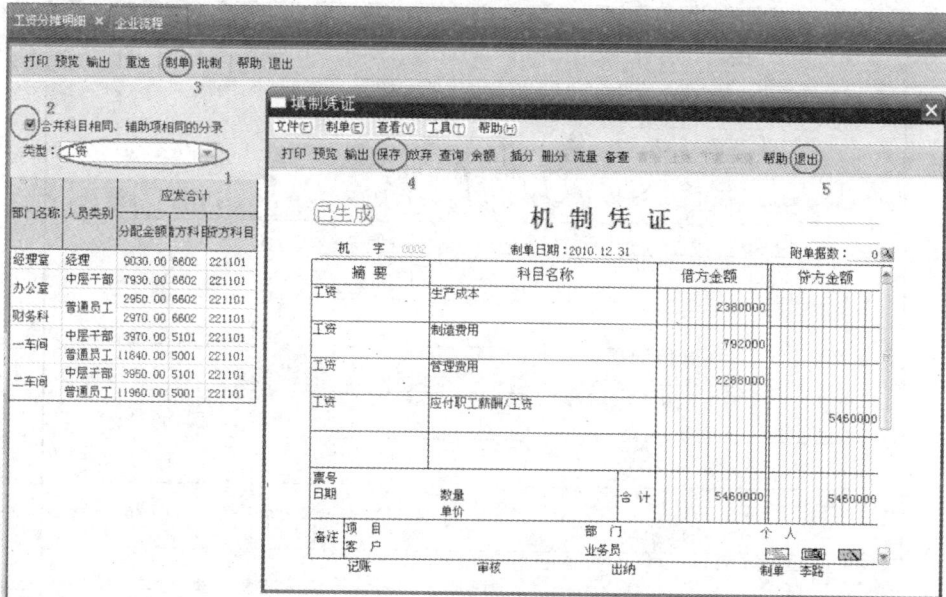

图 4 – 168 工资分摊凭证生成

（2）生成福利分摊凭证，如图 4 – 169 所示。

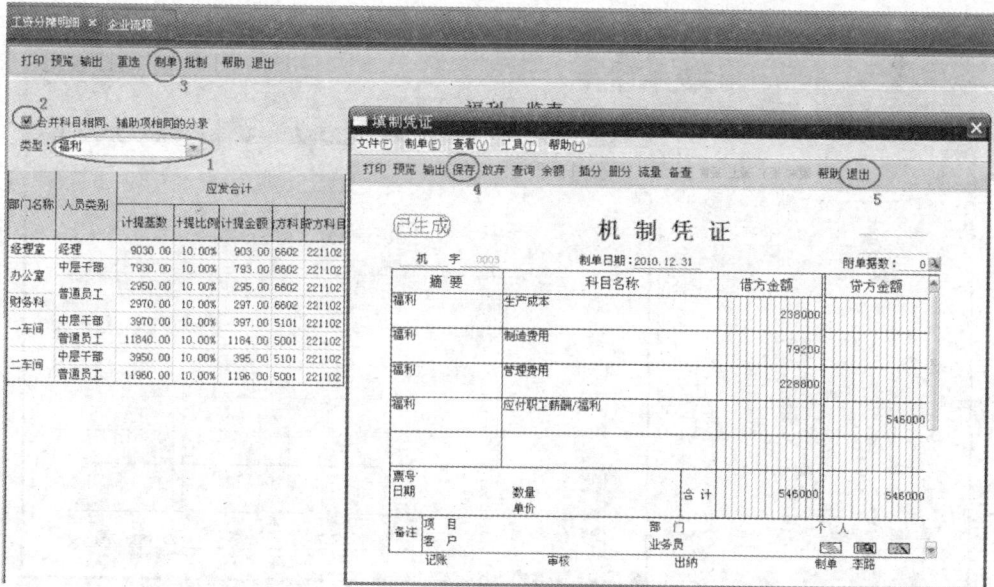

图 4 – 169 福利分摊凭证生成

（3）生成社保分摊凭证，如图 4 - 170 所示。

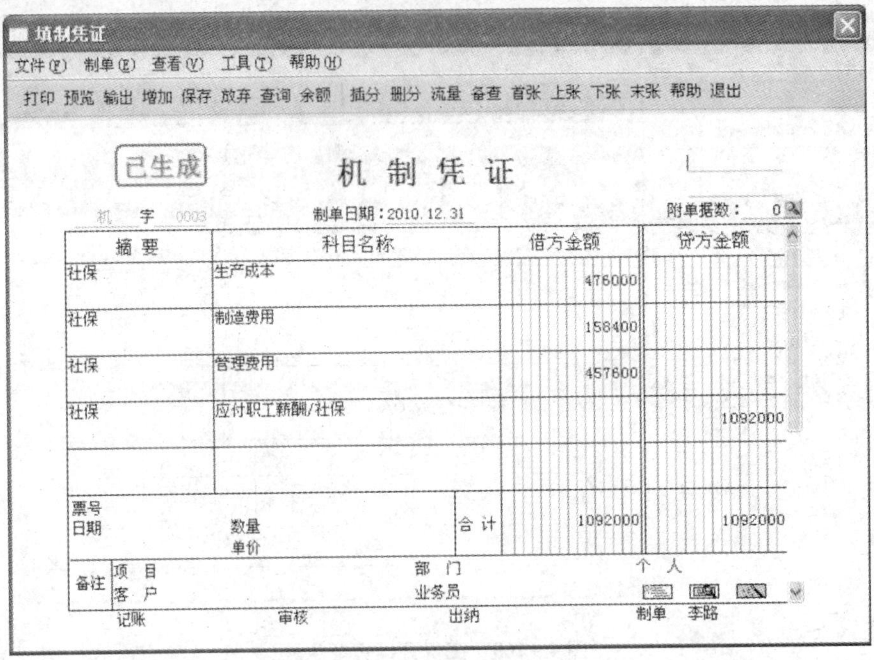

图 4 - 170　社保分摊凭证生成

（4）生成公积分摊凭证，如图 4 - 171 所示。

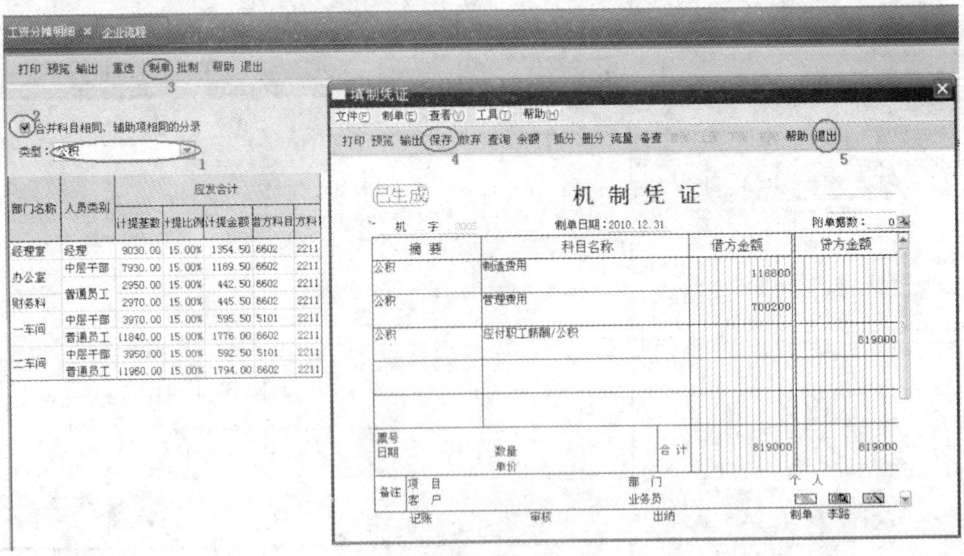

图 4 - 171　公积分摊凭证生成

（5）生成会费分摊凭证，如图 4 - 172 所示。

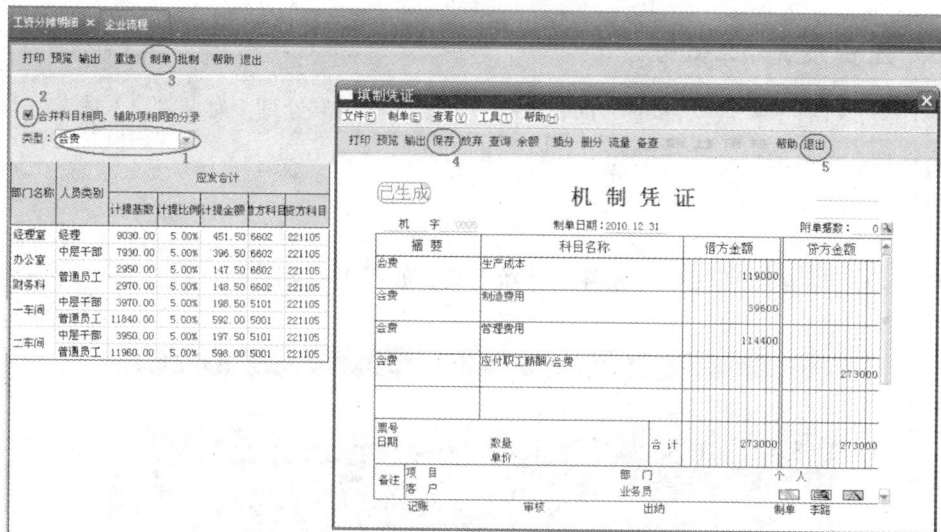

图 4 - 172　会费分摊凭证生成

（6）机制凭证的删除。

如果对已经生成的记账凭证不满意。可以进行删除。首先进入图 4 - 173 界面；在图 4 - 173 界面，依次执行 1、2、3、4、5、6 各步。接着进入总账的凭证填制界面下，可以看到在工资系统中执行过删除的凭证被带上了"作废"标示，再执行凭证下的"整理"即可彻底删除凭证。

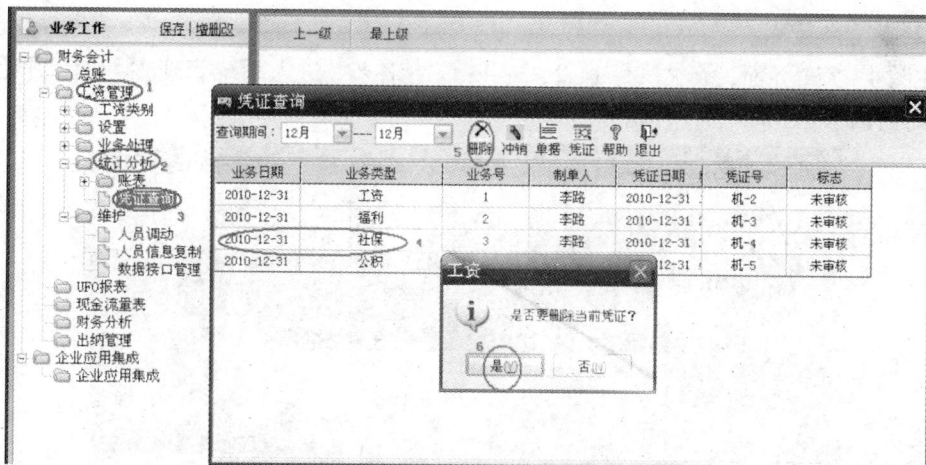

图 4 - 173　工资凭证删除

如果在总账中已经审核记账，需要删除，必须依次恢复记账、取消审核，最后按照上述步骤在工资管理系统中删除。

4. 在总账系统中对工资管理系统传递过来的凭证进行审核、记账

（略）

八、工资系统期末处理

每月末，所有工资数据都处理完毕之后，应该执行期末处理。如果是 12 月末，不用执行期末处理，直接执行年度账的建立和结转即可。

【例】 要求对立泰公司进行年度账建立和结转。

1．建立年度账

（1）以账套主管江明（01）身份注册系统管理，如图 4－174 所示。

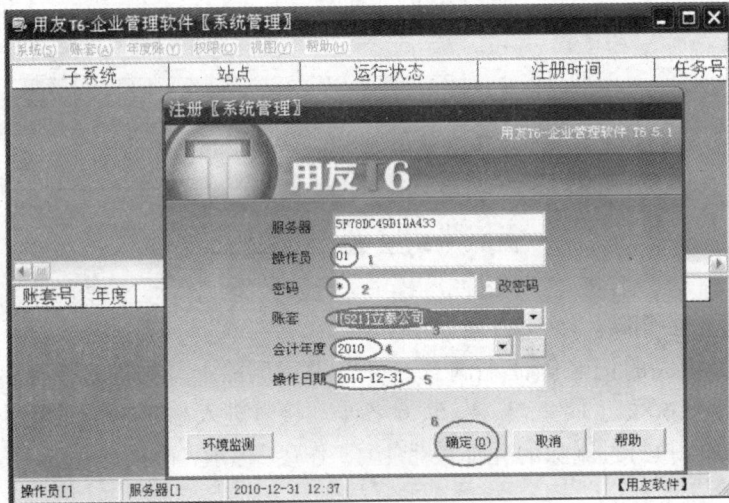

图 4－174　建立年度账步骤一

（2）建立年度账。

在图 4－174 界面，依次执行 1、2、3、4、5、6 各步，进入系统管理主界面，开始建立年度账操作，如图 4－175 所示。

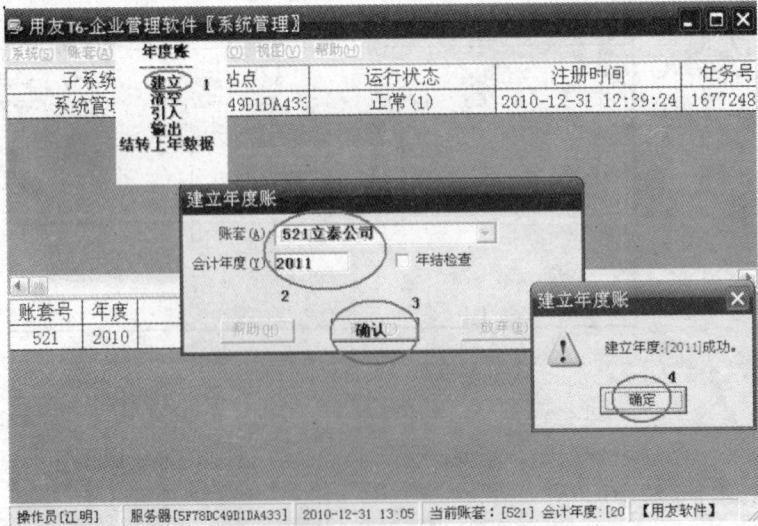

图 4－175　建立年度账步骤二

在图 4 - 175 界面，依次执行 1、2、3、4 各步，即可建立起立泰公司 2011 年度账。接着，将计算机系统时间修改为 2011 年 1 月 1 日，关闭系统管理面板。

2. 结转上年数据

(1)以账套主管江明(01)身份注册系统管理，如图 4 - 176 所示。

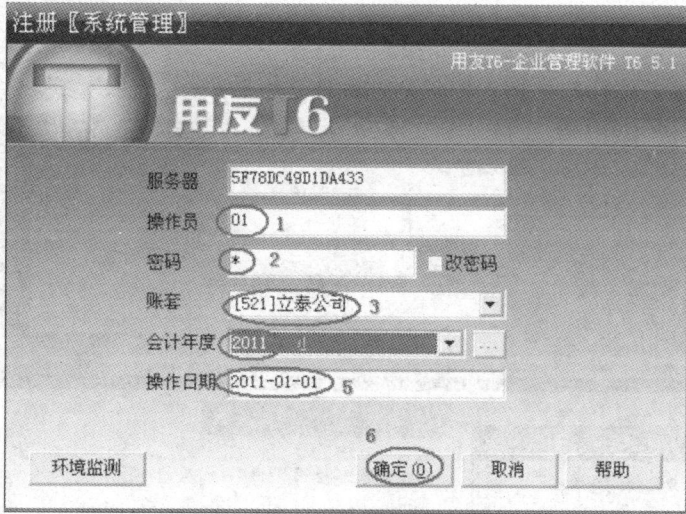

图 4 - 176　结转上年数据

在图 4 - 176 中需要注意，会计年度一定要选"2011 年"，不能再选"2010 年"，操作日期要输入"2011 年 1 月 1 日"，不能再要输入 2010 年 12 月的日期。之后进入图 4 - 177 所示界面。

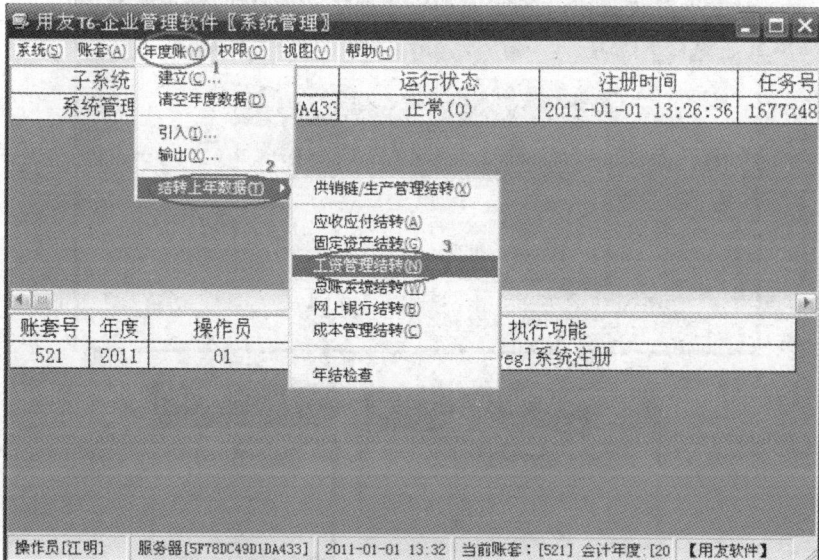

图 4 - 177　工资管理结转步骤一

（2）结转上年数据。

在图 4 – 177 界面，执行菜单【年度账】→【结转上年数据】→【工资管理结转】，进入图
4 – 178 所示界面。

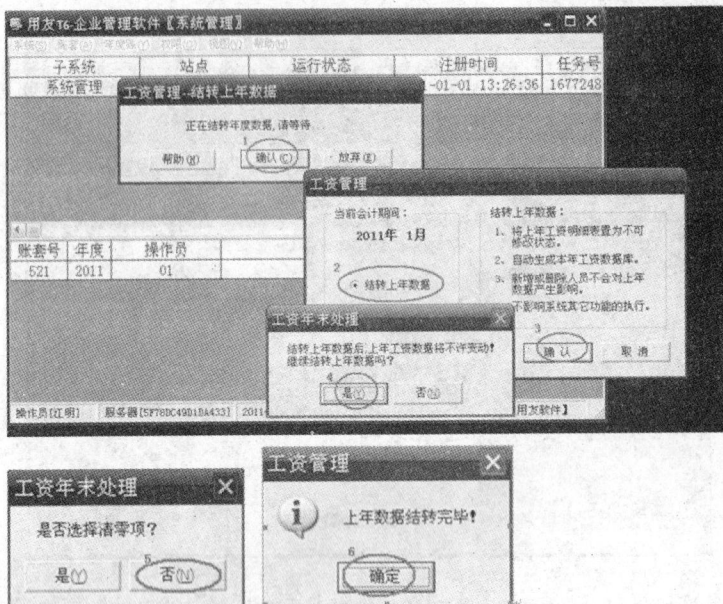

图 4 – 178　工资管理结转步骤二

在图 4 – 178 界面，依次执行 1、2、3、4、5、6 各步，出现图 4 – 179 所示界面。

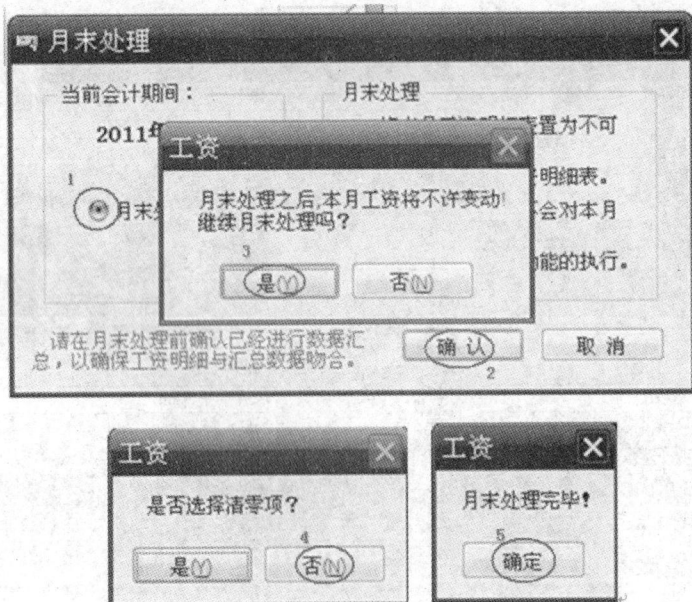

图 4 – 179　工资管理结转步骤三

在图 4 - 179 界面，依次执行 1、2、3、4、5 各步，即可完成工资管理结转了。

需要注意的是，如果不是年末 (12 月)这个时间，工资系统月末处理就是月结，而不是年结，就不用执行上述操作了。如果工资系统做过了月结，需要修改当月数据，需要以月结月份的次月登陆工资系统，执行【业务处理】下的【反结账】。

第六节　用友 T6 固定资产管理系统

固定资产系统是一套用于各类企业和行政事业单位进行固定资产核算和管理的软件，能够帮助企业进行固定资产净值、累计折旧数据的动态管理，协助设备管理部门做好固定资产管理工作。该系统的主要作用是完成企业固定资产日常业务的核算和管理，生成固定资产卡片，按月反映固定资产的增加、减少、原值变化及其他变动，并输出相应的增减变动明细账，按月自动计提折旧，生成折旧分配凭证，同时输出相关的报表和账簿。

用友 T6 固定资产管理系统的主要操作流程如图 4 - 180 所示。

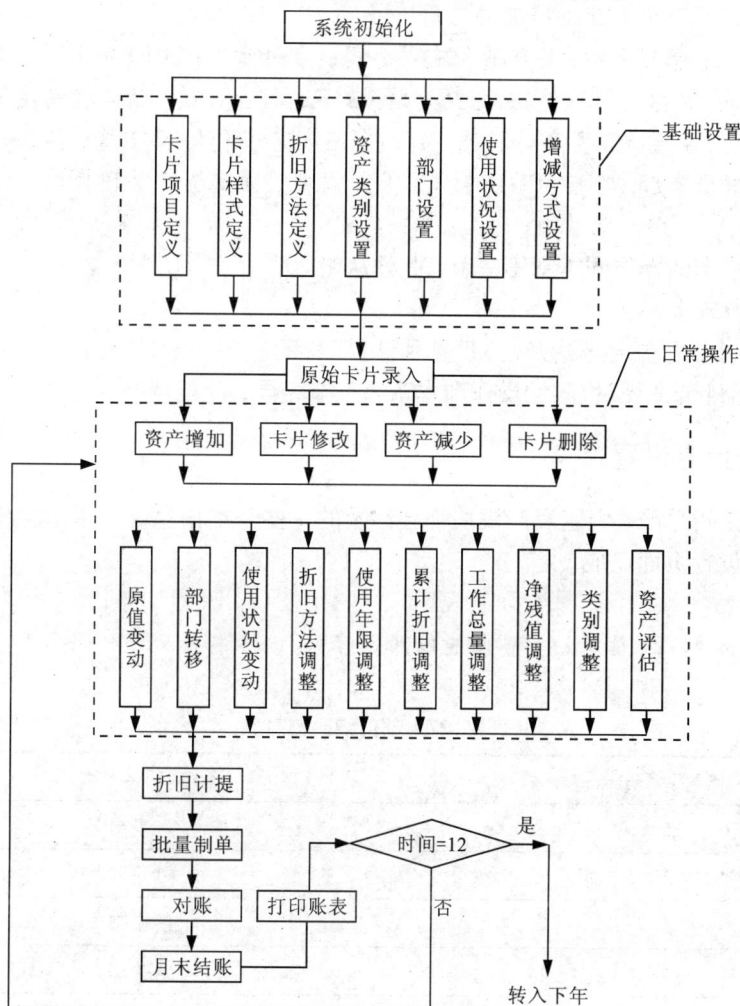

图 4 - 180　用友固定资产使用流程

一、固定资产管理系统建账

1.增加固定资产管理系统操作人员并赋予角色

【例】 按照表4-26增加操作员并设置角色。

表4-26 固定资产管理系统操作员

编号	姓名	口令	角色
0001	王亚军	1	账套主管
0002	陈大平	1	资产管理

增加操作员、设置角色的步骤同前面章节,此处从略。

2.新建账套并启用"总账"和"固定资产管理"模块

【例】 按照下列资料建立账套并启用。

账套号:522;账套名称:朝阳股份有限公司;启用时间:2010年1月;单位名称:朝阳股份有限公司(简称朝阳股份);企业类型:工业;行业性质:新会计制度科目;账套主管:王亚军;按行业性质预置会计科目。部门编码方案采用1-2方式,其余分类编码方案按默认值。建好账套后,直接由系统管理员启用总账、固定资产管理模块,启用时间都是2010年1月1日。

建立启用账套的操作同本章第一节,此处从略。

3.特殊权限设置

【例】 给操作员陈大平追加"公用目录设置"权限。

追加"公用目录设置"权限的操作和本章第五节相同,此处从略。

二、公用信息设置

公用信息是指总账、固定资产模块都会涉及的一些基本信息。要求由操作员陈大平进入企业门户的设置页面完成。

1.部门档案

【例】 按表4-27信息设置朝阳股份部门信息。

表4-27 部门编码信息表

部门编码	部门名称
1	人事部
2	财务部
3	供应部
4	销售部
5	加工车间

部门设置和本章第二节相同,此处从略。

2. 凭证类别设置

【例】 为朝阳股份设置通用记账凭证方案。

设置凭证类型的操作和本章第二节相同,此处从略。

3. 总账系统期初余额录入

【例】 按照表 4－28 所列信息录入朝阳股份期初余额

表 4－28 朝阳股份总账期初余额表

科目代码	科目名称	余额方向	金额
1002	银行存款	借	452 982
1601	固定资产	借	1 200 000
1602	累计折旧	贷	152 982
2001	短期借款	贷	500 000
4001	实收资本	贷	1 000 000

部门设置和本章第二节相同,此处从略。

三、固定资产模块初始设置

1. 固定资产初始化

【例】 由陈大平为朝阳股份固定资产进行初始化。具体要求如下:

主要折旧方法采用"平均年限法(一)"计提折旧,折旧汇总分配周期为一个月;当"月初已计提月份＝可使用月份－1"时将剩余折旧全部提足。固定资产编码方式为"2－1－1－2";固定资产编码方式采用手工输入方法,编码方式为"类别编码＋部门编码＋序号";序号长度"3"。要求固定资产系统与总账进行对账;固定资产对账科目为"1501 固定资产";累积折旧对账科目为"1502 累积折旧";对账不平衡的情况下不允许固定资产月末结账。

由陈大平进入固定资产。依次按照图 4－181 至图 4－186 提示完成操作。

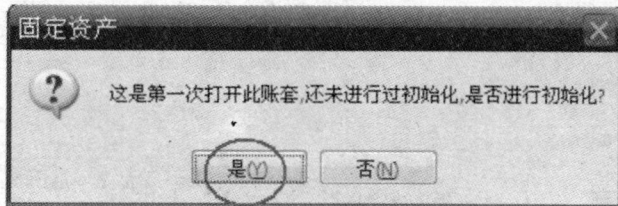

图 4－181 第一次登录固定资产

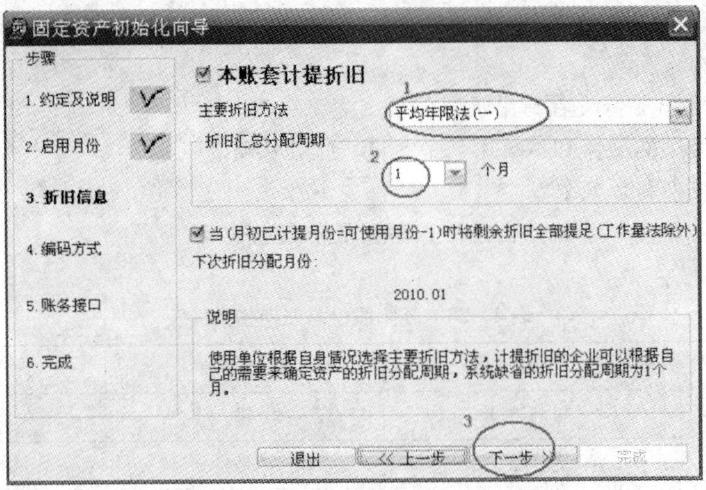

图 4-182　固定资产初始化步骤一

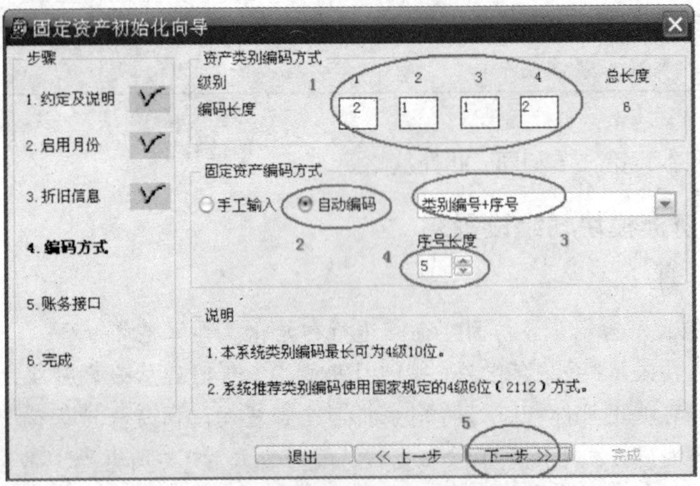

图 4-183　固定资产初始化步骤二

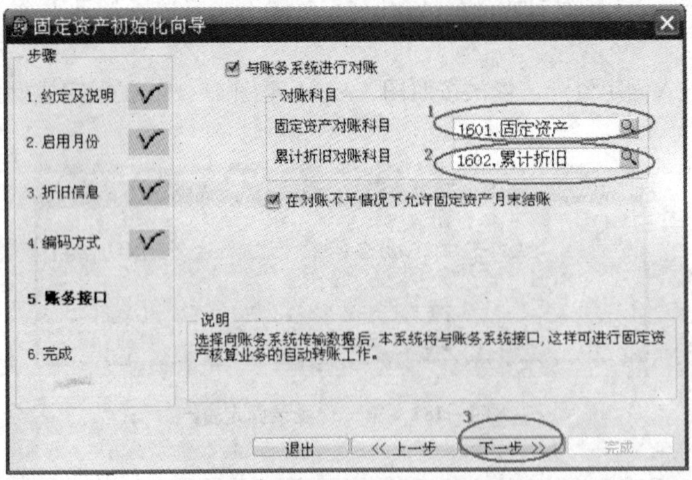

图 4-184　固定资产初始化步骤三

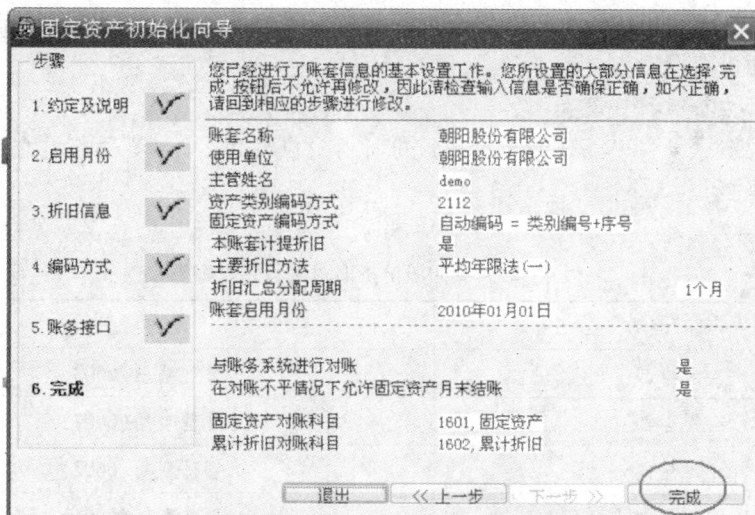

图 4 – 185 固定资产初始化步骤四

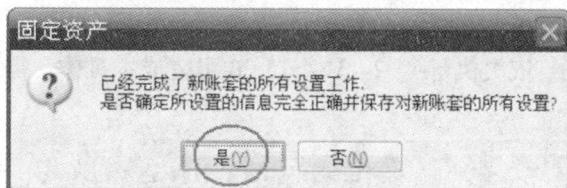

图 4 – 186 固定资产初始化步骤五

2. 固定资产选项设置

【例】 将固定资产缺省入账科目设为"1601, 固定资产";将累积折旧缺省入账科目设为"1602, 累积折旧", 系统采取"业务发生后立即制单"方式。

在图 4 – 187 中, 依次执行 1、2、3、4 各步完成。

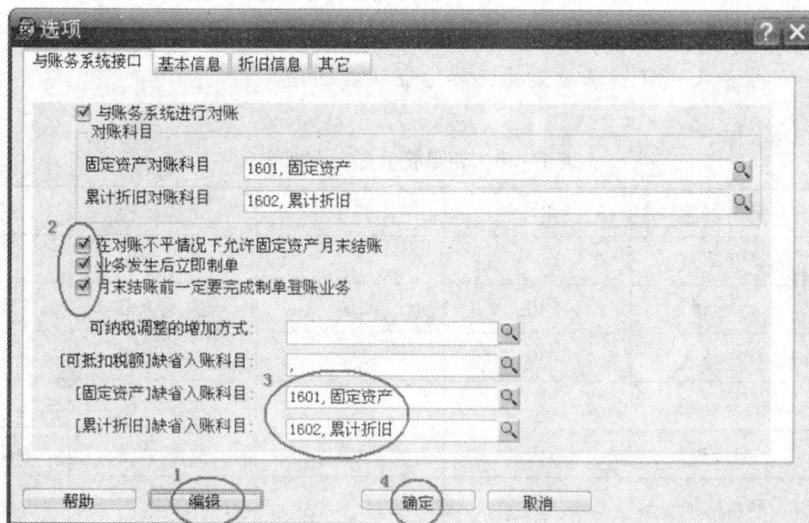

图 4 – 187 固定资产选项设置

注意,在前面的初始化设置如果有遗漏或者需要修改的地方,也需要进入图4-187,在不同的页面进行设置。

3.部门对应折旧科目设置

【例】 按照表4-29信息设置朝阳股份折旧对应科目。(为不同部门的折旧定义应该归属的费用科目)

表4-29　朝阳股份折旧对应科目方案表

部门名称	贷方科目
人事部	管理费用(6602)
财务部	管理费用(6602)
供应部	管理费用(6602)
销售部	销售费用(6601)
加工车间	制造费用(5101)

在图4-188界面,依次执行1、2、3、4、5、6可完成本操作。需要分部门完成。

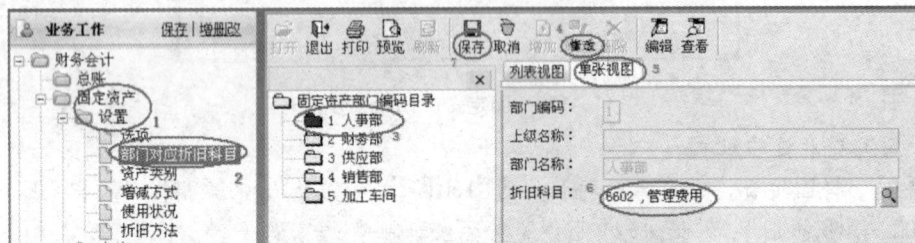

图4-188　折旧对应科目设置

4.资产类别设置

【例】 按照表4-30信息设置朝阳股份资产类别信息。

表4-30　朝阳股份资产类别信息

类别编码	类别名称	使用年限	净残值率	计提属性	折旧方法
01	房屋及建筑物			总提折旧	
011	办公楼	30	2%	总提折旧	平均年限法
012	厂房	30	2%	总提折旧	平均年限法
02	机器设备			正常计提	
021	生产线	10	3%	正常计提	年数总和法
022	办公设备	5	3%	正常计提	工作量法

在图 4 – 188 至图 4 – 191 界面按照提示依顺序完成资产类别设置。

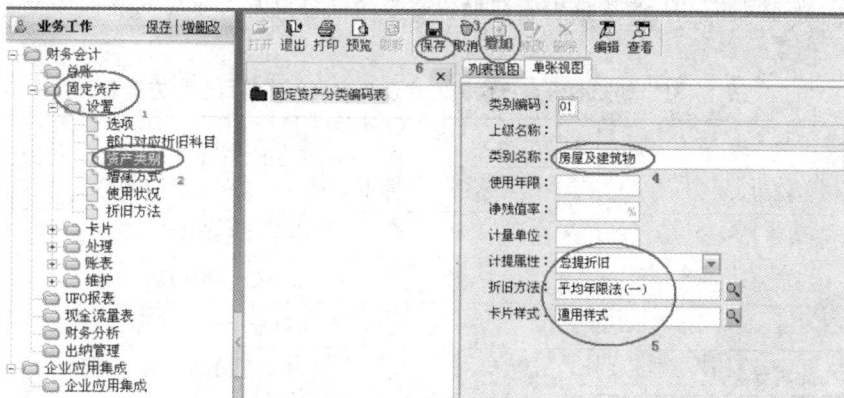

图 4 – 189　资产类别设置一

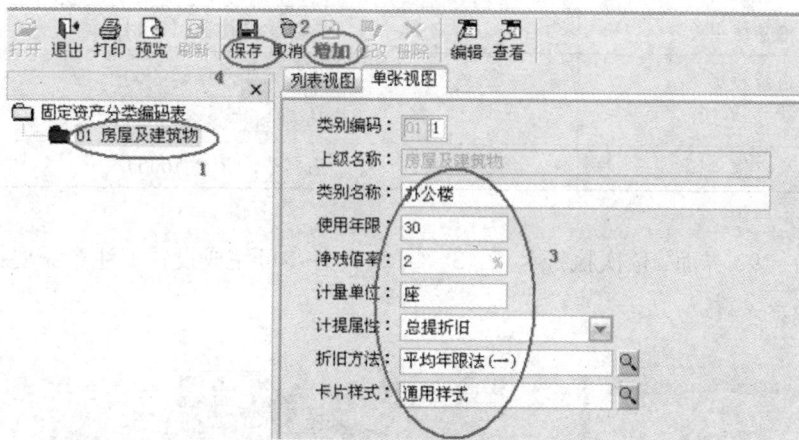

图 4 – 190　资产类别设置二

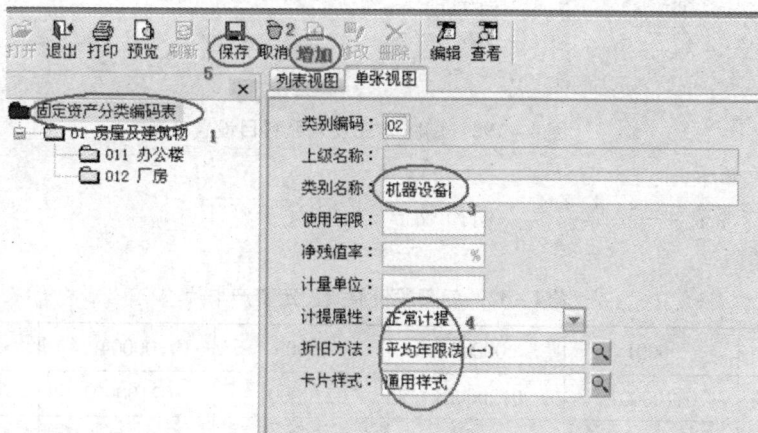

图 4 – 191　资产类别设置三

5.固定资产增减方式

【例】 按照表4－31信息设置朝阳股份资产增减方式及其对应入账科目。

表4－31 朝阳股份资产增减方式及其对应入账科目信息方案表

增加方式	对应入账科目
直接购入	银行存款——工行存款(1002)
投资者投入	实收资本(4001)
捐赠	营业外收入(4101)
盘盈	待处理财产损溢(1901)
在建工程转入	在建工程(1604)
减少方式	对应入账科目
出售	固定资产清理(1606)
投资转出	长期股权投资(1511)
捐赠转出	固定资产清理(1606)
盘亏	待处理财产损溢(1901)
报废	固定资产清理1606)

在图4－192界面，依次执行1、2、3、4、5、6各步可完成设置。注意需要按照不同的增减方式逐一设置。

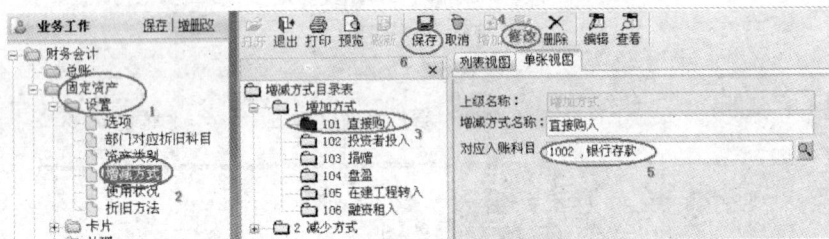

图4－192 增减方式及入账科目设置

6.录入原始卡片

【例】 按照表4－32信息录入朝阳股份原始固定资产卡片。

表4－32 朝阳股份原始固定资产卡片

卡片编号	00001	00002	00003	00004	00005
固定资产编号	01100001	01200001	02100001	02100002	02200001
固定资产名称	1号楼	2号楼	A生产线	B生产线	电脑(30000小时)
类别编号	011	012	021	021	022
类别名称	办公楼	厂房	生产线	生产线	办公设备

续表 4 – 32

卡片编号	00001	00002	00003	00004	00005
部门名称	人事部	加工车间	加工车间	加工车间	财务部
增加方式	在建工程转入	在建工程转入	在建工程转入	在建工程转入	直接购入
使用状况	在用	在用	在用	在用	在用
使用年限	30 年	30 年	10 年	10 年	5 年
折旧方法	平均年限法(一)	平均年限法(一)	年数总和法	年数总和法	工作量
开始使用日期	2007 – 01 – 08	2008 – 03 – 10	2007 – 01 – 20	2007 – 05 – 08	2009 – 06 – 01
币种	人民币	人民币	人民币	人民币	人民币
原值	400 000	450 000	150 000	180 000	20 000
净残值率	2%	2%	3%	3%	3%
净残值	8 000	9 000	4 500	5 400	600
累计折旧	37 800	25 515	42 525	45 198	1 944
月折旧率	0.002 7	0.002 7	0.008 1	0.012 1	0.016 2
月折旧额	1 080	1 215	1 215	2 112.66	单位折旧 0.639 4
净值	362 200	424 485	107 475	134 802	18 056
对应折旧科目	管理费用	制造费用	制造费用	制造费用	管理费用

由操作员陈大平依次登录"固定资产→卡片→录入原始卡片→选择分类",进入图 4 – 193 界面,依次执行 1、2、3、4、5、6、7、8 各步可完成设置。固定资产名称、部门名称、增加方式、开始使用日期、原值、累计折旧都必须自己输入或选择输入。其他信息都由系统自动生成。累计折旧之所以没有自动生成,是因为累计折旧的计算并不一定完全按照一成不变的折旧方法和折旧因子计算的,比如遇到有固定资产减值的特殊情况。因此,第一次录入一个固定资产信息的时候,已经计提过的累计折旧需要人工录入。

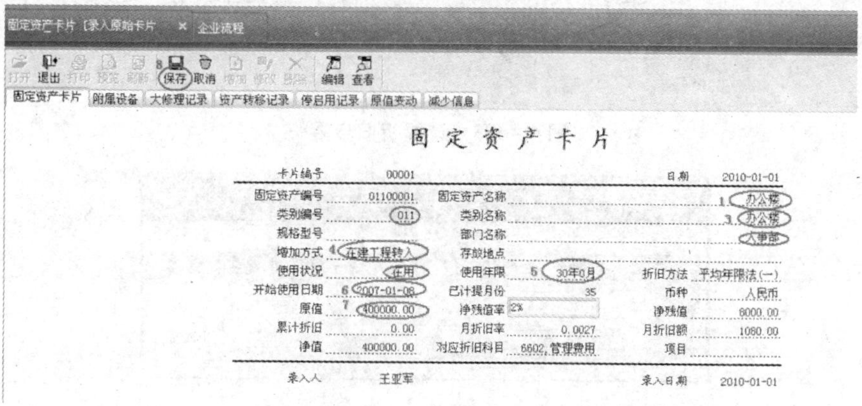

图 4 – 193 固定资产卡片录入

四、固定资产模块日常业务

固定资产模块的日常业务主要有计提折旧、固定资产卡片信息变动、新资产购置增加、旧资产减损、旧资产原值增减、计提固定资产减值准备等。

1. 计提折旧

【例】　2010 年 1 月 1 日，为朝阳股份计提 1 月份的折旧。

在月初计提，更加符合"当月新增资产当月不提折旧，当月减少资产当月照提折旧"这一惯例。

(1) 首先要在图 4 – 194 界面录入 0005 号固定资产本月的工作量 500 小时。

(2) 在图 4 – 195 界面、图 4 – 196 界面按步骤操作，开始计提折旧。

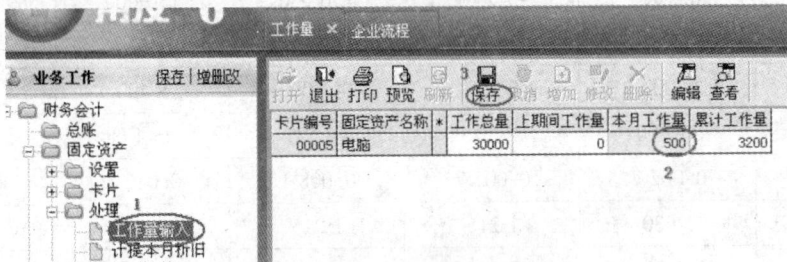

图 4 – 194　工作量录入

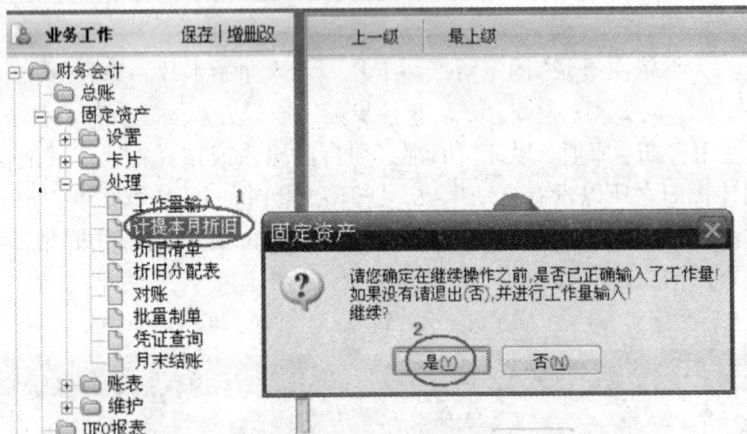

图 4 – 195　计提折旧步骤一

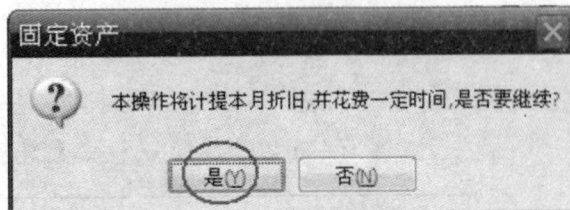

图 4 – 196　计提折旧步骤二

（3）自动产生折旧清单，如图 4 - 197 所示，点击"退出"按钮。

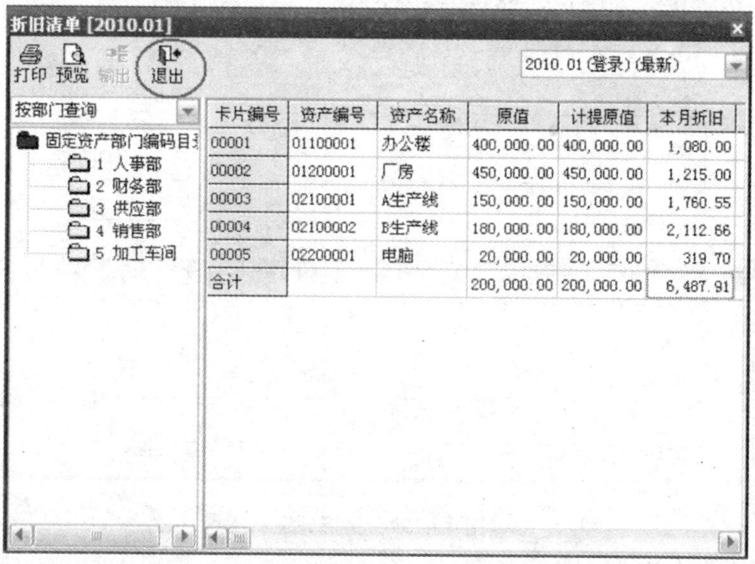

图 4 - 197　折旧清单

卡片编号	资产编号	资产名称	原值	计提原值	本月折旧
00001	01100001	办公楼	400,000.00	400,000.00	1,080.00
00002	01200001	厂房	450,000.00	450,000.00	1,215.00
00003	02100001	A生产线	150,000.00	150,000.00	1,760.55
00004	02100002	B生产线	180,000.00	180,000.00	2,112.66
00005	02200001	电脑	20,000.00	20,000.00	319.70
合计			200,000.00	200,000.00	6,487.91

（4）自动产生折旧分配表，如图 4 - 198 所示。

部门编号	部门名称	项目编号	项目名称	科目编号	科目名称	折旧额
1	人事部			6602	管理费用	1,080.00
2	财务部			6602	管理费用	319.70
5	加工车间			5101	制造费用	5,088.21
合计						6,487.91

图 4 - 198　折旧分配表

（5）生成折旧凭证，如图 4 - 199 所示。

在图 4 - 199 界面，依次执行 1、2、3 各步保存凭证。这里生成凭证的操作也可以在批量制单中完成。可以由操作人员自行选择。计提完折旧后就可以对固定资产进行增减变动处理了。

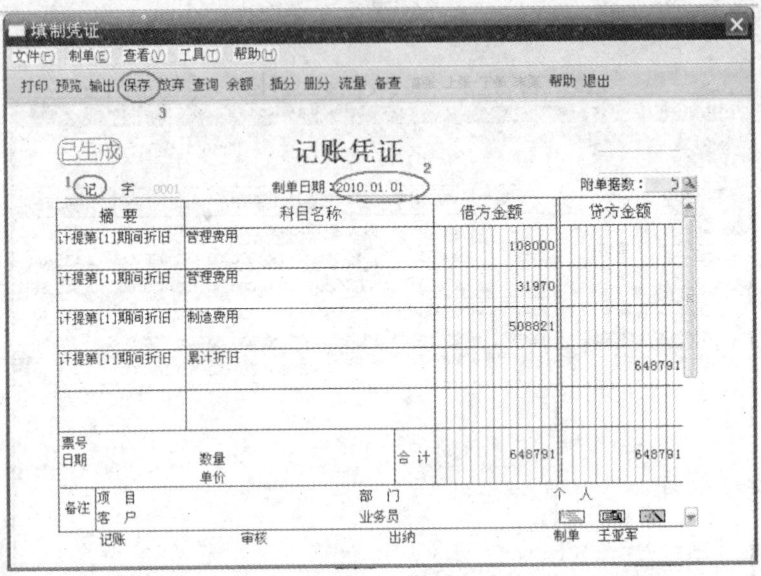

图 4 - 199　折旧凭证

2. 原始卡片信息变动

【例】　1 月 26 日,根据企业需要,将卡片号码为"00004"号固定资产(B 生产线)的折旧方法由"平均年限法"更改为"工作量法"。工作总量为"60 000"小时,累计工作量为"10 000"小时。

依次进入"固定资产→卡片→卡片管理→选中 00004 号卡片→点解修改按钮"在弹出的界面中完成操作。

3. 购置新资产

【例】　1 月 15 日直接购入并交付销售部使用一台苹果电脑,预计使用年限为 5 年,原值为 12 000 元,净残值为 3%,采用"双倍余额递减法"计提折旧。

(1)增加新卡片。这是 1 月份新购置的资产,需要依次进入"资产增加→选择资产类别",进入资产卡片界面,如图 4 - 200 所示。

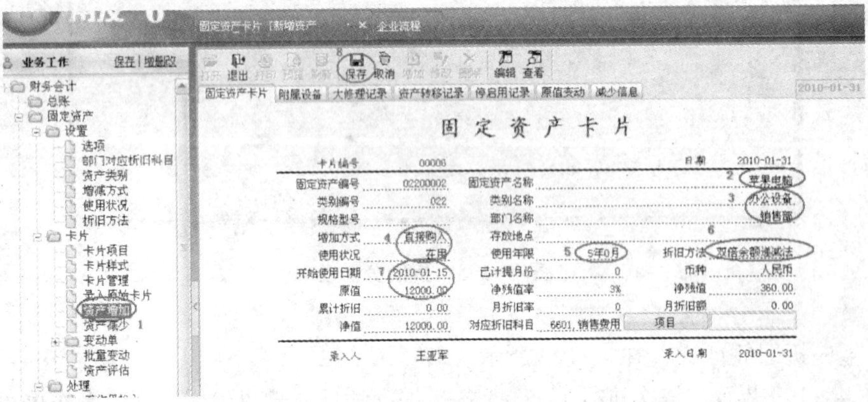

图 4 - 200　资产新增

注意,同样都是录入卡片,但是图 4-193 是录入原始卡片,而图 4-200 是录入本月新购置的固定资产卡片。两者界面相同,但用法不同。依次执行 1、2、3、4、5、6、7、8 各步完成资产新增工作。

(2)生成凭证。

执行完图 4-200 中的操作后,系统自动进入图 4-201,依次执行 1、2、3 保存凭证。

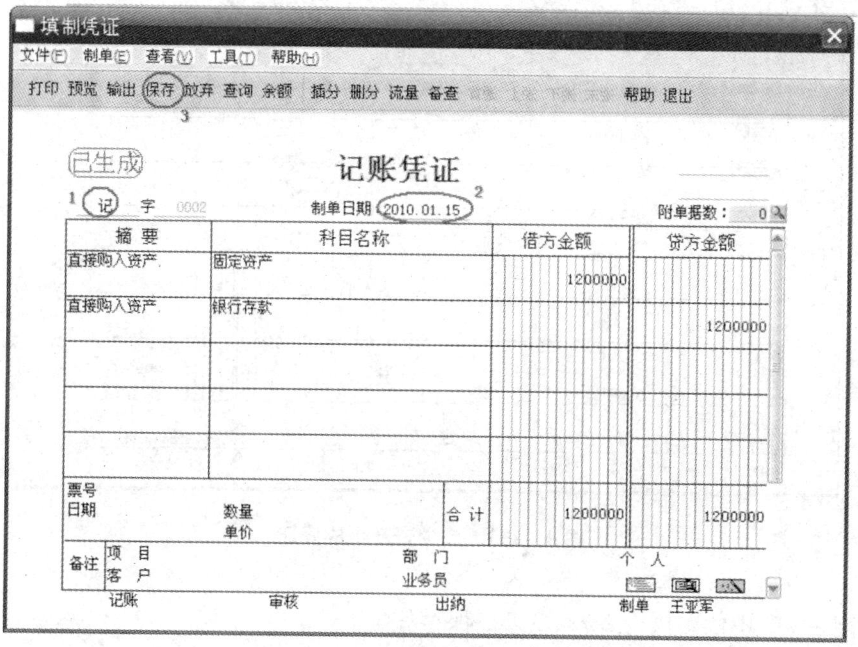

图 4-201 购置资产生成凭证

4.资产减少

【例】 1 月 23 日,将财务部使用的电脑"00005"号固定资产捐赠给希望工程。

这是 1 月份减少固定资产。依次进入"卡片——减少资产",进入资产减少卡片管理,如图 4-202 所示。

(1)填写减少卡片。需要依次进入"固定资产→卡片→资产减少",进入图 4-202 界面。

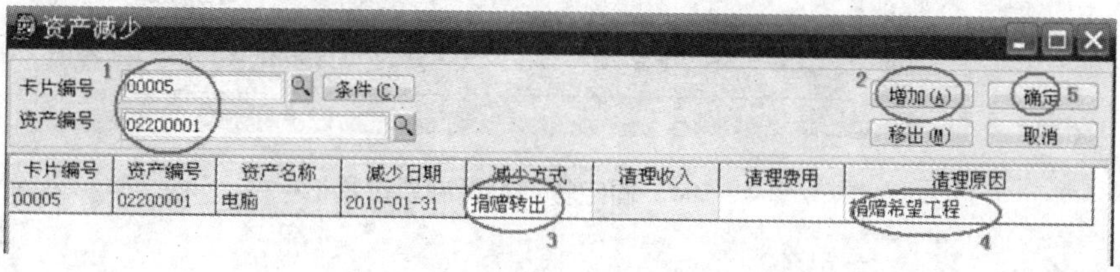

图 4-202 资产减少卡片管理

依次执行 1、2、3、4、5 各步,完成减少操作。第 2 步的"增加"的意思是将减少资产的信息增加到表格中。

（2）生成凭证，如图4-203所示。

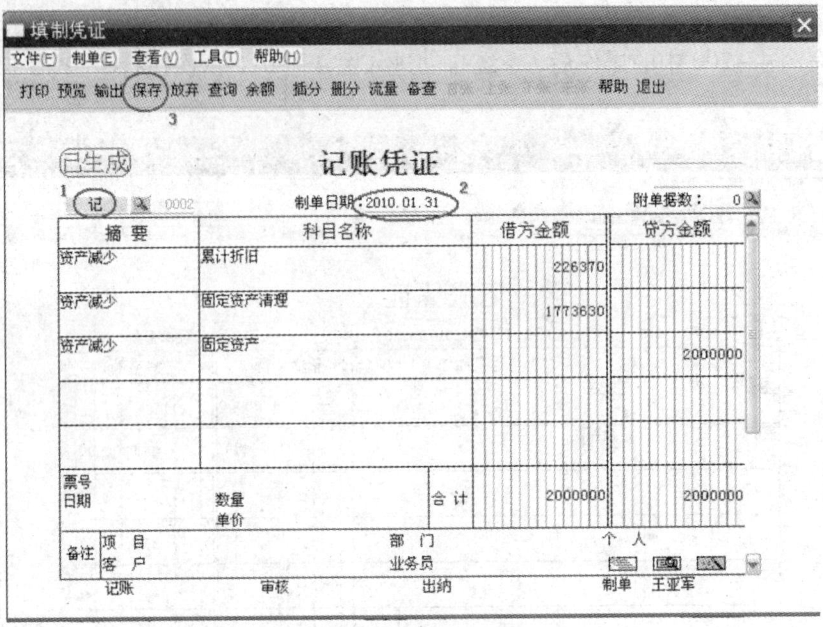

图4-203 减少资产生成凭证

在图4-203中依次执行1、2、3步，保存凭证。

5.批量制单

【例】 完成2006年1月固定资产业务的批量制单。

对于前述计提折旧、新购资产、减损资产的业务，如果当时没有立即制单，可以在此统一制单。

（1）依次执行"固定资产→处理"进入批量制单界面，如图4-204所示。

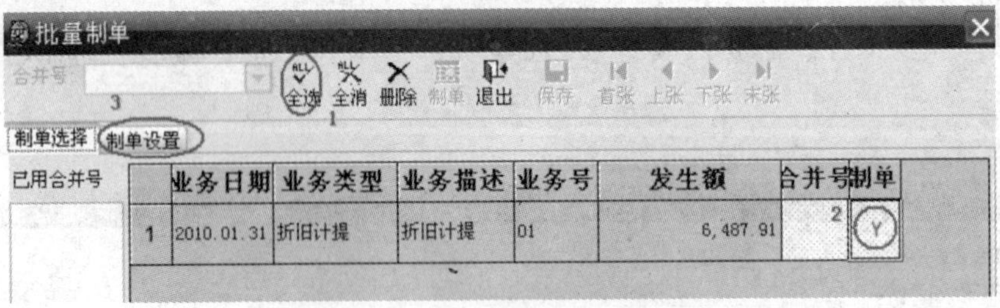

图4-204 固定资产批量制单设置

（2）在图4-204中依次执行1、2、3步，进入制单设置页面如图4-205，在图4-205界面执行1、2，即可生成记账凭证。后面操作从略。在固定资产模块生成的记账凭证要删除的话，依次进入"处理→凭证查询→列出凭证→选中凭证→删除凭证"。

图 4 – 205 固定资产模块批量制单

6. 查询折旧表

【例】 查询朝阳股 1 月份部门折旧构成分析表。

在图 4 – 206 界面，依次执行 1、2、3、4、5 完成操作。

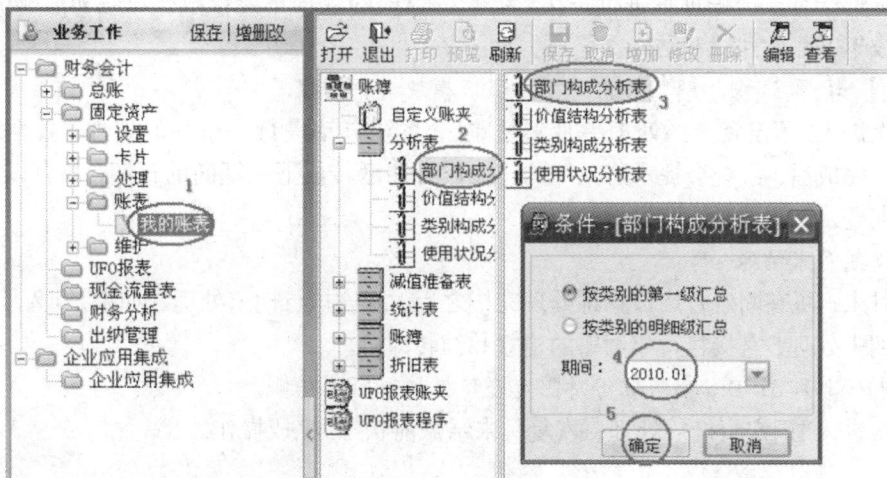

图 4 – 206 折旧部门构成分析表设置

最后，查到的部门构成分析表如图 4 – 207 所示。

还可以查询固定资产总账、固定资产登记簿、(单个)固定资产明细账等多种样式的账页。

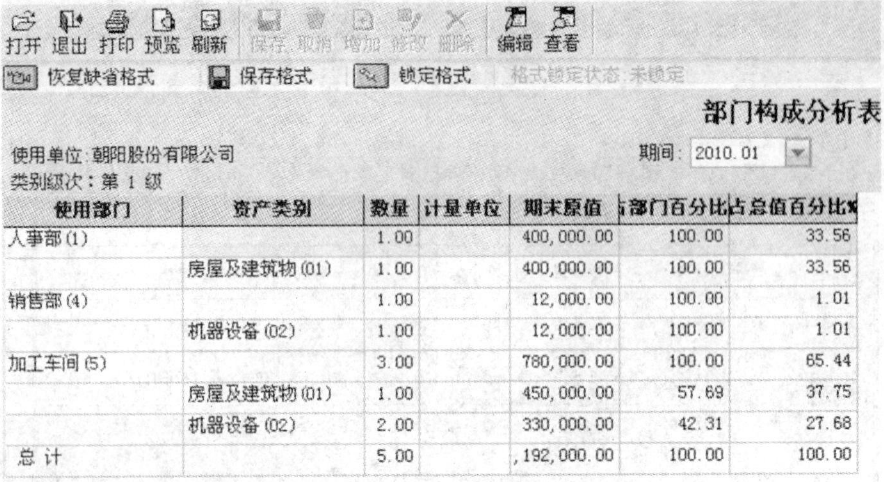

使用部门	资产类别	数量	计量单位	期末原值	占部门百分比	占总值百分比%
人事部(1)		1.00		400,000.00	100.00	33.56
	房屋及建筑物(01)	1.00		400,000.00	100.00	33.56
销售部(4)		1.00		12,000.00	100.00	1.01
	机器设备(02)	1.00		12,000.00	100.00	1.01
加工车间(5)		3.00		780,000.00	100.00	65.44
	房屋及建筑物(01)	1.00		450,000.00	57.69	37.75
	机器设备(02)	2.00		330,000.00	42.31	27.68
总 计		5.00		,192,000.00	100.00	100.00

图 4-207　部门折旧构成分析表

五、固定资产模块期末处理

1. 对账

对账是指将固定资产模块的数据和总账模块的固定资产数据核对。如果对账不平，一般是总账系统对固定资产模块产生的凭证未审核记账。

【例】 1 月 31 日，朝阳股份对固定资产模块进行对账。(操作略)

2. 结账

固定资产月末结账每月进行一次，结账后当期的数据不能修改。12 月底结账时系统要求完成年度账的建立和结转。

【例】 1 月 31 日，朝阳股份对固定资产模块进行结账。

依次进入"固定资产→处理→月末结账"，系统自动进行一系列的处理，直至结账完成。结账完成后，系统会提示您系统的可操作日期已转成下一期间的日期，只有以下一期间的日期登录，才可对账套进行操作。

3. 恢复月末结账

每月末，所有固定资产数据都处理完毕之后，应该执行期末处理。如果是 12 月末，不用执行期末处理，直接执行年度账的建立和结转即可。

【例】 1 月 31 日，朝阳股份对固定资产模块进行反结账。

依次进入"固定资产→处理→恢复月末结账前状态"完成操作。

第七节　用友 T6 购销存各模块期初设置

一、购销存系统建账

1. 增加操作员(不考虑角色)

【例】 增加以下三名操作员到系统：001 余会计，002 李会计，003 何会计。

2. 新建账套并启用模块

【例】 按照以下信息建立账套。

(1)账套信息:账套号 888,账套名称为"广州顺发有限公司",启用日期为 2008 年 1 月。

(2)单位信息:单位名称为"广州顺发有限公司",单位简称为"顺发",税号为 22002256437218。

(3)核算类型:企业类型为"工业",行业性质为"新会计制度科目"并预置科目,账套主管选"余会计"。

(4)基础信息:存货、客户及供应商均分类,有外币核算。

(5)编码方案:会计科目编码方案为 4 - 2 - 2;客户分类和供应商分类的编码方案为 2;部门编码的方案为 1 - 2;存货分类的编码方案为 2 - 2 - 3 - 3;收发类别的编码级次为 2 - 2;结算方式的编码方案为 2;其他编码项目保持不变。

(6)数据精度:保持系统默认设置。

3. 启用账套

【例】 建好账套后立即启用"总账、应收、应付、采购、库存、销售、存货"七个模块。启用日期为 2008 - 01 - 01。启用结果如图 4 - 208 所示。

图 4 - 208 多模块启用图

4. 分配操作员权限

【例】 李会计拥有"共用目录设置"、"应收"、"应付"、"采购管理"、"销售管理"、"库存管理"、"存货核算"中的权限。何会计拥有"共用目录设置"、"库存管理"、"存货核算"中的权限。

二、定义各项基础档案

依次进入"企业门户→设置→基础档案"完成以下操作。

1. 定义部门档案

【例】 按照表4-33所列信息，定义顺发公司部门信息。（操作略）

表4-33 顺发公司部门档案表

部门编码	部门名称
1	制造中心
101	一车间
102	二车间
2	营业中心
201	业务一部
202	业务二部
3	管理中心
301	财务部
302	人事部

2. 定义职员档案

【例】 按照表4-34所列信息，定义顺发公司职员档案信息。（操作略）

表4-34 顺发公司职员档案表

职员编码	职员名称	部门名称
20101	王叶武	业务一部
20201	李业伍	业务二部

3. 定义客户分类

【例】 定义顺发公司客户分类信息：01——批发、02——零售、03——代销、04——专柜。（操作略）

4. 定义客户档案

【例】 按照表4-35所列信息定义顺发公司客户档案信息。（操作略）

表4-35 顺发公司客户档案信息

客户编码	客户简称	所属分类	税号	开户银行	账号	信用额度	信用期限
HFGS	华发公司	批发	31000315466	工行	1121		
XYMYGS	星火贸易公司	批发	31010877788	中行	5676	100000	30
XSGS	鑫盛公司	专柜	31500012366	建行	1585	150000	60
LYGS	力源公司	代销	31545245399	招行	7636		

5. 定义供应商分类

【例】　定义顺发公司供应商分类信息：01 原料供应商、02 成品供应商。（操作略）

6. 定义供应商档案

【例】　按照表 4 - 36 所列信息定义顺发公司供应商信息。（操作略）

表 4 - 36　顺发公司供应商档案信息

供应商编码	供应商名称/简称	所属分类	税号
XYGS	兴业公司	原料供应商	31082138522
MLGS	茂林公司	原料供应商	31482570533
GSSH	广顺商行	成品供应商	31847822668
MLGS	美乐公司	成品供应商	31048800888

7. 定义存货分类

【例】　按照表 4 - 37 所列信息定义顺发公司存货分类。（操作略）

表 4 - 37　顺发公司存货分类

分类编码	分类名称
01	原材料
0101	主机
0102	显示器
0103	键盘
0104	鼠标
02	产成品
0201	计算机
03	外购商品
0301	打印机
0302	传真机
04	应税劳务

【例】　定义顺发公司计量单位组（无换算关系）。

依次进入"设置→基础档案→存货→计量单位"，点击"分组"菜单完成。

【例】　按照表 4 - 38 所列信息定义顺发公司计量单位。

表 4 – 38　顺发公司计量单位信息表

计量单位编号	计量单位名称	所属计量单位组	计量单位组类别
01	盒	无换算关系	无换算
02	台	无换算关系	无换算
03	只	无换算关系	无换算
04	千米	无换算关系	无换算

在计量单位设置界面点击"单位"进入设置界面完成操作。

8. 定义仓库档案

【例】　按照表 4 – 39 所列示信息定义顺发公司仓库档案信息。(操作略)

表 4 – 39　顺发公司仓库档案信息

仓库编码	仓库名称	计价方式
001	原料仓库	移动平均
002	成品仓库	移动平均
003	外购品仓库	移动平均

9. 定义存货档案

【例】　按照表 4 – 40 所列信息定义顺发公司存货档案。

表 4 – 40　顺发公司存货档案表

存货编码	存货名称	所属类别	计量单位	税率%	存货属性
001	PIII 芯片	芯片	盒	17	外购,生产耗用
002	40G 硬盘	硬盘	盒	17	外购,生产耗用,销售
003	17 寸显示器	显示器	台	17	外购,生产耗用,销售
004	键盘	键盘	只	17	外购,生产耗用,销售
005	鼠标	鼠标	只	17	外购,生产耗用,销售
006	计算机	计算机	台	17	自制,销售
007	1600K 打印机	打印机	台	17	外购,销售
008	运输费	应税劳务	千米	7	外购,销售,应税劳务

依次进入"设置→基础档案→存货→存货档案"完成操作。

10. 定义收发类别

【例】　按照表 4 – 41 所列示的信息定义顺发公司收发类别。

表 4 - 41 顺发公司收发类别信息

收发类别编码	收发类别名称
01	正常入库
0101	采购入库
0102	产成品入库
0103	调拨入库
02	非正常入库
0201	盘盈入库
0202	其他入库
03	正常出库
0301	销售出库
0302	生产领用
0303	调拨出库
04	非正常出库
0401	盘亏出库
0402	其他出库

依次进入"设置→基础档案→业务→收发类别",在"收发类别"定义界面完成操作。注意,必须先定义上级,再定义下级。

11. 定义采购类型

【例】 定义顺发公司采购类型:01——普通采购,入库类别为"采购入库"。

依次进入"设置→基础档案→业务→采购类型"完成设置。

12. 定义销售类型

【例】 定义顺发公司销售类型:01——经销、02——代销,出库类别均为"销售出库"。

依次进入"设置→基础档案→业务→销售类型"完成设置。

13. 设置会计科目

【例】 增设 222101(应缴税费——应交增值税);22210101(应缴税费——应交增值税——进项税额);22210102(应缴税费——应交增值税——销项税额);修改科目性质,将"应收账款"、"预收账款"设为"客户往来";将"应付账款"、"预付账款"设为"供应商往来"。(操作略)

14. 设置凭证类型

【例】 选择凭证类别为"记账凭证",即通用记账凭证方案。(操作略)

15. 定义结算方式

【例】 定义顺发公司的结算方式 01——现金结算;02——支票结算;03——汇票结算。(操作略)

16.定义开户银行

【例】　定义顺发公司的开户银行信息：名称为"工行天河路分理处"，账号为"76584898789"。（操作略）

三、设置购销存基础科目

1.设置存货系统中常用科目

（1）设置存货科目（在存货系统中设置）

【例】　按照表4－42所列示信息定义顺发公司存货大类对应会计科目。

表4－42　顺发公司存货大类对应科目表

存货分类	对应科目
原材料	原材料（1211）
产成品	库存商品（1243）
外购商品	库存商品（1243）

依次进入"业务→供应链→存货核算→初始设置→科目设置→存货科目"完成操作。

（2）设置存货的对方科目。

【例】　按照表4－43所列示信息定义顺发公司存货大类对应会计科目。

表4－43　顺发公司存收发类别对应存货对方科目表

收发类别	对应科目	暂估科目
采购入库	在途物资（1402）	在途采购（1402）
产成品入库	基本生产成本（5001）	
盘盈入库	待处理流动财产损溢（1901）	
销售出库	主营业务成本（6401）	

依次进入"业务→供应链→存货→初始设置→科目设置→对方科目"完成操作。

2.设置应收系统中的常用科目（在应收系统中，进入初始设置）

（1）应收系统基本科目设置。

【例】　设置顺发公司的应收科目为1122，预收科目为2203，销售收入科目为6001，应交增值税科目为22210102。

依次进入"业务→财务会计→应收款管理→设置→初始设置→设置科目→基本科目设置"完成操作。

（2）结算方式科目设置。

【例】　设置顺发公司现金结算对应1001，支票结算对应1002，汇票结算对应1002。

在上述应收款初始设置功能进入"设置科目→结算方式科目设置"完成操作。

3.调整应收系统的选项

【例】　将顺发公司坏账处理方式设置为"应收余额百分比法"。

依次进入"应收款管理→设置→选项"完成设置。

4.设置坏账准备期初数据

【例】　设置顺发公司坏账准备科目为1231,对方科目为资产减值损失6701,期初余额为10000元,提取比率为0.5%。

依次进入"应收账款管理→设置→初始设置→坏账准备设置"完成设置。

5.设置应付系统中的常用科目

【例】　设置顺发公司应付款系统基本科目:应付账款为2121,预付科目为1123,采购科目为1402,应交增值税科目为22210101。

依次进入"业务→账务会计→应收款管理→设置→初始设置→设置科目→基本科目设置"完成设置。

6.应付系统结算方式科目设置

【例】　设置顺发公司应付系统现金结算对应科目1001,支票结算对应科目1002,汇票结算对应科目1002。

在应付款初始核算中的结算方式科目设置中完成设置。

四、购销存系统期初余额的整理录入

1.录入总账系统各科目的期初余额

【例】　按照表4-44所列数据录入总账系统期初余额。

表4-44　顺发公司总账系统期初余额

科目编码	科目名称	方向	期初余额
1122	应收账款(华发公司,2007-12-31,其他略)	借	25 000
1402	在途物资	借	80 000
1403	原材料	借	1 004 000
1405	库存商品	借	2 544 000
2202	应付账款(兴业公司,2007-12-31,其他略)	贷	165 000
4103	本年利润	贷	3 478 000
1231	坏账准备	贷	10 000

依次进入"总账→设置→期初余额录入"进行操作。应收账款和应付账款需要双击"录入"栏,在弹出窗口录入、具体操作过程略。

2.采购模块期初设置

(1)期初货到票未到数据的录入。

【例】　2007年5月5日收到兴业公司提供的40G硬盘100盒,单价为800元,商品已验收入原料仓库,至今尚未收到发票。

依次进入"供应链→采购管理→业务→入库→入库单"完成录入。

（2）采购系统期初记账。

【例】 对顺发公司采购期初单据进行记账。

依次进入"供应链→采购管理→设置→其他设置→采购期初记账"完成操作。

3. 销售模块期初设置

（1）销售选项设置。

【例】 顺发公司允许超可用量发货。

依次进入"供应链→销售管理→设置→销售选项"完成设置。

（2）期初销售发货单的录入。

【例】 2007-05-28 业务一部向星火贸易公司出售计算机 10 台，报价为 6 500 元，由成品仓库发货。该发货单尚未开票。

依次进入"供应链→销售管理→设置→期初数录入→期初发货单"完成录入。

4. 存货模块期初数录入

（1）存货模块期初选项设置。

【例】 设置顺发公司暂估方式为：单到补差。

依次进入"存货核算→初始设置→选项→选项录入"完成设置。

（2）存货模块期初数据录入。

【例】 按照表 4-45 所列示信息录入顺发公司各存货期初数。

表 4-45　顺发公司存货期初数

仓库名称	存货名称	数量	结存单价
原料仓库	PIII 芯片	700	1 200
	40G 硬盘	200	820
成品仓库	计算机	380	4 800
外购品仓库	1600K 打印机	400	1 800

依次进入"存货核算→初始设置→期初数据→期初余额"完成录入。

（3）进行存货期初记账。

【例】 对顺发公司期初存货信息进行记账。

依次"存货核算→初始设置→期初数据→期初余额"，点击"记账"完成操作。

如果期初记账有误，可以在同一界面下进行恢复。

（4）进行对账。

【例】 对顺发公司存货期初数进行对账（和库存模块期初核对）。

在没有录入库存模块期初数据前，对账不成功，待做完后边的各仓库期初库存录入审核后再回来对账就可平衡。

5. 库存模块期初数据录入与对账

（1）库存模块选项设置。

【例】 在库存模块选项设置中，将可用量控制设置为"允许超可用量出库"。

依次进入"供应链→库存管理→选项",在"可用量控制"完成操作。

(2)库存模块期初数录入。

【例】 按照表 4-46 所列示的数据,录入顺发公司库存模块期初数。

表 4-46 顺发公司库存模块期初数

仓库名称	存货名称	数量
原料仓库	PIII 芯片	700
	40G 硬盘	200
成品仓库	计算机	380
外购品仓库	1600K 打印机	400

依次进入"供应链→库存管理→初始设置→期初数据→期初结存"完成操作。

(3)库存模块期初数审核对账。

【例】 对顺发公司库存期初数进行批量审核,并与存货系统期初数对账。

在"库存管理→初始设置→期初结存"进行审核与对账,之后完成前述存货期初对账。

6.应收款期初余额的录入及对账

(1)应收模块期初余额录入。

【例】 录入顺发公司期初其他应收单一张。单位:华发公司,金额 25 000 元,单据日期 2007 年 12 月 31 日。

依次进入"应收账款管理→设置→期初余额",输入查询条件,点击增加,选择应收单,在弹出界面完成操作。

(2)应收模块期初数对账。

【例】 将顺发公司应收模块期初数和总账模块的应收数进行对账。

依次进入"应收账款管理→设置→期初余额"完成对账。

7.应付款期初余额的录入及对账

(1)应付模块期初数据录入。

【例】 顺发公司期初应付账款一笔,系应付兴业公司款项,金额 16 500 元,时间为 2007 年 1 月 31 日,入账科目为 2202。

依次进入"应付款管理→设置→期初余额"完成操作。

(2)应付模块期初数和总账系统对账。

【例】 将顺发公司应付款模块期初数和总账模块的应付数进行对账。

依次进入"应付款管理→设置→期初余额→明细表"完成对账操作。

第八节　用友 T6 采购模块应用

本节针对顺发公司采购环节的典型案例讲解和练习,涉及各种采购情形。本节所讲授的案例和操作,必须在前述第七节购销存系统初始设置全部完成之后才可以进行。

一、采购业务案例一

【例】　2008 年 1 月 1 日，业务员李业伍向兴业公司询问键盘的价格(95 元/只，不含税)，觉得价格合适，随后向公司上级主管提出请购要求，请购数量为 300 只。业务员据此填制请购单并立即审核。

在图 4－209 界面依次执行 1、2、3、4、5、6、7 各步完成操作。

需要在采购系统中，填制并审核请购单。

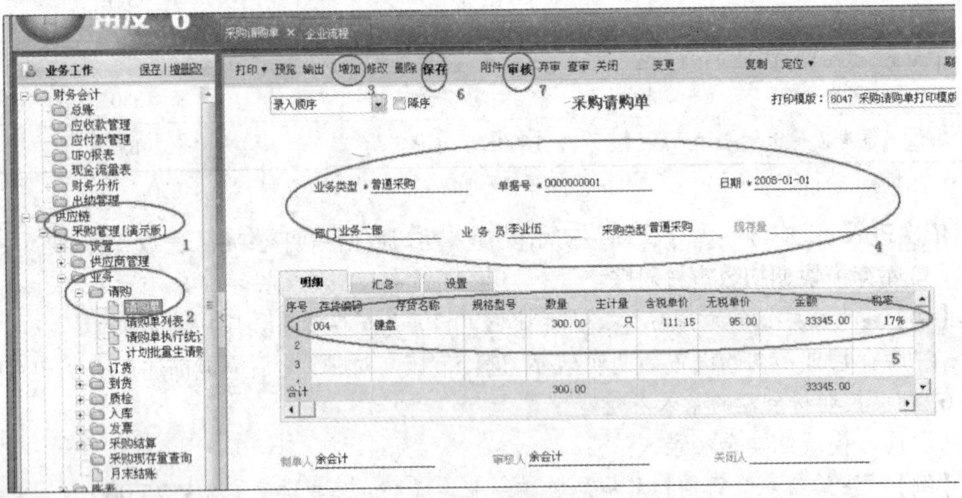

图 4－209　采购请购单

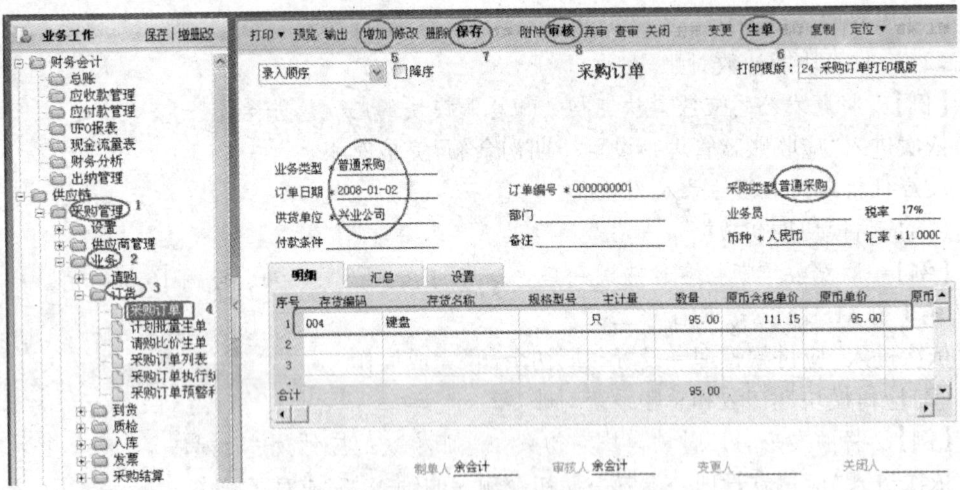

图 4－210　采购订单

【例】　2008 年 1 月 2 日，上级主管同意向兴业公司订购键盘 300 只，单价为 95 元，要求到货日期为 2008 年 1 月 3 日。本业务需要在采购系统中填制并审核采购订单。

在图 4－210 界面依次执行 1、2、3、4、5、6、7、8 各步，对应执行"采购管理→业务→订货→采购订单→增加→生单→请购单→过滤→选择(标识 Y)→确定→出单保存"。生单是指根据已经填制的采购请购单自动生成采购订单，必须做好相应的选择过滤。也可以自己找图输入采购订单。

【例】　2008 年 1 月 3 日，收到所订购的键盘 300 只，填制到货单。

在图 4 – 211 界面，依次执行"业务→到货→到货单→增加→生单→到货单→过滤选择（标识 Y）→确定→出单→保存"即可完成操作。

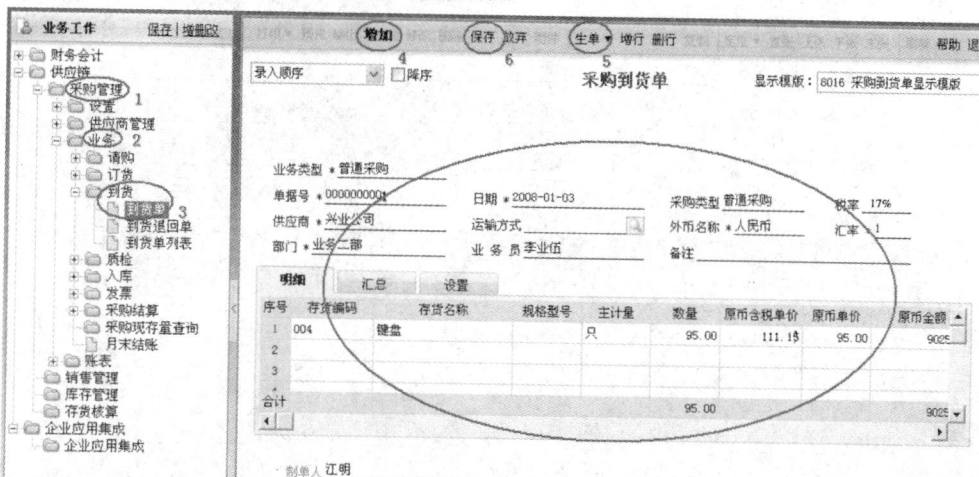

图 4 – 211　采购到货单

【例】　2008 年 1 月 3 日将所收到的货物验收入原材料仓库。当天收到该笔货物的专用发票一张。（涉及入库单和发票、采购结算）

（1）生成采购入库单并审核

本业务需要在图 4 – 212、图 4 – 213 界面下完成。依次执行"库存管理→日常业务→入库→采购入库单→增加→生单→到货单→过滤→选择（标识 Y）→确定→出单→保存"。生单的具体操作见图 4 – 212 的 4、5、6、7、8、9、10、11、12。最后生成的单据如图 4 – 213 所示。

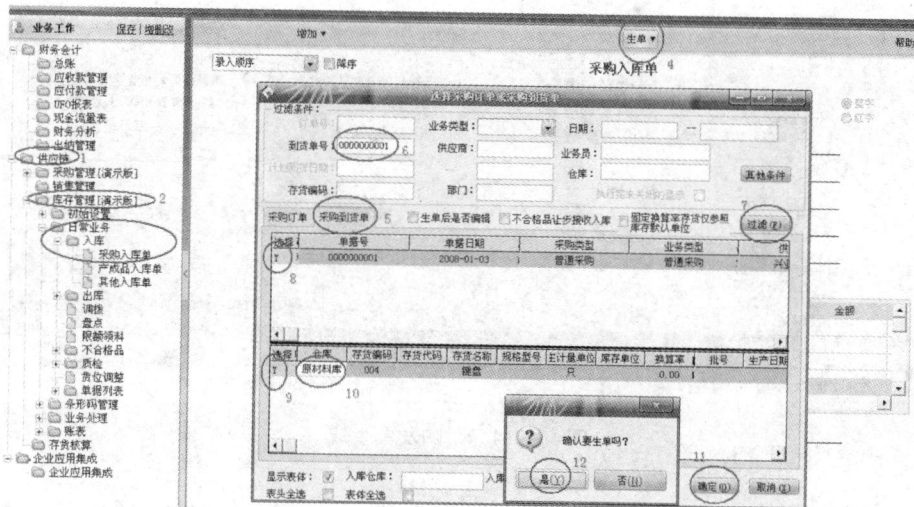

图 4 – 212　采购入库单生单处理

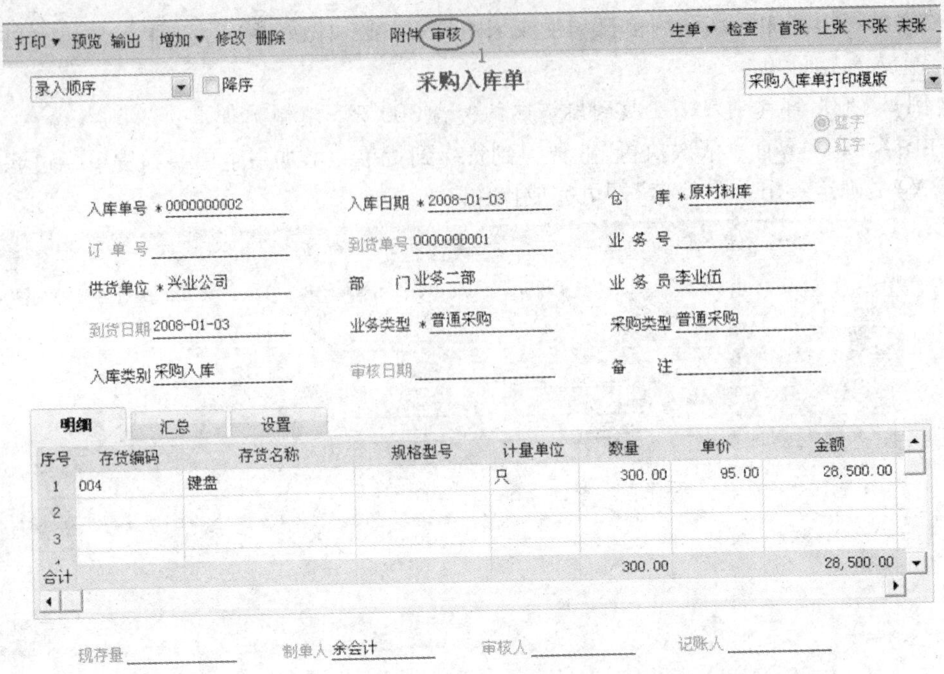

图 4 – 213   采购入库单

(2)在采购系统中填制采购发票并需要进行采购结算。

本业务需要在图 4 – 214 界面内依次完成。填制采购发票具体流程如下："采购管理→业务→发票→专用采购发票→增加→生单→采购发票→采购入库单→选择（标识 Y）→确定→出单→保存"。

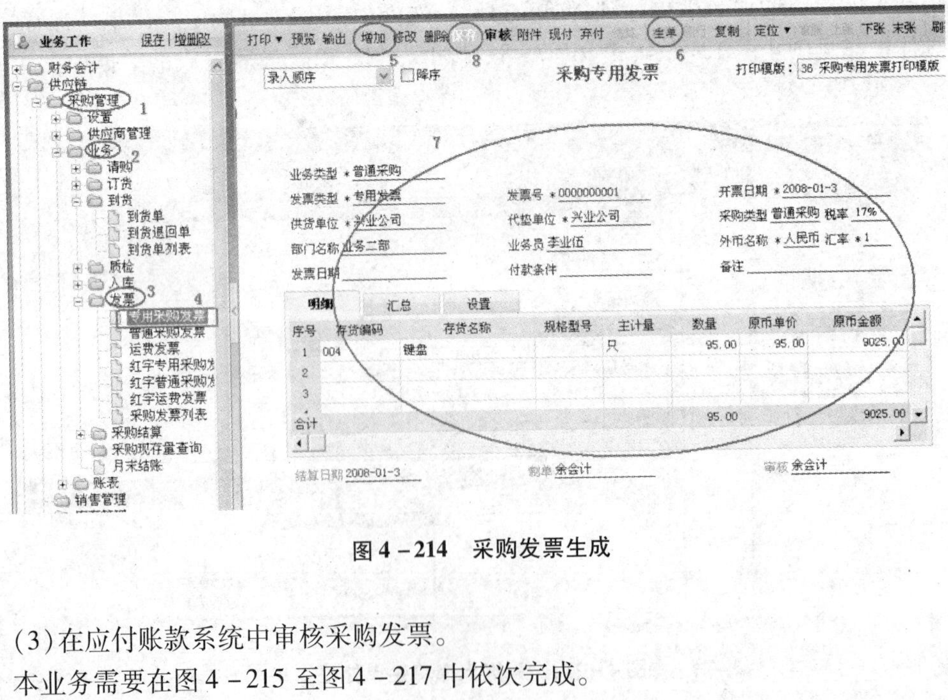

图 4 – 214   采购发票生成

(3)在应付账款系统中审核采购发票。

本业务需要在图 4 – 215 至图 4 – 217 中依次完成。

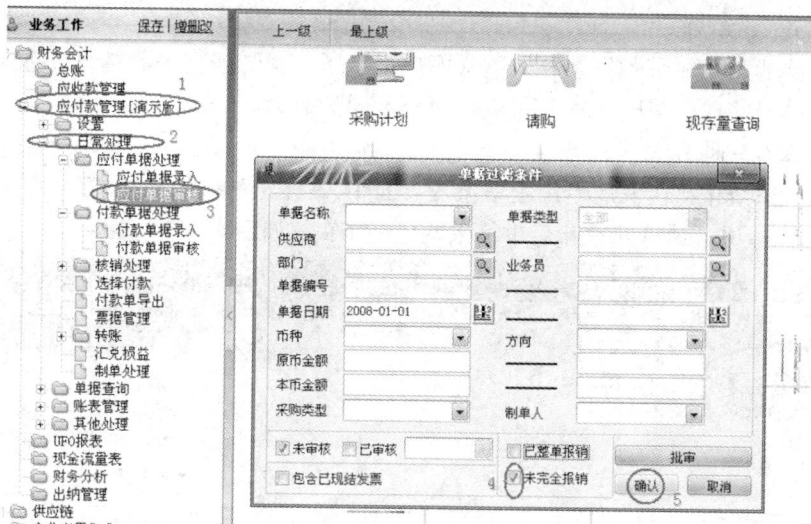

图 4 – 215 发票审核步骤一

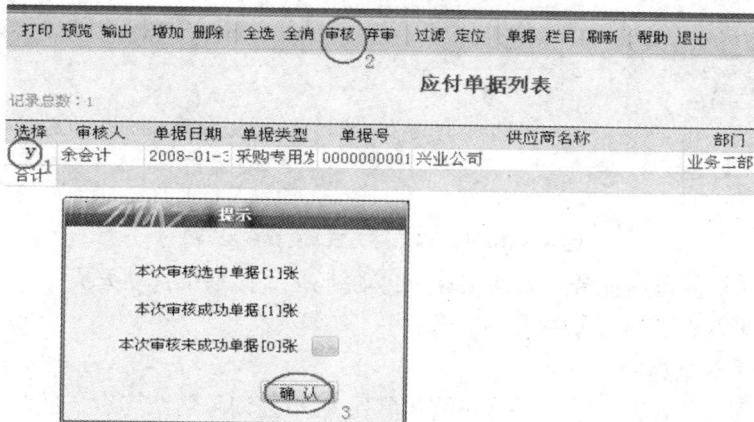

图 4 – 216 发票审核步骤二

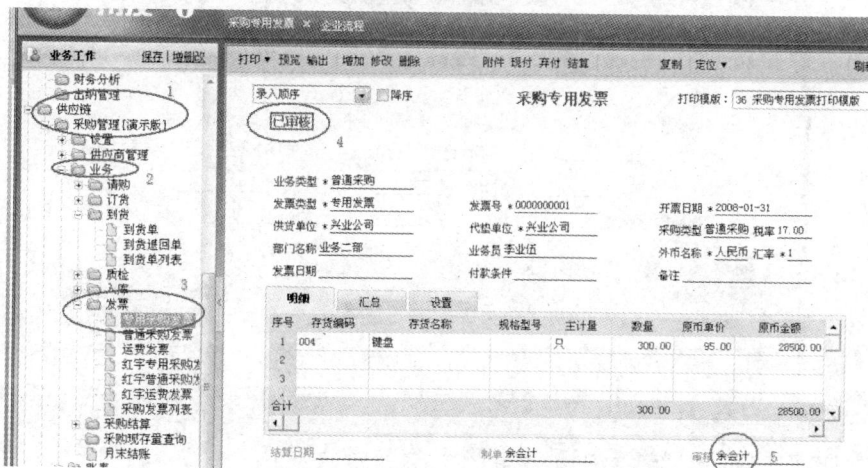

图 4 – 217 发票审核步骤三

（4）执行采购结算。

一笔采购业务只要采购发票和采购入库单都有了，就要进行采购结算，结算意味着本笔采购业务已经完成。采购结算和付款是两个不同的概念。

采购结算有三种方法：

①在采购系统中，在采购专用发票录入界面中，点击菜单栏的"结算"，在左上出现红色的"已结算"标识。结算即意味着本笔采购已经结束，如图4－218所示。

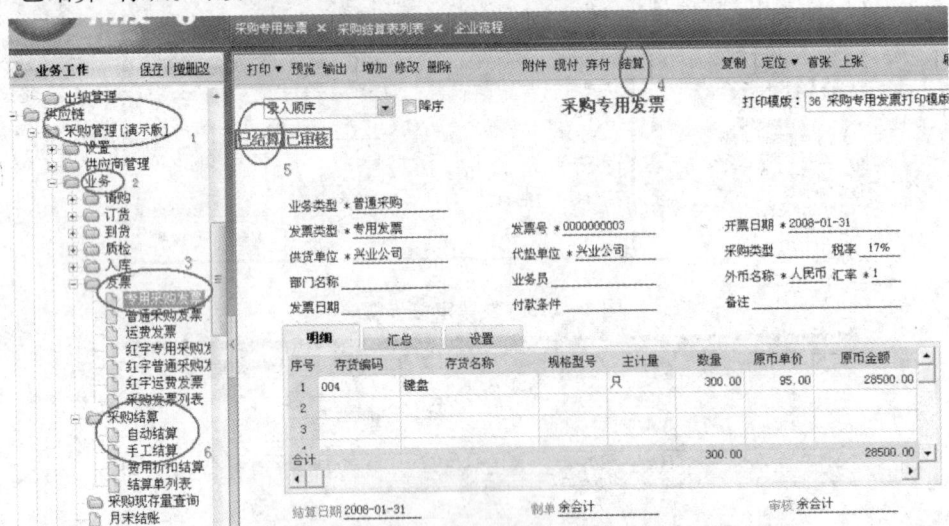

图4－218　采购结算方式（发票中结算）

②执行"采购管理→业务→采购结算→自动结算"，由系统自动完成。

③执行"采购管理→业务→采购结算→手工结算"。

（5）查询采购结算表。

在"采购管理→业务→采购结算→结算单列表"，查询采购结算表，如图4－219所示。

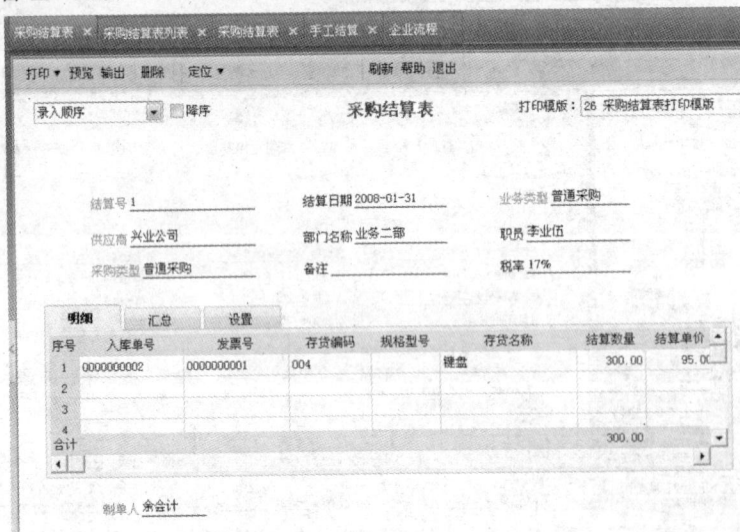

图4－219　采购结算表查询

（6）采购结算的取消。

如果要取消结算标志，则需依次执行"业务→采购结算→结算单列表→选中需要删除的结算单（鼠标双击）→删除"。删除结算单就意味着已经取消了采购结算。

【例】　业务部门将采购发票交给财务部门，财务部门确认此业务所涉及的应付账款及采购成本。

（1）审核采购发票（最好切换到账套主管 001 的身份审核，更加符合内部控制）。

在图 4-220、图 4-221 界面依次执行"财务会计→应付款管理→日常处理→应付单据处理→应付单据审核→过滤条件并确定→选择（标识 Y）→审核→确认"完成审核。

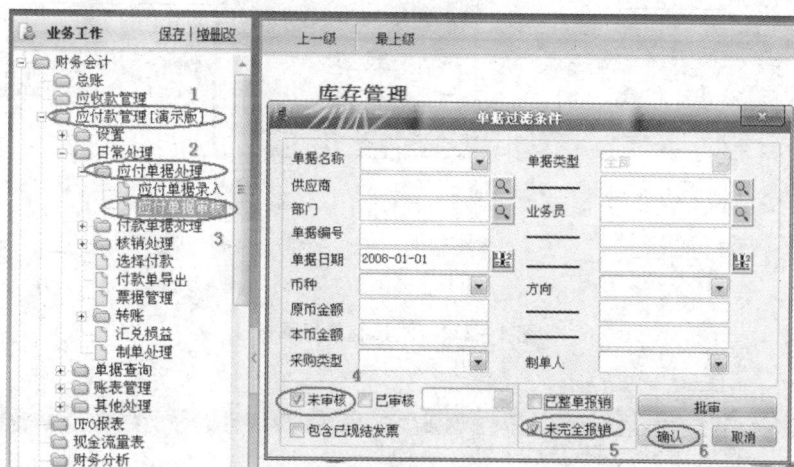

图 4-220　发票审核步骤一

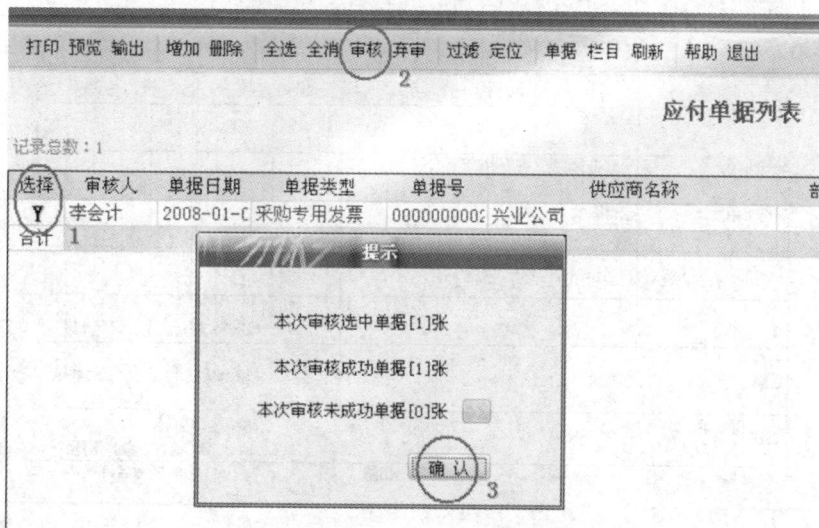

图 4-221　发票审核步骤二

（2）采购发票生成凭证。

在图 4-221 中，不执行第 2 步"审核"，而用鼠标双击选中行的话，则依次进入图 4-222、图 4-223 所示界面完成制单操作。

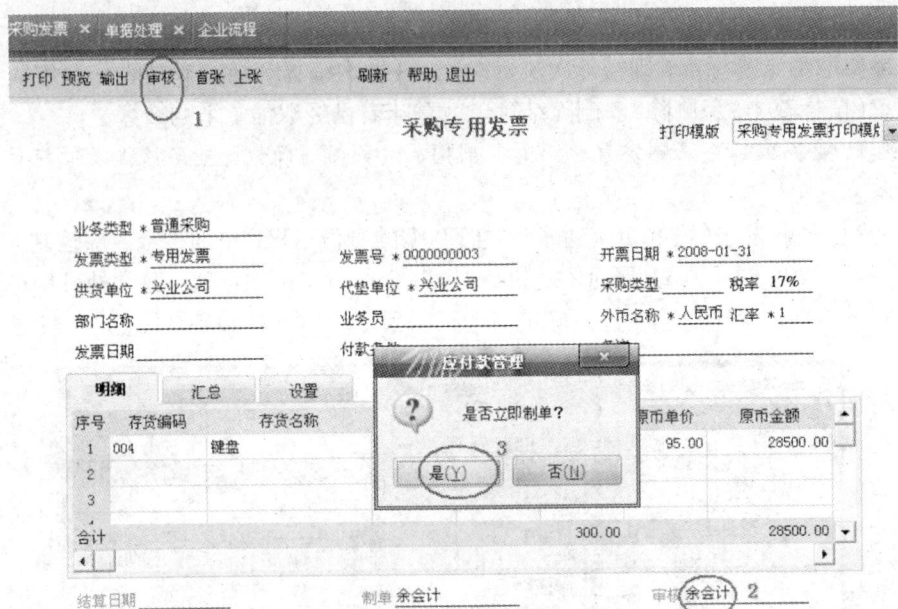

图 4 – 222　发票制单步骤一

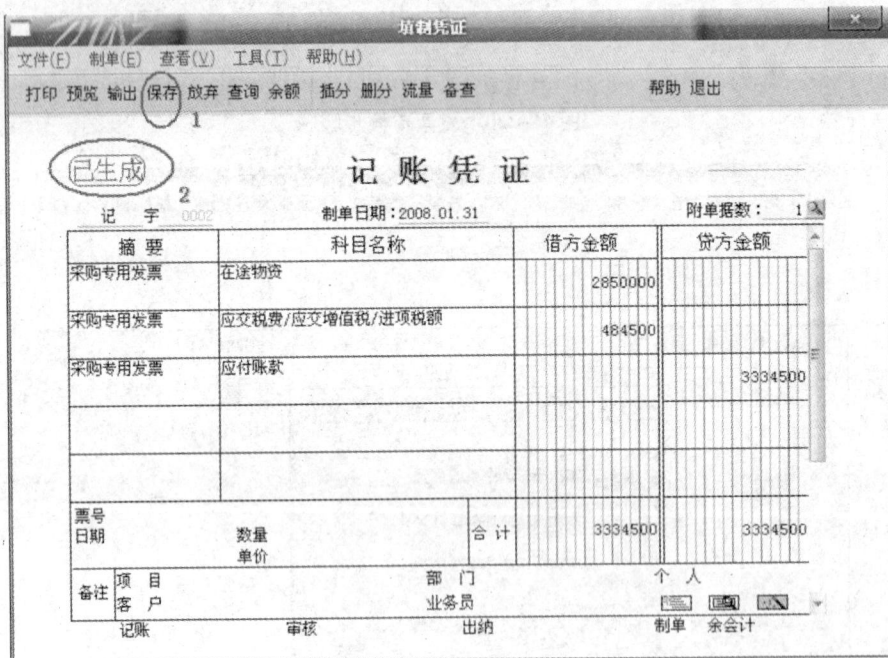

图 4 – 223　发票制单步骤二

　　发票制单也可以依次执行"应付账款→日常处理→转账→制单处理"中完成。如果生成凭证后发现错误，可以删除。

　　在图 4 – 224 中，依次执行 1、2、3、4 即可完成删除操作。

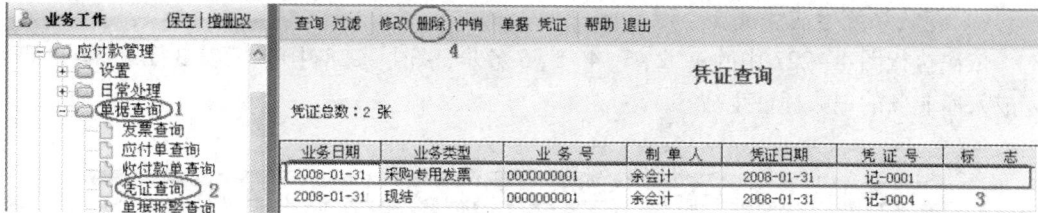

图 4－224　应付凭证删除

（3）在存货系统中，进行入库单记账。

依次执行图 4－225、图 4－226 中的 1、2、3、4、5、6、7、8 即可完成入库单记账。需要注意的是，这里的记账含义和总账中的记账含义不同。

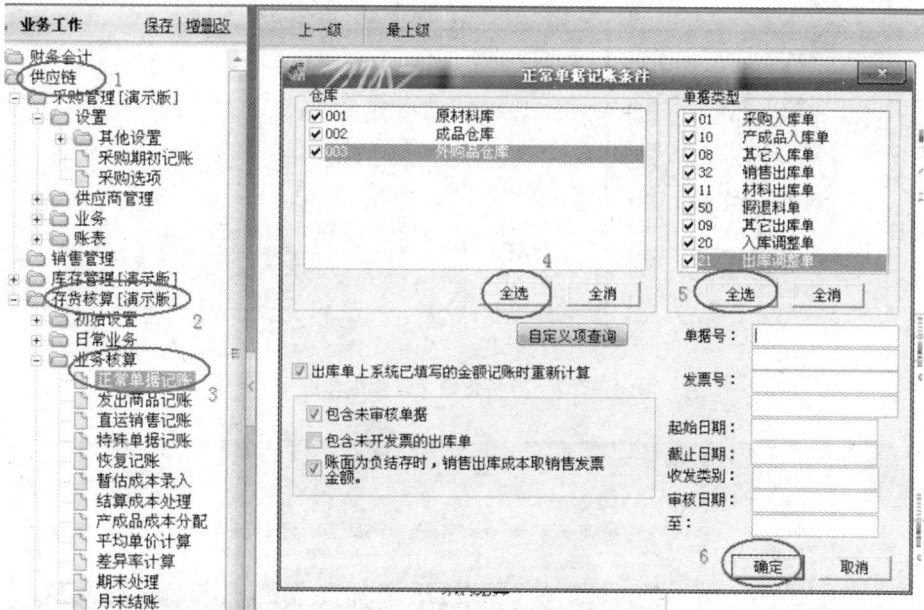

图 4－225　入库单记账步骤一

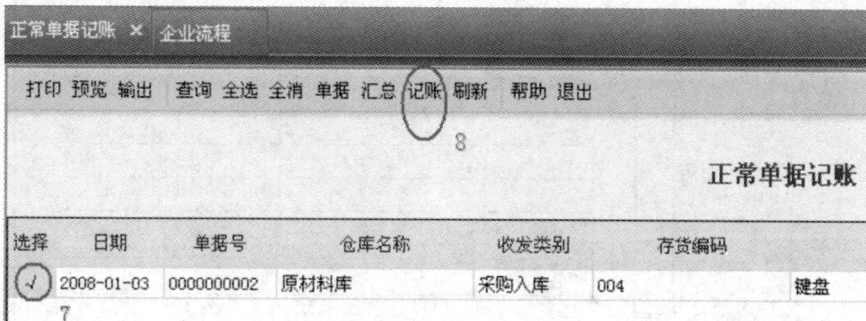

图 4－226　入库单记账步骤二

(4)存货系统生成凭证。

依次执行图4-227中的1、2、3、4、5、6各步,图4-228中的1、2、3、4、5各步即可完成入库业务的记账凭证生成。

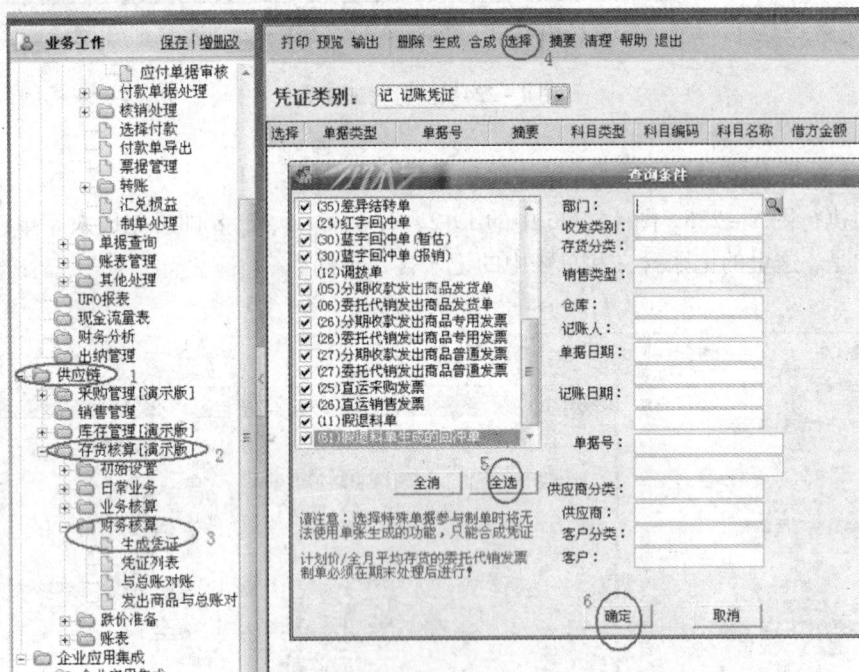

图4-227 存货记账凭证生成步骤一

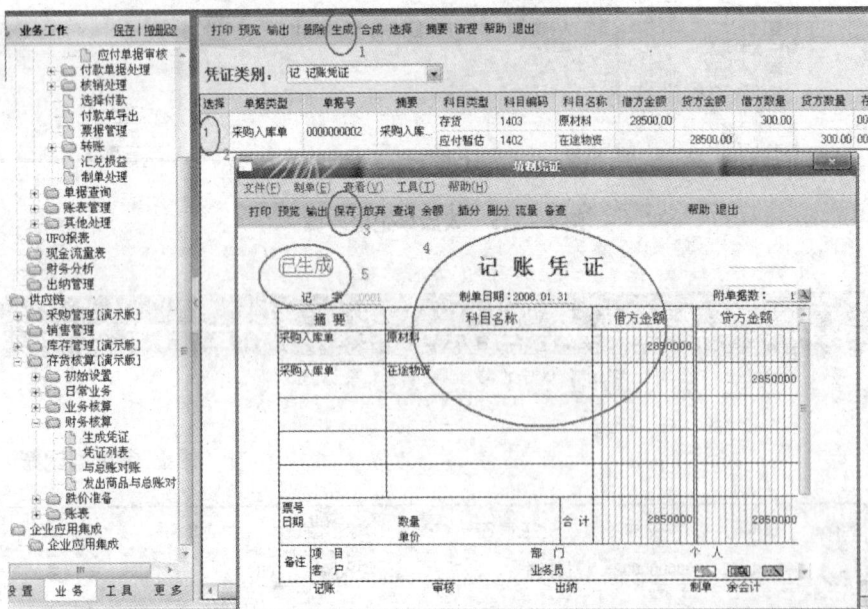

图4-228 存货记账凭证生成步骤二

【例】 按照下列提示，查询顺发公司的相关账表。

(1)采购系统中的订单执行情况统计表；

(2)采购系统中的到货明细表；

(3)采购系统中的入库统计表；

(4)采购系统中的采购明细表；

(5)库存系统中的库存台账；

(6)存货系统中的收发存汇总表。

查询操作相对简单，只要进入相应模块，按照要求，输入查询条件即可完成操作。此处从略。

【采购案例一小结】

在采购系统中填制并审核请购单，根据请购单生成采购订单并审核，到货后根据采购订单生成采购到货单。

库存管理系统生成采购入库单，审核，记账(库存内部账，非会计账)。

采购管理系统生成采购发票，进行采购结算。

应付账款系统审核采购发票，生成采购记账凭证，会计分录为："借：在途物资　贷：应付账款"。

存货系统进行入库单记账，生成入库记账凭证，会计分录为："借：原材料　贷：在途物资"。

由于采购系统设计的基本单据、流程在案例一中已经详细介绍，同时，限于篇幅，后面的采购案例二到采购案例八，只给出简单的操作提示。详细操作介绍从略。

二、采购业务案例二

【例】 2008 年 1 月 5 日，向兴业公司购买鼠标 300 只，单价为 50 元/只，验收入原料仓库。同时收到专用发票一张，票号 ZY85011，立即以支票(ZP0215566889)形式支付货款。

(1)启动库存系统，填制并审核采购入库单；

(2)在采购系统中，填制采购专用发票，并做现结处理；

(3)在采购系统中，采购结算(自动结算)。

三、采购业务案例三

【例】 2008 年 1 月 6 日向兴业公司购买硬盘 200 只，单价为 800 元/盒，验收入原料仓库。同时收到专用发票一张，票号为 ZY8501233。另外，在采购的过程中，发生了一笔运输费 200 元，税率为 7%，收到相应的运费发票一张，票号为 56788989。

(1)启动库存系统，填制并审核采购入库单；

(2)在采购系统中，填制采购专用发票；

(3)在采购系统中，填制运费发票；

(4)在采购系统中，采购结算(手工结算)。

四、采购业务案例四

【例】 2008 年 1 月 5 日业务员李业伍想购买 100 只鼠标,提出请购要求,经同意填制并审核请购单。

根据以往的资料得知提供鼠标的供应商有两家,分别为兴业公司和茂林公司,它们的报价分别为 35 元/只,40 元/只。通过比价,决定向兴业公司订购,要求到货日期为 2008 年 1 月 6 日。

(1)在采购系统中,定义供应商存货价格表;

(2)在采购系统中,填制并审核请购单;

(3)在采购系统中,执行请购比价生成订单功能。

五、采购业务案例五

【例】 2008 年 1 月 9 日收到兴业公司提供的上月已验收入库的 100 盒 40G 硬盘的专用发票一张,票号为 48210,发票单价为 820 元。

(1)在采购系统中,填制采购发票(可拷贝采购入库单);

(2)在采购系统中,执行采购结算;

(3)在存货系统中,执行结算成本处理;

(4)在存货系统中,生成凭证;

(5)在采购系统中,查询暂估入库余额表。

六、采购业务案例六

【例】 2008 年 1 月 28 日收到美乐公司提供的打印机 100 台,入外购品仓库(发票尚未收到)。由于到了月底发票仍未收到,故确认该批货物的暂估成本为 6 500 元。

(1)在库存系统中,填制并审核采购入库单;

(2)在存货系统中,录入暂估入库成本;

(3)在存货系统中,执行正常单据记账;

(4)在存货系统中,生成凭证(暂估记账)。

七、采购业务案例七

【例】 2008 年 1 月 10 日收到兴业公司提供的 17 寸显示器,数量 202 套,单价为 1 150 元。验收入原料仓库。

【例】 2008 年 1 月 11 日仓库反映有 2 台显示器有质量问题,要求退回给供应商。

【例】 2008 年 1 月 10 日收到兴业公司开具的专用发票一张,其发票号为 ZY440888999。

(1)收到货物时,在库存系统中填制入库单;

(2)退货时,在库存系统中填制红字入库单;

(3)收到发票时,在采购系统中填制采购发票;

(4)在采购系统中,执行采购结算(手工结算)。

八、采购业务案例八

【例】 2008 年 1 月 21 日从兴业公司购入的键盘质量有问题，退回 2 只，单价为 95 元，同时收到票号为 ZY665218 的红字专用发票一张。

(1)退货时，在库存系统中填制红字入库单；

(2)收到退货发票时，在采购系统中填制采购发票；

(3)在采购系统中，执行采购结算(自动结算)。

第九节　用友 T6 销售模块应用

本节针对顺发公司销售环节的典型案例讲解和练习，涉及各种销售类型。本节所讲授的案例和操作，必须在前述第七节购销存系统初始设置全部完成之后才可以进行。

一、销售业务一

【例】 2008 年 1 月 14 日星火贸易公司想购买 10 台计算机，向销售业务一部了解价格。销售业务一部报价为 6 400 元/台。填制并审核报价单。

【例】 2008 年 1 月 15 日该客户了解情况后，要求订购 10 台，要求发货日期为 2008 年 1 月 16 日。填制并审核销售订单。

【例】 2008 年 1 月 16 日销售业务一部从成品仓库向星火贸易公司发出其所订货物。并据此开具专用销售发票(ZY02188798)一张。

【例】 2008 年 1 月 17 日销售业务部门将销售发票交给财务部门，财务部门结转此销售业务的收入及成本。

(1)在销售系统中，填制并审核报价单。

启用销售管理系统，执行"销售业务→销售报价→销售报价单"，进入"销售报价单"窗口，单击"增加"按钮，在销售报价单中输入销售业务资料后，单击"保存"，再单击"审核"，保存审核后退出。

(2)在销售系统中，填制并审核销售订单。

执行"销售订货→销售订单"，进入"销售订单"窗口，单击"增加"按钮，在销售订单中输入订单表头资料后，单击"生单"。

单击"生单"下拉按钮选中"报价"后，进入"选择报价单"窗口，选择客户后，单击"显示"，选择"报价单"后，单击"确认"，将报价单的信息带入销售订单。

点击"确认"自动生成销售订单。

单击"保存"，单击"审核"后退出。

(3)在销售系统中，填制并审核销售发货单。

执行"发货→发货单"，进入"发货单"窗口，单击"增加"按钮，在发货单中输入发货单表头资料后，单击"生单"。

单击"生单"下拉按钮选中"订单"后，进入"选择订单"窗口，选择客户后，单击"显示"，选择"订单"后，单击"确认"，将订单的信息带入发货单。

之后，进入销售发货单界面，选择"成品仓库"后，单击"保存"，再单击"审核"后退出。

（4）在销售系统中，根据发货单填制并复核销售发票。

执行"设置→销售选项"命令，打开"选项"对话框，打开其他控制选项卡，选择新增发票为默认的"参照发货单生成"，单击"确定"按钮返回。

执行"开票→销售专用发票"，进入"销售专用发票"窗口，单击"增加"按钮，在销售专用发票中输入发票表头资料后，单击"生单"下拉按钮选中"订单"后，进入"选择订单"窗口，选择客户后，单击"显示"，选择"订单"后，单击"确认"，将订单的信息带入销售专用发票。选择"成品仓库"后，单击"保存"，再单击"复核"。

（5）在应收系统中，审核销售发票并生成销售收入凭证。

在应收款系统中，执行"应收单据处理→应收单据审核"命令，打开"单据过滤条件"对话框，单击"确定"，进入"应收单据列表"窗口，选择要审核的单据，单击"审核"按钮，系统弹出"审核成功！"，单击"确定"按钮返回，然后退回。

执行"制单处理"命令，打开"制单查询"对话框，选中"发票制单"复选框，单击"确定"，进入"销售发票制单"窗口。

在"销售发票制单"窗口中，选择凭证类别为"记账凭证"，单击"全选"，再单击"制单"，生成记账凭证，修改制单日期，输入附件数，单击"保存"后，凭证左上角显示"已生成"红字样，表示已将凭证传递到总账。

（6）在库存系统中，审核销售出库单。

在库存管理系统中，执行"出库→销售出库单"命令，进入"销售出库单"窗口，单击"审核"按钮，系统弹出"该单据审核成功！"，单击"确定"按钮返回。

（7）在存货系统中，执行出库单记账并生成结转销售成本的凭证。

在存货核算系统中，执行"销售业务核算→正常单据记账"命令，打开"正常单据记账条件"对话框，选中"成品库"复选框，保留"销售出库单"单据类型，单击"确定"按钮，进入"正常单据记账"窗口。

在"正常单据记账"窗口，单击需要记账的单据前的"选择"栏，出现"√"标志，然后单击"记账"按钮，开始记账，记账后单据不在窗口中显示。

执行"财务核算→生成凭证"命令，进入"生成凭证"窗口，单击"选择"按钮，打开"查询条件"对话框，选择"销售出库单"选项，单击"确定"按钮，进入"选择单据"窗口。

在"选择单据"窗口，单击需要生成凭证的单据前的"选择"栏，然后单击"确定"按钮，进入"生成凭证"窗口。

选择凭证类别为"记账凭证"，单击"生成"按钮，生成记账凭证，修改确定无误后，单击"保存"，凭证左上角显示"已生成"红色字样，表示已将凭证传递到总账。

（8）账表查询。

①在销售系统中，查询销售订单执行情况统计表。

执行"销售订货→订单执行情况统计表"命令，进入"订单执行情况统计表"窗口，单击"过滤"按钮，打开"订单执行统计表"，查看所有订单执行情况。

②在销售系统中，查询发货单。

执行"发货→发货单列表"命令，进入"发货单列表"窗口，双击列表中的某发货单查看发货单情况。

③在销售系统中,查询销售统计表。

在销售系统中选择"账表",执行"统计表→销售统计表"命令,进入"销售统计表"窗口,单击"过滤"按钮,打开"销售统计表",查看销售统计情况。

④在存货系统中,查询出库汇总表(存货系统)。

在存货系统"账表"中,执行"汇总表→出库汇总表"命令,进入"出库汇总统计"窗口,单击"汇总依据及排序方式"选项卡,在"仓库编码"的"是否汇总求和"处双击,再单击"确定"查看出库统计情况。

【销售案例一小结】

(1)在销售系统中,填制并审核报价单;

(2)在销售系统中,填制并审核销售订单;

(3)在销售系统中,填制并审核销售发货单;

(4)在销售系统中,调整选项(将新增发票默认"参照发货单生成");

(5)在销售系统中,根据发货单填制并复核销售发票;

(6)在应收系统中,审核销售发票并生成销售收入凭证;

(7)在库存系统中,审核销售出库单;

(8)在存货系统中,执行出库单记账;

(9)在存货系统中,生成结转销售成本的凭证。

【特别提示】:

由于销售系统涉及的基本单据、流程在案例一中已经详细介绍,同时,限于篇幅,后面的销售案例二到销售案例十三,只给出简单的操作提示。详细操作介绍从略。

二、销售业务二

【例】 2008 年 1 月 17 日销售业务二部向星火贸易公司出售 1600K 打印机 5 台,报价为 2 300 元,成交价为报价的 90%,货物从外购品仓库发出。

【例】 2008 年 1 月 17 日根据上述发货单开具专用发票(ZY0208978)一张。

(1)在销售系统中,填制并审核销售发货单。

执行"发货→发货单",进入"发货单"窗口,单击"增加"按钮,在发货单中输入发货单表头和表体资料后,单击"保存"按钮,再单击"审核"按钮后退出。

(2)在销售系统中,根据发货单填制并复核销售发票。

三、销售业务三

【例】 2008 年 1 月 17 日销售业务一部向星火贸易公司出售计算机 10 台,报价为 6 400 元,货物从成品仓库发出。

【例】 2008 年 1 月 17 日根据上述发货单开具专用发票(ZY0208987)一张。同时收到客户以支票(ZP011487)所支付的全部货款。

(1)在销售系统中,填制并审核销售发货单。

(2)在销售系统中,根据发货单填制销售发票,执行现结功能,复核销售发票。

在销售系统中,根据发货单生成销售专用发票,单击"保存"按钮,在专用发票界面,单击"现结"按钮,打开"现结"对话框,选择结算方式为"转账支票",输入金额和票据号等，在单击"确定"按钮，返回后，销售专用发票左上角显示"现结"标志，单击"复核"后退出。

（3）在应收款管理系统中审核应收单据和现结制单。

在应收款系统中，执行"应收单据处理→应收单据审核"命令，打开"单据过滤条件"对话框，选中"包含已现结发票"复选框，单击"确定"，进入"应收单据列表"窗口，选择现结销售发票，单击"审核"按钮，系统弹出"审核成功！"，单击"确定"按钮返回退出。

执行"制单处理"命令，打开"制单查询"对话框，选中"现结制单"复选框，单击"确定"，进入"应收制单"窗口，在需要制单的单据行的"选择标志"栏单击，再单击"制单"按钮，生成凭证，确认无误后，单击"保存"按钮，凭证左上角出现"已生成"字样。

四、销售业务四

【例】　2008 年 1 月 17 日销售业务一部向星火贸易公司出售计算机 10 台，报价为 6 400 元，货物从成品仓库发出。

【例】　2008 年 1 月 17 日销售业务一部向星火贸易公司出售 1600K 打印机 5 台，报价为 2 300 元，货物从外购品仓库发出。

【例】　2008 年 1 月 17 日根据上述两张发货单开具专用发票（ZY0208988）一张。

【操作提示】

（1）在销售系统中，填制并审核两张销售发货单。

操作步骤参见销售业务二。

（2）在销售系统中，根据上述两张发货单填制并复核销售发票。

执行"开票→销售专用发票"，进入"销售专用发票"窗口，单击"增加"按钮，打开"选择发货单"对话框，选择客户"星火贸易公司"，单击"显示"，选择发货单，单击"确定"，将选中的两张发货单信息汇总反映在销售专用发票上，单击"保存"按钮，单击"复核"。

五、销售业务五

【例】　2008 年 1 月 18 日销售业务二部向华发公司出售 1600K 打印机 20 台，报价为 2 300 元，货物从外购品仓库发出。

【例】　2008 年 1 月 19 日应客户要求，对上述所发出的商品开具两张专用销售发票，第一张发票（ZY0208989）中所列示的数量为 15 台，第二张发票（ZY0208990）上所列示的数量为 5 台。

（1）在销售系统中，填制并审核销售发货单。

操作步骤参照销售业务二。

（2）在销售系统中，分别根据发货单填制并复核两张销售发票。

在销售管理系统中，执行"销售开票→销售专用发票"命令，进入"销售专用发票"窗口，单击"增加"按钮，打开"选择发货单"对话框。选择客户"华发公司"，单击"显示"按钮，选择要开具销售专用发票的发货单，单击"确定"按钮，发货单信息带到销售专用发票上。修改开票日期及数量，保存并复核。

单击"增加"按钮，打开"选择发货单"对话框。选择客户"华发公司"，单击"显示"按钮，选择要开具销售专用发票的发货单。

注意，此时发货单上"未开票数量"一栏显示 5，单击"确定"按钮，发货单信息带到销售专用发票上。修改开票日期，保存并复核。

六、销售业务六

【例】 2008 年 1 月 19 日，销售业务一部向星火贸易公司出售 10 台 1600K 打印机，报价为 2 300 元，物品从外购品仓库发出。并据此开具专用销售发票（ZY0208991）一张。

（1）在销售系统中，填制并审核销售发票。

在销售管理系统中，执行"销售开票→销售专用发票"命令，进入"销售专用发票"窗口，单击"增加"按钮，打开"选择发货单"对话框。单击"取消"按钮，返回"销售专用发票"窗口，按实验要求输入销售专用发票内容并复核。

（2）在销售系统中查询销售发货单。

执行"发货→发货单"命令，进入"发货单"窗口，可以看到根据销售专用发票自动生成的发货单。

（3）在库存系统中，查询销售出库单。

在库存管理系统中，执行"出库→销售出库单"命令，进入"销售出库单"窗口，可以查看到根据销售发票自动生成的销售出库单。

七、销售业务七

【例】 2008 年 1 月 19 日，销售业务一部在向星火贸易公司销售商品过程中发生了一笔代垫的安装费 500 元。

（1）在销售系统中，增设费用项目为"安装费"。

在企业应用平台的"设置"选项卡中，执行"基础档案→销售业务→费用项目"命令，进入"费用项目"窗口，增加费用项目"01 安装费"并保存。

（2）在销售系统中，填制并审核代垫费用单。

在销售系统中，执行"代垫费用→代垫费用单"命令，进入"代垫费用单"窗口，单击"增加"，输入日期，客户"星火贸易公司"，选择费用项目"安装费"，输入代垫金额 500 元，保存并审核。

八、销售业务八

【例】 2008 年 1 月 20 日，销售业务二部向力源公司出售硬盘 20 盒，由原料仓库发货，报价为 820 元/盒，同时开具专用发票（ZY0208992）一张。

【例】 2008 年 1 月 20 日，客户根据发货单从原料仓库领出 15 盒。

【例】 2008 年 1 月 21 日，客户根据发货单再从原料仓库领出 5 盒。

（1）在销售系统中，调整有关选项。

在销售管理系统中，执行"设置→销售选项"命令，进入"选项"窗口。在"销售业务控制"选项卡中，取消"是否销售生成出库单"复选框中的"√"的标志，单击"确定"按钮返回。

注意，修改该选项的前提是原操作模式下的单据（发货单、发票）必须全部审核。

（2）在销售系统中，填制并审核发货单。

操作步骤参照销售业务二。

（3）在销售系统中，根据发货单填制并复核销售发票。

操作步骤参照销售业务二。

（4）在库存系统中，填制销售出库单。（根据发货单生成销售出库单）

在库存管理系统中，执行"出库→销售出库单"命令，进入"销售出库单"窗口，单击"生单"按钮，打开"选择发货单"对话框，单击"过滤"按钮，选择要参照的发货单，选中左下角"显示表体"复选框，窗口下方显示发货单表体内容。移动水平滚动条，在记录行末修改"本次出库数量"15，单击"确定"按钮。系统弹出"确定要生成吗？"信息提示对话框，单击"是"按钮，生成销售出库单，单击"审核"按钮，系统提示"该单据审核成功！"信息提示对话框，单击"确定"按钮返回。

同理，填制第二张销售出库单，出库数量5。

九、销售业务九

【例】　2008 年 1 月 20 日，销售业务二部向力源公司出售硬盘 20 盒，由原料仓库发货，报价为 820 元/盒。开具发票时，客户要求再多买两盒，根据客户要求开具了 22 盒硬盘的专用发票（ZY0208993）一张。

【例】　2008 年 1 月 20 日，客户先从原料仓库领出 18 盒。

【例】　2008 年 1 月 20 日，客户再从原料仓库领出 4 盒。

（1）在库存系统中，调整选项（将"允许超发货单出库"选项置上打钩标记）。

在库存管理系统中，执行"初始设置→选项"命令，打开"库存选项设置"对话框，打开"专用设置"选项卡，选中"允许超发货单出库"选项，单击"确定"按钮返回。

（2）在库存系统或销售系统中，定义存货档案（定义超额出库上限为0.2）。

在企业应用平台中的"设置"选项卡中，执行"基础档案→存货→存货档案"命令，进入"存货档案"窗口，在"原材料"分类下，找到"40G 硬盘"记录行，单击"修改"按钮，打开"修改存货档案"对话框，打开"控制"选项卡，在"出库超额上限"一栏输入 0.2，单击"保存"按钮。

（3）在销售系统中，填制并审核发货单。操作步骤参见销售业务二。

（4）在销售系统中，填制并复核销售发票。操作步骤参见销售业务二。

注意，修改开票数量22。

（5）在库存系统中，填制销售出库单，根据发货单生成销售出库单。

在库存管理系统中，执行"出库→销售出库单"命令，进入"销售出库单"窗口，单击"生单"按钮，打开"选项发货单"对话框，单击"过滤"按钮，选择要参照的发货单，在对话框最下面选中"显示表体"、"根据累计出库数更新发货单"复选框，在修改"本次出库数量"22，单击"确定"按钮，审核销售出库单。

在销售管理系统中，查询该笔销售业务的发货单，发现"数量"一栏已根据销售出库单改写为 22。

十、销售业务十

【例】　2008 年 1 月 20 日销售业务二部向力源公司出售计算机 200 台，由成品仓库发货，报价为 6 500 元/台。由于金额较大，客户要求以分期付款形式购买该商品。经协商，客户分四次付款，并据此开具相应销售发票。第一次开具的专用发票(ZY0208995)为数量 50 台，单价 6 500 元。

【例】　2008 年 1 月 22 日销售业务部门将该销售业务所涉及的出库单及销售发票交给财务部门，财务部门据此结转收入及成本。

(1)在销售系统中，调整有关选项。

在销售管理系统中，执行"设置→销售选项"命令，打开"选项"对话框，打开"销售业务控制"选项卡，选中"是否有分期收款销售业务"及"是否销售生成出库单"复选框，单击"确定"按钮返回。

(2)在销售系统中，填制并审核发货单(操作步骤在此不再赘述)。

注意，填制发货单时选择销售业务类型为"分期收款"。

(3)在存货系统中，执行发出商品记账功能，对发货单进行记账。

在存货核算系统中，执行"销售业务核算→发出商品记账"命令，打开"发出商品核算查询条件"对话框，选择销售业务类型"分期收款"，单据类型"发货单"，仓库"产成品"，单击"确定"按钮，进入"未记账发出商品一览表"窗口，选择要记账的单据，单击"记账"按钮后退出。

执行"财务核算→生成凭证"命令，进入"生成凭证"窗口。单击"选择"按钮，打开"查询条件"对话框，在单据列表中，选择"分期收款发出商品发货单"选项，单击"确定"按钮，进入"未生成凭证单据一览表"窗口，选择要记账的发货单，单击"确定"按钮，进入"生成凭证"窗口，单击"生成"按钮，生成出库凭证。

(4)开具发票时，在销售系统中根据发货单填制并复核销售发票(操作步骤在此不再赘述)。

注意，参照发货单时，选择销售业务类型"分期收款"，修改开票数量 50。

(5)在应收系统中，审核销售发票及生成收入凭证。操作步骤参见销售业务二。

(6)在存货系统中，执行发出商品记账功能，对销售发票进行记账并生成结转销售成本凭证。

在存货核算系统中，执行"销售业务核算→发出商品记账"命令，打开"发出商品核算查询条件"对话框，选择销售业务类型"分期收款"，单据类型"发票"，仓库"成品库"，单击"确定"按钮，进入"未记账发出商品一览表"窗口，选择要记账的单据，单击"记账"按钮。

执行"财务核算→生成凭证"命令，进入"生成凭证"窗口。单击"选择"按钮，打开"查询条件"对话框，在单据表中，选择"分期收款发出商品专用发票"选项，单击"确定"按钮，进入"未生成凭证单据一览表"窗口，选择要记账的发货单，单击"确定"按钮，进入"生成凭证"窗口。单击"生成"按钮，生成出库凭证。

十一、销售业务十一

【例】　2008 年 1 月 20 日，销售业务二部委托力源公司代为销售 1600K 打印机 50 台，售价为 2200 元，货物从成品仓库发出。

【例】　2008 年 1 月 25 日，收到力源公司的委托代销清单一张，结算 1600K 打印机 30

台，售价为 2 200 元。立即开具销售专用发票（ZY0208996）给力源公司。

【例】 2008 年 1 月 26 日，销售业务部门将该销售业务所涉及的出库单及销售发票交给财务部门，财务部门据此结转收入及成本。

（1）初始设置调整。

在存货核算系统中，执行"初始设置→选项录入"命令，将"委托代销成本核算方式"设置为"按发出商品核算"，单击"确定"按钮，保存设置。

在销售管理系统中，执行"设置→销售选项"命令，在"销售业务控制"选项中，选择"是否有委托代销销售业务"选项，单击"确定"按钮。

（2）委托代销发货处理。

在销售管理系统中，执行"委托代销→委托代销发货单"命令，进入"委托代销发货单"窗口，填制并审核委托代销发货单。

在库存管理系统中审核销售出库单。

在存货核算系统"销售业务核算"中对委托代销发货单记账，在"财务核算"中生成出库凭证。在生成以下出库凭证前，输入委托代销发出商品的科目编码 1406。

（3）委托代销结算处理。

在销售管理系统中，参照委托代销发货单生成委托代销结算单，单击"审核"按钮，打开"请选择发票类型"对话框。选择"专用发票"选项，单击"确定"按钮后退出。

在销售管理系统中。查看根据委托代销结算单生成的销售专用发票并复核。

注意：

①委托代销结算单审核后，由系统自动生成相应的销售发票。

②系统可根据委托代销结算单生成"普通发票"或"专用发票"两种发票类型。

③委托代销结算单审核后，由系统自动生成相应的销售出库单，并将其传递到库存管理系统。

④在应收款管理系统中，审核销售发票生成销售凭证。

⑤在存货核算系统中，结转销售成本。

⑥在存货核算系统中，执行"发出商品记账"命令，对委托代销专用发票记账。然后在"生成凭证"中，对委托代销发出商品专用发票生成凭证。委托代销发出商品的科目编码为 1406。

十二、销售业务十二

【例】 2008 年 1 月 25 日销售业务一部售给力源公司的计算机 10 台，单价为 6 500 元，从成品仓库发出。

【例】 2008 年 1 月 26 日销售业务一部售给力源公司的计算机因质量问题，退回 1 台，单价为 6 500 元，收回成品仓库。

【例】 2008 年 1 月 26 日开具相应的专用发票（ZY0208997）一张，数量为 9 台。

（1）发货时，在销售系统中填制并审核发货单。

操作步骤参见销售业务一。

（2）退货时，在销售系统中填制并审核退货单。

注意，填制退货单时可参照订单、发货单。

（3）在销售系统中，填制并复核销售发票（选择发货单时应包含红字）。

操作步骤在此不再赘述。

注意，参照发货单生成销售专用发票时，需要同时选中"蓝色记录"和"红色记录"复选框。如果生成退货单时已参照发货单，则"选择发货单"窗口中不再出现退货单，而参照的结果是发货单与退货单的数量差。

十三、销售业务十三

【例】 2008 年 1 月 27 日委托力源公司销售的计算机退回 2 台，入成品仓库。由于该货物已经结算，故开具红字专用发票（ZY0208998）一张。

（1）发生退货时，在销售系统中填制并审核委托代销结算退回单。

（2）在销售系统中，执行"委托代销→委托代销退货单"命令，进入"委托代销发货退回"窗口，在该窗口生成并审核委托代销退货单。

注意，在"委托代销发货退回单"中修改退回数量为 2 台。

（3）在销售系统中，执行"委托代销→委托代销结算退回"命令，进入"委托代销结算退回"窗口，在该窗口生成并审核委托代销结算退回单。

（4）单击"保存"后，再单击"审核"，打开"请选择发票类型"对话框。选择"专用发票"选项，单击"确定"按钮后退出。

（5）账表查询，在库存系统中，查询委托代销备查簿。

十四、销售模块月末处理

1. 结账处理

执行"销售月末结账"命令，打开"销售月末结账"对话框，其中蓝条位置是当前会计月，单击"月末结账"按钮，系统开始结账，结账完毕后，"是否结账"一栏显示"是"字样，单击窗口右上角"关闭"按钮返回。

2. 取消结账

执行"销售月末结账"命令，打开"销售月末结账"对话框，其中蓝条位置是当前会记月，单击"取消结账"按钮，"是否结账"一栏显示"否"字样，单击窗口右上角"关闭"按钮返回。

注意，若应收款管理系统或库存管理或存货核算系统已结账，销售系统不能取消结账。

第十节　用友 T6 库存与存货模块应用

本节针对顺发公司库存与存货环节的典型案例讲解和练习，涉及产成品入库、材料领用出库、存货调拨业务、存货盘点业务（关于采购入库和销售出库的案例在前述第八节、第九节已经讲述过，本节不再重复）。必须在前述第七节购销存系统初始设置全部完成之后才可以进行。

一、产成品入库业务

【例】 2008 年 1 月 15 日，成品仓库收到当月加工的 10 台计算机，作为产成品入库。

【例】 2008 年 1 月 16 日，成品仓库收到当月加工的 20 台计算机，作为产成品入库。

【例】 2008 年 1 月 17 日，随后收到财务部门提供的完工产品成本，其中计算机的总成本 144000 元，立即做成本分配。

(1)在库存系统中，填制并审核产成品入库单；

(2)在库存系统中，查询收发存汇总表；

(3)在存货系统中，进行产成品成本分配；

(4)在存货系统中，执行单据记账。

二、材料领用业务

【例】 2008 年 1 月 15 日，一车间向原料仓库领用 PIII 芯片 100 盒、40G 硬盘 100 只，用于生产。

在库存系统中，填制并审核材料出库单(建议单据中的单价为空)。

三、内部库存调拨业务

【例】 2008 年 1 月 20 日，将原料仓库中的 50 只键盘调拨到外购品仓库。

(1)在库存系统中，填制并审核调拨单；

(2)在库存系统中，审核其他入库单；

(3)在库存系统中，审核其他出库单；

(4)在存货系统中，执行特殊单据记账。

四、库存盘点业务

【例】 2008 年 1 月 25 日，对原料仓库的所有存货进行盘点。盘点后，发现键盘多出一个。经确认，该键盘的成本为 80 元/只。

(1)盘点前：在库存系统中，填制盘点单。

(2)盘点后：

①在库存系统中修改盘点单，录入盘点数量，确定盘点金额。

②在库存系统中，审核盘点单。

③在存货系统中，对出入库单进行记账。

五、出入库成本管理

【例】 将上述各出入库业务中所涉及的入库单、出库单进行记账。

(1)调拨单进行记账；

(2)正常单据记账。

六、财务核算

1.生成凭证

【例】 根据上述业务中所涉及的采购入库单编制相应凭证。(操作略)

2.查询凭证

【例】 查询上述生成的记账凭证。

可在查询界面内删除凭证。

七、月末结账

【例】 对启用的购销存各模块依顺序进行结账。

购销存系统的月末结账要遵循严格的顺序。本例的结账顺序依次是：

(1)采购系统的月末结账；

(2)销售系统的月末结账；

(3)库存系统的月末结账；

(4)存货系统的月末处理，包括：①各仓库的期末处理；②生成结转销售成本的凭证（如果计价方式为"全月平均"）；③存货系统的月末结账。

第十一节 用友 T6 应收与应付模块应用

本节针对顺发公司应收与应付的典型案例讲解和练习。必须在前述第七节(购销存系统初始设置)、第八节(采购系统)、第九节(销售系统)全部完成之后才可以进行。本节主要包括应收系统和应付系统两个内容。

一、应收款系统

1.应收款的确认

【例】 将上述销售业务中所涉及的销售发票进行审核。财务部门据此结转各项收入。

(1)应收系统中，进入"应收单据处理"→"应收单据审核"。

(2)根据发票生成凭证：在应收系统中，进入"制单处理"，选择发票制单(生成凭证时可做合并制单)。

(3)账表查询：

①根据信用期限进行单据报警查询；

②根据信用额度进行信用报警查询。

2.收款结算

(1)收到预收款。

【例】 2008 年 1 月 5 日收到星火贸易公司以汇票(HP0216546)方式支付的预付货款 30 000 元。财务部门据此生成相应凭证。

①录入收款单：在应收系统中，进入"收款单据处理"→"收款单据录入"(注意：款项类型为"预收款")；

②审核收款单：在应收系统中，进入"收款单据处理"→"收款单据审核"；

③根据收款单生成凭证：在应收系统中，进入"制单处理"，选择结算单制单。

(2)收到应收款。

【例】 2008 年 1 月 26 日收到力源公司以支票方式支付的货款 50 000 元，用于冲减其所欠的第一笔货款。

①录入收款单：在应收系统中，进入"收款单据处理"→"收款单据录入"(注意：款项类型为"应收款")；

②审核收款单：在应收系统中，进入"收款单据处理"→"收款单据审核"；

③核销应收款：在应收系统中，进入"核销"→"手工核销"。

【例】 2008 年 1 月 21 日，收到精益公司的 500 元现金，用于归还其所欠的代垫安装费。

①录入收款单：在应收系统中，进入"收款单据处理"→"收款单据录入"（注意：款项类型为"应收款"）；

②审核收款单：在应收系统中，进入"收款单据处理"→"收款单据审核"；

③核销应收款：在应收系统中，进入"核销"→"自动核销"。

3.查询业务明细账和收款预测(略)

4.转账处理

(1)预收冲应收。

【例】 2008 年 1 月 26 日，将收到的星火贸易公司 30 000 元的预收款冲减其应收账款。

在应收系统中，进入"转账"→"预收冲应收"。

(2)红票对冲。

【例】 将力源公司的一张红字发票与其一张蓝字销售发票进行对冲。

在应收系统中，进入"转账"→"红票对冲"→"手工对冲"。

5.坏账处理

(1)发生坏账时。

【例】 2008 年 1 月 27 日，收到通知华发公司破产，其所欠款项将无法收回，做坏账处理。

在应收系统中，进入"转账"→"坏账处理"→"坏账发生"。

(2)坏账收回。

【例】 2008 年 1 月 28 日，收回华发公司已做坏账的货款 50 000 元现金，做坏账收回处理。

①录入并审核收款单：在应收系统中，进入"收款单据处理"→"收款单据录入"（注意：款项类型为"应收款"）；

②坏账收回处理：在应收系统中，进入"转账"→"坏账处理"→"坏账收回"。

(3)计提本年度的坏账准备。

在应收系统中，进入"转账"→"坏账处理"→"计提坏账准备"。

6.财务核算

【例】 将上述业务中未生成凭证的单据生成相应的凭证。

在应收系统中，进入"制单处理"：

(1)发票制单；

(2)结算单制单；

(3)转账制单；

(4)现结制单；

(5)坏账处理制单。

【例】 查询应收系统生成的凭证。（操作略）

二、供应商往来款(应付款项的处理)

1.应付款的确认

【例】 将上述采购业务中所涉及的采购发票进行审核。财务部门据此结转各项成本。

(1)在应付系统中,进入"应付单据处理"→"应付单据审核"。

(2)根据发票生成凭证:在应付系统中,进入"制单处理",选择发票制单(生成凭证时可做合并制单)。

2.付款结算

【例】 2008 年 1 月 26 日以支票方式支付给兴盛公司货款 16 500 元,用以偿还上期欠款。

(1)录入付款单:在应付系统中,进入"付款单据处理"→"付款单据录入"(注意:款项类型为"应付款");

(2)审核付款单:在应付系统中,进入"付款单据处理"→"付款单据审核";

(3)核销应付款:在应付系统中,进入"核销"→"手工核销"。

【例】 查询业务明细账。(操作略)

【例】 查询付款预测。(操作略)

3.转账处理——红票对冲

【例】 将星火公司的一张红字发票与其中一张蓝字销售发票进行对冲。(操作略)

4.财务核算

【例】 将上述业务中未生成凭证的单据生成相应的凭证。

在应付系统中,进入"制单处理":

(1)发票制单;

(2)结算单制单;

(3)现结制单。

第五章 金蝶 KIS 专业版 V10.0 的应用

第一节 账套管理和参数设置

一、账套管理

金蝶 KIS 专业版安装成功后，需要重新启动电脑，会在任务栏中运行"KIS 加密服务器"，在该加密服务器运行后，我们才能登录金蝶 KIS 专业版。

在使用金蝶 KIS 专业版进行业务处理之前，需要先建立账套。所谓账套，是指一个包含操作人员和权限、会计科目、物料档案、业务单据和业务过程数据、会计凭证、财务账簿等内容，是用来核算一个会计主体经济业务的一整套数据，在软件环境中，通常表现为一个数据库文件的形式。我们在运用软件进行业务核算和会计处理前，必须先建立一个账套，来存放核算单位的财务和业务数据。

1. 建立账套

（1）建立账套的路径：开始→程序→金蝶 KIS 专业版→工具→账套管理，系统弹出"账套管理登录"窗口，如图 5-1 所示。

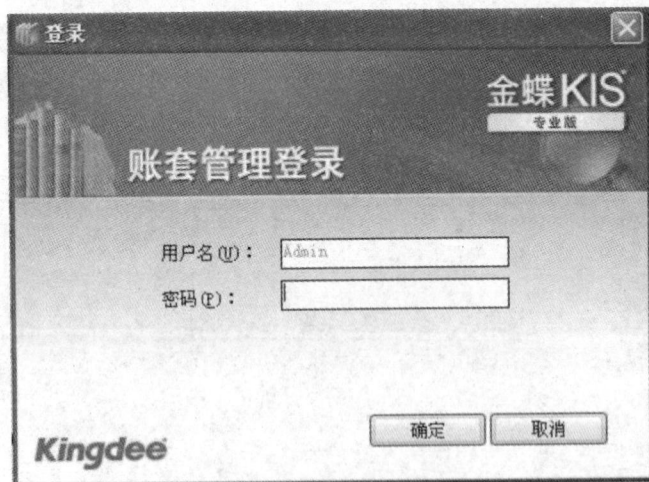

图 5-1 账套管理登录界面

（2）对账套的建立人员，系统默认的用户名为"Admin"，密码为空。点击图 5-1 中的"确定"进入账套管理窗口。在此窗口中可以点击"新建"按钮建立一个新的账套，如图 5-2所示。

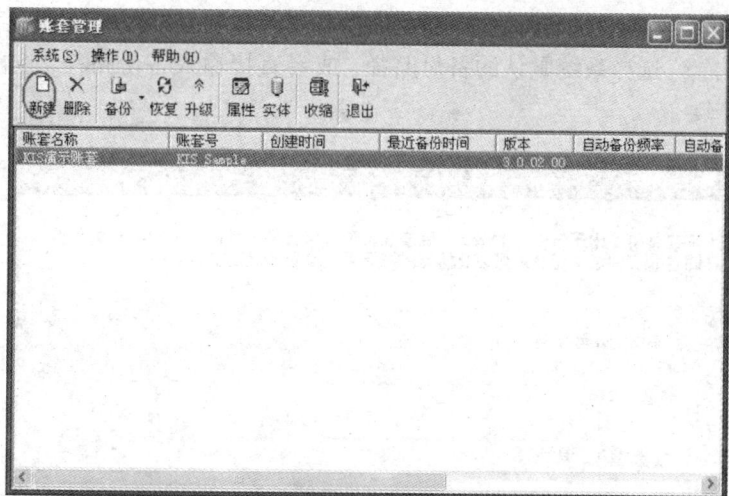

图 5－2　账套管理界面

（3）新建账套需要输入与账套有关的信息，包括账套号、账套名称、数据库路径、公司名称和账套描述等。带"＊"的为系统要求的必输项目，如图 5－3 所示。

图 5－3　新建账套信息录入界面

（4）输入完账套相关信息后，点击"确定"，系统开始进行账套建立，稍后会弹出"新建账套成功"的界面，单击确定，可以看到刚刚建立的新的账套信息。

2. 账套备份

为了保证数据的安全，防止日常操作的失误、意外事故，如硬盘损坏、病毒原因等导致对数据的破坏，需要经常对数据进行备份，以方便数据的恢复。

账套备份有手工备份和自动备份两种选择。

（1）手工备份。点击"账套管理"→备份右侧的下拉按钮→"手工备份账套"，在弹出的如下窗口中点击"》"选择系统默认的备份路径，或者直接输入备份路径，点击"确定"，如图5-4所示。

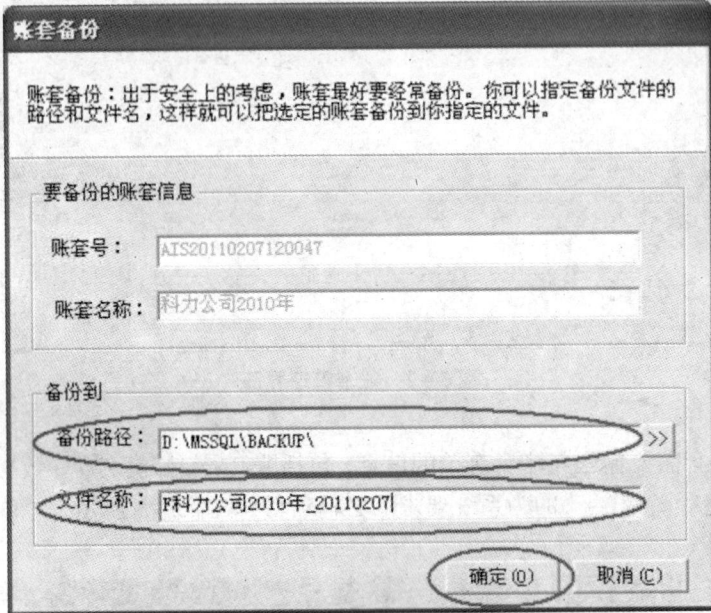

图5-4　账套备份界面

系统进行备份，并生成一个以账套名和备份日期命名的".bak"文件和一个以".dbb"结尾的说明性文件，这表示备份成功，如图5-5所示。

图5-5　账套备份成功界面

（2）自动备份。手工备份是根据人工方式不定期进行的备份，而自动备份是根据人工设置的备份条件，由系统自动根据条件进行的备份工作。此时可以对备份方案进行设置，对每间隔一定时间的数据进行备份。为了保证硬盘的空间，建议设置删除早于几天的备份文件。

注意：自动备份最后能选择KIS不使用的时间，比如凌晨。并且在备份时，服务器要保持开机状态。

3.账套恢复

对已经备份过的账套，可以通过恢复账套的功能进行恢复使用，以最大可能地挽救出错、失误导致的数据损失。

点击"账套管理→恢复",系统进入到恢复账套窗口,选择备份账套所在的目录,找到需要恢复的备份账套,如图 5 - 6 所示。

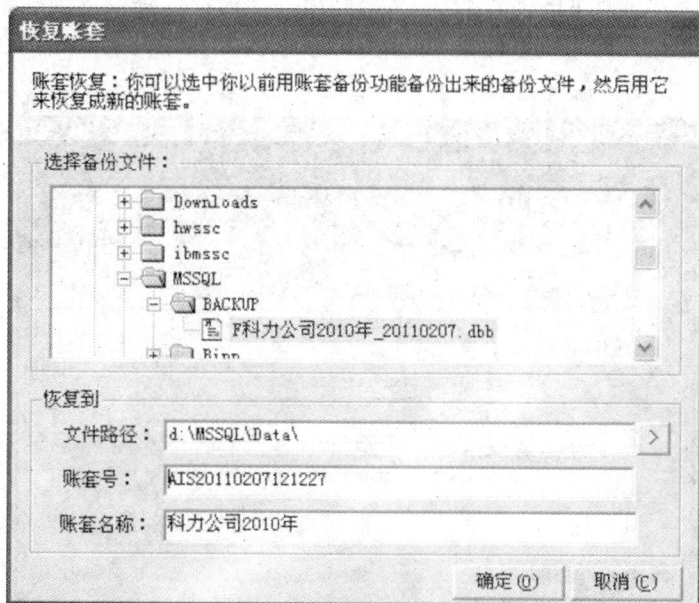

图 5 - 6　备份账套的恢复操作界面

注意:为了避免账套号、账套名称的冲突,恢复的账套和系统中已有的账套号、账套名不能相同。

4. 账套删除

为了节约和释放硬盘空间,对系统中不必要的账套可以进行删除。点击"账套管理"→选择需要删除的账套→点击"删除"按钮,系统提示如图 5 - 7 窗口,点击"确定"提示后系统提示"删除前是否备份该账套?",点击"否",不进行备份,账套名称中该账套如果没有,表示删除账套操作成功,如图 5 - 7 所示。

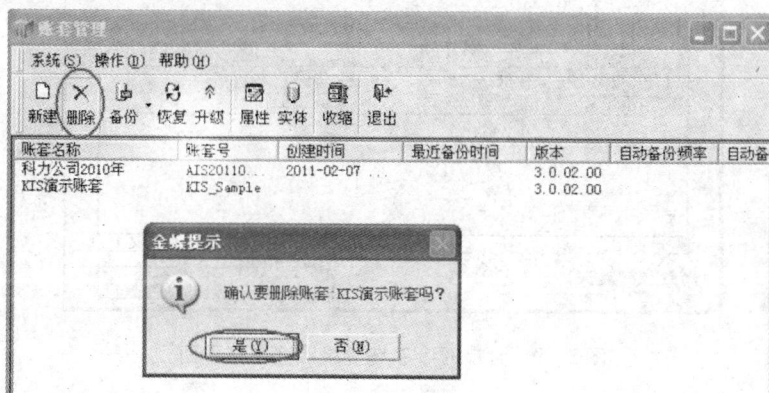

图 5 - 7　账套的删除操作界面

二、系统登录

登录金蝶 KIS 专业版的路径有两种：双击桌面上的"金蝶 KIS 专业版"图标，或者点击"开始"→"程序"→"金蝶 KIS 专业版"，系统弹出登录窗口。登录系统的用户名：系统默认的第一次的登录用户为系统管理员 Manager，密码为空，如图 5 – 8 所示。

图 5 – 8　金蝶 KIS 系统登录界面

注意：登录时需要选择需登录的账套。点击"登录到"后面的标志，可以选择不同的账套。图 5 – 9 显示的是登录到"科力公司 2010 年"账套。

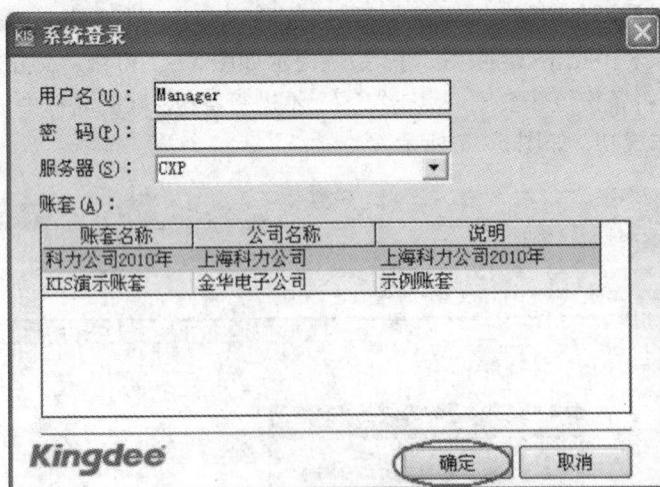

图 5 – 9　金蝶 KIS 系统登录账套选择界面

点击图 5 – 9 中的"确定"按钮后,系统进入到金蝶 KIS 专业版的主界面,如图 5 – 10 所示。

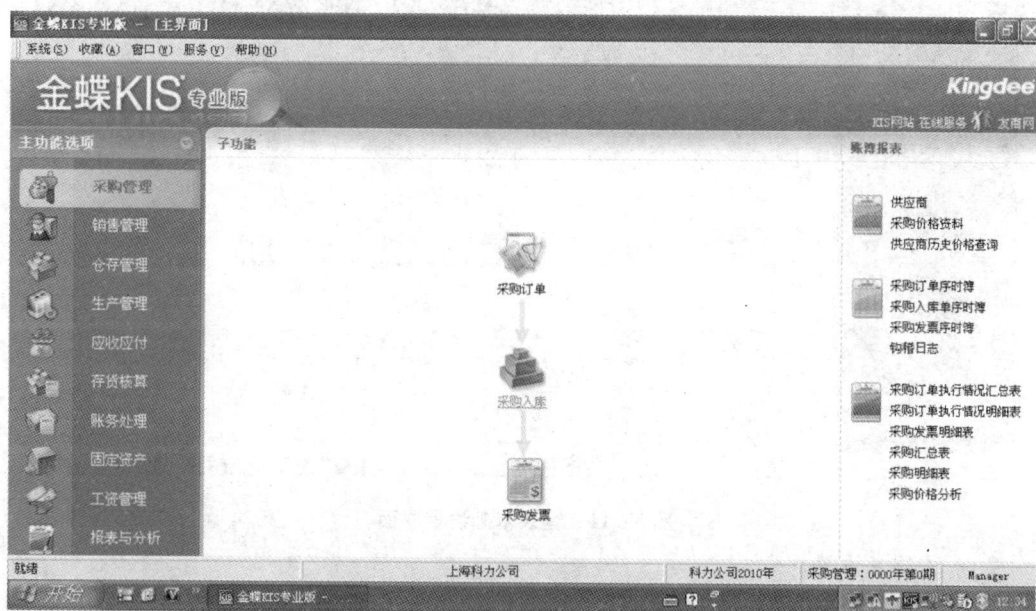

图 5 – 10 金蝶 KIS 系统主界面

注意:只有成功登录到上述主界面,才表示金蝶 KIS 专业版安装的成功。

三、系统参数设置

一个系统运行的好坏,与系统参数等基础设置密切相关。可以说,系统设置的好坏是决定后续业务能否正常、顺利进行的基础。在账套建立后,必须重点关注系统参数的设置,充分地准备系统参数所需要的基础条件,做好数据的准备工作,以提高系统运行的质量,满足不同用户对系统操作的便捷性要求。

1. 系统参数设置的整体内容

系统参数设置过程应先进行系统参数设置前的业务思考准备,再进行系统参数设置。这个准备过程非常重要,只有结合自身企业的业务需要,充分考虑了业务的特点和需要软件控制的环节,才能真正地发挥软件对业务的支持功能。如会计凭证是否需要审核后才能过账,出纳是否需要审核会计凭证,凭证是否允许断号保存等等,虽然有些参数是可以在使用过程中随时进行设置,但只有在考虑好了企业的需求下,才不会变得被动。

一般地,系统参数设置的内容有:(1)设置系统信息;(2)设置会计期间;(3)设置财务参数;(4)设置出纳参数;(5)设置业务基础参数;(6)设置业务参数。

系统参数设置需要以系统管理员(Manager)的身份登录系统,点击主功能项下的"基础设置"进行,如图 5 – 11 所示。

图 5 - 11　登录基础设置界面

2. 系统信息设置

系统信息是指账套的一些基本信息，这些信息在前述建立账套的过程中已经输入，此处可以根据企业的需要进行修改、补充等，如图 5 - 12 所示。

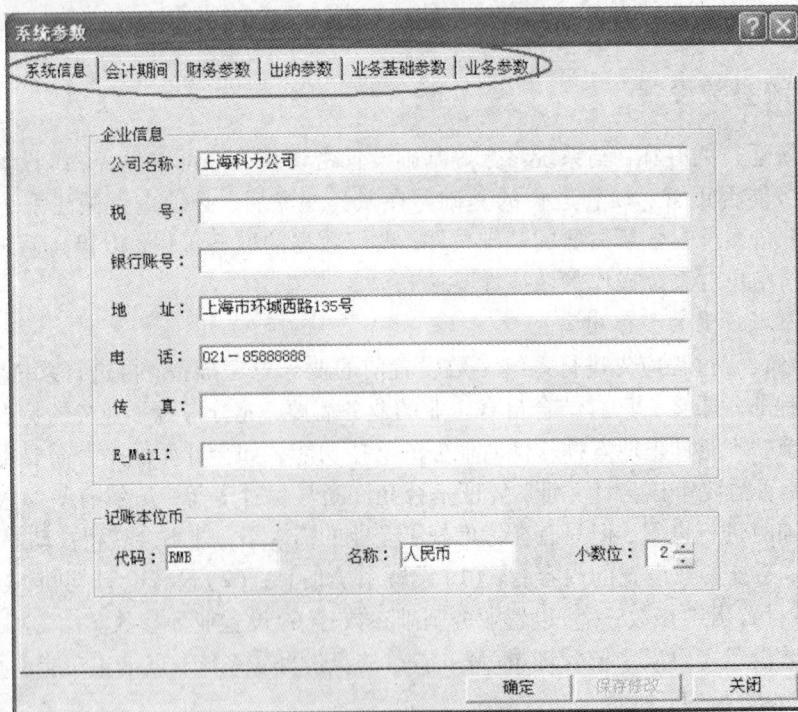

图 5 - 12　系统参数设置界面

（1）会计期间设置。会计期间是企业核算业务的时间段，是一个非常重要的财务时间期。会计期间设置是为了对账套需要使用的会计期间进行的设置。点击"设置会计期间"，选择需要启用的会计年度，单击"确定"，如图 5 - 13 所示。

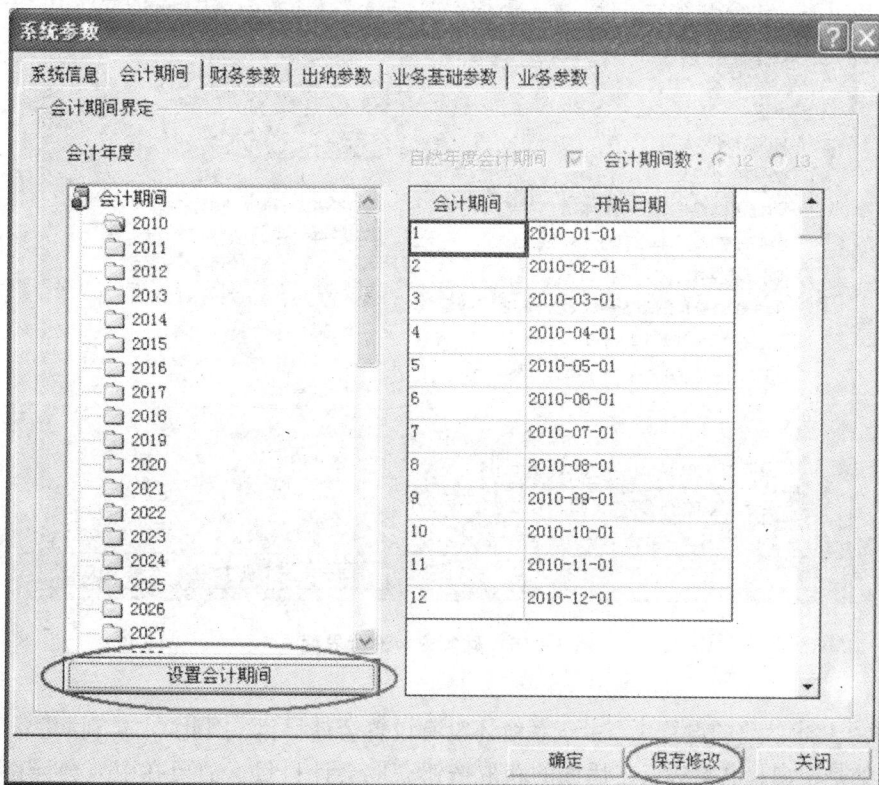

图 5 - 13　会计期间设置界面

如果单击的是"保存修改"，系统会提示，如图 5 - 14 所示，并要求重新登录。

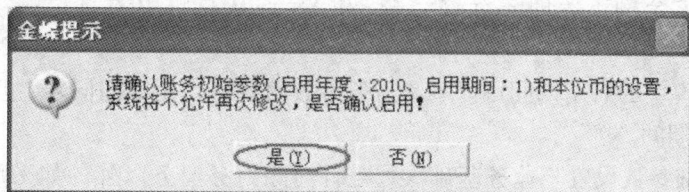

图 5 - 14　财务初始参数提示

（2）财务参数设置。财务参数是对整个财务核算、管理模块有关选项进行控制的设置。包括了启用会计期间、财务审核、固定资产管理参数、工资参数等。每个企业根据自己财务管理的特点，自行决定需要选用的参数。如设置"凭证过账前必须审核"、"固定资产卡片生成凭证前必须审核"、"工资结账前必须审核"等参数，如图 5 - 15 所示。

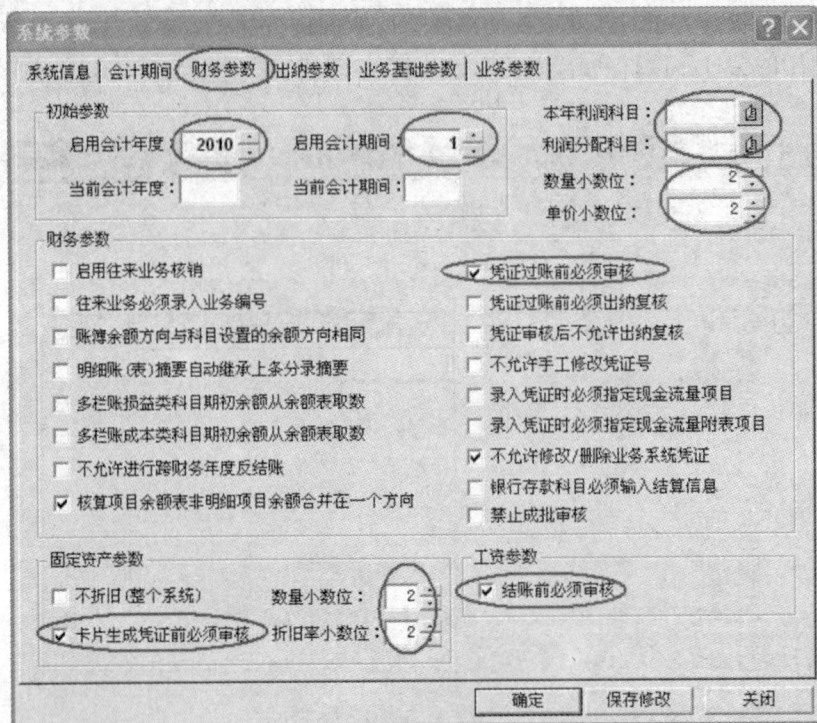

图 5-15　财务参数设置界面

注意：上述参数的设置中，由于系统还没有设置会计科目，因此"本年利润"、"利润分配"科目处是空白，也无法点击后面的获取按钮获取会计科目。需要在引入会计科目后再到此处进行补充，以实现自动结转损益时将损益类科目下的余额结转到"本年利润"科目，或将"以前年度损益调整"的金额结转到"利润分配科目"。

（3）出纳参数设置。出纳参数是对整个出纳模块的控制。单击"出纳参数"选项卡，进入到"出纳参数"窗口。如根据会计期间启用的时间，相应调整出纳模块的会计期间，勾选"与总账对账期末余额不等时不允许结账"和"允许从总账引入日记账"两个选项，如图 5-16所示。

注意：出纳模块的启用期间可以不和财务参数的会计启用期间同步，但是不能早于财务参数中的启用期间。

（4）业务基础参数设置。业务基础参数是针对除财务业务以外的如采购、销售、仓库管理、生产管理等模块进行的基础参数设置，如启用业务模块的会计期间、是否允许负数库存情况下的出库业务、审核人和制单人是否能为同一个人等等。企业可以根据自己的内部控制要求和业务特点进行选择设置。如图 5-17 所示，去掉了"审核和制单可为同一人"和"允许负库存出库"的选项。

（5）业务参数设置。业务参数设置是对业务模块的详细参数设置，如设置采购物品的最高价格控制、是否进行应收账款和应付账款的天数预警等。这些业务参数和企业的内部管理要求密切相关，必须在了解这些功能的基础上再进行设置，如图 5-18 所示。

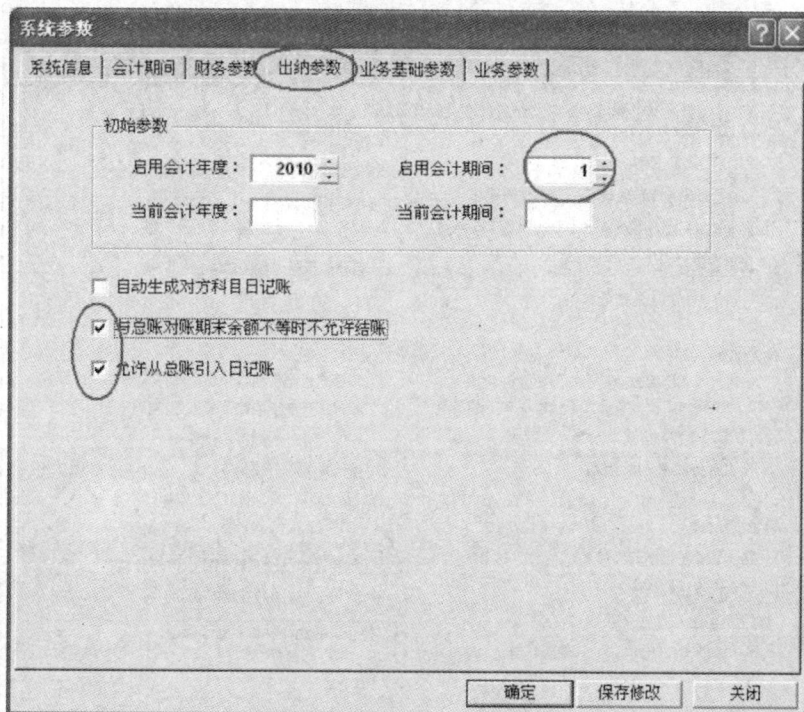

图 5 – 16　出纳参数设置界面

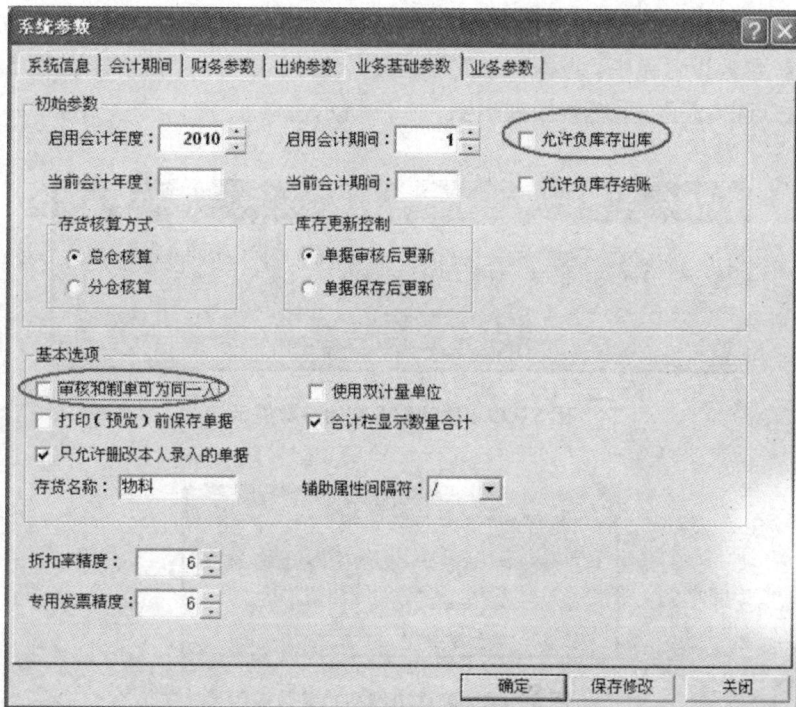

图 5 – 17　业务基础参数设置界面

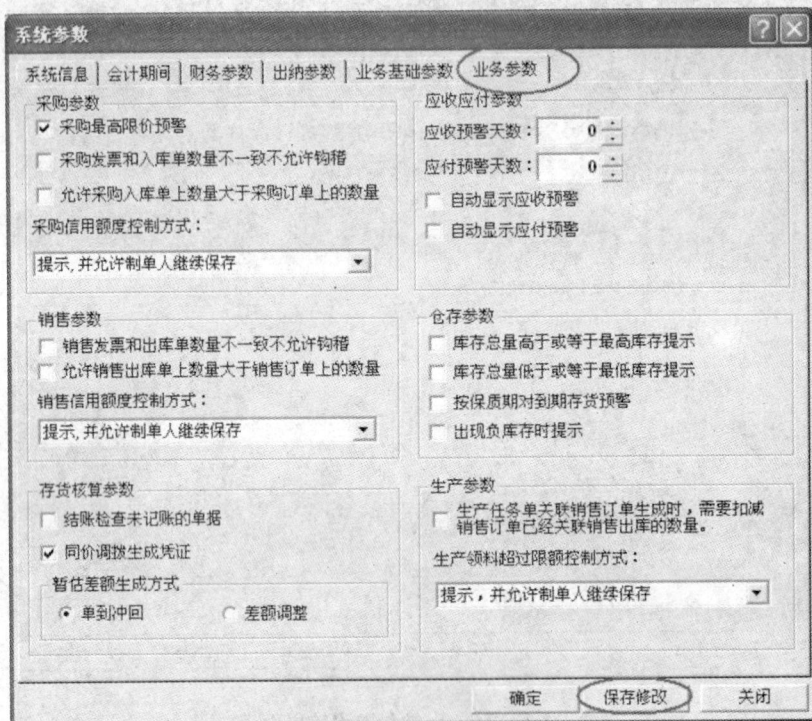

图 5-18　业务参数设置界面

所有系统参数设置完毕，点击"确定"或"保存修改"按钮，系统弹出如图 5-19 窗口。确认无误后，点击"是"，系统继续弹出图 5-20 所示窗口。

图 5-19　确认财务初始参数提示

图 5-20　确认出纳初始参数提示

确认无误后，点击"是"，系统继续弹出图 5-21 所示窗口。

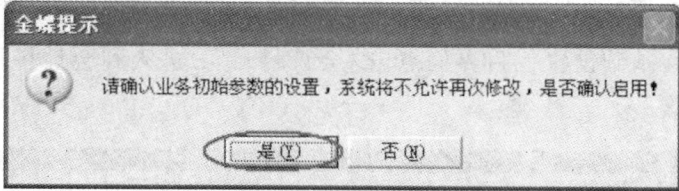

图 5 – 21　确认业务初始参数提示

点击"是"，系统继续弹出图 5 – 22 所示窗口。

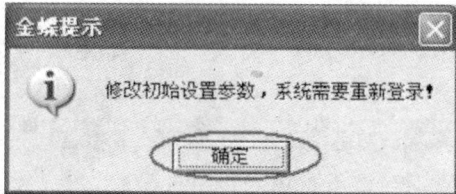

图 5 – 22　重新登录提示

到此时止，"系统参数"的设置基本完成，企业可以根据自己的业务特点和管理需要，对需要改变的地方重新返回到"系统参数"进行设置，但是需要注意的是，新的设置只对新时间业务有效，一些设置一旦启用后不能再次修改。

第二节　系统基础资料设置

会计信息化的一个基本特点是"信息共享"，其中最明显的地方就在于基础资料的共享，对一些共性的基础资料，无须各个模块单独录入，只需要在基础资料中维护完善后，相关模块进行调用即可。这种模式下极大地避免了重复录入基础信息的工作量，是信息化带来的重大进步。

一、会计科目的设置

会计科目是会计核算过程中核算对象具体内容所做的一种分类，是会计业务开展的基础，构成了会计凭证、会计账簿和会计报表的基本内容。一套完整的会计科目体系是会计业务顺利开展的前提，会计科目设置的完整性、层次性是会计核算业务能否全面、详细和准确地进行的重要影响因素，在会计信息化过程中，会计科目的设置还会影响其他业务模块的应用，因此，对会计科目的设置就显得十分重要。

我国现行的一级会计科目体系都是以国家财政部门名义颁发的，符合会计制度的规定。新会计准则颁布后，新准则下的会计科目体系也相应出台。企业在日常核算过程中需要遵循新准则体系下的会计科目，在自己的管理和核算要求下，根据自身的特点增加、修改自己的明细会计科目，并维护会计科目的属性，以满足自身的管理需要。

建立账套后，KIS 专业版中的会计科目还不存在，需要用户根据自己的企业特点重新增加会计科目。系统预设了相关行业的一级会计科目明细，用户可以根据自己的要求直接引入到账套中进行使用，在此基础上再进行更明细的会计科目的增加、修改。

1. 引入会计科目

操作路径：在基础设置栏目界面点击"会计科目"，进入到会计科目管理界面，如图 5 –23 所示。

图 5 –23　基础设置主界面

系统提供了两种方式增加会计科目，一是逐一地"新增"，另外一种是通过引入系统预设的会计科目方式进行。我们这里介绍引入方式。

点击"会计科目"界面下的"文件"→"从模板引入科目"→选择需要的科目模板类型（如"新会计准则科目"）→点击"引入"（点击"查看科目"，也可以查看该模板类型下的会计科目信息），如图 5 –24 所示。

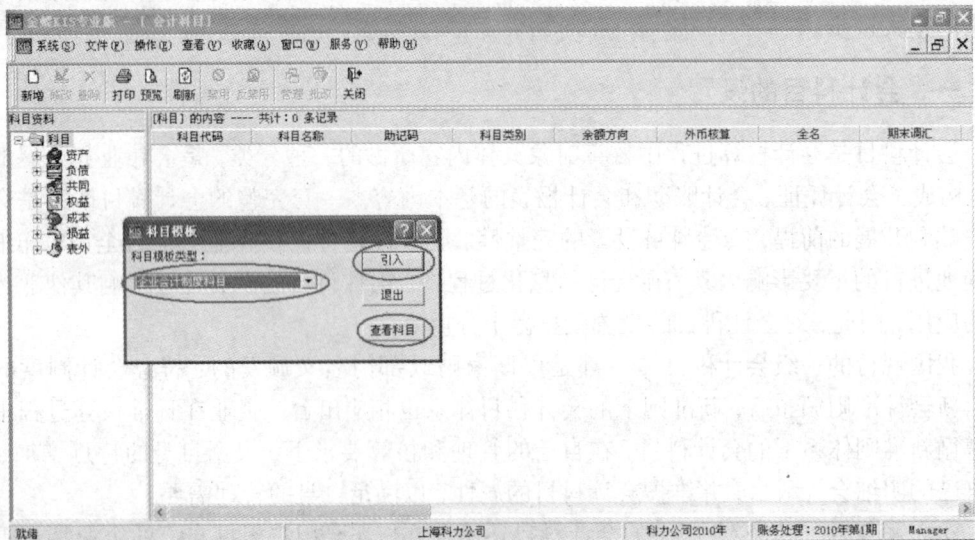

图 5 –24　引入会计科目界面

在系统提示引入科目的明细后，根据需要进行选择，如点击"全选"按钮，选择所有的模板中的会计科目，然后点击"确定"，如图 5 - 25 所示。

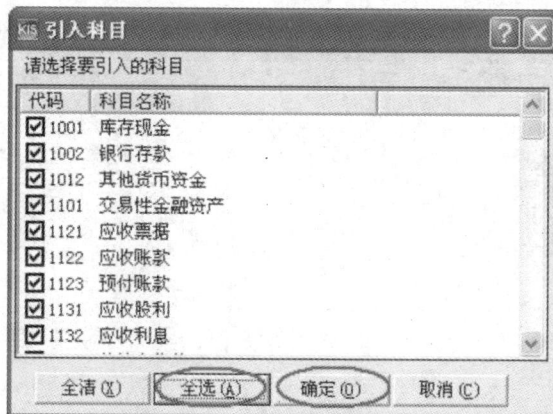

图 5 - 25　引入科目设置界面

系统在引入模板中的会计科目后，提示"引入成功"。此时，我们可以在屏幕上看到引入的会计科目，如果没有显示，也可以单击工具栏上的"刷新"按钮进行显示。对引入的会计科目，我们可以根据企业核算的要求，点击"新增"、"修改"、"删除"进行编辑，也可以通过"禁用"方式进行终止使用，通过"反禁用"按钮恢复使用，如图 5 - 26 所示。

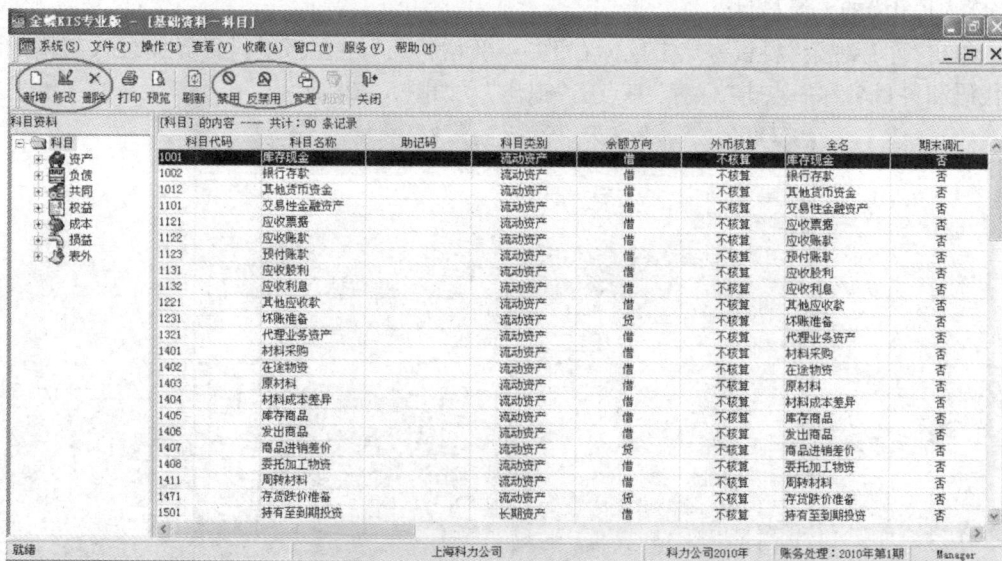

图 5 - 26　科目设置界面

注意：如果会计科目一旦被使用，不能进行删除，只能禁用，并需要将该科目下的发生额冲销到其他替代的会计科目下进行核算。

2. 设置明细会计科目和属性

选择会计科目后，点击"管理"按钮，也可以对会计科目直接进行增加明细科目、修改科目名称、删除科目的操作，如图5-27所示。

图5-27 会计科目编辑界面

我们对四种不同类型的会计科目明细设置和属性维护进行说明。

(1)现金、银行类会计科目。

现金、银行类会计科目属于日记账，对这类会计科目系统自动会默认要登记形成日记账。对这类科目的设置需要关注的是相应核算货币的属性。如在"库存现金"科目下增加一个"人民币"的二级科目。

单击"库存现金"科目→点击鼠标右键→"新增科目"→在新增科目界面录入新增的科目代码和科目名称→点击"保存"→点击"退出"，如图5-28所示。

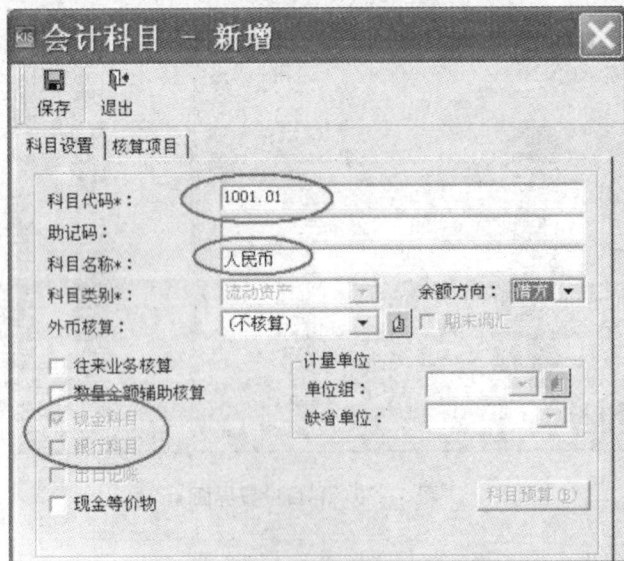

图5-28 会计科目新增界面

如果我们新增的会计科目是外币,则需要设置该外币的核算汇率等信息。如在"库存现金"科目下增加一个"美元"的二级科目。

单击"库存现金"科目→点击鼠标右键→"新增科目"→在新增科目界面录入新增的科目代码和科目名称→点击外币核算栏中的获取按钮→进入到新增币种界面→输入币种代码、币别名称及记账汇率信息→点击"新增"→新增的该外币就产生了→对该币种点击"期末调汇",如图 5-29、图 5-30 所示。

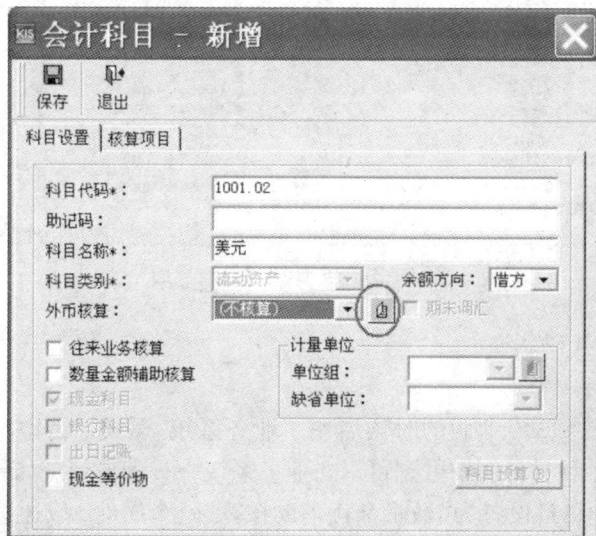

图 5-29 外币科目编辑界面

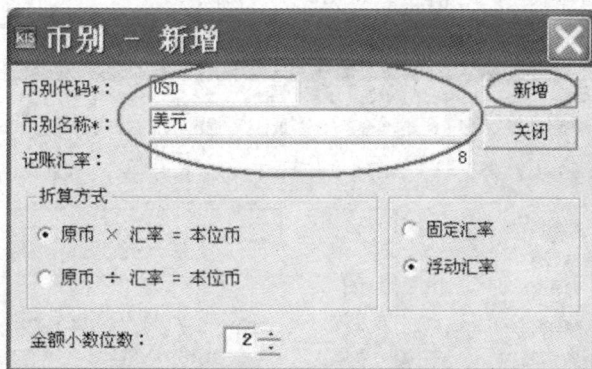

图 5-30 币种编辑界面

点击"保存"和"退出"按钮后,该两个二级会计科目就新增了,我们可以通过点击工具栏上的"查看"→"选项"→"显示所有明细"按钮来设置查看的最明细的科目级别,如图 5-31 显示的就是我们刚刚新增的这两个二级会计科目。

注意:金蝶 KIS 专业版中,涉及编码类的项目,其上下级的层次关系都以"."来进行划分的,如上例中的"1001"是"库存现金"的会计科目代码,而 1001.01 是"库存现金→人民

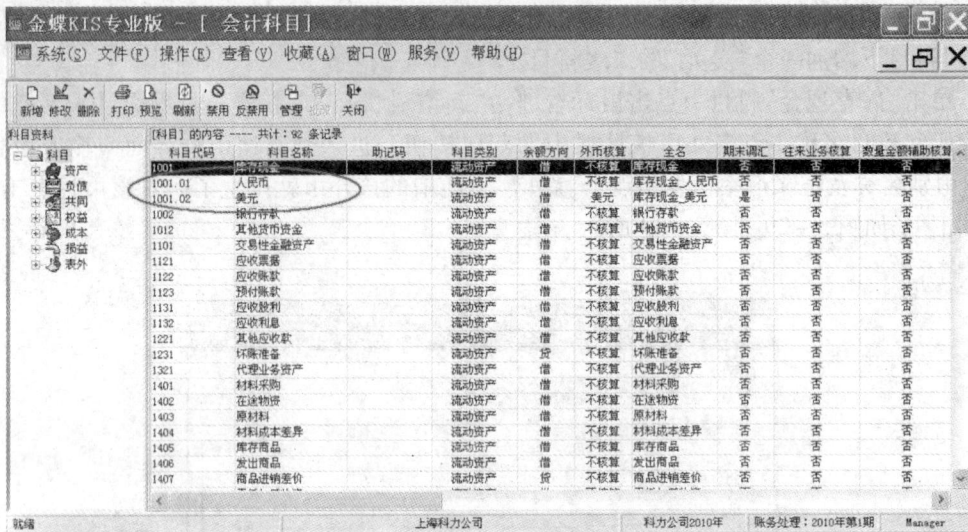

图 5 – 31　会计科目编辑界面

币"二级明细科目的代码。

　　(2)存货类会计科目。

　　如果在使用金蝶 KIS 专业版的时候启用了业务系统(采购、销售、仓库和存货核算),业务系统对涉及的各种材料明细数据可以在业务系统中查询得到。如果单独使用财务核算系统时,建议存货类科目设置为"数量金额辅助核算"这个属性,以通过财务的辅助核算实现核算存货数量的目的。如我们对"1403 原材料"会计科目进行修改,增加其"数量金额辅助核算"的设置时,在修改科目的界面需要勾选"数量金额辅助核算",并相应地点选"计量单位单位组"和"缺省单位"栏的信息,如图 5 – 32 所示。

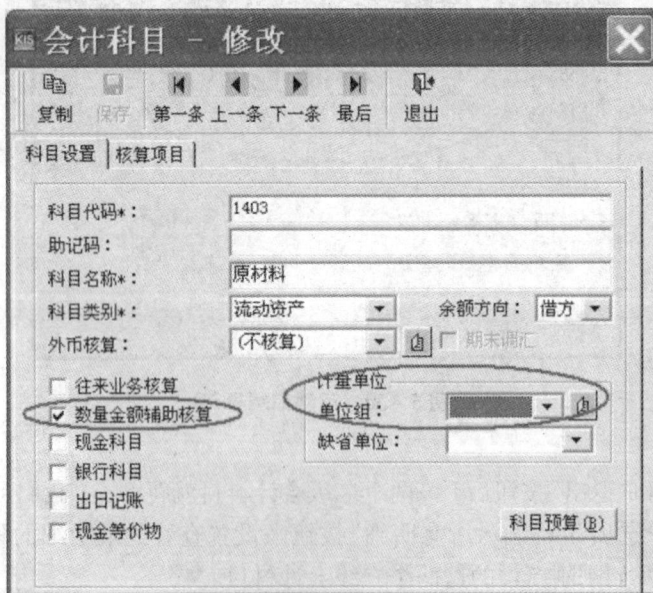

图 5 – 32　会计科目修改界面

注意：设置"计量单位单位组"和"缺省单位"可以在上述界面中进行新增"计量单位组"和"单位"，也可以通过"基础设置"的"计量单位"中进行设置。

（3）往来类会计科目。

往来类会计科目包括应收款项和应付款项类科目，我们在此特指的是应收账款和应付账款科目。在财务系统单独使用的情况下，我们的往来类会计科目往往是采用二级明细科目方式进行核算，但这种情况下不利于进行多角度的组合分析往来款的形成过程，如我们需要知悉应收账款的余额是哪一个客户发生的，还希望知道和该客户签署订单的业务员信息和该业务员所属的部门，此时，仅仅通过增加明细科目来实现，我们的会计科目就会变得非常冗长复杂。如果更改往来款项的明细科目的信息，通过"核算项目"对同一类性质相同的内容进行规范，并和会计科目结合起来，也可以实现上述的数据多角度核算的要求。因此，我们设置核算项目可以起到对往来科目进行明细核算的功能，而不需要增加往来科目的明细科目。

核算项目类别设置和维护的具体方法将在本节后面介绍。

如果我们要对所有的应收账款按客户进行核算，对所有的应付账款按供应商进行核算，则需要修改应收账款科目和应付账款科目的核算要求。如我们修改应收账款按客户核算的过程如下：点击"应收账款"科目→右键"修改科目"→勾选"往来业务核算"→点击"核算项目"→点击"增加核算项目类别"→选择"客户"→点击"确定"，如图 5-33 至图 5-35 所示。

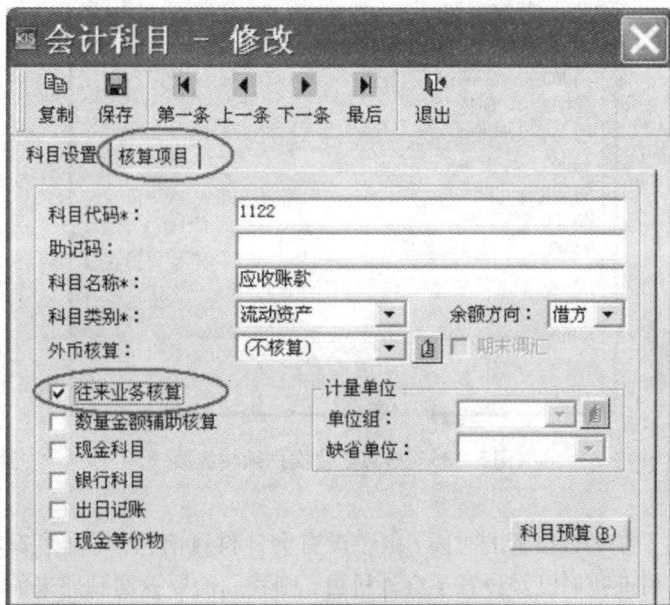

图 5-33　核算项目编辑界面

（4）其他类会计科目。

对其他类型的会计科目，可以根据业务的要求，随时新增所需要的会计科目，但如果在已经有业务发生的会计科目下再增加一个明细科目，则系统会自动将上一级科目的全部金额转移到新增加的明细科目下，且该操作将不可逆。

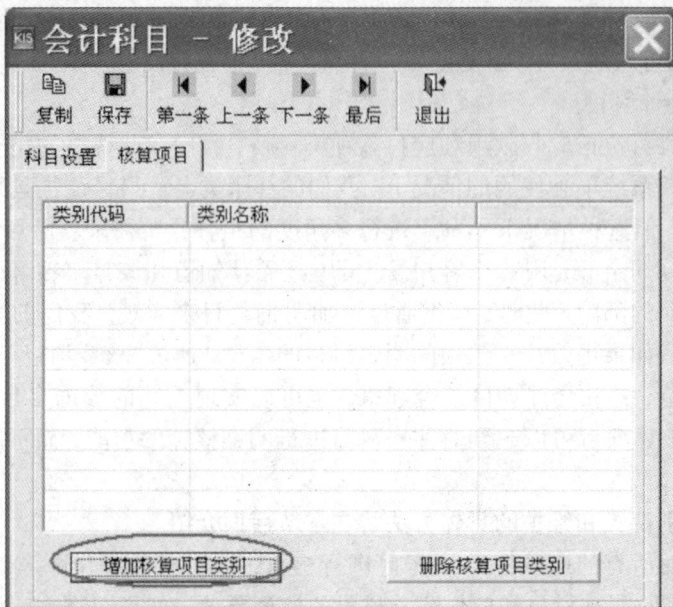

图 5-34　增加核算项目界面

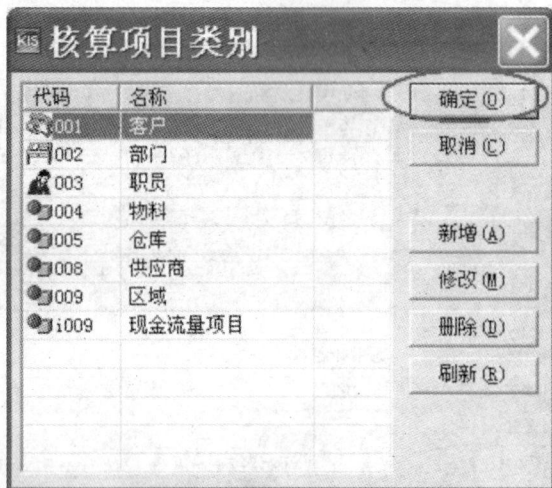

图 5-35　核算项目类别编辑界面

注意：在前述系统参数设置的时候，由于没有会计科目信息，本年利润科目和利润分配科目的内容为空，目前我们已经设置了会计科目，则我们需要返回到原来的系统参数设置界面，补充设置本年利润科目和利润分配科目，如图 5-36 所示。

二、币别的设置

币别是企业业务过程中会发生的不同币种信息，根据本位币和外币的不同，相应需要进行币别的设置和维护。

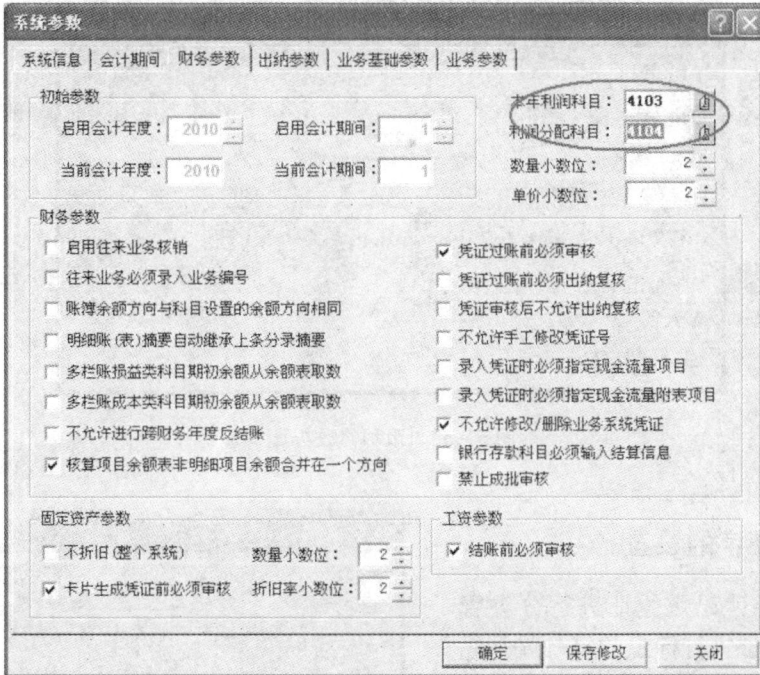

图 5 – 36　增加会计科目界面

点击"基础设置"→"币别"→"新增"→"修改"→"删除"按钮，分别增加新币别，修改币别或删除币别，如图 5 – 37、图 5 – 38 所示。

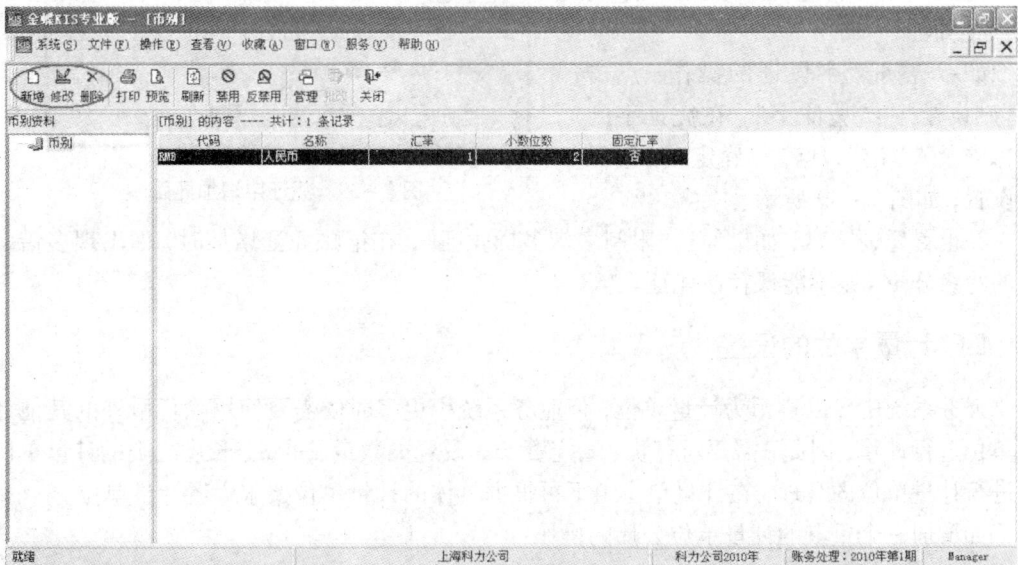

图 5 – 37　币种编辑界面

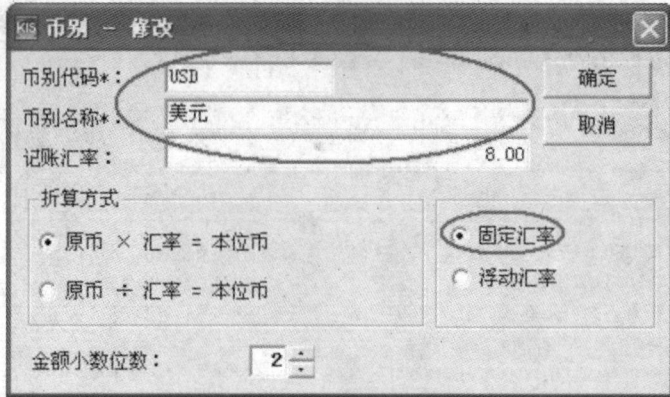

图 5-38　币种修改界面

三、凭证字的设置

为了对会计记账凭证进行分类管理，对记账凭证进行标识的符号就是凭证字，如我们常见的"收"、"付"、"转"字凭证。在金蝶 KIS 标准版中，通过对借方科目和贷方科目进行设置，可以实现"收"、"付"、"转"字凭证的功能。为了简化处理，我们可以采用"记"字凭证来进行管理，不区分"收"、"付"、"转"字凭证。

如新增"记"字凭证的操作：点击"基础设置"→"凭证字"，在凭证字的栏目中录入"记"，点击"确定"按钮保存设置，如图 5-39 所示。

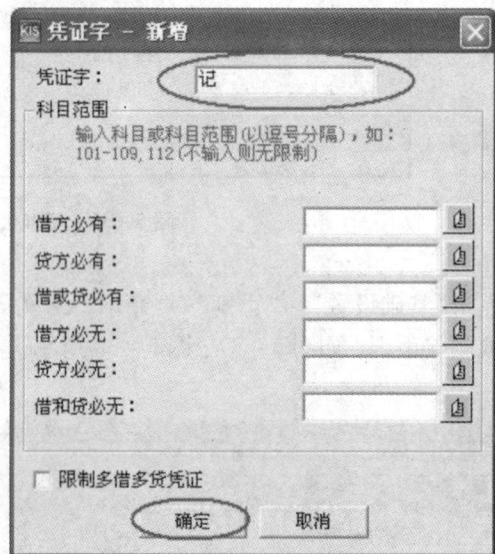

图 5-39　凭证字增加界面

在设置凭证字时，如果勾选"限制多借多贷凭证"，在记账凭证增加时，如出现多借多贷的跨级分录，则不能保存该凭证。

四、计量单位的设置

财务系统中多以货币为计量单位，但业务系统中更多时候需要使用除货币外的其他计量单位进行计量，因此，需要对存货、固定资产等设置如数量、重量、长度之类的计量单位组进行计量单位的管理，在计量单位组下再根据具体的计量单位要求设置计量单位。

如增加一个重量的计量单位公斤的操作：

点击"基础设置"→"计量单位"→"新增"，在"新增计量单位组"窗口中录入"重量"，点击"确定"，新增的"重量"单位组就增加到计量单位中了，如图 5-40、图 5-41 所示。

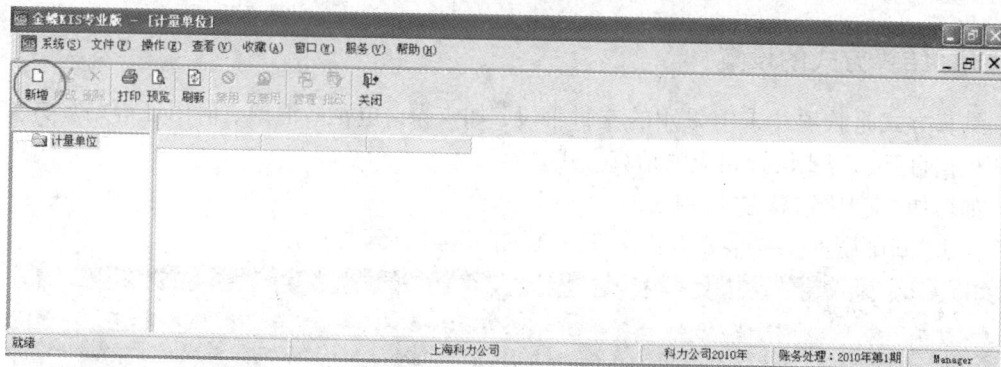

图 5-40　计量单位编辑界面

选择左侧的"重量"组，在右侧的空白窗口中单击鼠标，然后点击工具栏中的"新增"按钮，系统可以就计量单位进行新增，此时根据对计量单位的编码、名称进行录入，如图 5-42 所示。

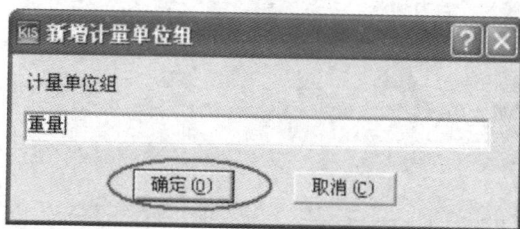

图 5-41　计量单位组编辑界面

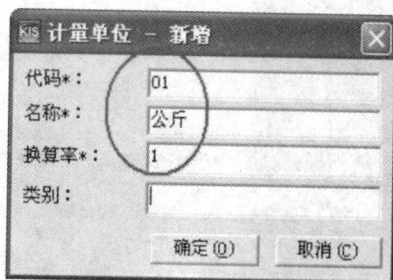

图 5-42　计量单位新增界面

注意：如果一个计量单位组下有多个计量单位，比如有公斤、吨，系统会默认第一个新增的计量单位为"默认计量单位"，后续增加的计量单位和该默认的计量单位之间需要通过设置"换算率"来进行单位的换算。也可以通过修改方法进行默认单位的修改。在非默认计量单位和默认计量单位的换算关系为乘的关系，如我们设置"公斤"为默认计量单位，"吨"为非默认计量单位时，公斤的换算率为1，吨的换算率就是 1 000，如图 5-43 所示。

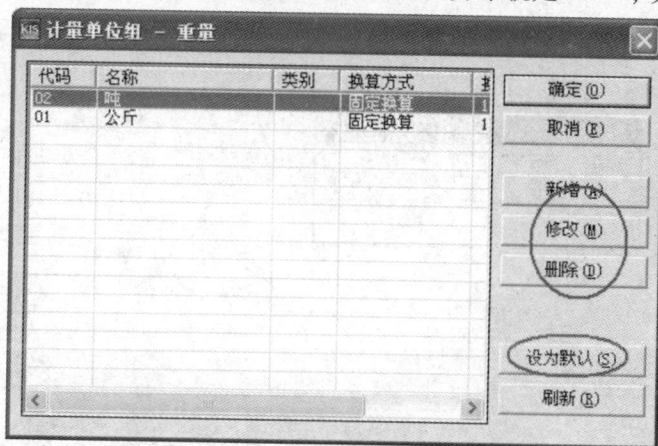

图 5-43　计量单位换算率编辑界面

五、结算方式的设置

结算方式是款项往来中采用的支付手段，如支票、电汇、汇票、信用证等结算方式。企业根据自己的需要设置相应的结算方式。

如增加"支票"结算方式的操作。

点击"基础设置"→"结算方式"，进入到图 5-44 所示界面。

图 5-44　结算方式编辑界面

点击工具栏中的"新增"按钮，系统弹出新增窗口，录入结算方式的代码、名称，如图 5-45 所示。

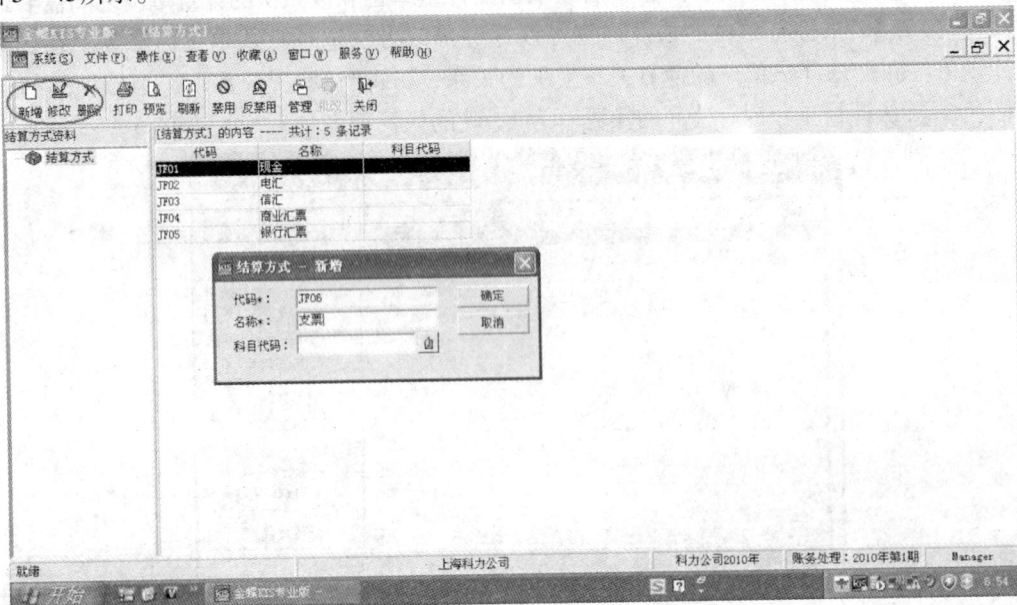

图 5-45　结算方式新增界面

注意：如果在设置结算方式时指定科目代码，在进行会计凭证录入时选择了该结算方式，系统会自动将此处设置的会计科目代码索引为会计分录的科目。如果此处的科目代码为空值，指任意的银行类科目都可以使用。

六、核算项目的设置

核算项目是一组内容相似、性质相近，能涵盖某一类核算业务的基础数据的统称。如企业按客户、部门进行核算，客户、部门就是两组不同的核算项目。通过对核算项目的灵活运用，能有效地解决通过增加明细会计科目导致会计科目冗长的问题，便于管理，并能方便进行多种按核算项目的组合报表查询。

金蝶 KIS 专业版中预设了如客户、部门、职员、物料、仓库、供应商和现金流量项目的核算项目，在业务过程中，用户可以根据自身的需要增减、修改自身所需要的核算项项目。

点击"基础设置"→"核算项目"，弹出图 5－46 所示界面。

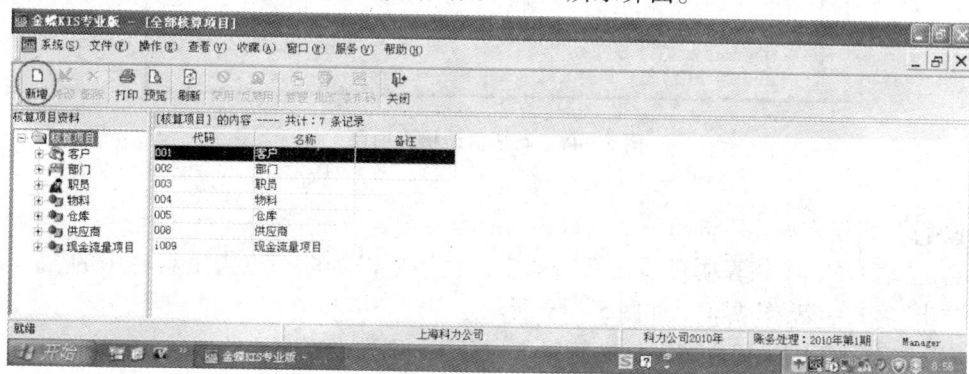

图 5－46　核算项目编辑

在核算项目栏目中点击"新增"按钮，系统会弹出"核算项目类别→新增"界面，此时可以就核算项目进行增加，同样，也可以在此过程中对核算项目进行修改或删除操作，如图5－47 所示。

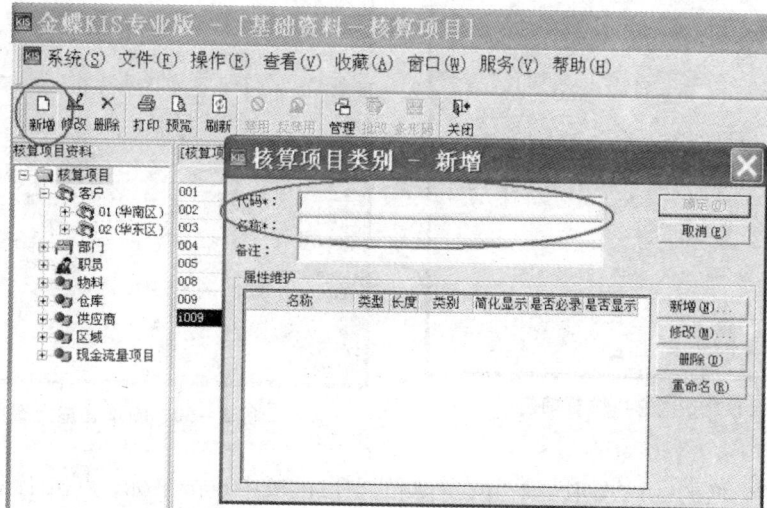

图 5－47　新增核算项目类别界面

【例】 增加一个编码为 009，名称为"区域"的核算项目。

具体操作如图 5-48 新增区域核算项目所示。

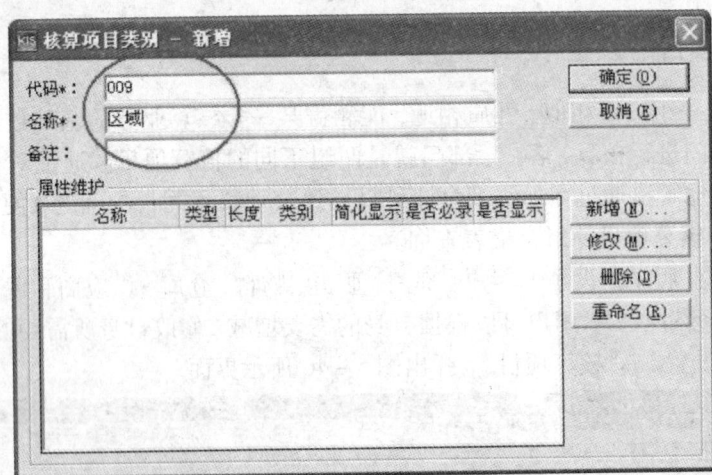

图 5-48　新增区域核算项目

【例】 在客户项目下增加一个华南区的长和公司客户。

选定"客户"这个核算项目→在右边的空白栏中单击鼠标→点击工具栏中的"新增"，系统弹出"客户→新增"界面，如图 5-49 所示。

实际工作中，如果用户按区域进行客户的管理，则先设置客户的区域，如编码 01 的华南区，编码 02 的华东区，则在客户新增界面相应输入客户区域所在的代码和名称，并点击"上级组"，如图 5-50 所示。

图 5-49　新增客户核算项目

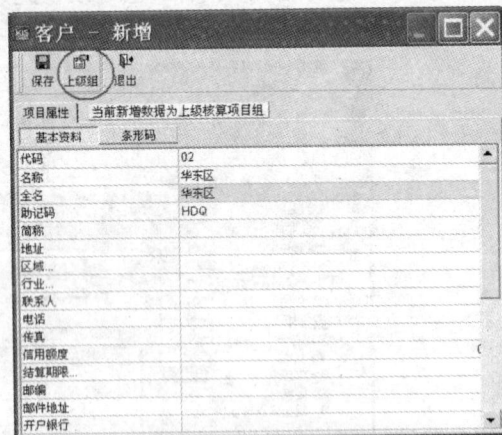

图 5-50　新增客户上级组

点击选定新增的"01 华南区"，并在右侧的空白区域中点击鼠标，点击工具栏中的"新增"按钮，系统进入到客户新增界面，并自动将"01."作为新客户的上级编码，用户在此时根据编码规则继续在"01."后编码，并录入客户名称，如图 5-51、图 5-52 所示。

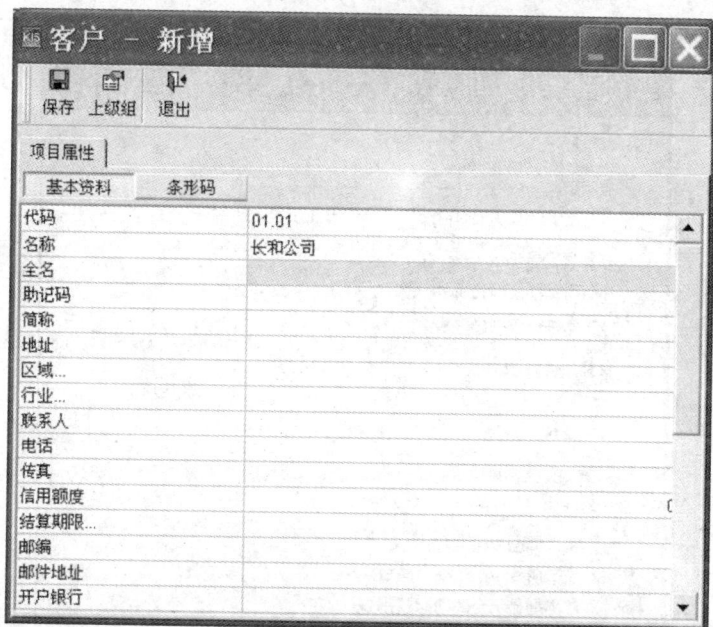

图 5 – 51　增加客户"01.01 长和公司"的界面

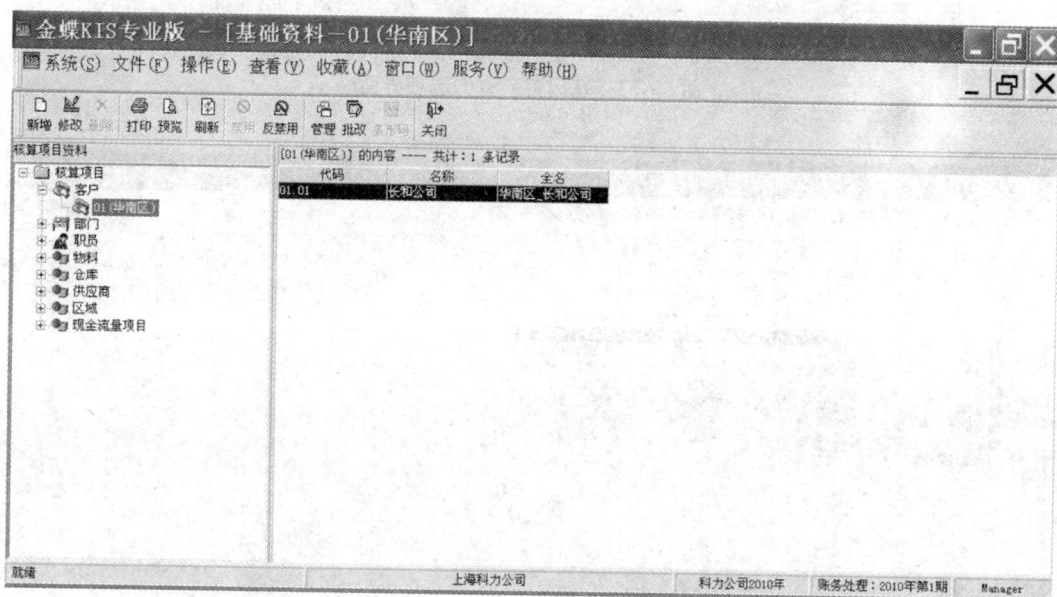

图 5 – 52　客户增加后显示的界面

对于增加后的客户资料，可以通过工具栏的"查看"→"选项"→"显示所有明细"来进行显示，如图 5 – 53 基础资料查询选项界面进行设置，设置完毕，显示如图 5 – 54 所示界面。

类似地，在有基础数据设置权限的前提下，我们可以对部门、职员等核算项目进行新增、修改、禁用的操作，如图 5 – 55 所示。

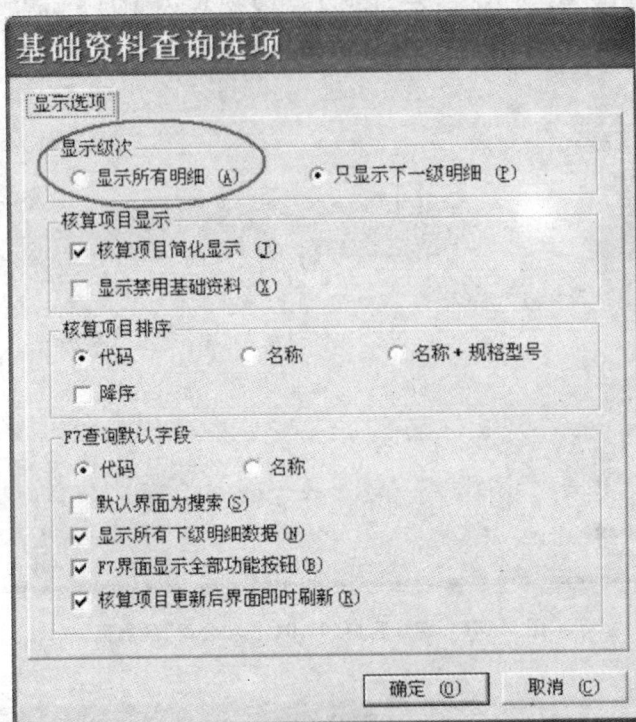

图 5-53 基础资料查询选项界面

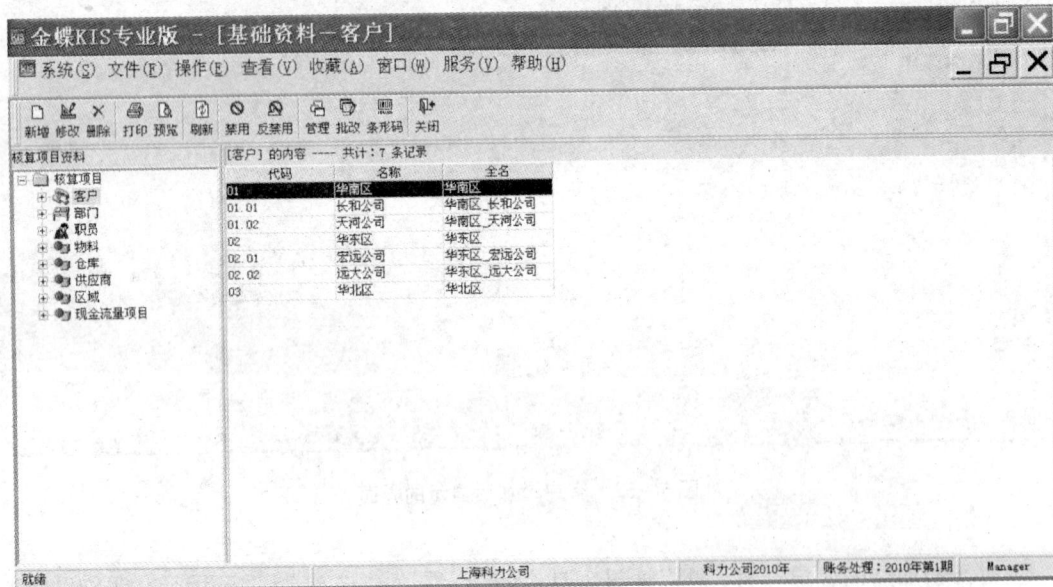

图 5-54 明细客户核算项目界面

注意：金蝶 KIS 专业版中，对代码的层次划分是通过"."来进行的，如图 5-56 所示。

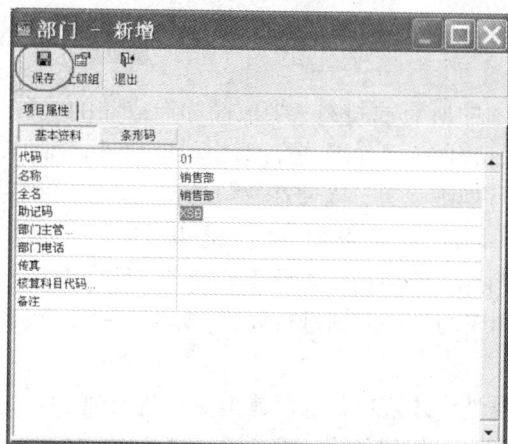

图 5 - 55　新增部门核算项目界面　　　　图 5 - 56　新增二级部门核算项目界面

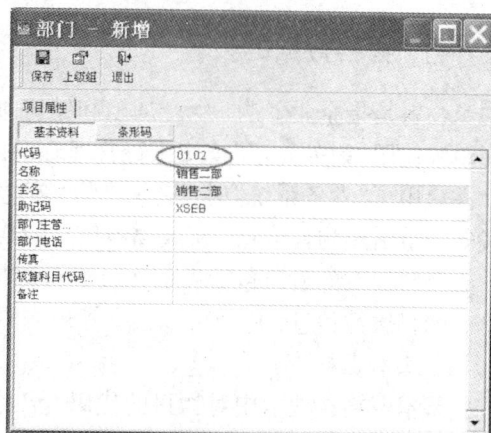

另外，在录入一些可选项目时，可以通过"F7"快捷键进行已有项目的调用。如图 5 - 57 新增职员时调用该职员所属的部门，在部门名称栏目点击"F7"键，系统会自动将已有的部门信息显示出来供选择，如图 5 - 57 所示。

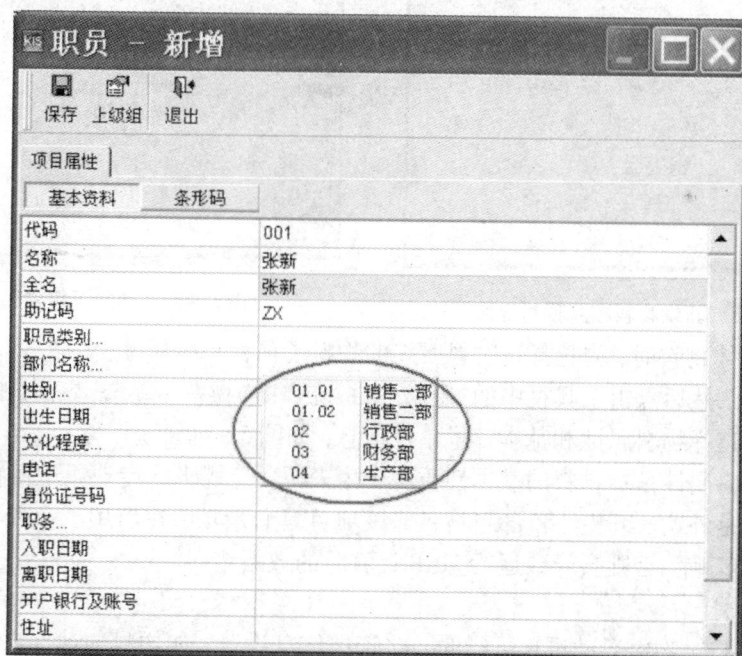

图 5 - 57　调用部门核算项目界面

注意：在运用系统的时候，部门、职员等信息和实际用户的部门、职员不完全一致，只有在业务管理过程中需要在信息系统中进行管理的部门和职员才需要维护到系统中，如果管理中无须对该部门、职员进行财务核算，则没有必要对该部门、职员在系统中进行设置。

七、物料数据的设置

物料是指企业采购、生产加工和销售过程中的所有原材料、半成品和产成品的统称。在单独使用"财务处理"模块进行管理时，根据管理的需要确定是否对物料资料进行维护，而在启用了"业务系统"时，必须将物料信息进行详细设置，以便在物料的购入、领用和调拨等环节引用物料信息，实现物料信息的共享。因此，对物料数据的设置就很重要。

物料设置的窗口包括4个选项卡：基本资料、物流资料、条形码和图片，每个选项卡都有物料属性信息，用户可以根据管理需要对相应的物料数据进行设置，如图5-58所示。

1. 基本资料

基本资料选项卡中对物料的代码、名称、属性、计量单位、存放地点等进行管理。为便于管理，和对客户的管理类似，对物料的管理也可以进行分大类进行，如分原材料、半成品、产成品等，如图5-59增加下级物料界面显示的是在物料核算项目下增加"01原材料"子项目。

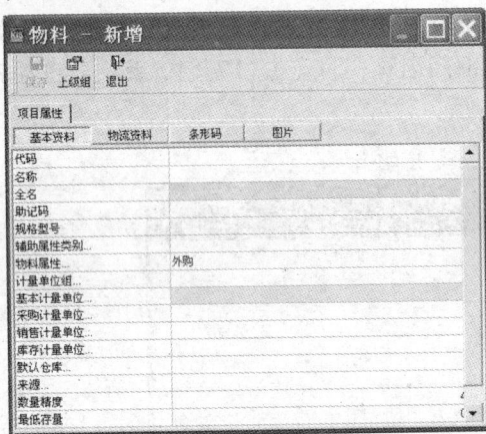

图5-58 新增物料核算项目界面

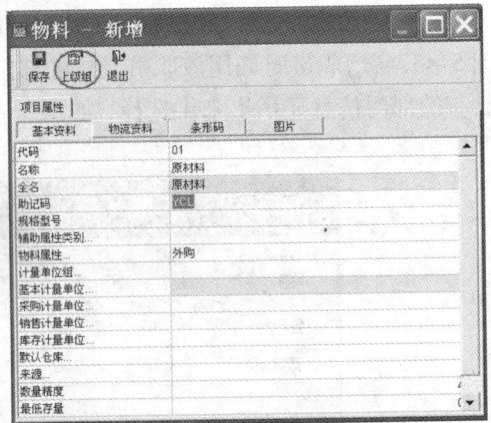

图5-59 增加下级物料界面

在增加具体物料时，先选择该物料所属的物料子项目，本例为"01原材料"，在右侧栏目中点击鼠标，然后点击工具栏中的"新增"，系统弹出"物料→新增"界面，按项目输入该物料的代码、选择物料属性和基本计量单位信息，如图5-60所示。

注意：物料属性是指物料的基本性质和产生来源。金蝶KIS专业版中对物料属性进行了预设，分别是外购、组装件和自制物料。该项目是必录项，在启用了业务系统时，该项目是必须设置正确，否则会导致运行MRP计算时的数据错误。

2. 物流资料

物流资料是对物料运动过程进行的一些管理信息设置，如物料的计价方法、存货的科目代码和收入、成本科目代码等信息。其中计价方法、存货的科目代码、销售收入科目代码和销售成本科目代码是必录项目。其他项目用户可以根据管理需要进行设置，如图5-61所示。

3. 条形码

条形码选项是对物料进行条形码管理时预设到系统中的物料信息，在该选项卡处可以进行条形码的设置和删除。

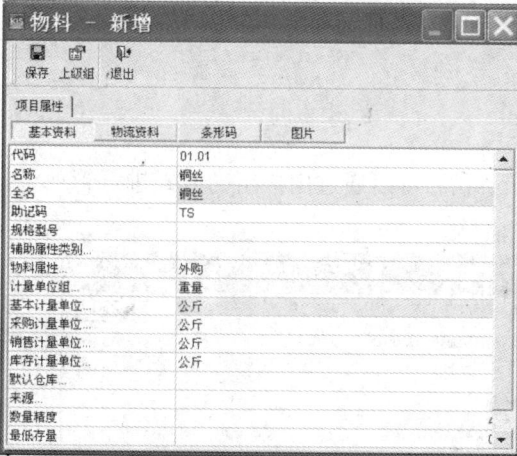

图 5-60 增加物料属性和基本计量信息

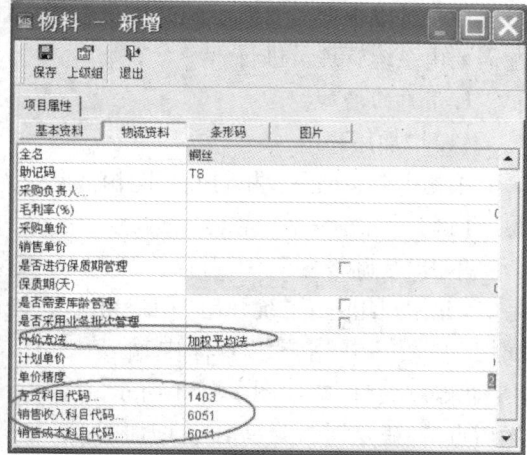

图 5-61 增加物料计价方法和科目界面

4. 图片

图片选项卡是为了方便物料管理人员查看实物图像,将物料的图片引入到系统中的界面,包括实物图、工程设计图纸等。在此选项卡可以进行物料图片的引入、删除操作。

八、系统用户及权限设置

系统用户是指能操作系统的人员。根据企业内部控制和管理的需要,按操作权限的不同,对系统用户的管理要进行不同的控制,以确定哪些岗位、哪些用户有权限登录哪些账套、哪些模块和字段,等等。

金蝶 KIS 专业版中预设了 Manager(系统管理员)和 Users、系统管理员组两个用户组,如图 5-62 所示。

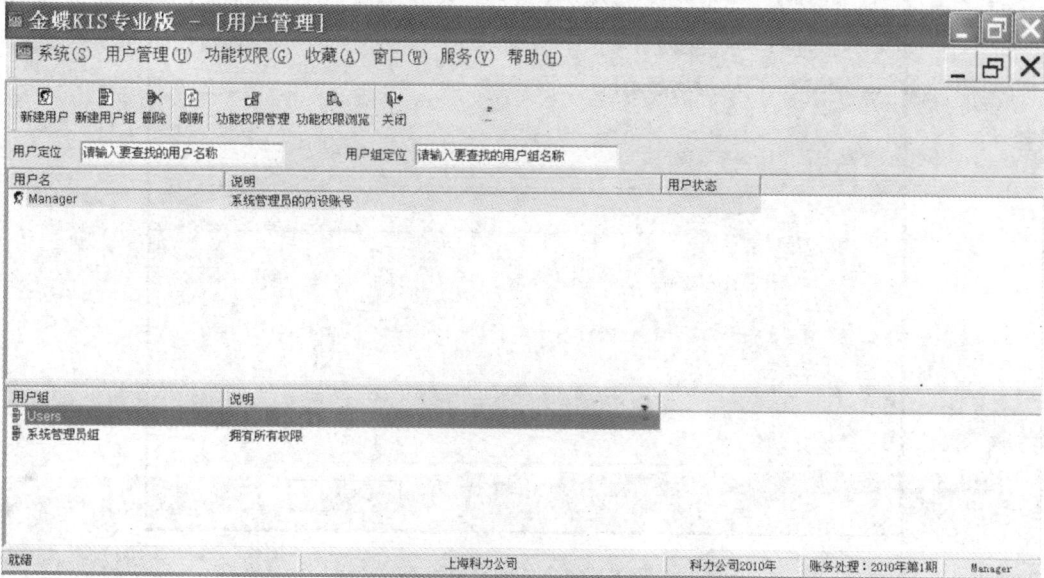

图 5-62 用户管理界面

用户可以根据需要对不同的用户进行增加和权限的设置操作。用户的增加和权限的分配需要由系统管理员进行。

1. 用户的增加

(1)增加用户组。

根据需要,对一些相同或职能相似岗位人员,我们可以通过用户组的方式进行管理。

【例】 新建一个名称为"应收账款会计"的用户组。

单击"基础设置"→"用户管理"→"新建用户组"→系统弹出"用户组属性"界面→在用户组名称中输入"应收账款会计",如图 5 - 63 所示,然后点击"确定"按钮,系统就增加了一个"应收账款会计"的用户组。

(2)增加用户。

【例】 在应收账款会计组中增加"陈小鹏"这个用户。

点击"新建用户"→在新增用户窗口中用户名录入"陈小鹏"→在"用户组"选项卡中选中"应收账款会计"→点击"添加"按钮→点击"确定"按钮,如图 5 - 64、图 5 - 65 所示。

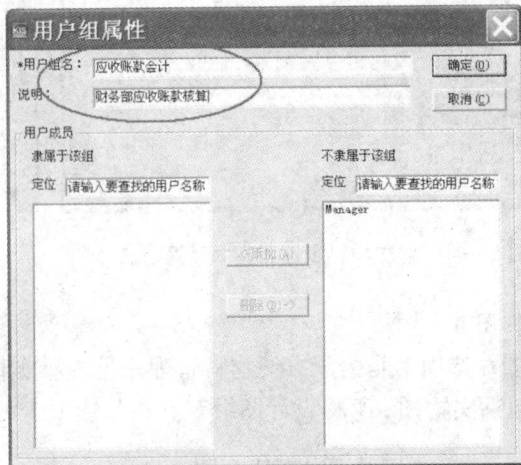

图 5 - 63 用户组属性编辑界面

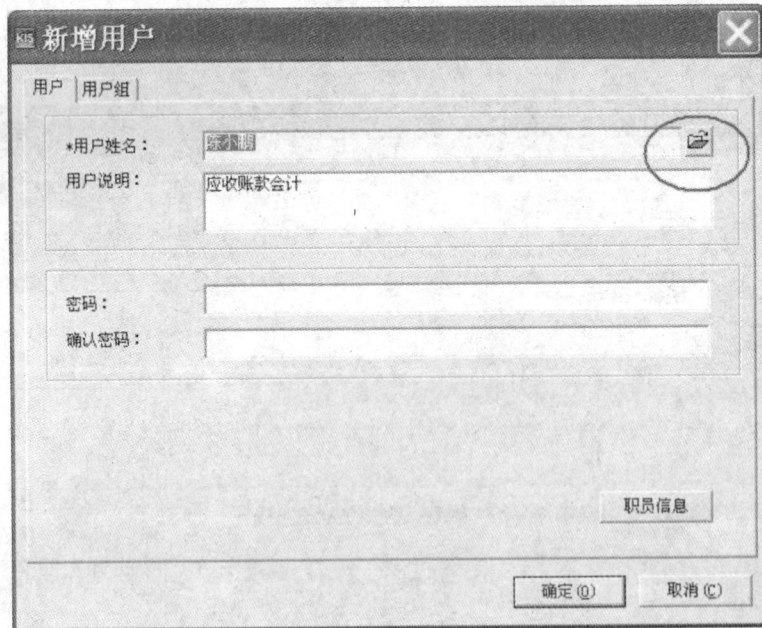

图 5 - 64 新增用户界面

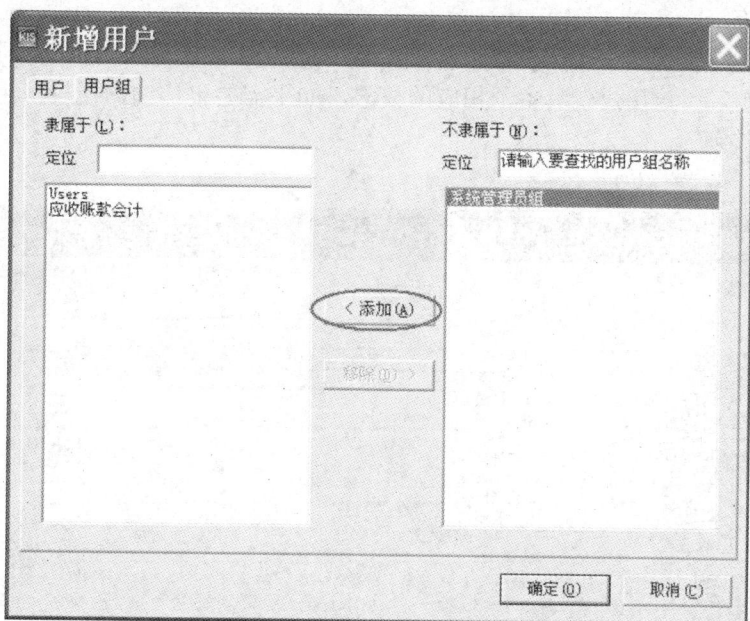

图 5-65 编辑用户隶属用户组

注意：在录入用户姓名时，如果"职员"核算项目已经设置了职员信息，也可以从职员信息中提取该用户信息。在增加用户的同时也可以进行密码的初始设置，用户自己在登录后可以修改。

2. 权限的设置

权限是为了对用户的职责进行控制所作的设置。常见的权限控制如会计凭证的制单人和审核人不能是同一人，采购人员不能兼任财务记账人员等等。

金蝶 KIS 专业版中对权限的分配有权限组和高级权限两种选择。

（1）权限组。

权限组是针对某一个模块给出的权限，分为查询权和管理权。查询权只能进行查看，管理权既能进行查看又能进行编辑等。权限组的设置比较简单，只需在相应的模块中勾选即可，适用于管理控制要求不高的用户使用。

（2）高级权限。

能根据某一模块的某一字段、职能对用户的详细权限给予设置的权限。有查询权、

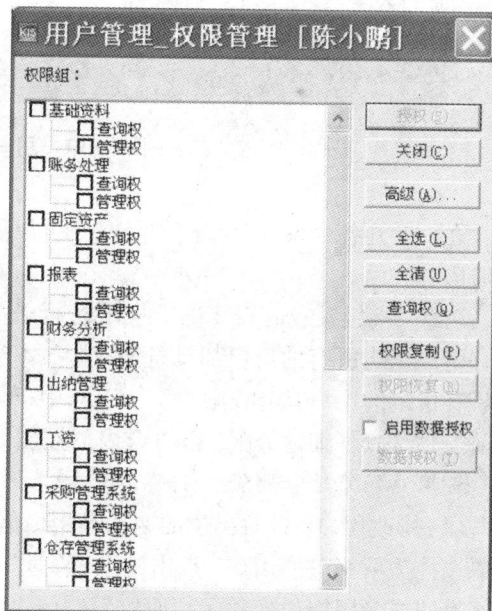

图 5-66 用户权限组管理

编辑权、引入数据、打印数据等权限，权限内容分配详细，符合管理控制精细化的要求，如图 5-66 所示。

（3）授权方法。

选择需要授权的用户→点击"功能权限管理"→根据不同的模块勾选"查询权"或"管理权"→点击"授权"，该用户就具备了相应的权限。如果需要更详细的授权，点击"高级"按钮，如图 5－67 所示。

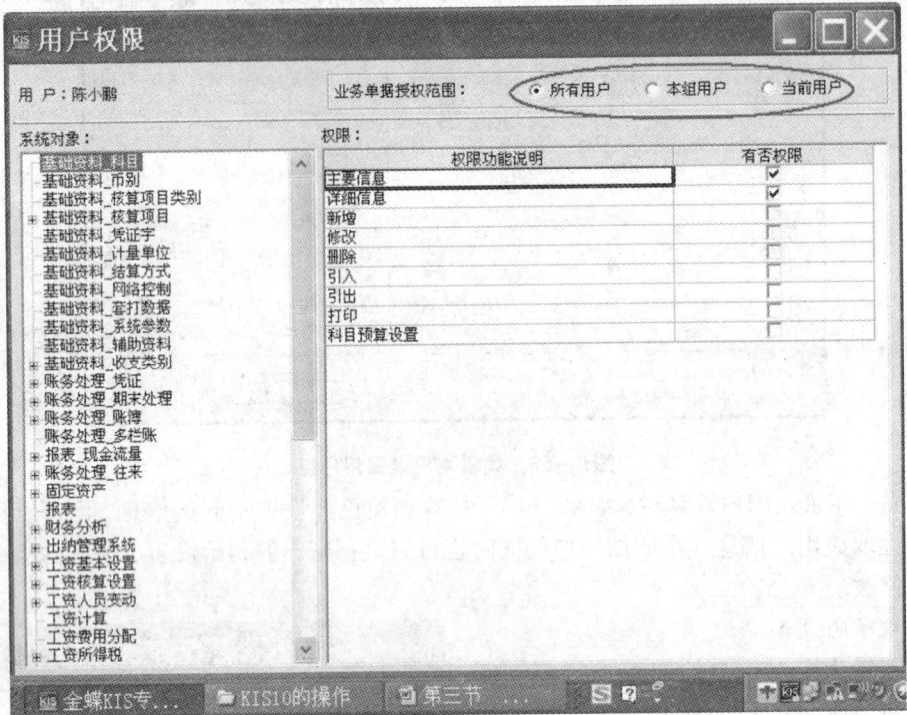

图 5－67　用户高级权限设置

逐一展开各个系统对象前的"＋"，可以展开该系统下的内容，在右边的权限栏目中进行勾选。

注意：高级授权时需要确定权限是授予"所有用户"、"本组用户"还是"当前用户"。所有用户是指所有的用户都具备该权限，本组用户是该用户组下的用户具有权限，当期用户只有指定的用户具有权限。实际工作中权限设置是一项非常重要而且细致的工作，在配置前需要认真仔细地分配，以符合内部控制的要求。

3．用户的修改和删除

（1）修改用户：针对岗位的变动等用户信息的变动，需要对用户属性进行修改的情况。可以选择需要修改的用户，点击"用户管理"→"属性"，在"用户属性"窗口进行修改。对已经离职或者因岗位变动无须原权限的用户，可以采用勾选"此账号禁止使用"，以禁止用户的权限。

（2）删除用户：针对已经设置了用户，但用户没有使用过系统的，也可以选定该用户后，在工具栏中点击"删除"，以删除该用户，但前提条件是该用户没有处理过数据。

九、上机日志

上机日志是详细记录各个系统用户在系统中登录、操作的时间和对象、结果信息的记录。金蝶 KIS 专业版中的上机日志允许 5 000 条的上机日志，超过该数量，系统会按照先进先出的方式删除上机日志。系统管理员可以定期地对上机日志进行引出，以作为档案查询、保留。

上机日志的查询方法：点击"基础设置"→"上机日志"，在过滤条件界面输入查询条件，如图 5 - 68 所示。

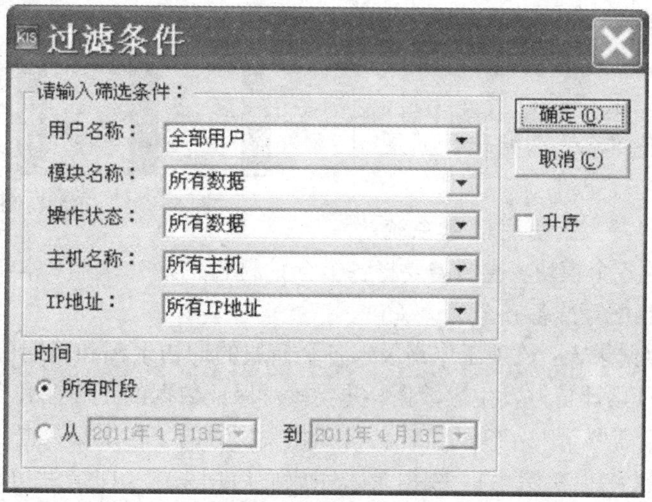

图 5 - 68　上机日志查询设置

查询条件设置完毕后，点击"确定"，系统将符合条件的上机日志信息显示出来，系统管理人员可以进行打印、引出和清除等操作，如图 5 - 69 所示。

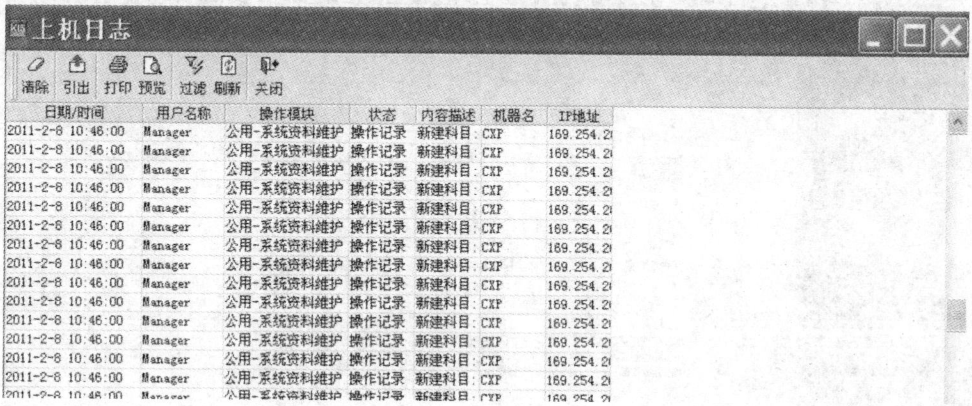

图 5 - 69　上机日志查询结果

第三节　系统初始化

　　基础设置完毕后需要进行系统的初始化，将业务系统和财务系统中的初始数据导入到系统中，以衔接手工业务和信息化环节中的数据。初始化数据的完整性、准确性直接导致今后会计核算的信息质量，初始化是会计信息化业务中的重要环节，是后续业务核算的基础，应该高度重视。

一、初始化的流程

　　初始化的整体流程如图 5 - 70 所示。

　　这个过程中，系统参数设置、基础资料设置前面章节我们都已经介绍过，本节主要就初始化准备、初始化数据录入和结束初始化进行介绍。

图 5 - 70　初始化流程图

　　(1)初始化准备：在使用信息系统前，为启用账套的各个模块，我们需要将各个会计科目的期初余额、本年累计发生额以及物料相关的结存数据等准备齐全。

　　(2)初始化数据录入：该项工作是录入各个模块的期初余额和当期(本年)累计借方发生额、当期(本年)累计贷方发生额数据，并要核对保证数据的正确性和完整性。如果是年初启用系统，则只需要录入年初的会计科目和相关物料的年初余额数据。

　　(3)启用系统(结束初始化)：数据录入完成后启用系统，即结束初始化工作，在启用系统后各个系统才能进行日常的业务处理。

　　在功能菜单中单击"初始化"，进入到图 5 - 71 所示界面。

图 5 - 71　KIS"初始化"界面

在实际业务处理中，各个初始化的过程要根据系统使用的模块来定，如系统启用了仓库管理，则需要对"存货初始数据"进行录入，如启用了"采购管理"和"销售管理"，则需要对"暂估入库单"和"未核销出库单"、"应收应付初始数据"进行录入。如果系统只使用"账务处理"模块，则只需要录入"科目初始数据"，如果系统使用了"固定资产"模块，还需要录入"固定资产初始数据"，等等。

在实际业务中，如果全部的模块都启用，金蝶 KIS 专业版中一般初始化的过程是先进行业务系统的初始化，然后再进行财务系统的初始化，最后是出纳系统初始化，且的是方便于将业务系统初始数据传递到财务系统，以提高初始化的效率。

1. 业务系统的初始化

和财务系统相区别，业务系统初始化是对存货初始数据、暂估入库单和未核销出库单三种业务数据进行的初始录入和初始化工作。

(1) 存货初始数据。

存货初始数据是指在系统启用时点所有仓库的物料结存数量和金额信息，包括当年累计的出入库数量和金额等。

点击"初始化"→"存货初始数据"，进入到图 5-72 所示界面。

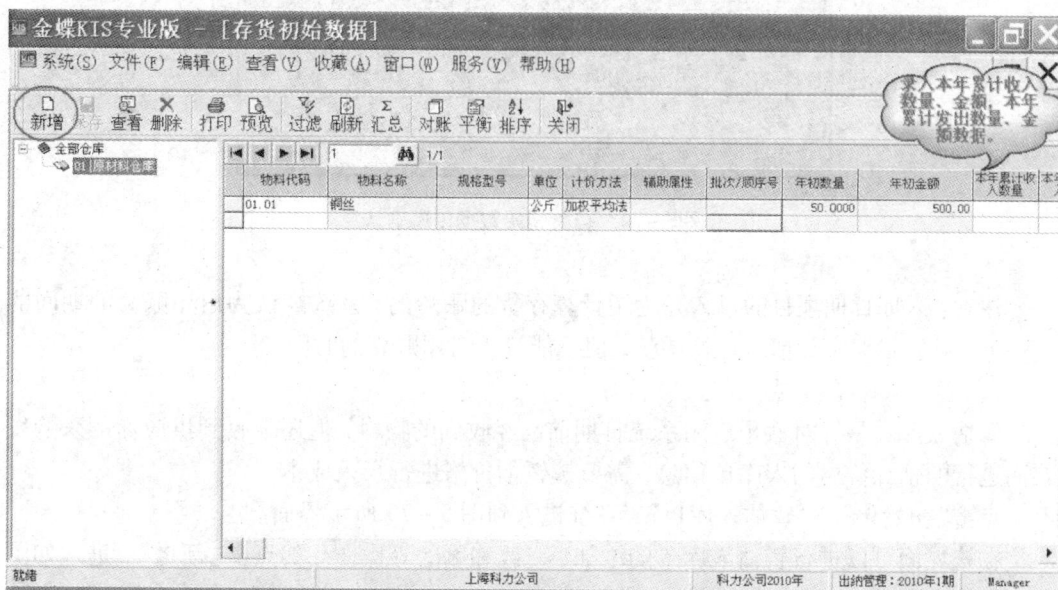

图 5-72 "存货初始数据"录入界面

在此界面中点击"物料代码"栏目，点击"F7"键获取系统预设的物料信息，可以将库存的物料名称、规格型号等调用出来，然后再录入年初数量、年初金额、本年累计收入数量、本年累计收入金额、本年累计发出数量、本年累计发出金额、期初数量、期初金额等信息。输入完毕后点击"保存"。单击"新增"可以新增一项物料的录入。

录入完毕后，可以单击工具栏中的"对账"按钮，系统进入到"对账"窗口，在此界面可以单击"传递"按钮，系统会将初始数据汇总传递到物料设置时对应的存货科目的"总账"

会计科目中，实现账务系统的初始化工作。如图 5－73 所示，系统弹出如图 5－74 所示，点击"是"执行传递。

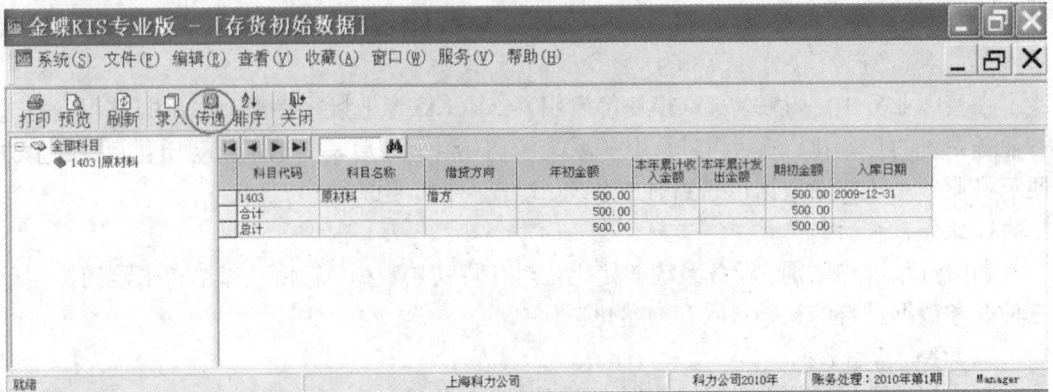

图 5－73　存货初始数据传递

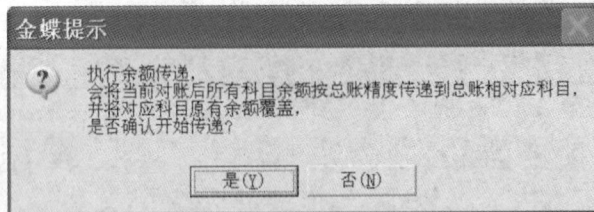

图 5－74　存货初始数据传递确认

注意：入库日期项目的录入是为了计算存货的账龄的，系统默认为启用账套的期间的前一天，可以根据实际情况进行调整，但不能晚于启用账套的时间。

（2）暂估入库单数据。

暂估入库单是针对截止启用系统日期前已经收到的物料，但还未收到供应商的采购发票而进行的估计价格的入库单信息，需要按暂估价格进行录入成本。

点击"初始化"→"暂估入库单"，系统进入到图 5－75 所示界面。

在该界面可以进行暂估入库单的增加、修改和删除等操作。如点击"新增"，进入如图 5－76 所示界面。

按采购入库单的录入方法对上述单据进行录入，提交审核就完成了暂估入库单的录入工作。

（3）未核销出库单数据。

未核销的出库单是指在启用系统之前，货物已经发出并开具了销售出库单，但企业尚未开出销售发票的出库数据。就未核销出库单数据进行录入可以方便今后开具销售发票时的核销，形成完整的业务闭环。

未核销出库单数据的初始化录入和暂估入库单数据类似，不再详述。

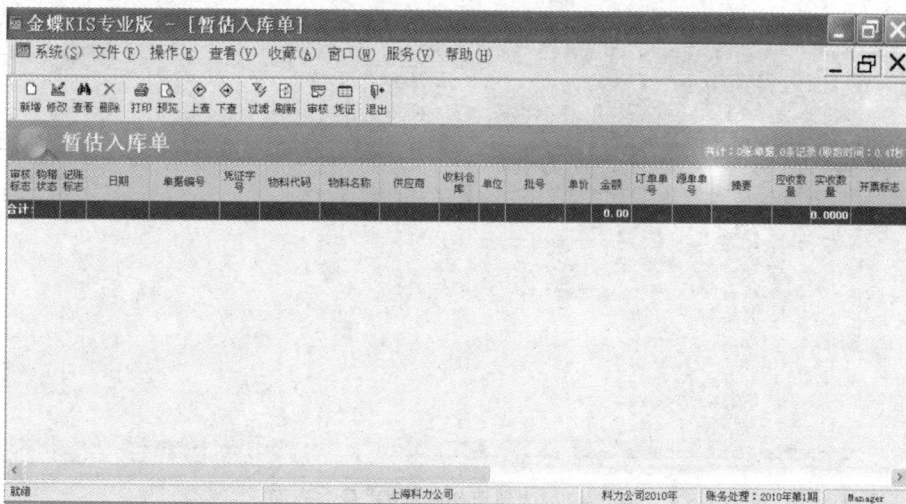

图 5－75　"暂估入库单"录入界面

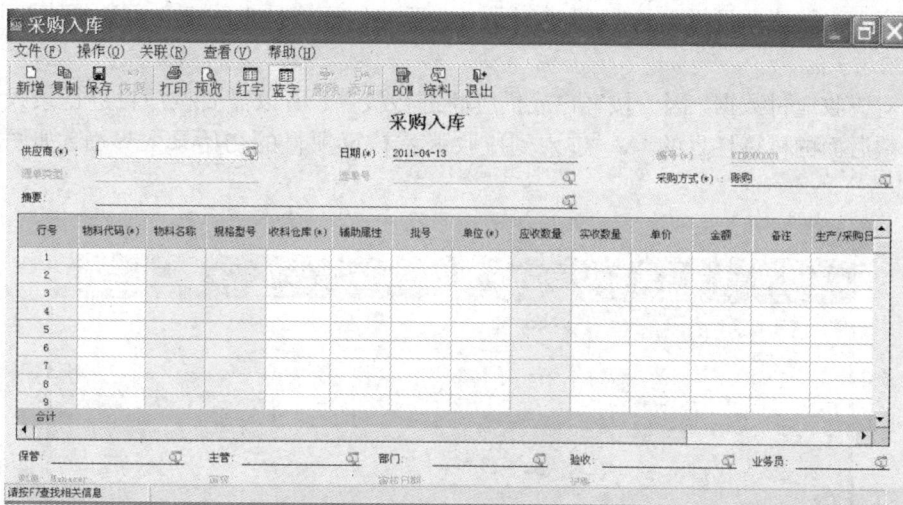

图 5－76　新增"暂估入库单"录入界面

二、财务系统的初始化

财务系统的初始化是指财务业务处理系统的初始化，主要包括总账科目、固定资产、现金流量项目、应收和应付项目、出纳业务共 5 项的初始数据和初始化。

1. 科目初始数据

科目初始数据指将系统启用时截止到该会计期间所有科目的期初余额和累计借方发生额、贷方发生额数据录入到系统中。包括本外币业务、数量金额账项目、明细核算项目数据。

科目初始化的操作过程如下：单击"初始化"→单击"科目初始数据"，系统进入到"科目初始余额"录入窗口，如图 5－77 所示。

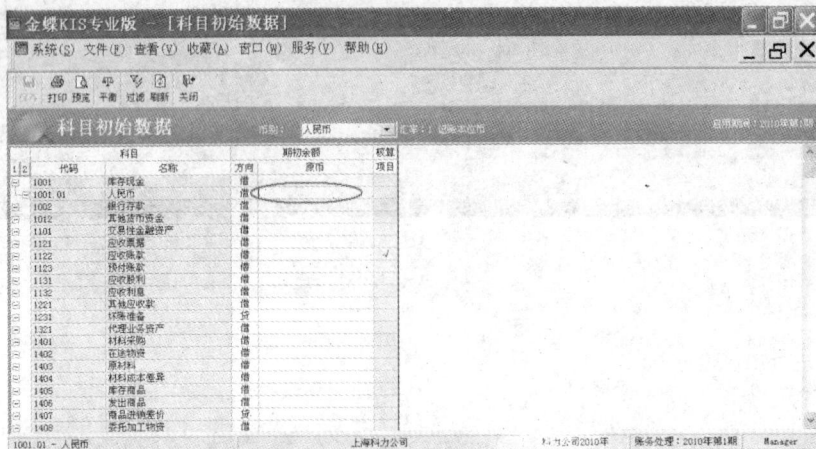

图 5 - 77 "科目初始数据"录入界面

在该界面中只有栏目反显为白色的区域可以直接录入，设置有按核算项目进行核算的科目需要点击核算项目栏中的"√"进行录入，而黄色区域是由明细科目数据直接汇总形成，无须录入。

如对应收应付数据，因为按客户或供应商进行核算，所以需要按项目进行录入，点击应收账款后面的核算栏目的"√"进入到应收账款核算项目的初始录入界面，如图 5 - 78 所示。

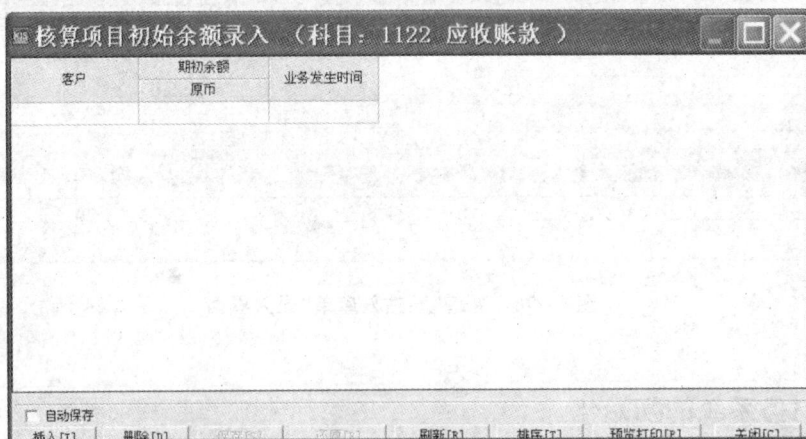

图 5 - 78 "核算项目初始余额"录入界面

在客户栏中点击"F7"按键，选择客户，按客户情况将该客户的应收账款余额和该业务的发生时间录入到相应栏目，点击"保存退出"，如图 5 - 79 所示。

所有科目的初始数据录入完成后，需要校验数据是否平衡，如果有外币业务，校验时必须选择"综合本位币"状态，然后点击工具栏中的"平衡"按钮进行试算平衡检查，如图 5 - 80 所示。

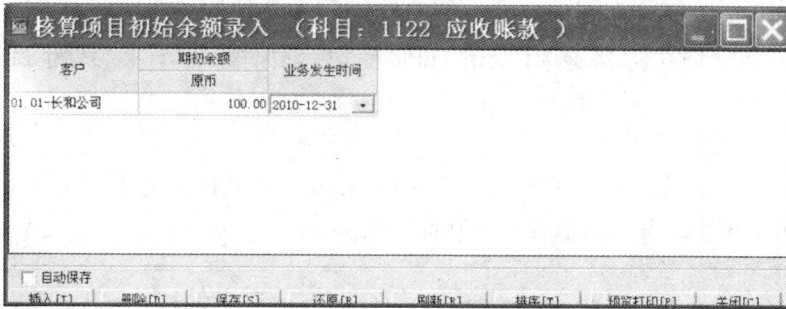

图 5 – 79 "应收账款核算项目初始余额录入"界面

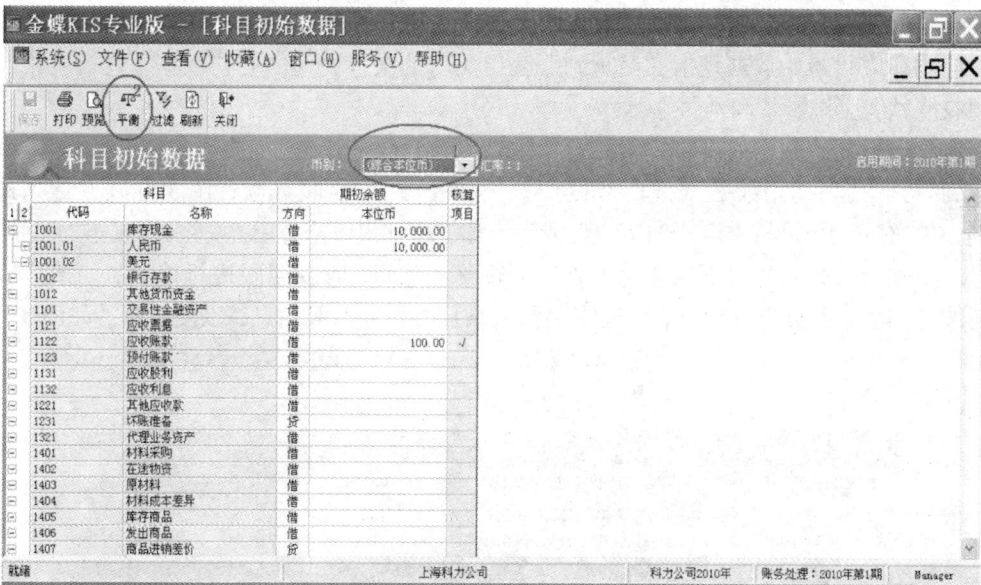

图 5 – 80 初始数据平衡检查

如果不平衡，系统返回"科目初始余额录入"窗口，要求检查数据，直到试算平衡为止，如图 5 – 81 所示。

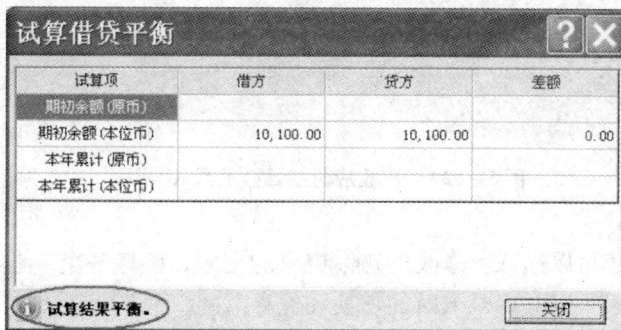

图 5 – 81 初始数据试算借贷平衡

注意：在"年中"启用账套进行核算时，需要录入截止到年中启用账套时的本年累计借方金额和本年累计贷方金额，否则当年的利润表金额会出错。而且必须保证试算平衡后才能启用财务系统。

2．固定资产的初始化

固定资产初始化是将启用账套时之前的所有固定资产数据通过新增固定资产卡片方式录入到系统中的过程，具体的过程请阅其他相关章节。

3．现金流量的初始化

现金流量初始化是对在年中启用账套时，对启用账套前的现金流量的数据进行录入，以便于系统计算出"全年"的现金流量表。录入方法和前面的会计科目初始数据的录入类似，不再详述。

4．应收应付初始数据

应收和应付初始数据是指在截止到账套启用时的会计期间的期初数据，包括应收账款和预收账款，应付账款和预付账款。

应收应付初始数据的操作过程如下：单击"初始化"→单击"应收应付初始数据"，系统进入到"应收应付初始数据"窗口。如录入"长和公司"的应收账款，在该窗口下首先选择币别，在"客户代码"栏中点击"F7"键（或者点击工具栏中的"查看"按钮），点击"明细"下的"√"，在应收账款栏目下录入金额，将业务发生时间、收款期限进行修改，如果应收账款还按部门、业务员进行核算，则还需要录入部门、业务员等信息，以便管理，如图 5 - 82 所示。

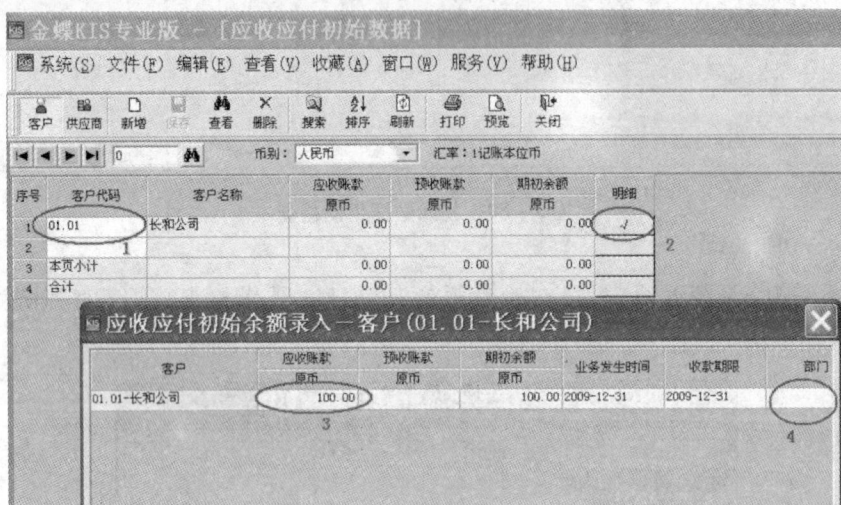

图 5 - 82　"应收应付初始数据录入"界面

在该界面下系统可以插入、修改、删除相应的记录，在有多个应收账款初始数据时，可以勾选"自动保存"，以减少录入时的切换和保存时间，便于快速录入，如图 5 - 83 所示。

注意：应收应付初始数据有余额法和明细法两种录入方法。余额法是将截止启用期间时该客户或供应商所有未收或未付的数据汇总为一条记录录入；明细法则是将截止启用期

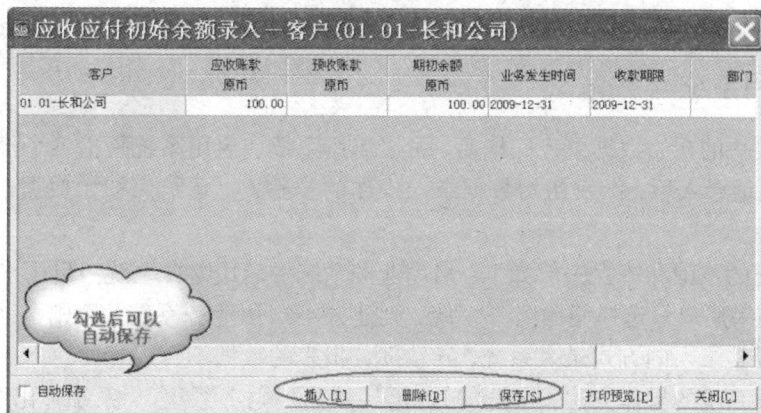

图 5 – 83 应收应付初始余额客户录入界面

间客户未收到的应收款项余额或向供应商未支付的所有的往来款项逐一地一条一条地录入到系统中。用户根据自己的情况进行使用。另外，对应收应付初始数据可以通过"传递到科目初始化"的方法将数据直接传递到总账科目中，以减少直接在总账中进行科目数据录入的工作，并确保应收应付数据和总账相应科目数据的统一性。

具体操作"传递到科目初始化"的方法如下：

在应收应付初始数据窗口点击"文件"→"传递到科目初始化"，如图5 – 84 所示。

分别点击应收账款总账科目后面的"获取"按钮，选择"应收账款"对应的总账科目"1122"和预收账款对应的总账科目"2203"，将应付账款和预付账款的总账科目"2202"和"1123"相应选择。然后点击"确定"按钮。

注意：如果应收账款和应付账款没有分别设置按客户和供应商进行核

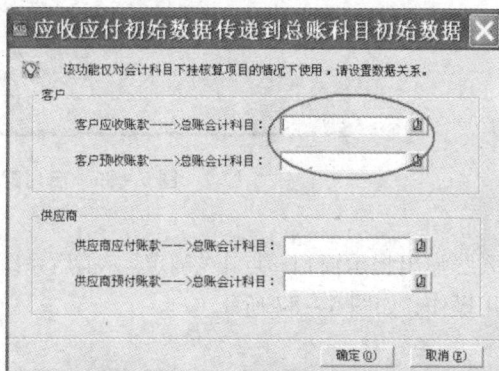

图 5 – 84 应收应付初始数据传递到总账科目初始数据

算，系统会提出提示要求设置按客户或供应商核算，此时要设置科目对应的核算项目。

设置完毕，系统弹出提示窗口，点击"是"，即可将应收应付数据传递到总账科目中，传递完毕系统提示"传递成功"，如图 5 – 85 所示。

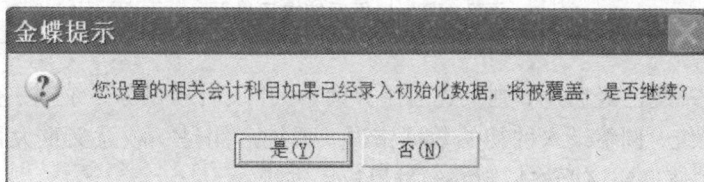

图 5 – 85 传递初始化数据提示

对应付账款的录入方法也是类似的，读者可以参照进行操作学习。

三、启用系统

当各个模块的初始数据录入完毕后，可以启用系统。启用系统是指各个模块的初始数据准确、完整地录入后，结束初始数据录入操作的步骤，一旦结束初始数据录入，即启用了系统。

启用系统的范围和流程一般如下：启用业务系统→启用财务系统→启用出纳系统。

注意：如果用户只选择使用财务系统，则建议不启用业务系统，否则，后续的期初数据只能采用调整录入的方式录入系统，导致部分报表的数据不直观。

启用财务系统的操作方法：点击"初始化"→"启用财务系统"，系统弹出"启用财务系统"，单击"开始"，如图 5 – 86 所示。

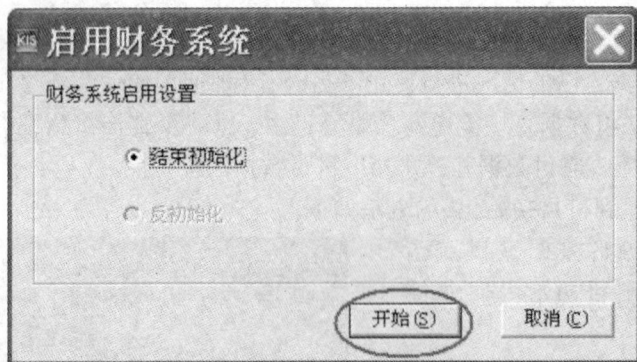

图 5 – 86　启用财务系统界面

系统弹出提示窗口，点击"确定"，稍后系统会提示系统启用成功，单击"确定"结束系统启用操作，如图 5 – 87 所示。

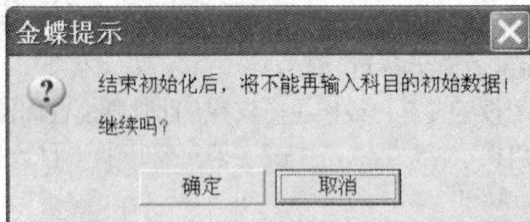

图 5 – 87　启用系统提示界面

注意：如果系统已经启用，则上述启用界面中的"反启用财务系统"按钮将被激活，此时可以反启用系统，调整录入的初始数据错误。系统启用是一项意义重大且谨慎的操作，对"反启用"这种情形应该严格控制并经过授权后进行。

第四节 金蝶总账业务与报表查询

一、账务处理

凭证是会计核算的基本载体,会计循环的过程对会计凭证的审核和记账是会计核算的日常内容。在金蝶 KIS 专业版中,"账务处理"模块是它的核心,这个模块的基本功能包括凭证填制、审核和记账、查询、修改、打印等,它还可以接收来自业务系统的凭证,如来自采购业务的材料采购凭证和来自销售管理的销售业务凭证,来自固定资产的折旧凭证等,对一些需定期结转的科目,"账务处理"模块会按转账定义自动生成结转凭证,自动结转损益等。在会计凭证审核完毕后需要通过"过账"登记到账簿中进行记录和反映,形成总分类账和明细分类账、科目余额表等,以便于用户查询。在账簿报表栏目,系统还提供了总分类账、明细分类账和科目日报表、余额表等报表供查询。

1. 凭证处理

日常会计核算工作都是通过凭证来进行的,凭证的正确与否影响到会计系统的可靠性,在处理凭证的过程中务必保证信息输入的正确性,并经过相关的审核后将凭证数据录入到总账和明细账。凭证处理的基本业务包括:凭证的录入、查询、修改、删除、审核、打印、过账等。下面将结合具体的案例对这些基本业务的使用进行介绍。

(1)凭证录入。

金蝶 KIS 专业版中凭证录入界面和现实中的记账凭证的格式类似,点击进入"凭证处理",系统弹出如图 5-88 所示界面。

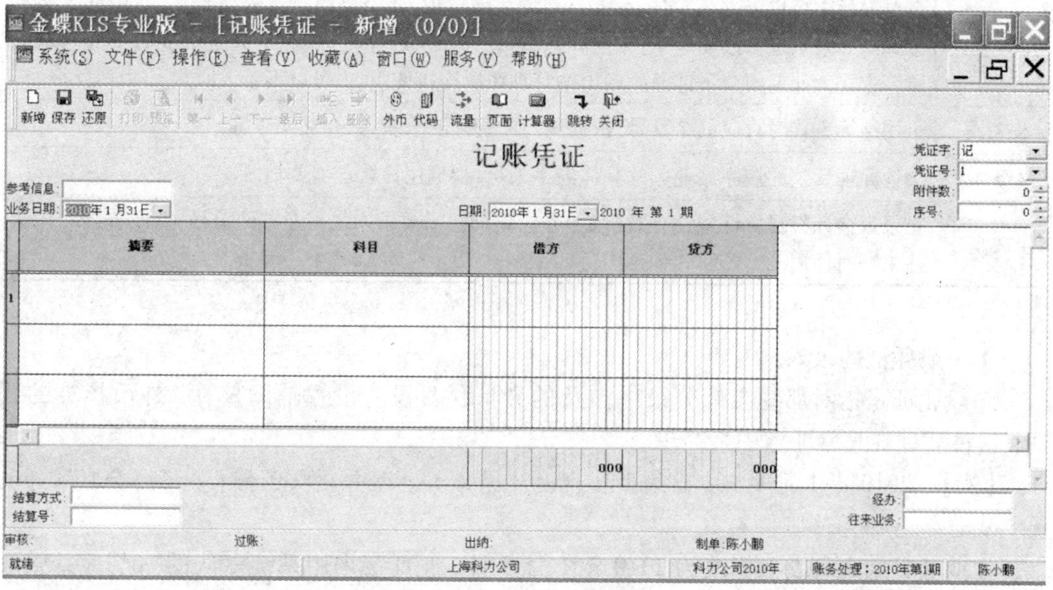

图 5-88 记账凭证新增界面

在此界面下，用户可以录入原始凭证中反映的信息，形成记账凭证，系统提供了自动校验借贷方平衡的功能，对借贷方合计不等的业务，系统会自动提示不能保存。

记账凭证新增界面下的各个项目主要功能如表 5 – 1 所示。

表 5 – 1　记账凭证新增界面项目功能列表

栏目	功能说明
参考信息	进行凭证的辅助信息录入，可以设置成凭证的查询条件，如不需要，可以为空
业务日期	凭证涉及的业务的发生日期，可以修改
日期	凭证录入的日期，可以修改。但日期只能在已经打开的会计期之内的时间
凭证字	记账凭证的凭证字，如果有多个凭证字，可以选择
凭证号	凭证的编号和系统的参数设置有关，一般是自动递增生成，如果设置可以人工修改，也可以设置修改
附件数	记账凭证所附的原始单据等附件的张数，根据业务需要录入
序号	凭证的顺序号，由系统自动生成，不能修改
摘要	记账凭证的摘要内容，需要录入
科目	记账凭证涉及的会计科目，可以双击或点击 F7 键选择会计科目
借方/贷方	分别需要录入借方发生金额和贷方发生金额的栏目。录入时可以移动光标进行修改数据，录入红字发生额(负数金额)需在录入前或录入完毕后点击"–"号进行转换，以实现负数录入
合计	系统自动累计金额产生
结算方式	在对银行类科目进行行录入时，系统自动激活该选项，并需要用户录入如支票、信用证等结算方式。如果系统参数设置了"银行存款科目必须输入结算方式和结算号"选项，则必须录入结算方式。如果用户不选择使用出纳管理系统连接使用，也可以不录入
结算号	采用结算方式时对应的结算号，根据用户的管理要求录入，如支票号等
经办	会计凭证反映的该原始业务的具体经手人员，根据用户管理需要填录
往来业务	在录入会计科目属性中设有"往来业务核算"时，需要录入往来业务的编号，以便查询和核销往来账时使用

①一般凭证的录入。

一般凭证是指对那些会计分录中涉及的会计科目没有设置辅助核算、外币核算的凭证，这种凭证在日常业务中最简单。

【例】　2010 年 1 月 8 日，出纳开出现金支票，从银行中提取现金人民币 3 000 元，现要完成这笔会计凭证的录入。

在业务日期和日期栏修改为 2010 年 1 月 8 日，凭证字采用系统默认的"记"字，凭证号由系统自动生成，附件数点击录入"1"。将光标移到摘要栏，进行摘要录入。摘要录入的两种方法：

方法一：直接录入。在摘要栏中直接输入相关的摘要，如"提取现金"。

　　方法二：建立摘要库，选择录入。这种情况比较适用经常发生的性质相同的业务，为其建立一个摘要库，通过提取的方式选择，减少摘要的录入工作。摘要库的建立方法：将光标移到摘要栏，点击 F7 键，或点击工具栏中的"代码"按钮，系统弹出"财务摘要库"窗口，点击"新增"，在类别中选择 📖 进入到新增"摘要类别"的栏目，点击"新增"后激活摘要类别名称栏，在该栏中输入摘要类别名称，点击"保存"、"退出"后返回到"财务摘要库"窗口，如图 5-89 所示。

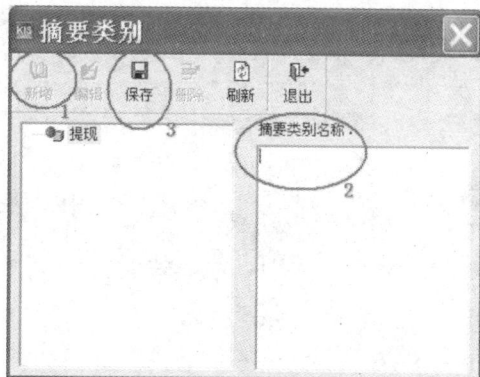

图 5-89　摘要类别设置界面

　　为该摘要定义一个代码，如"1"，在名称栏输入摘要的内容，保存后退出，如图 5-90 所示。

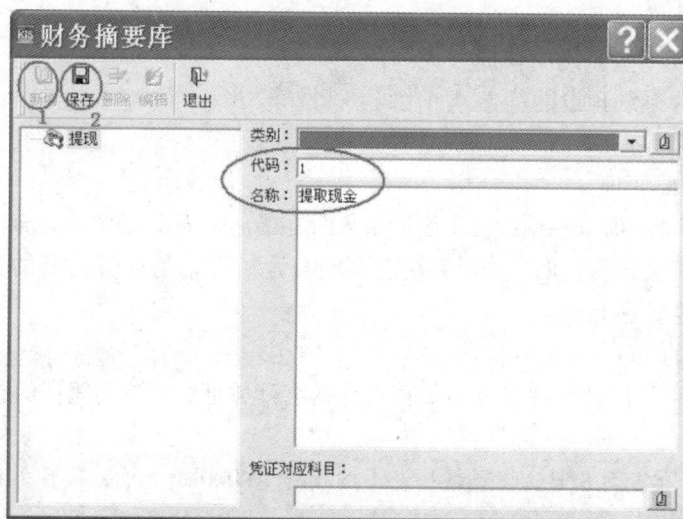

图 5-90　财务摘要库设置界面

　　对"凭证对应的科目"可以预先设置，今后选择该摘要时也会自动带出预设的会计科目。

　　完成摘要库的预定义后，可以按 F7 进入摘要库选择摘要。选择完毕，回车进入到科目栏，此时可以通过双击或点击 F7 键选择会计科目，在输入会计科目时，必须输入最明细的科目，如本例中的"1001.01→库存现金→人民币"科目，按回车，进入到"借方"栏目，输入金额"3 000"，回车后光标移到第二条分录，按 F7 键可以选择摘要，如果摘要和上一行分录一致，在英文状态下输入".."可以快速地拷贝上一行的摘要。在科目栏按 F7 选择科目，如"1002→银行存款"，回车后进入贷方栏目，输入贷方发生金额"3 000"，点击"保存"保存凭证，如图 5-91 所示。

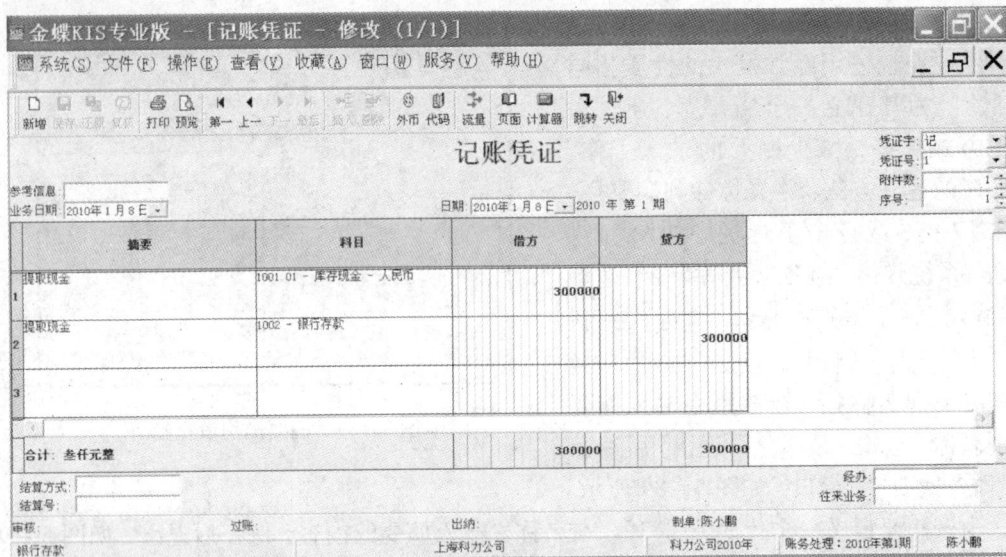

图 5 – 91　记账凭证修改界面

凭证录入时的一些常用的快捷方式：

F7：快速选择系统预设的信息，如代码、科目等。

F4：新增记账凭证。

F12：保存当前凭证。

CTRL + F7：自动借贷平衡，减少凭证录入时在最后一条分录中录入金额的工作。

注意：在选择会计科目时，如果系统已有的会计科目不是业务需要的，用户可以根据需要增设、修改会计科目。

②外币凭证的录入。

对一些会计科目属性设置了外币核算功能的会计凭证，对该类凭证的录入需要输入币别和相应的汇率。

【例】　2010 年 1 月 8 日，收到某投资人的投资 10 000 美元，款项存入银行。系统预设的记账汇率为 6.88。

由于收到的是外币，因此设置科目"银行存款→美元账户"进行核算，对美元币种当期的记账汇率是 1∶6.88，这些设置在科目设置时需要设置完毕。

进入到凭证录入，输入摘要后，选择会计科目，系统自动弹出外币的"币种、汇率、原币金额"栏目，在借方栏目会自动核算出本币金额。回车后继续录入第二行会计分录的科目和金额，录入完毕后点击"保存"按钮，保存当前凭证，如图 5 – 92 所示。

③数量金额凭证的录入。

数量金额凭证是指会计科目设置的核算属性有"数量金额辅助核算"时的记账凭证。如存货的有关科目均需要按数量金额核算，这种凭证录入时，和外币凭证录入类似，只是需要录入"币别、汇率"下的"单位、单价、数量"，系统会根据录入的单价和数量，自动核算出借方或贷方金额。

【例】　购入一批原材料，共 20 公斤，价格为每公斤 500 元。款项以现金支付。

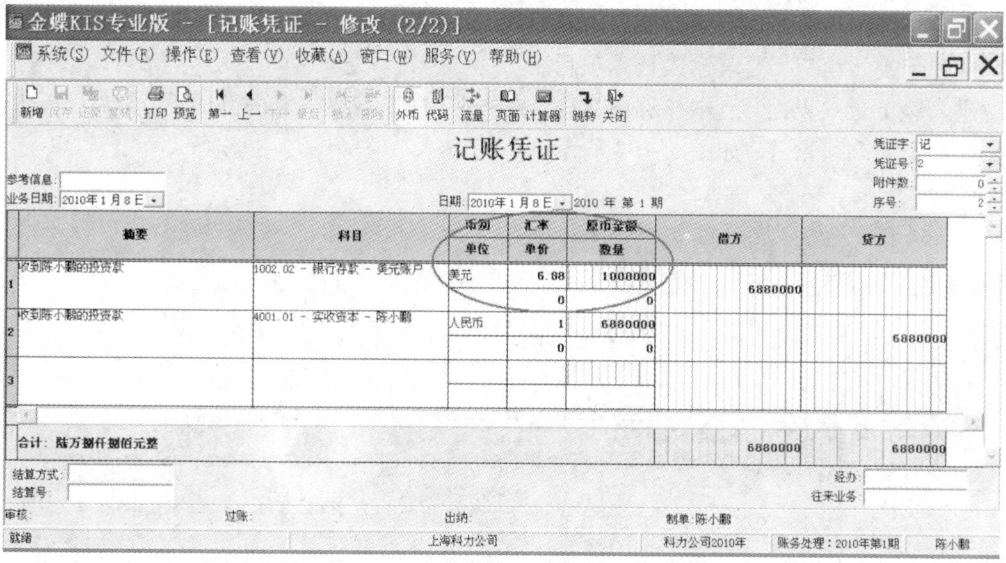

图 5 - 92　外币凭证录入界面

具体操作的记账凭证录入界面如图 5 - 93 所示。

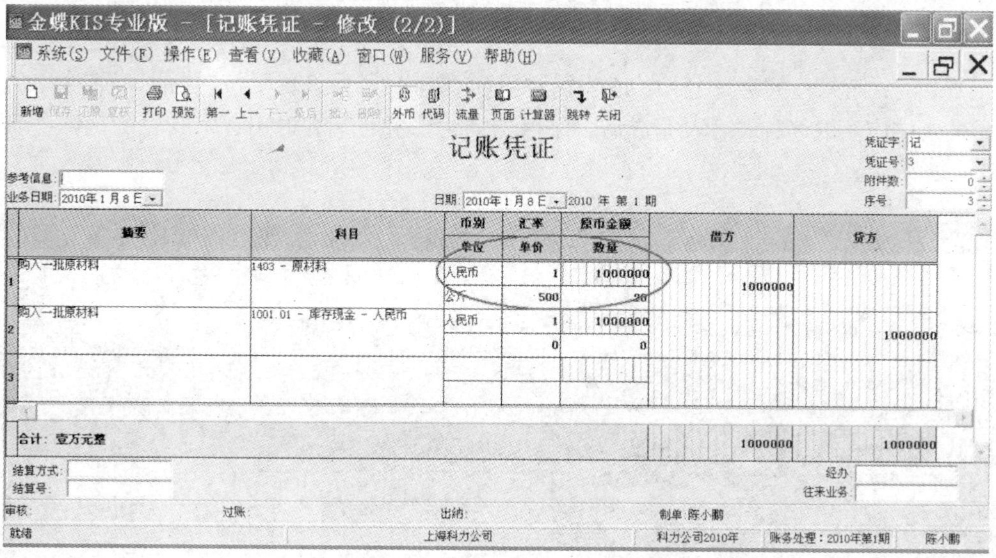

图 5 - 93　数量金额凭证录入界面

④带核算项目的凭证的录入。

带核算项目的凭证是指凭证中涉及的会计科目设置了项目辅助核算的凭证。这种凭证需要根据业务核算的要求正确选择核算项目。

【例】　向供应商桂林七星区育才路文化步行街 KS 十字绣专卖店购入一批礼品,作为行政部门日常使用,价格共 5 000 元,货已经送到并办理了验收,款项未付。

在录入该会计分录时，因为公司对科目"管理费用——礼品费"设置了按部门核算，所以系统弹出提示窗口，要求输入核算项目。

进入凭证录入界面，点击核算项目栏，点击 F7 选择需要核算的部门后，继续下一步录入相关的金额和科目等，如图 5–94 所示。

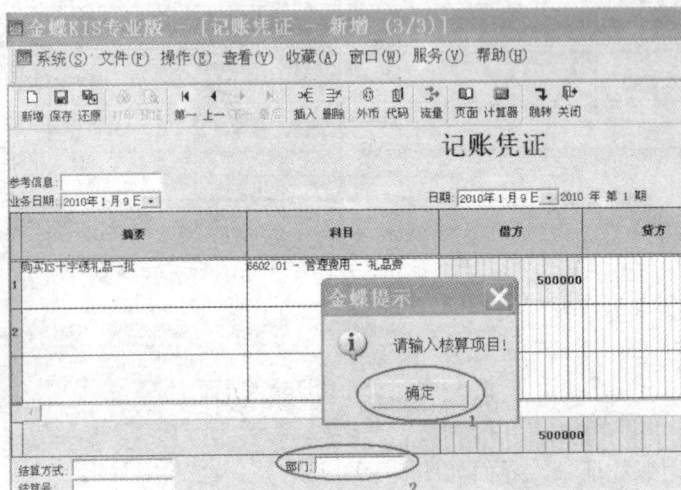

图 5–94　带核算项目的记账凭证录入界面

类似的，第二行的会计分录，该公司对"应付账款"科目设置了按"供应商"核算，需要选择录入供应商的名称，输入完成后，保存当期记账凭证后，退出，完成后的记账凭证如图 5–95 所示。

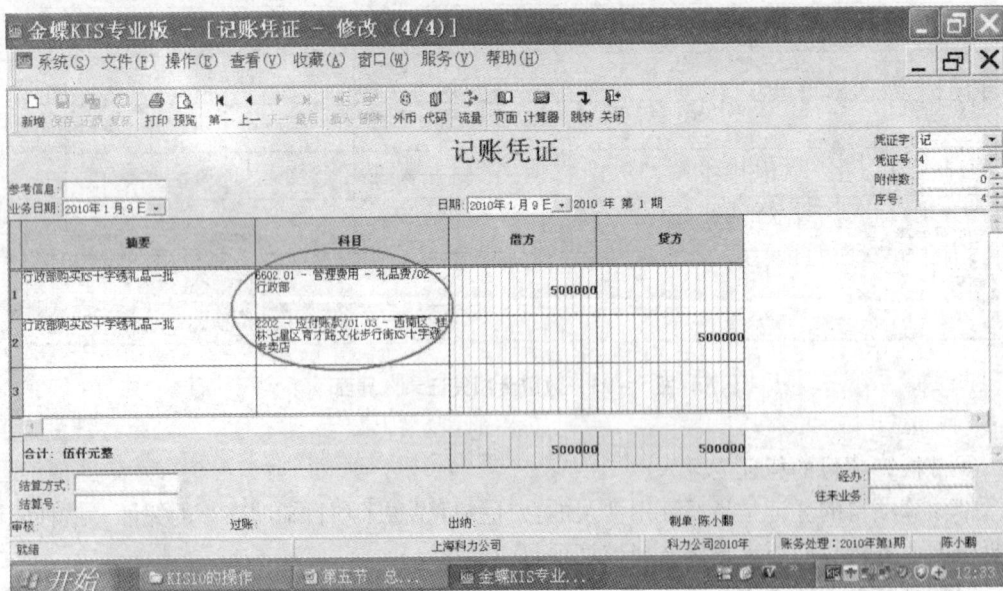

图 5–95　带核算项目记账凭证的会计分录录入界面

（2）凭证管理。

凭证管理是对凭证进行查询、审核、修改、删除、打印等功能的操作。

①凭证查询。点击"账务处理"→"凭证查询"，系统进入到"凭证过滤"条件设置窗口，在该窗口下可以设置各种查询条件查找符合条件的凭证。

"条件"选项卡可以设置按凭证或分录查询，按本位币或外币查询，按凭证的状态（未审核、已审核、未过账、已过账、未复核、已复核）进行查询，系统默认是查询全部凭证，如图 5 – 96 所示。

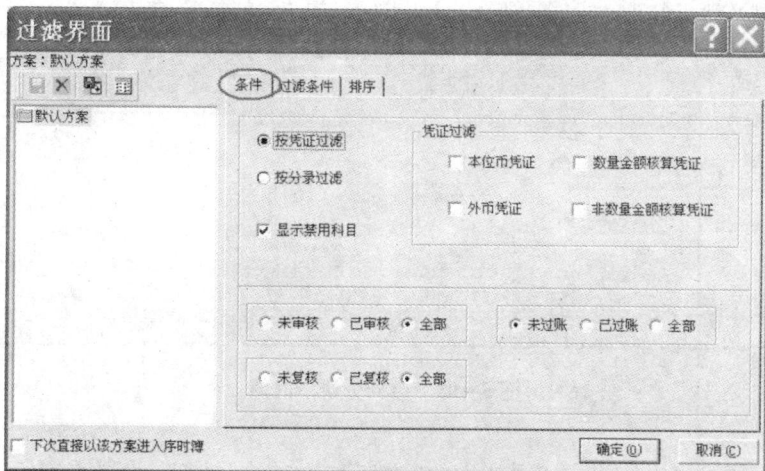

图 5 – 96　凭证查询条件设置界面

选项卡"过滤条件"是设置组合查询条件的栏目，根据各种查询条件字段，输入比较的符号" ＝ "、" ＞ "、" ＜ "等，设定比较值（即确定的条件）后进行查询，如查询所有会计期为 1 月且制单人为"陈小鹏"的记账凭证，输入如图 5 – 97 所示的类似条件后点击"确定"按钮。

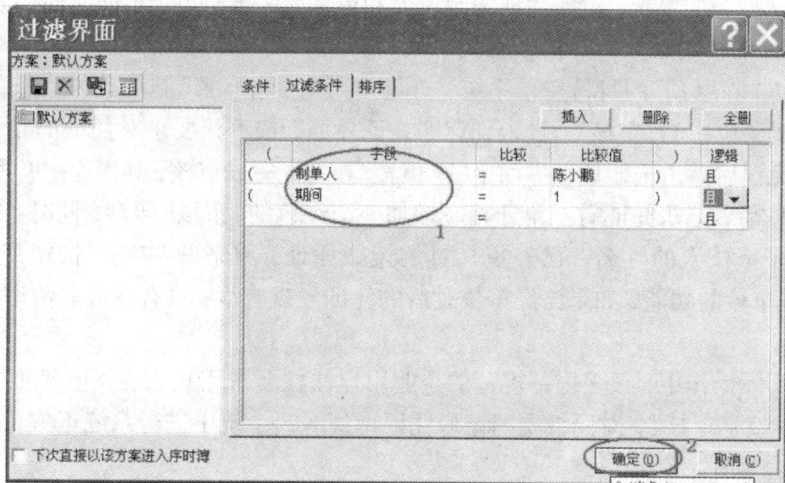

图 5 – 97　设置查询条件

系统弹出查询过后的符合条件的记账凭证信息，如图 5 - 98 所示。

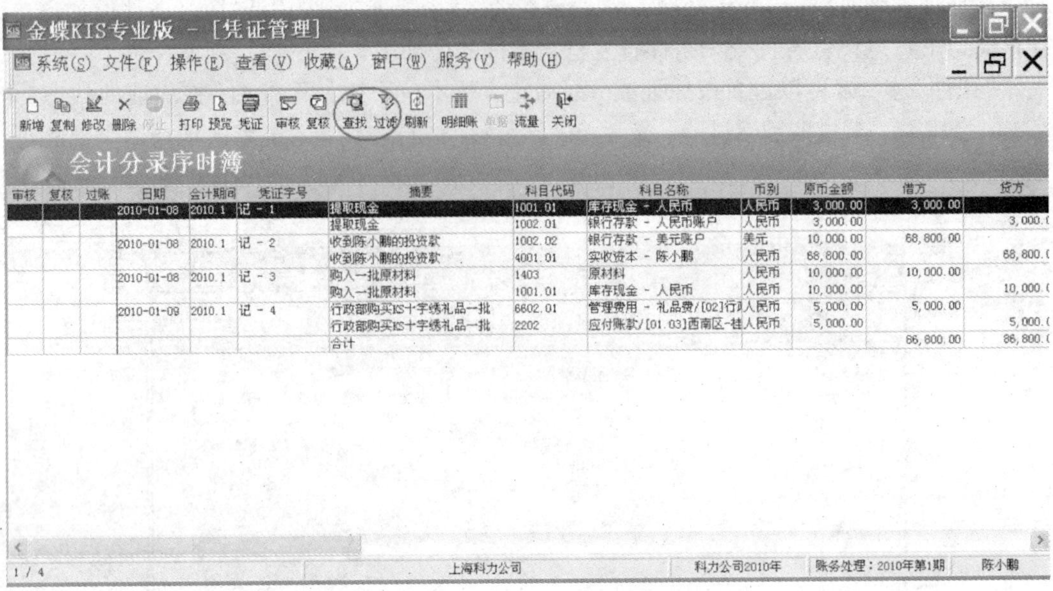

图 5 - 98 会计分录序时簿

在该界面还可以继续点击工具栏中的"查询"或"过滤"按钮，设置查询条件继续查询。

注意：如果对一些常用的查询条件，可以设置为查询模板方案，即在查询条件设置完毕后，点击过滤界面窗口上的另存为按钮"📇"，在弹出的"保存设置"窗口，录入保存方案的名称后，单击"确定"按钮，今后在查询时可以直接选用该方案，无须再次输入即可按方案设置的条件查询出需要的记账凭证。

②凭证审核。记账凭证在记入账簿之前需要进行审核，以保证登记在账簿的凭证的正确性。按内部控制的要求，记账凭证的制单人和审核人需要分开，不能是同一人。

【例】 以审核人身份"陈思勤"对制单人"陈小鹏"的凭证进行审核。

以审核人"陈思勤"的身份登录系统，查询出所有"陈小鹏"制单且未审核的记账凭证后，点击工具菜单中的"审核"，进入到记账凭证界面，按审核要求对凭证的相关内容进行审核，审核无误后点击记账凭证界面上的"审核"按钮，完成审核，如图 5 - 99 所示。

审核完毕后，记账凭证右上角处相应增加一个红色的"审核"印章，同时，审核人栏处相应地增加了审核人的姓名。已经审核过的记账凭证，原来的"审核"按钮变成了"反审核"，即取消审核的功能，如果已经审核过后的凭证发现有误，只有在被取消审核后才能进行修改。

注意：实际操作中，很多内部规范的企业用户往往要求审核人在 KIS 纸面打印的记账凭证中进行"签字审核"，对照纸质的记账凭证再到 KIS 系统中进行系统审核，以保证审核的严肃性和完整性。

KIS 专业版除了单个的凭证进行审核外，还提供了"成批审核"的功能，此操作在"凭证管理"界面的工具栏点击"操作"→点击"成批审核"后实现。点击该按钮后，系统弹出如

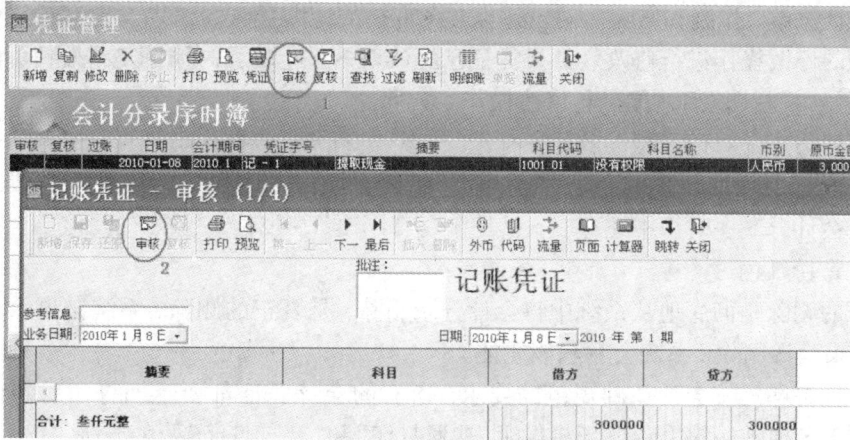

图 5-99　记账凭证审核界面

图 5-100 所示界面。

按需要选择其一的功能，如点击"审核未审核的凭证"，对制单人"陈小鹏"制单的但未审核完毕的记账凭证进行成批审核，点击"确定"后，系统会提示审核成功。此时点击"刷新"，刷新凭证管理界面的会计分录序时簿界面，会计分录序时簿中刚刚查询到的没有审核的凭证在"审核"栏状态中多了个"√"，将光标往右边移，审核人栏中都有了审核人"陈思勤"的签名，如图 5-101 所示。

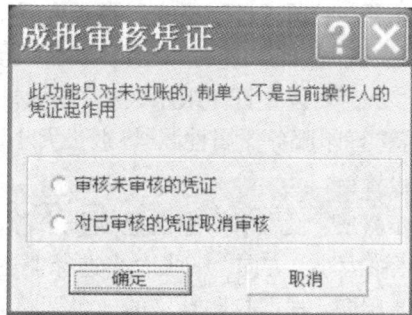

图 5-100　成批审核提示界面

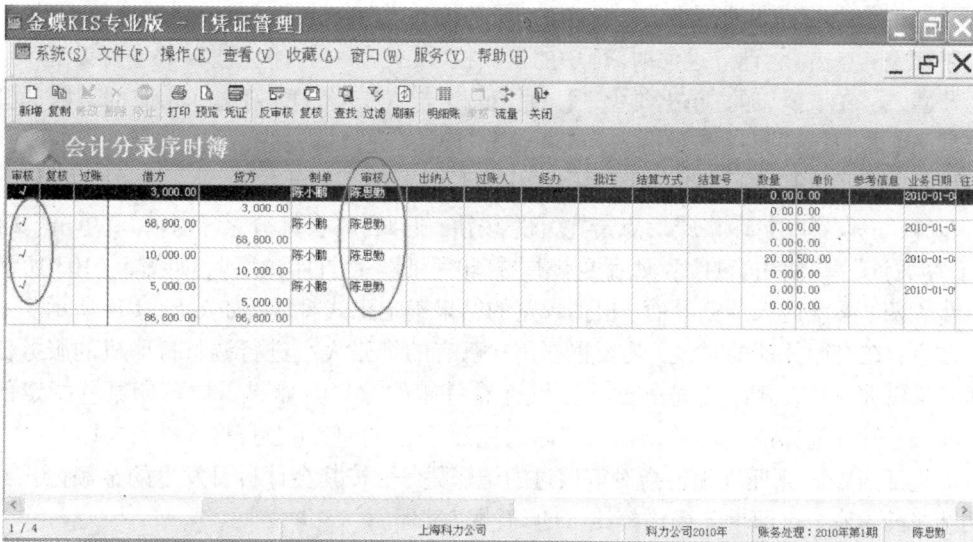

图 5-101　凭证管理界面

③凭证修改、作废和删除。对没过账、没审核的记账凭证，如果发现有错误，都能通过对凭证的修改操作进行修改。如果凭证已经被审核、过账了，则"修改"按钮为灰色，在"反审核"、"反过账"后才能进行修改操作。

凭证的作废是对记录错误的凭证标记"作废"的操作，该操作不是真正的删除凭证。如果发现"作废"有误的，还可以通过"反作废"恢复。操作方法和"作废"凭证类似。作废过的凭证在会计分录序时簿中还存在，只是在"会计分录序时簿"中显示的是该单会计凭证的记录底色是粉红色。

凭证的删除是彻底地从系统中将会计分录删除，是真正的删除，系统会提示确认是否删除，如果确认删除，系统会删除该凭证。

④凭证打印。按会计基础规范的要求，所有的会计凭证都要定期打印后装订成册保管。金蝶 KIS 专业版对会计凭证提供了"普通打印"和"套打打印"两种方法。

普通打印功能是使用普通的白纸(如 A4 纸张)，没有进行格式设置的打印方式，这种方式下往往需要经过如下几个步骤：

步骤一：预览打印格式。在查询凭证后显示的"会计分录序时簿"窗口，单击菜单"文件"→"打印凭证"→"打印预览"，在该预览状况下设置调整打印纸张大小。

步骤二：设置打印纸张大小。根据打印纸的大小，如 24cm×12cm 的规格，在打印机中设置"打印服务器属性"，将纸张大小设置为 24cm 宽和 12cm 高，保存该设置的格式后，退出设置窗口。

步骤三：设置 KIS 中设置纸张来源，在 KIS 专业版的"打印预览"窗口设置打印机名称、纸张大小、方向，纸张大小选择上述步骤设置的格式。

步骤四：根据打印预览的效果调整会计分录的大小或纸张大小。

步骤五：在"会计分录序时簿"中打印预览需打印的凭证，调整格式直到符合要求后进行打印。

套打打印是 KIS 专业版为用户提供的设计好了凭证、账务处理、各种明细账簿、发票及各种类型单据的打印输出格式。打印的步骤为：

步骤一：点击"会计分录序时簿"中的工具栏"文件"→"打印凭证"→"套打设置"。

步骤二：在该窗口的"单据类型"下的凭证栏与"对应套打"列选择相应的记账凭证打印格式，点击"预览"可以查看格式，或者点击"设计"进行格式的调整，如果确定后，点击"保存"按钮保存当前的设置，如图 5-102 所示。

步骤三：设置完打印格式后点击"关闭"按钮，返回到"会计分录序时簿"，单击"文件"→"打印凭证"→"使用套打"，然后再点击"打印凭证"→"打印预览"，如图 5-103 所示。

步骤四：系统进入预览界面，根据预览的结果确定正式打印，如图 5-104 所示。

注意：在打印凭证的时候，需要根据用户已有的纸张大小进行调整打印机的服务器属性来定义纸张，并在打印前先测试一张以查看打印的效果。如果需要打印某些指定的凭证，可以通过查询凭证"过滤"出需要打印的凭证，然后再使用套打格式进行打印。

⑤凭证过账。凭证过账是指对审核过的记账凭证，按其会计科目发生的金额记入到有关明细账的过程，也即手工操作模式下的"登账"过程。

注意：已经过账的记账凭证不能再修改，只能根据会计业务的更正方法采用"红字冲销"或"补充登记"的更正方法进行调整。但现实业务中，一些用户还是有需要对已过账的

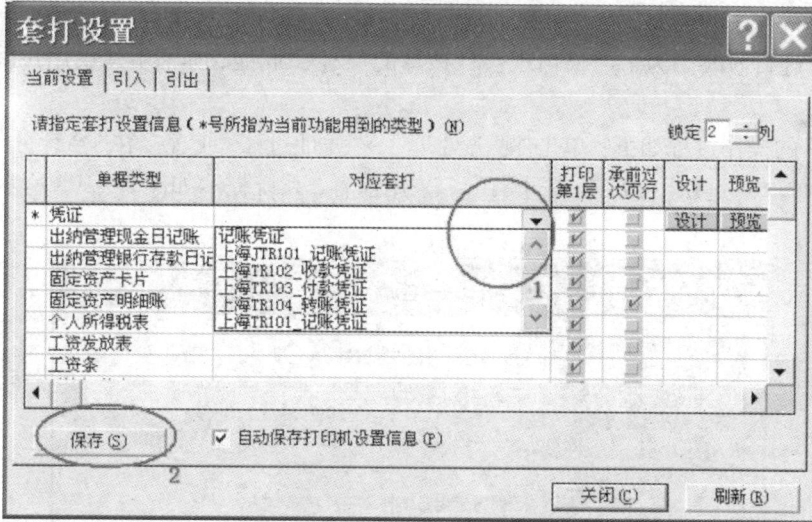

图 5 – 102　套打设置界面

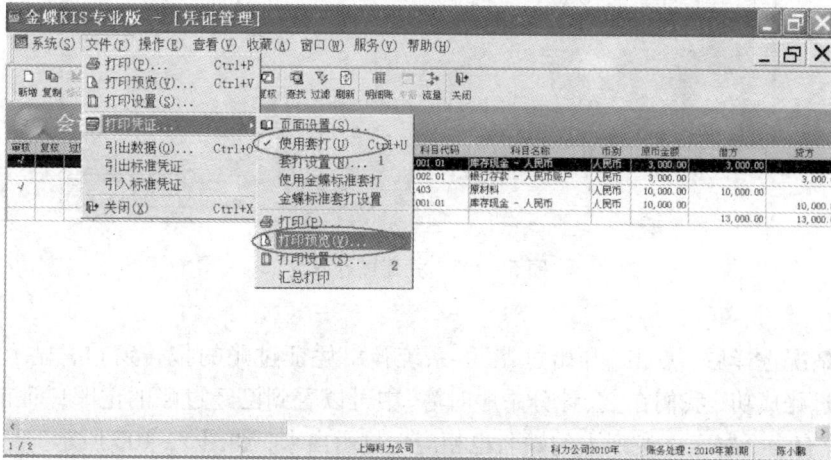

图 5 – 103　套打打印预览

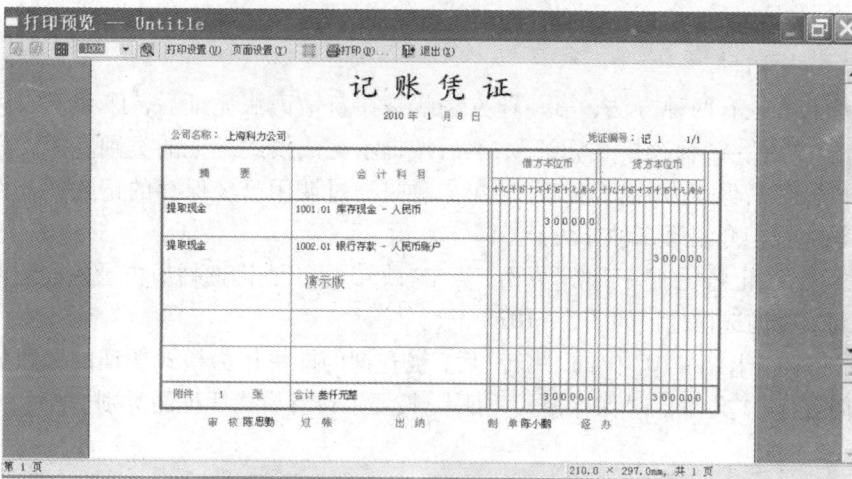

图 5 – 104　套打打印预览结果

会计凭证进行修改的需要，此时可以通过系统提供的"反过账"功能将会计凭证恢复到可以修改的状态进行修改。为了严格体现会计核算的"反映"职能，本书不建议用户采用该功能进行操作。

"过账"的操作过程如下：单击"账务处理"→"凭证过账"或直接在"会计分录序时簿"中点击"操作"→"过账"（或"全部过账"），采用前者，系统提示如图5－105所示。

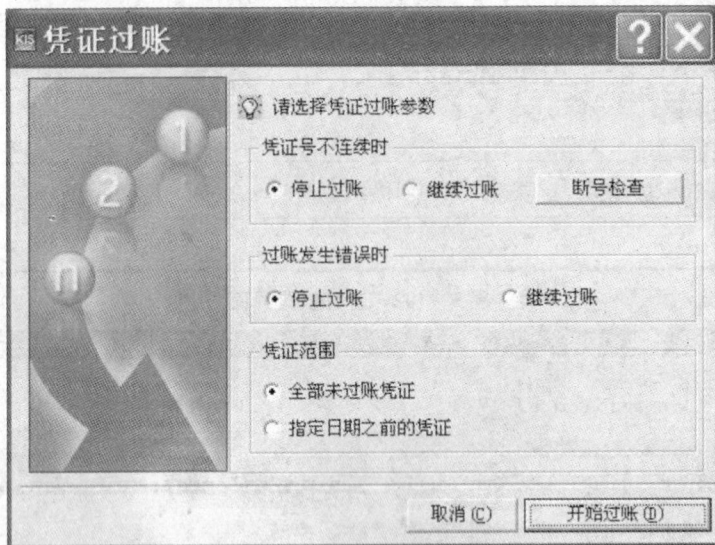

图5－105　凭证过账设置

根据情况选择后，点击"开始过账"，系统弹出凭证过账的报告窗口，显示过账的情况。如果过账成功，我们在"会计分录序时簿"中可以看到已经过账的记账凭证前面的"过账"栏相应有一个"√"，过账人的姓名也相应地显示出来，如图5－106所示。

⑥设置和调用模式凭证。对一些经常发生的、性质相同的会计业务，我们可以通过设置模板凭证并在实际录入会计凭证时调用模板凭证的方式提高核算的效率。金蝶KIS专业版中称为"模式凭证"。

设置模板凭证有两种方法，第一种方法就是在新增记账凭证后，保存记账凭证完毕时，再点击"文件"→"保存模式凭证"，然后按提示完成模式凭证的类别和模式凭证的名称，点击"确定"后保存为"模式凭证"。第二种是通过调用已经保存的记账凭证作为模式凭证的方法。我们介绍第二种方法：

步骤一：在"记账凭证→新增"界面，点击"跳转"，以查询选择历史录入的记账凭证作为模式凭证，查询选择过程如图5－107所示。

步骤二：点击图5－107中的"跳转"后，被查询的即将作为模式凭证的记账凭证显示出来，此时，点击"文件"→"保存模式凭证"，按要求设置模式凭证的类别、名称，点击"保存"即可。

步骤三：调用模式凭证。即在录入会计凭证时通过调用模式凭证的方法引入模式凭证中的摘要、会计科目等信息，根据业务实际，相应修改需要录入的金额、摘要等内容，点击

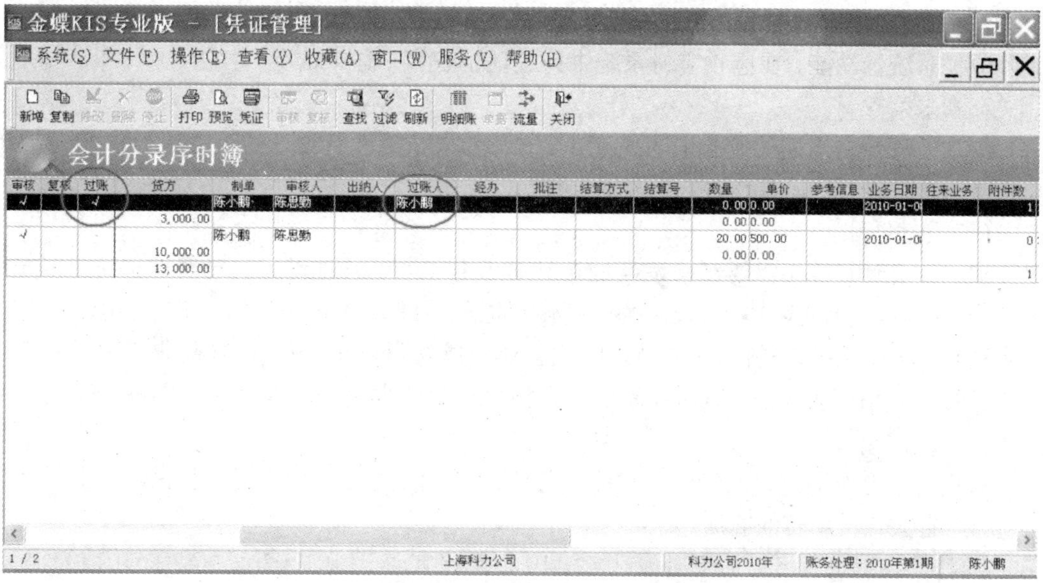

图 5 - 106　会计分录序时簿

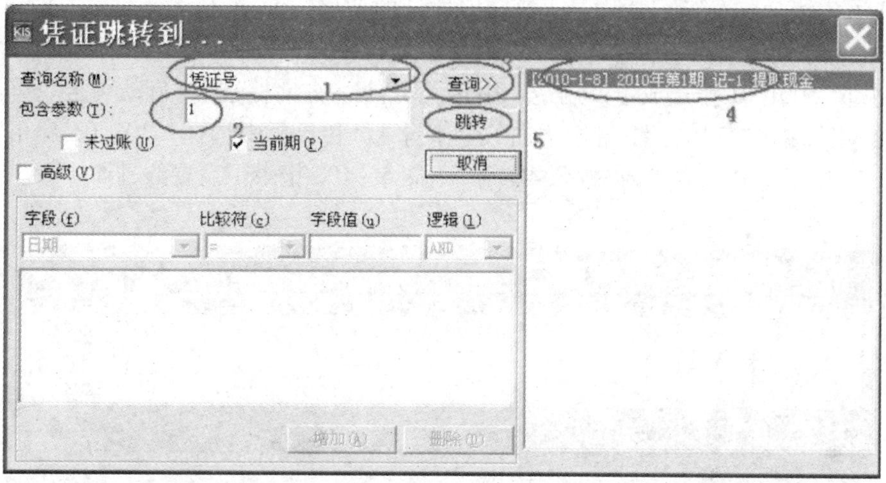

图 5 - 107　凭证跳转界面步骤

"保存"后完成新的记账凭证的录入工作，可以提高效率。

　　⑦往来核销。往来核销是指针对同一供应商或客户，系统对会计科目属性设置了"往来业务核算"，并启用"往来业务核销"功能时，对该供应商或客户下的往来款项按具体发生的业务顺序逐笔进行款项收付核销的处理。这种核算模式，要求录入往来款项时需要录入往来业务编号，业务编号作为收、付款项的核销标志，因为核销的原理是根据同一业务编号，不同的借贷方向进行的核销。

　　进行往来核销后，对某些往来凭证中同一会计科目、同一核算项目或同一业务编号，但借贷方向不同的金额进行的核销处理，可以在了解该科目的余额同时知悉每一业务编号下的款项具体收支情况。

注意：往来核销功能适合于"账务处理"模块单独使用，实际业务中我们可以通过启用应收应付系统的功能，在应收应付系统中详细地了解客户往来情况。

2. 期末处理

期末处理指在当期的业务记账凭证业务处理完毕，对涉及会计核算方法要求的自动转账、期末调汇和结转损益及期末结账的处理。

（1）自动转账。

对一些会计核算中需要经常发生的结转类业务，可以通过设置自动转账的方式进行，这适合将一些科目的发生额、余额按比例转到指定科目中的业务，如将制造费用转入生产成本科目，将产品成本科目的金额转到"主营业务成本"科目金额。在这些业务中，虽然可以直接录入新增记账凭证，但前提需要查看相关科目的发生额和余额后，再进行新增，这是人工方式的结转。

我们这里介绍通过自动转账的功能，定义好转账的公式，在期末时让系统快速生成结转凭证，省去人工结转的麻烦。

【例】　将制造费用的如下明细科目"5101.01 房租费、5101.02 折旧费、5101.03 水电费"的当期余额转入生产成本科目"5001.01 生产成本→制造费用转入"。

点击"账务处理"→"自动转账"，在自动转账凭证窗口中点击"新增"，增加一个自动转账凭证的模板，在"名称"栏中录入该转账凭证的名称，在"机制凭证"栏中选择"自动转账"，点击转账期间栏的"获取"按钮，选取所有期间，在第一条分录行中录入凭证摘要，科目栏中选取"5001.01 生产成本→制造费用转入"科目，方向栏选取"自动判定"，转账方式选取"转入"，单击"新增行"，继续增加下一条分录，科目栏中选择"5101.01 房租费"，方向为"自动判定"，转账方式为"按公式转出"，图 5 - 108 记录了设置的具体步骤。

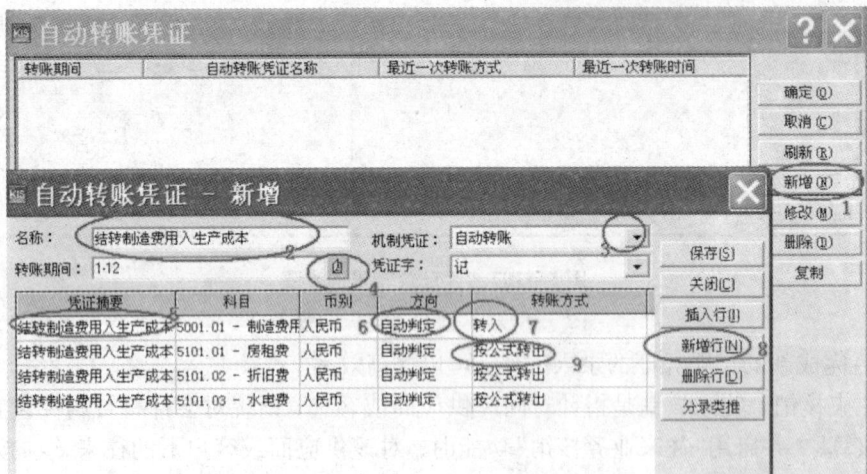

图 5 - 108　新增自动转账凭证界面

将光标往右边移动，继续设置公式，点击"公式方法"选择按"公式取数"，点击"公式定义"的"下设"，如图 5 - 109 所示。

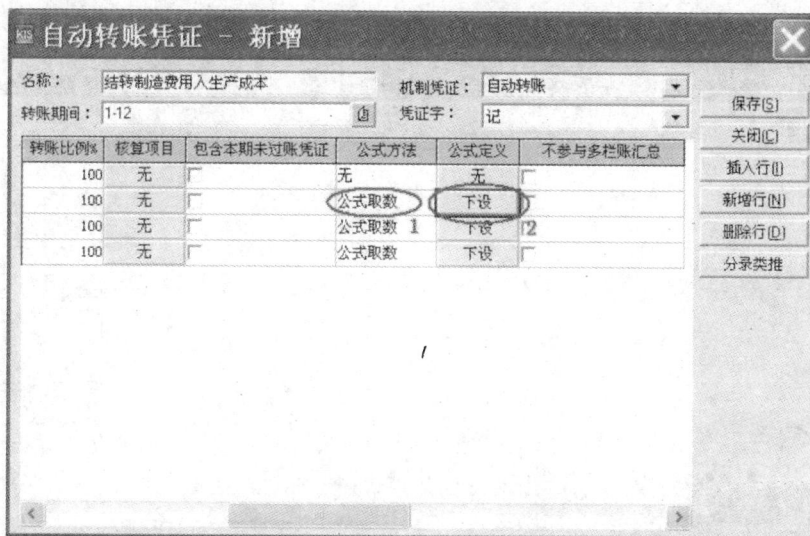

图 5 – 109　自动转账公式设置界面

系统会弹出公式的设置窗口，在原币公式栏中点击"⌗"按钮，报表函数根据需要进行选择，此例选择"ACCT 函数"，点击"确定"，进入到公式向导界面。此时在"科目"栏中点击 F7 选择"5101.01 房租费"科目，"取数类型"选择"Y"期末余额，其他的信息由于前面已经设置了转账期间，如果不特别指明货币，默认为本位币，如图 5 – 110 所示。

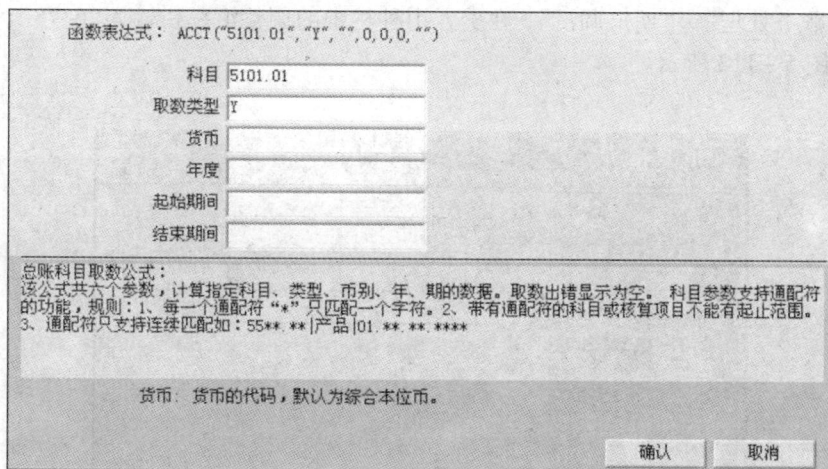

图 5 – 110　总账科目取数公式界面

然后点击"确认"返回到"自动转账→新增"窗口，逐一地按上述方法将"5101.02 折旧费"、"5101.03 水电费"科目的取数设置录入，然后点击"保存"、"关闭"，在自动转账凭证窗口栏勾选该自动转账凭证，点击"生成凭证"，系统就会根据刚刚设置的凭证生成所需要的凭证，如图 5 – 111 所示。

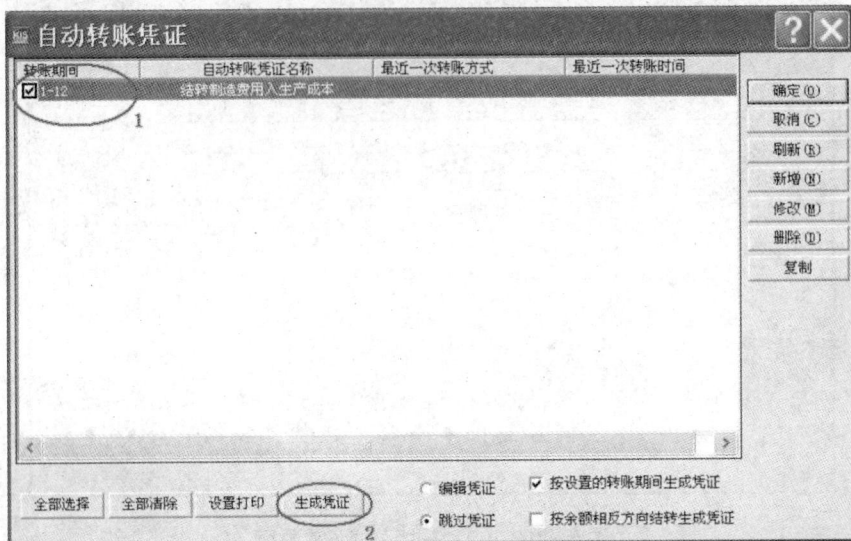

图 5 – 111　自动转账凭证界面

（2）期末调汇。

针对有外币业务和外币核算中设置了"期末调汇"的会计科目，需要在期末进行汇率的差异调整，形成汇兑损益及期末的汇率调整表。

【例】　假设 2010 年 1 月末，美元的期末汇率为 6.78，现进行期末调汇的处理。

点击"账务处理"→"期末调汇"，在美元币种栏中的调整汇率栏输入"6.78"，点击"下一步"，如图 5 – 112 所示。

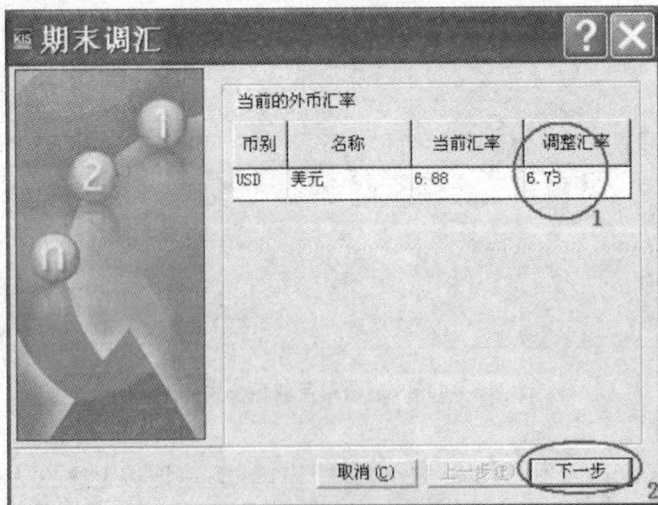

图 5 – 112　期末调汇界面

　　系统在下一个窗口中需要指定汇兑损益的科目，通过 F7 进行选择"6603.01 汇兑损益"该科目，完善摘要等信息无误后，点击"完成"，系统自动将当期涉及有外币汇率变化的业务形成记账凭证，并显示"已经生成凭证"，如果当期无外币业务发生，或已经发生外币业务，但不涉及汇率的变化，则会弹出"本期不需调汇"的提示。

　　注意：上述期末处理业务中形成的记账凭证，是系统自动产生的，还需按记账凭证的处理流程由专门的审核人员、记账人员进行审核和记账。

　　（3）结转损益。

　　会计工作中需将当期的损益类科目的所有余额结转到"本年利润"科目中，以归集当期的损益。结转损益类科目的余额前提条件是所有损益类科目均已经记账，所以结转前需要检查一下是否有未过账的记账凭证。

　　【例】　将 2010 年 1 月的所有损益类科目余额结转形成当期损益。

　　点击"账务处理"→"结转损益"，在结转损益提示窗口中点击"下一步"，如图 5 - 113 所示。

图 5 - 113　结转损益界面

　　进入到结转损益科目的设置窗口，按需要对凭证摘要等项目进行调整后，点击"完成"，系统将自动生成一份结转损益的记账凭证，如图 5 - 114 所示。

　　类似的，该记账凭证也需要由专门的审核人员、记账人员进行审核和记账。

　　（4）期末结账。

　　在当期所有的会计业务都完成后，需要进行期末结账。期末结账前务必要检查当期所有的记账凭证是否都已经记账，避免遗漏，因为一旦结账，系统将自动打开下一个会计期。也只有期末结账后，下一个会计期的业务才能够处理。

　　期末结账的操作方法：点击"账务处理→期末结账"，在期末结账窗口点击"开始"，就

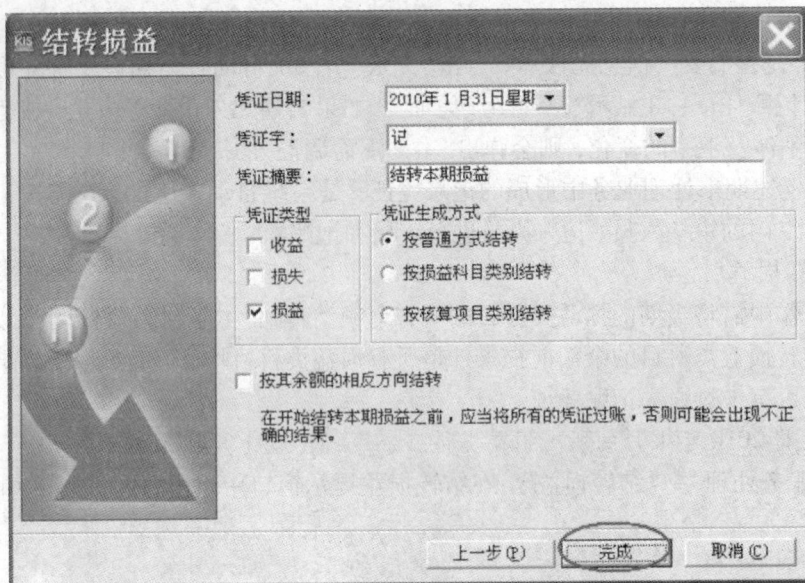

图 5－114　结转损益生成凭证界面

进入到结账过程，如图 5－115 所示。

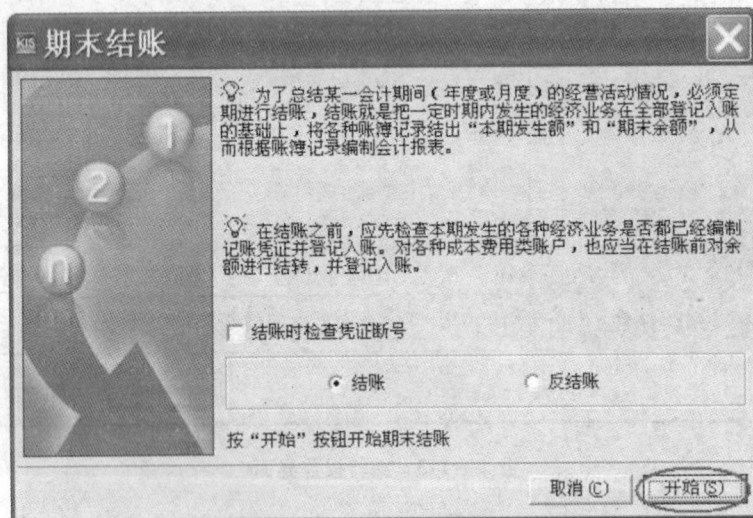

图 5－115　期末结账界面

注意：金蝶 KIS 系统中"账务处理"模块与固定资产、应收应付、出纳管理等模块连接使用，按结账顺序，需要其他的模块结账完毕后"财务处理"模块才能结账。

二、账表查询

金蝶 KIS 专业版中提供了较多的标准账簿报表查询功能，我们可以通过点击"账务处理"界面右边的"账簿报表"相应地查询如总分类账、明细分类账、多栏式明细账、科目余额表等账簿报表信息。

【例】　查询 2010 年 1 月的总分类账。

点击"账务处理"→"总分类账",在相关栏目中设置或选择查询条件后,点击"确定",如图 5－116 所示。

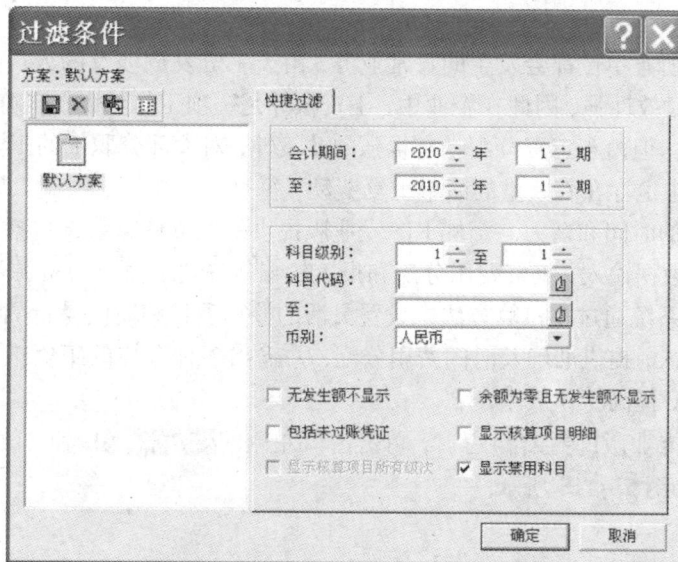

图 5－116　总分类账查询条件设置界面

系统会弹出查询后的结果,此时可以在工具栏的"文件"处,选择"打印"或"引出数据"等方式将查询后的结果打印或输出为指定的格式,如图 5－117 所示。

图 5－117　总分类账查询结果

由于不同的查询条件设置和组合会有不同的显示结果，请读者自行根据自己的需要进行设置并体验各种查询条件的差异。

在上述查询结果后，可以通过"文件"→"引出数据"来导出不同文件类型保存的查询结果，以方便对数据的加工整理。

第五节　金蝶工资核算模块

工资业务是所有单位都会发生的日常业务，由于工资发放涉及的人员多，工资项目复杂，工资核算的时效性强，因此在企业中，工资核算是一项工作量大、准确性要求高、涉及面广的一项工作。但由于工资分配带有很强的政策性，对大部分职工的工资计算方法基本相同，工资核算中也存在着大量的简单重复劳动，每月计算工资、编制工资报表工作耗费了有关人员大量的时间和精力。金蝶 KIS 专业版提供的工资核算系统包括工资项目、工资计算方法、工资数据输入、工资费用分配和报表输出等功能，由人力资源部门及财务部门分工共同完成。系统通过在核算方法中设置灵活的核算项目和简便易行的计算公式，来实现数据的快速输入，提供准确及时的费用分配，并输出多种多样的工资报表，从而减轻核算人员的工作量，提高工作效率。

在金蝶 KIS 专业版【主控台】窗口，单击窗口左侧的 工资管理 按钮，就进入到【工资管理】模块窗口，如图 5 – 118 所示。

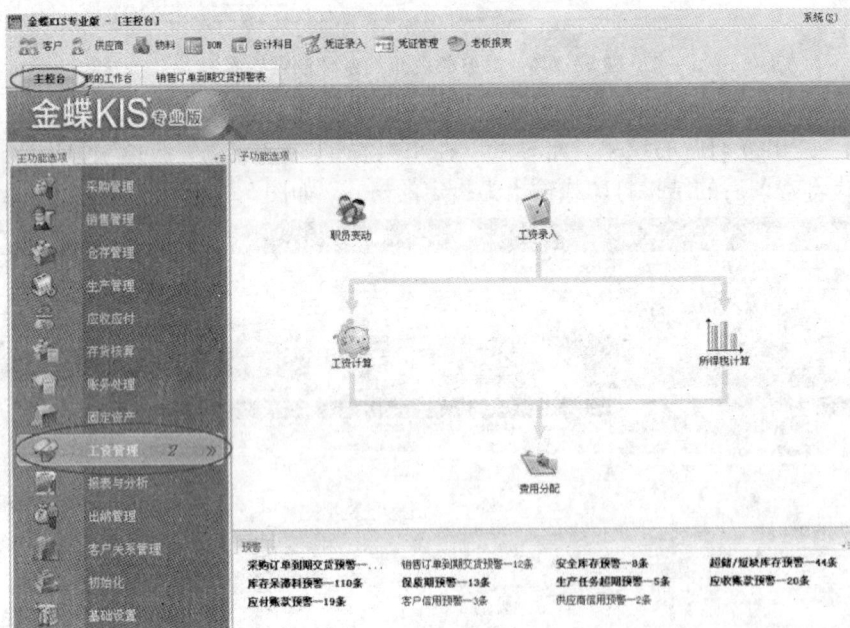

图 5 – 118　工资管理模块窗口

一、设置工资项目

工资项目是指工资核算所涉及的内容。在"工资管理"模块窗口，单击"工资计算"选

项,系统打开"工资计算"对话框,进入
"工资计算向导",如图 5 – 119 所示。
单击"增加"按钮,可以增加新的方案类
别,之后选择"编辑"按钮,可以根据需
要确定有关工资项目,如职员代码、职
员姓名、职员类别、基本工资、津贴、
奖金、应发合计、请假扣款、个人所得
税、养老保险金、扣款合计、实发合计、
日工资、请假天数、应纳税所得额、银
行账号等,打"√"表示选中,如图 5 –
120 所示。

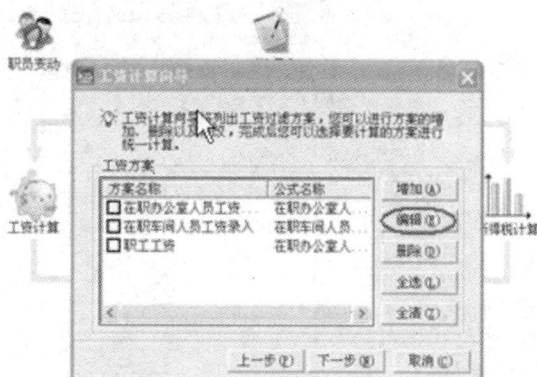

图 5 – 119　工资计算向导(一)

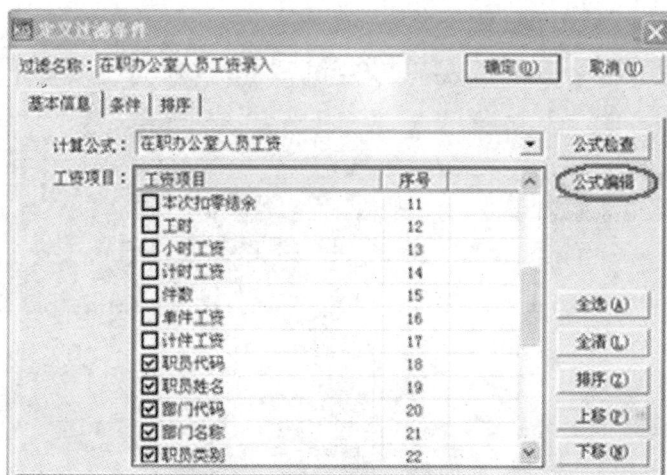

图 5 – 120　工资计算向导(二)

二、设置工资计算方法

由于工资的政策性,员工的工资通常有其固定的计算方法,因此,在系统中设置正确
的计算公式就成为正确核算工资和提高工资核算效率的关键。

在图 5 – 120 工资计算向导(二)中,选中"公式编辑"按钮,即进入了工资公式设置界
面,如图 5 – 121 所示。

在工资公式设置界面,选择公式名称,然后就可以在系统的条件提示下进行公式设置
了。公式设置完成后按"保存"按钮,之后按"确定"按钮退出工资公式设置界面,如图 5 –
122 所示。

在金蝶 KIS 专业版中,提供有多种工资计算的编辑方法。下面介绍通常使用的几条编
辑语句。

1. 报警语句

公式:"报警 报警信息"或"ALERT 报警信息"。

作用:产生一报警提示窗口。

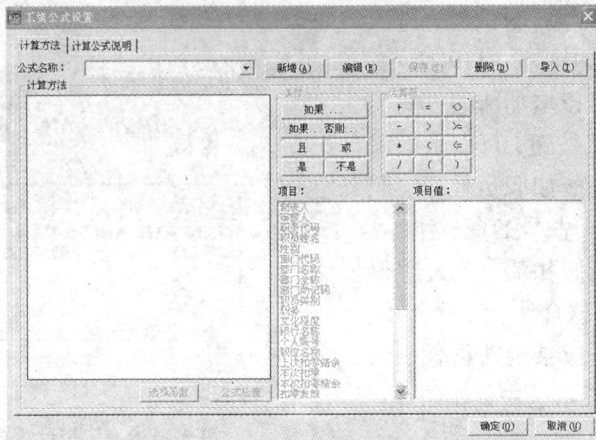

图 5 - 121　工资公式设置(一)

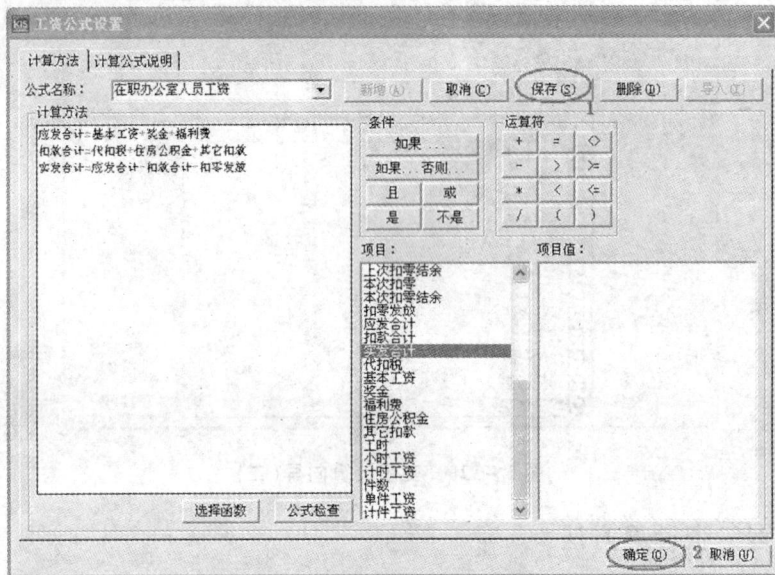

图 5 - 122　工资公式设置(二)

2. 判断语句

公式: 有三种表达形式

如果……则……如果完 (或 if……then……endif)

如果……则……否则……如果完 (或 if……then……else……endif)

如果……则……否则如果……则……如果完(或 if……then……elseif……then……endif)

作用: 通过设置前提条件, 由系统根据业务数据判断执行相应命令, 可用中文或英文输入。

3. 注释语句

公式: //注释语句

作用：表示该行内容为注释内容，是对有关内容做出的提示，不参与计算。

操作过程如下：将光标移至【工资计算方法】对话框中的某一行，单击 ≡ ［设置注释块］按钮后，系统将在该行首添加"//"，表示该行条件值不参与工资计算。当要求解除注释时，单击 ≥ ［解除注释块］按钮即可实现。

4. 函数功能

（1）四舍五入函数。

公式：ROUNDX（数字，n）

作用：对数字进行四舍五入取整。n 为一整数，用于指定取整开始的位置，此位置是以小数点为基准的，小数点以前为负值，小数点以后为正值。

例如：X 的值为 267 634.687 4

那么四舍五入取两位小数的公式为：ROUNDX（X，2）=267 634.69

那么取小数点前两位的公式为：ROUNDX（X，-2）=267 600.00

（2）截尾函数。

公式：FIXX（数字，n）

作用：取数字的整数部分。n 为一整数，用于指定取整开始的位置，此位置是以小数点为基准的，小数点以前为负值，小数点以后为正值。

例如：X 的值为 267 634.687 4

那么取两位小数的公式为：FIXX（X，2）=267 634.68

那么取小数点前两位的公式为：FIXX（X，-2）=267 600.00

三、工资数据输入

在工资项目及工资计算方法设定完毕之后，就可以录入职员的工资数据了，对于员工的管理需要进入"主控台"→"基础设置"→"核算项目"→"职工"里面进行维护。

在"工资管理"模块窗口，单击"工资录入"按钮，系统打开"过滤器"对话窗，如图 5-123 所示，之后按"确定"按钮，就进入到了工资数据录入界面，如图 5-124 所示。

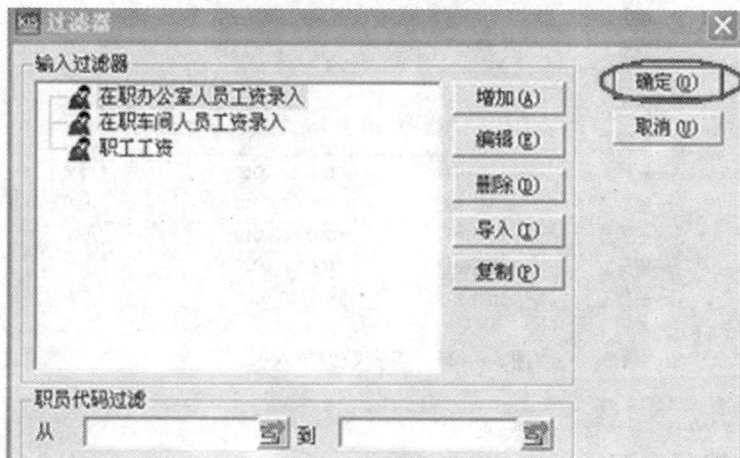

图 5-123　工资过滤器

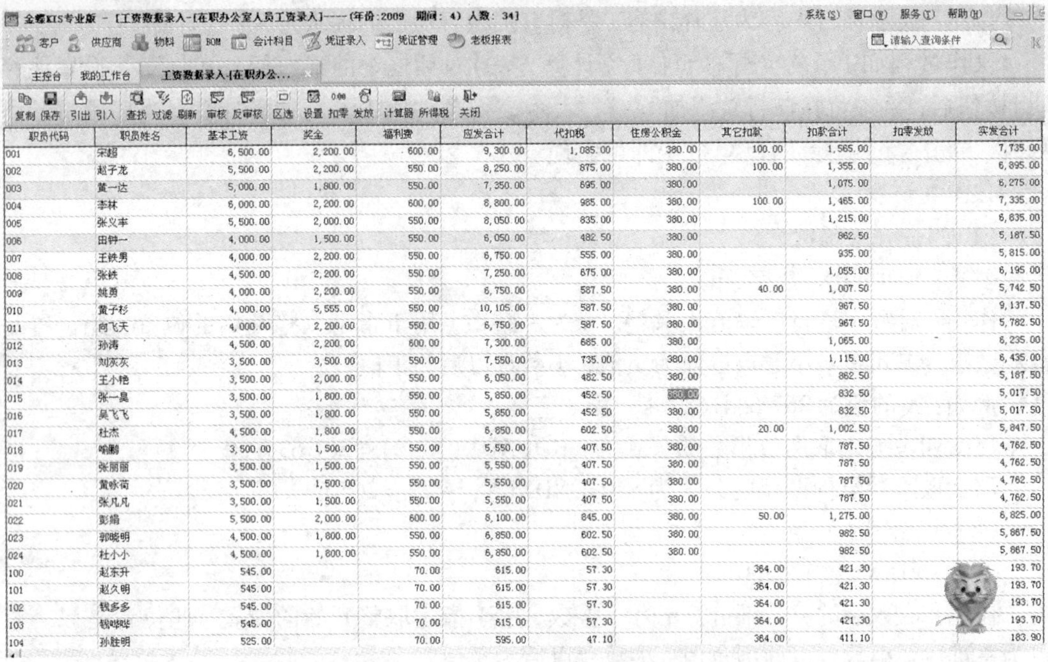

图 5 – 124 工资数据录入(一)

在工资录入界面中,定义的公式,会自动计算,不许录入。录入完毕后,按"关闭"按钮,系统会提示"确定要保存当前数据变动吗?",如图 5 – 125 所示,按"是"确认,按"否"表示放弃。

图 5 – 125 工资数据录入(二)

四、工资费用分配

在录入完全部工资数据之后,就可以进行工资费用分配。按照会计的权责发生制的核算原则，当期发生的工资费用应当分配到相应的成本、费用科目中进行会计核算。工资费用一般应按其受益对象来进行分配，通常可以按职员类别将工资费用分配到相应的会计科目中去。金蝶 KIS 专业版提供了灵活的工资费用分配功能并自动生成工资费用分配记账凭证。

在"工资管理"模块窗口，单击"费用分配"选项，进入"费用分配"窗口，如图 5-126 所示，然后按"新增"或"修改"进行费用分配的公式定义，"增加"表示新建公式定义，"修改"表示对已有的公式重新定义，如图 5-127 所示，可以在此向导的指引下完成工资费用分配工作。

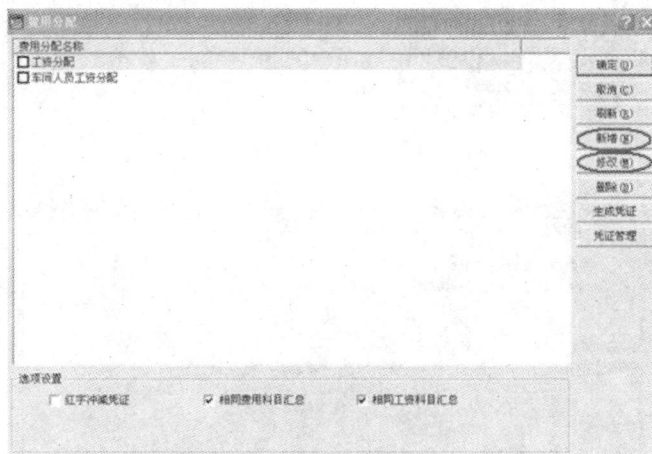

图 5-126　工资费用分配（一）

图 5-127　工资费用分配（二）

费用分配公式完成以后，就可以选择定义好的费用分配名称，然后按"生成凭证"按钮，即出现图 5-128 生成凭证窗口，在"立即建立凭证吗?"的对话框中，选择"确定"，计算机就会自动生成我们所需要的工资费用分配记账凭证，如图 5-129 所示。

生成的凭证在"账务系统"的子功能"凭证管理"中可以查询，如图 5-130 所示。

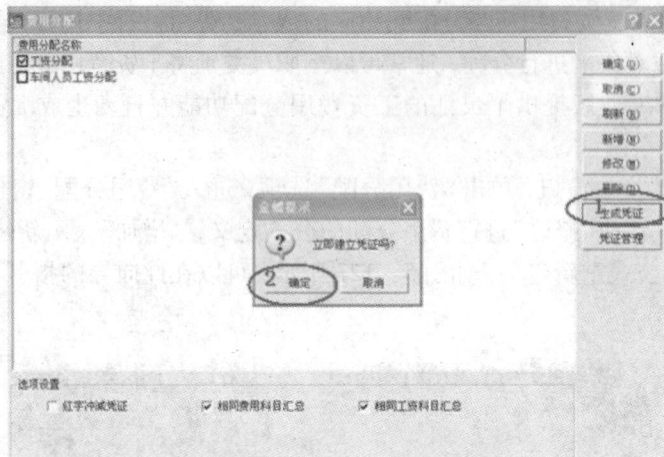

图 5 – 128   工资费用分配(三)

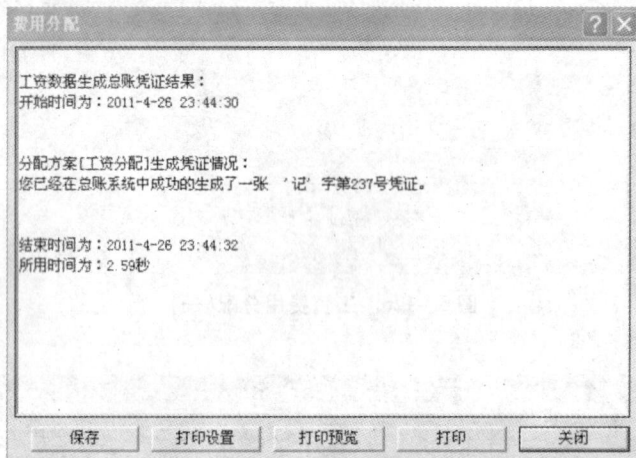

图 5 – 129   工资费用分配(四)

五、所得税计算

在"工资管理"模块窗口,单击"所得税计算"选项,系统打开所得税计算过滤器,如图 5 – 131 所示,单击"确定"按钮,即进入了个人所得税录入界面,如图 5 – 132 所示,在这里可以进行个人所得税计算的设置,然后就得到了个人所得税的结果。

六、工资报表输出

在日常的工资业务管理中,涉及多种报表。在金蝶 KIS 专业版中,提供了职员台账、职员台账汇总表、人员工资结构分析、年龄工龄分析、人员变动一览表、工资条、工资发放表、工资汇总表、工资统计表、工资配款表、银行代发表、个人所得税报表等 13 种报表的输出。除工资配款表外,其余的工资报表都可引出为自定义报表,可以根据需要输出自己的工资报表。金蝶工资报表种类丰富,自定义报表灵活,可完全满足各种需求。

图 5 - 130　生成凭证

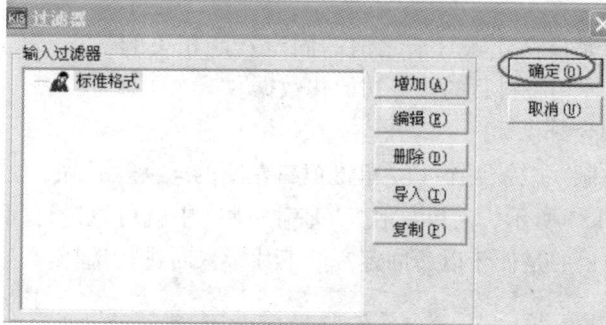

图 5 - 131　所得税过滤器

图 5 - 132　所得税计算

第六节 金蝶固定资产模块应用

固定资产是企业的重要财产，是企业进行生产经营活动必不可少的物质条件，固定资产管理的好坏，对企业经济效益有着重要的影响。金蝶 KIS 专业版的固定资产系统为用户提供了完善的管理功能，可以实现固定资产变动资料的快速录入，准确计提折旧并自动生成记账凭证，并能够快捷地进行固定资产变动资料查询和输出固定资产报表。

金蝶 KIS 固定资产管理系统以固定资产卡片管理为基础，帮助企业实现对固定资产的全面管理，包括固定资产的新增、清理、变动，按国家会计准则的要求进行计提折旧工作。它能够帮助管理者全面掌握企业当前固定资产的数量与价值，追踪固定资产的使用状况，加强企业资产管理，提高资产利用率。

固定资产管理系统中，固定资产初始化产生的初始余额可以传递到总账系统，作为固定资产相关科目的初始余额；固定资产新增、变动、清理，折旧计提与费用分摊均可自动生成凭证，并传递到总账系统。

固定资产核算模块由资产管理部门和财务部门共同分工完成。

一、固定资产初始化

固定资产初始化是指将建账日期之前的固定资产相关的信息，输入到会计信息系统中，最终产生固定资产相关科目的账务初始化数据。

1. 固定资产基础资料设置

在金蝶 KIS 专业版"主控台"窗口，单击窗口左侧的 ![固定资产] 按钮，就进入到"固定资产"模块窗口，如图 5-133 所示，在其右上方"基础资料"中就可以进行固定资产基础资料设置，基础资料设置的目的是便于以后固定资产卡片录入时进行选择。

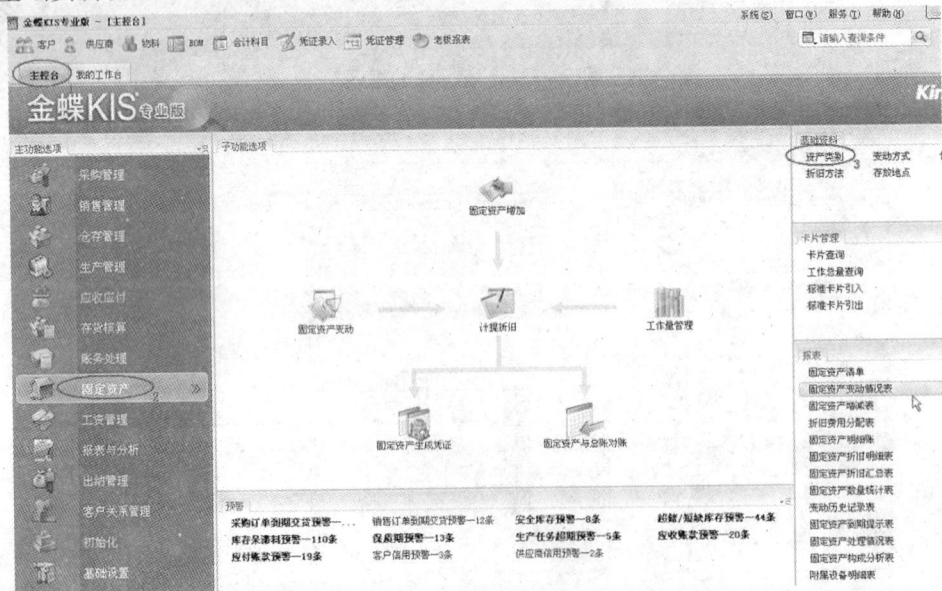

图 5-133 固定资产基础资料设置

(1)资产类别。

单击"资产类别"按钮，如图 5 - 134 所示，打开【固定资产类别】编辑对话框，选中"增加"即可以对新增加的固定资产类别进行定义，在【代码】文本框中输入需增设的固定资产类别代码；在【名称】文本框中输入需增设的固定资产类别名称；在【预设折旧方法】列表框中单击 按钮，选择所用的折旧方法；在【预计净残值率】文本框中输入预计净残值率。然后单击"增加"按钮，继续输入下一个类别。

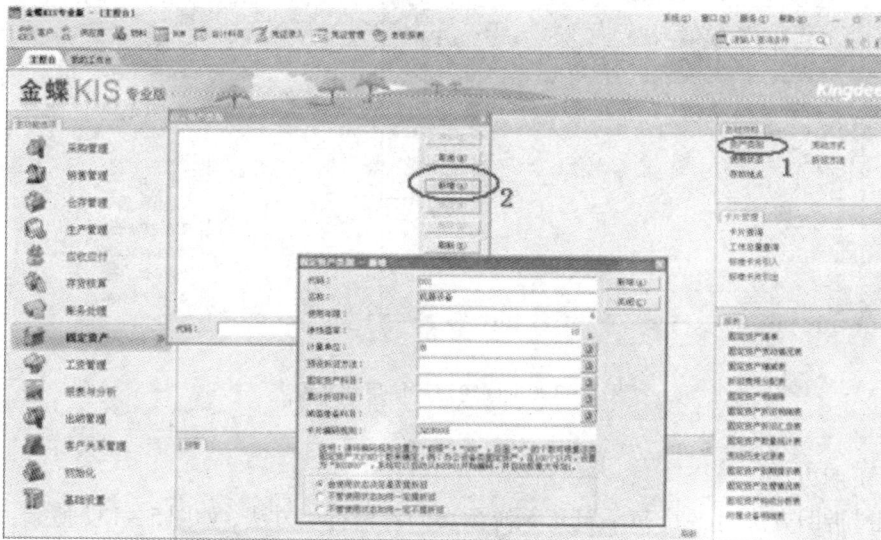

图 5 - 134　固定资产类别设置

(2)变动方式。

单击"变动方式"按钮，就看到了系统预设的变动方式，如图 5 - 135 所示。如果对此变动方式不满意，可以进行"新增""修改""删除"等操作，使之符合企业的需要。

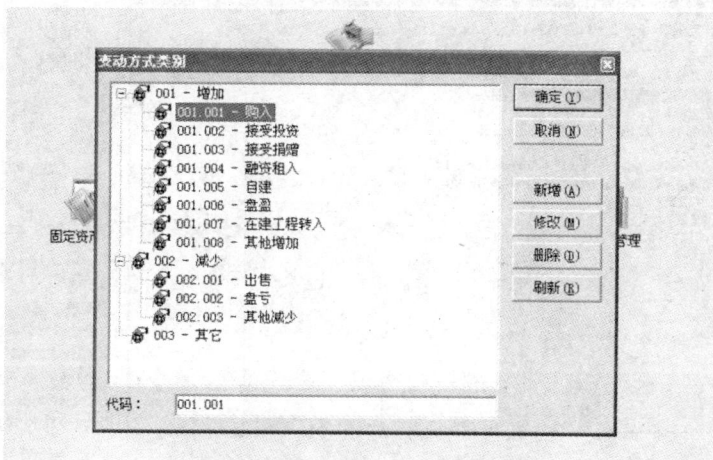

图 5 - 135　固定资产变动方式设置

（3）使用状态。

单击"使用状态"按钮，就看到了系统预设的使用状态类别，如图 5 – 136 所示。如果对此使用状态不满意，可以进行"新增""修改""删除"等操作，使之符合企业的需要。

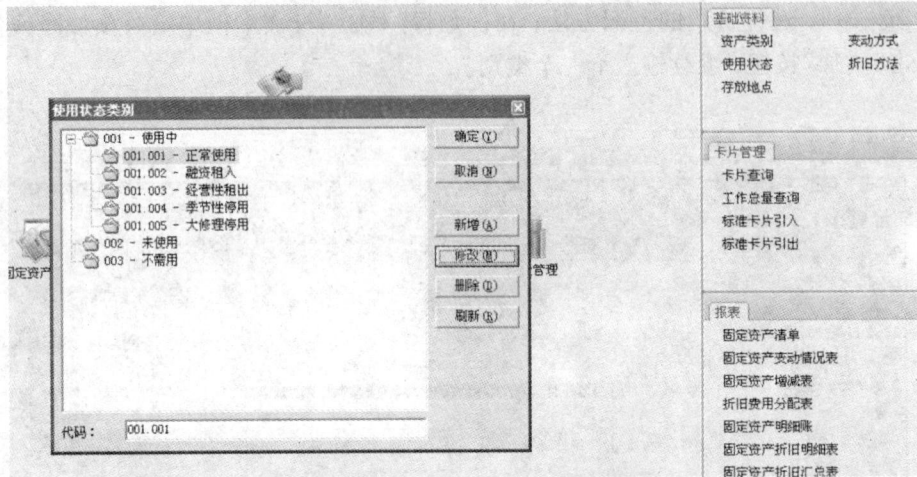

图 5 – 136　固定资产使用状态设置

（4）折旧方法。

单击"折旧方法"按钮，就看到了系统预设的各种折旧方法，如图 5 – 137 所示，包括了各种常用的折旧方法，用户可以对各项固定资产按照实际需求来进行选择。点击上方的"折旧方法定义说明"及"折旧计算公式说明"按钮，可以看到相关详细说明，如图 5 – 138、图 5 – 139 所示。

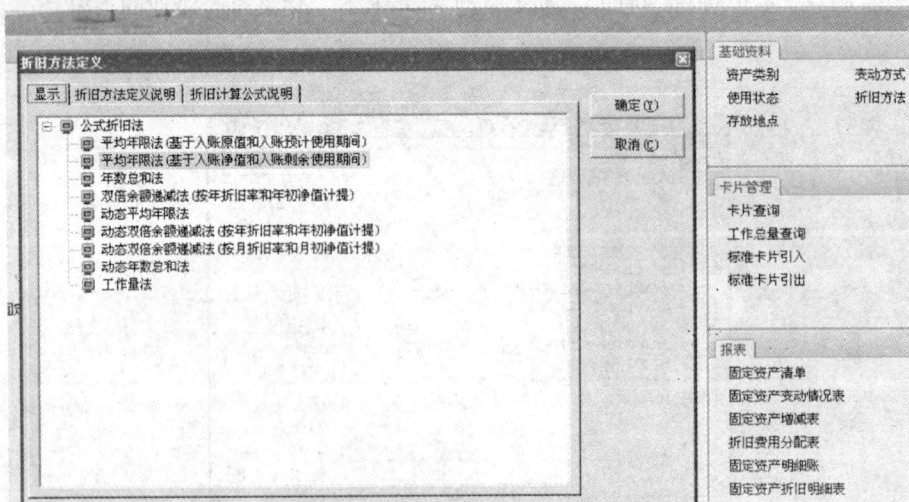

图 5 – 137　固定资产折旧方法——"显示"

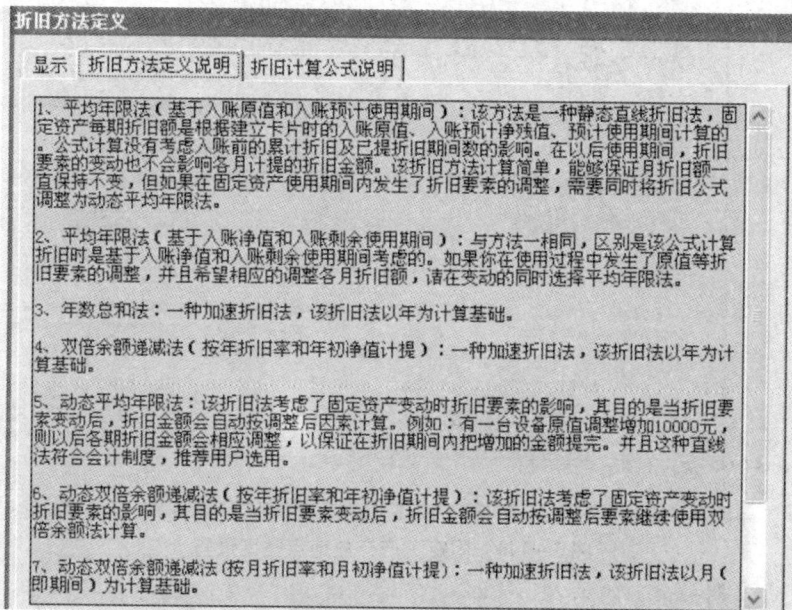

图 5-138　固定资产折旧方法——"折旧方法定义说明"

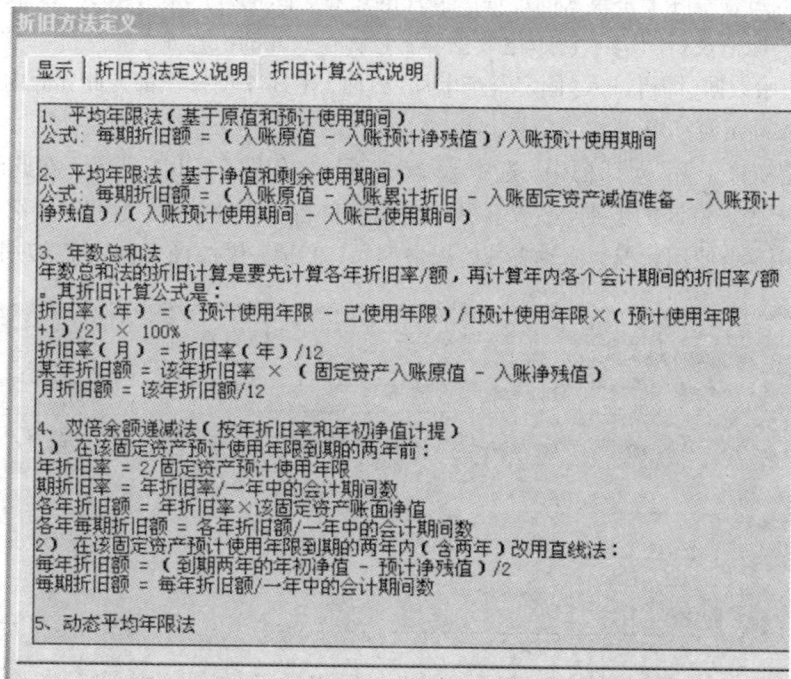

图 5-139　固定资产折旧方法——"折旧计算公式说明"

(5)存放地点。

单击"存放地点"按钮，然后就可以对存放地点进行定义了，用户可以通过"新增"、"修改"、"删除"等操作，建立适合自己的存放地点类别，如图 5-140 所示。

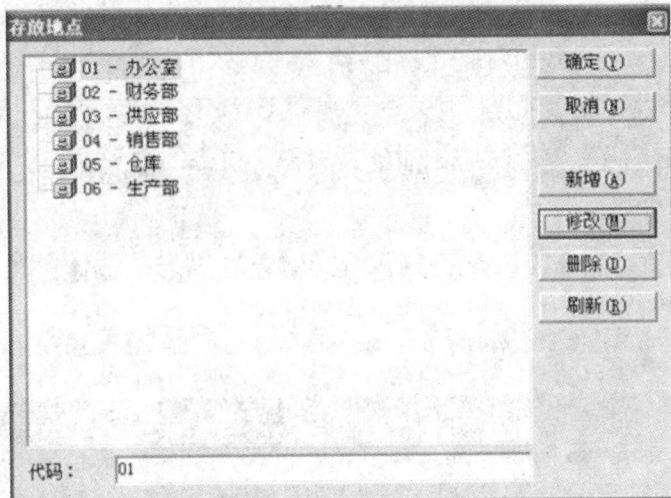

图 5−140　固定资产存放地点类别设置

2. 固定资产期初余额的录入

固定资产是每一个单位开展日常业务必备的物质基础，其基本特点是资产的价值大，一旦流失就会给单位造成巨大损失，因此，必须加强管理。在金蝶 KIS 专业版中，录入固定资产期初余额的过程实际上是录入固定资产卡片的过程，固定资产卡片分为"基本信息"、"部门及其他"、"原值及折旧"和"初始化数据"等 4 个部分。依次点击"主控台"→"初始化"→"固定资产初始数据"即可进入"固定资产卡片"界面，上述 4 项操作都在此界面内完成。

（1）输入固定资产基本入账信息。

在"固定资产卡片"对话框中，选中 基本信息 选项卡，如图 5−141 所示，在此编辑对话框中，可以输入固定资产的类别、资产编码、名称及科目、计量单位、数量、入账日期、存放地点、经济用途、使用状况、变动方式、规格型号、产地、供应商、制造商等项目。

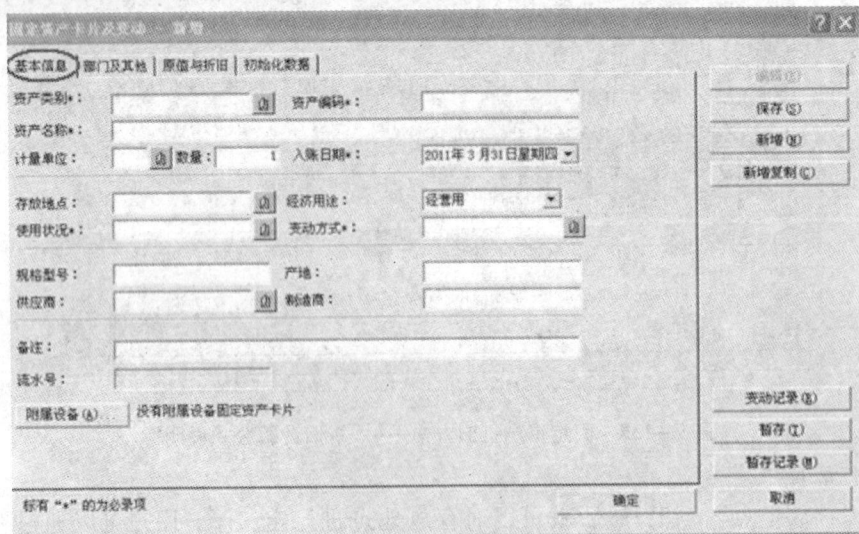

图 5−141　固定资产卡片——基本入账信息输入

如果某固定资产有附属设备，还应输入附属设备资料。在【固定资产卡片】对话框中，单击"附属设备"按钮，进入【固定资产附属设备】对话框，输入附属设备的名称、规格、单位、数量、金额等信息，输入完毕后单击"关闭"按钮，返回到【固定资产卡片】对话框。

标"＊"的项目为必录项目。

（2）部门及其他。

在"固定资产卡片"对话框中，选中"部门及其他"选项卡，如图 5 - 142 所示，在此编辑对话框中，可以输入固定资产科目、累计折旧科目、使用部门、折旧费用分配等项目。

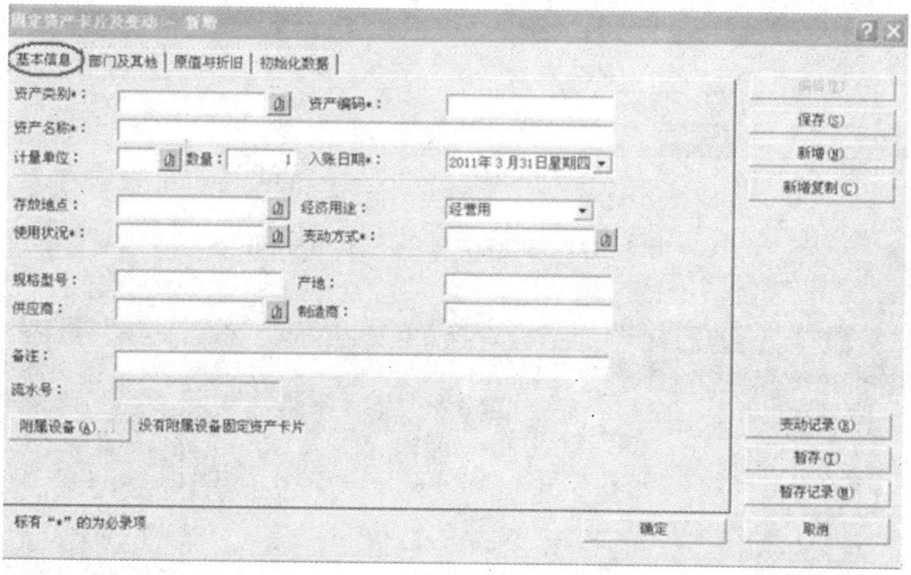

图 5 - 142　固定资产卡片——部门及其他

（3）原值与折旧。

在"固定资产卡片"对话框中，选中"原值与折旧"选项卡，如图 5 - 143 所示，在此编辑对话框中，可以输入固定资产原币金额、本币金额、购进累计折旧、原币调整、开始使用日期、预计使用期间数、已使用期间数、累计折旧、预计净残值、减值准备、折旧方法等项目。

（4）初始化数据。

在"固定资产卡片"对话框中，选中"初始化数据"选项卡，如图 5 - 144 所示，在此编辑对话框中，可以输入固定资产原币金额、本币金额、购进累计折旧、原币调整、开始使用日期、预计使用期间数、已使用期间数、累计折旧、预计净残值、减值准备、折旧方法等项目，其中灰色的项目由计算机根据以上数据产生，无须输入。

注：如果是年初建账，则初始化数据界面会有所不同。

以上数据全部录入完成后，保存退出后，就会生成该固定资产的相关信息，如图 5 - 145 所示，在卡片查看中可以显示固定资产期间数据，期间数据是计算机根据输入的相关数据自动生成的，如图 5 - 146 所示。同时在科目初始数据中可以查到相关会计科目，如固定资产、累计折旧等科目的余额。如果对此固定资产进行修改，可以双击图中的黑色

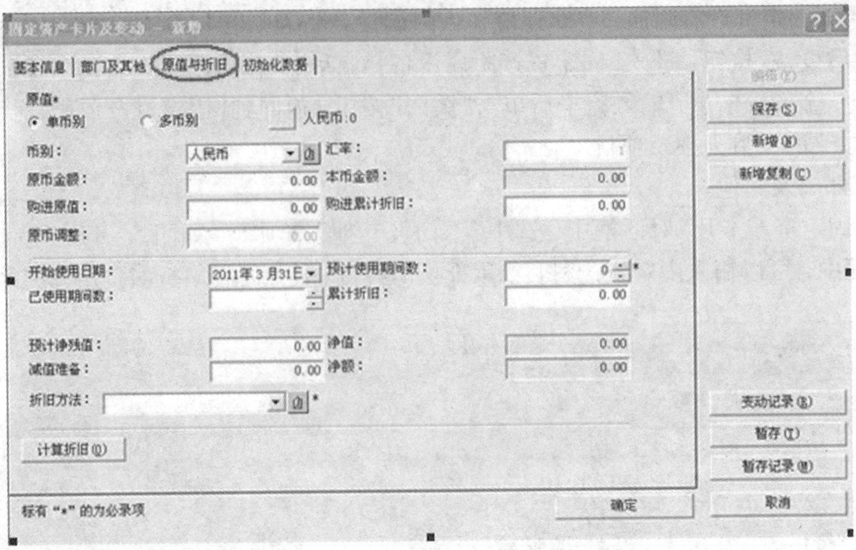

图 5-143　固定资产卡片——原值与折旧

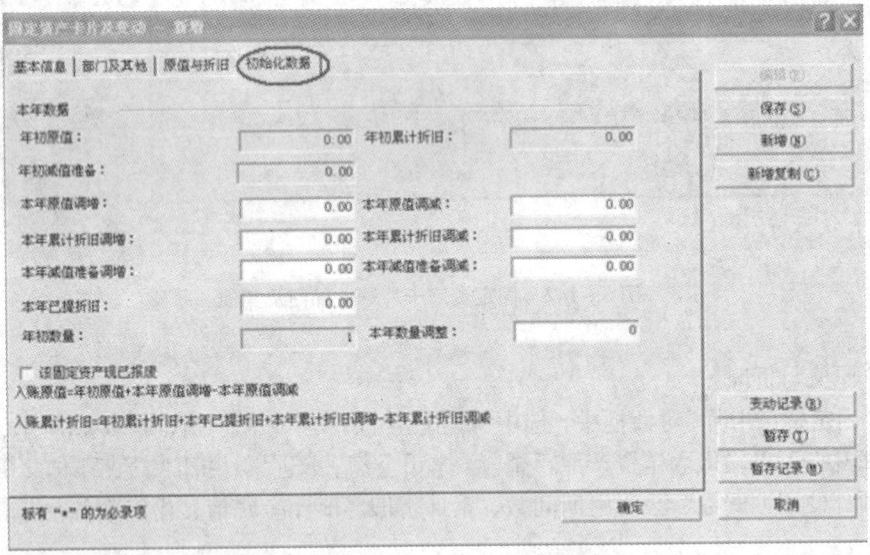

图 5-144　固定资产卡片——初始化数据

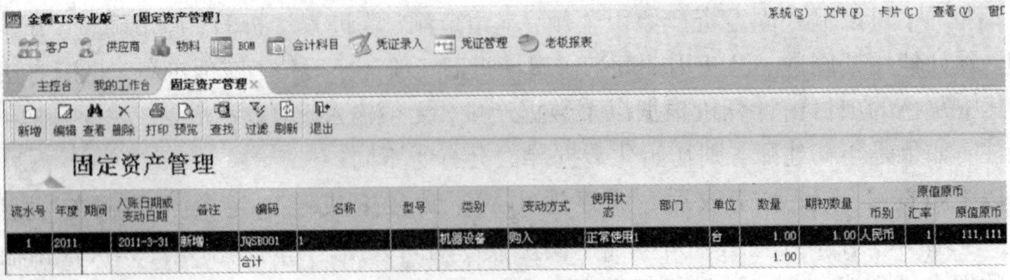

图 5-145　固定资产管理

光标，然后会出现固定资产卡片，选择"编辑"就可以对已输入的固定资产卡片进行修改了。

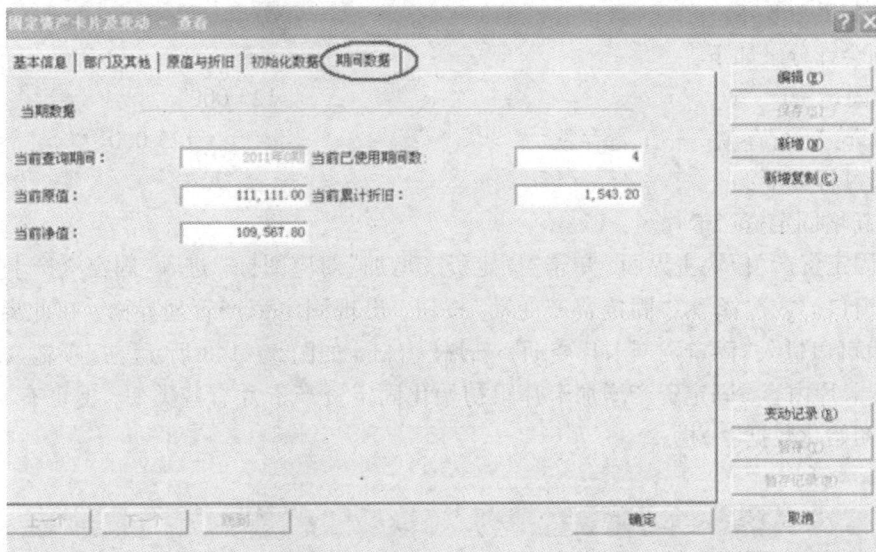

图 5-146 固定资产卡片及变动——查看

二、固定资产核算业务日常处理

固定资产核算业务日常处理的内容有固定资产卡片增加、变动资料录入、月工作量录入、计提折旧、计提减值准备、变动资料查询和固定资产报表输出。

1. 固定资产增加核算

增加固定资产卡片可以在金蝶 KIS 专业版"主控台"界面完成，单击窗口左侧的"固定资产"按钮，然后选"固定资产增加"按钮，直接新增固定资产卡片；也可以选择"固定资产变动"按钮，出现固定资产管理界面，在此界面，按"新增"按钮即可以建立固定资产卡片，如图 5-147 所示。

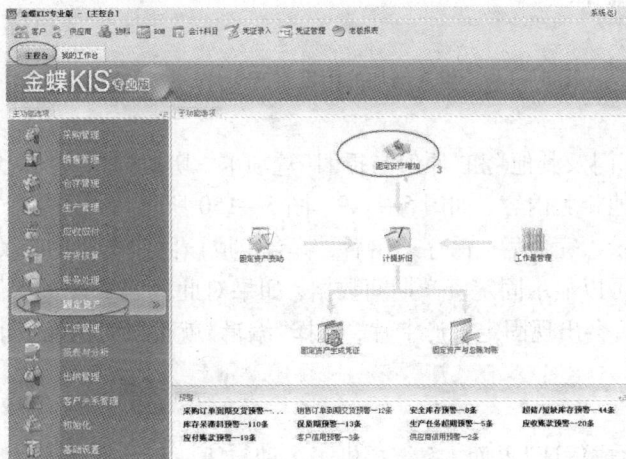

图 5-147 固定资产增加

【例】　经批准购入货车一辆，价税款合计 120 000 元，附加费 5 000 元，以转账支票付讫，该车由经营一部保管使用。固定资产卡片代码为 YS005，名称为货车，净残值率 5%，预计使用年限为 8 年。

编制会计分录如下：

借：固定资产　　　　　　　　　　　　　　　　　　　　125 000

　　贷：银行存款——工行存款　　　　　　　　　　　　　　125 000

操作过程如下：

(1)新增固定资产卡片。

在"固定资产"模块主界面，单击"固定资产增加"对应图标，进入"固定资产卡片变动→新增"窗口。或选择 "固定资产变动"按钮，出现固定资产管理界面，在此界面，按"新增"也可以进入"固定资产卡片变动→新增"窗口，如图 5 – 148 所示。逐项输入增加的固定资产卡片内容，固定资产增加卡片跟初始化固定资产卡片有些类似，但也有所不同，缺少了"初始化数据"一栏。

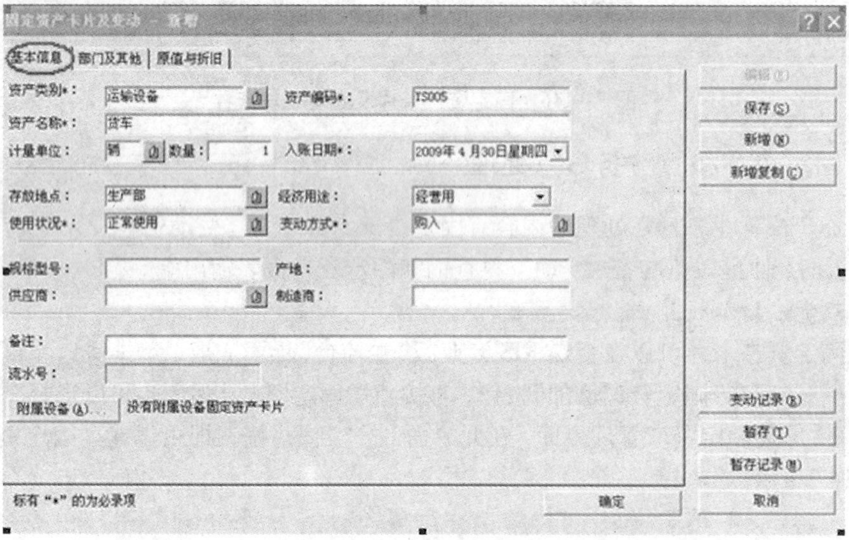

图 5 – 148　输入增加的固定资产卡片——基本信息

再分别单击"部门及其他"和"原值与折旧"选项卡，切换到相应的对话框，继续输入固定资产卡片中的其他相关内容，如图 5 – 149、图 5 – 150 所示。

以上数据全部录入完成后，保存退出后，就会生成该固定资产的相关信息。

在卡片查看中可以显示固定资产期间数据，如果对此固定资产进行修改，可以双击图中的黑色光标，然后会出现固定资产卡片，选择"编辑"就可以对已输入的固定资产卡片进行修改了。

(2)生成凭证。

在"固定资产生成凭证"界面，系统提供了多种与凭证相关的功能，如表 5 – 2 所示。

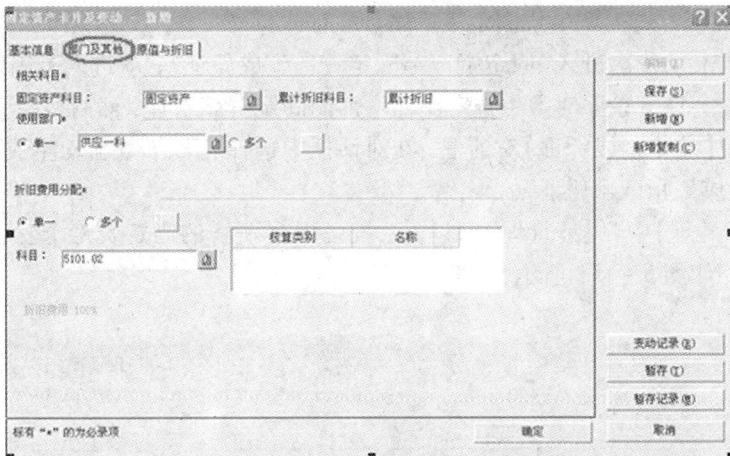

图 5 - 149　固定资产卡片——部门及其他

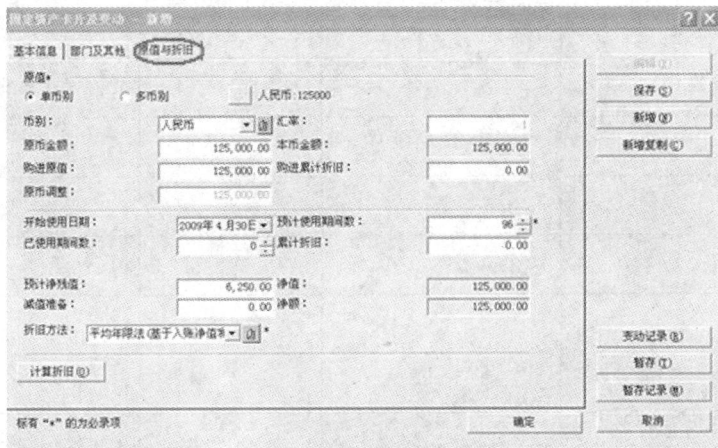

图 5 - 150　固定资产卡片——原值与折旧

表 5 - 2　凭证生成功能表

功能	说明
按单生成凭证	可以一次同时选中一条或多条固定资产,分别单个生成一张或多张固定资产凭证传到总账系统
汇总生成凭证	可以一次同时选中一条或多条固定资产,汇总生成一张固定资产凭证传到总账系统。当按汇总功能生成凭证时,系统还提供参数选项"固定资产分录分开列示",选上该选项后,系统生成凭证不会把多张卡片的固定资产金额汇总,只显示一条固定资产汇总金额分录,而是将多个固定资产分开列示,方便用户查看
修改凭证	对已生成但尚未过账、审核的固定资产凭证进行修改
删除凭证	对已生成但尚未过账、审核的固定资产凭证进行删除。各人只能删除自己制作的凭证,不能删除别人制作的凭证
查看凭证	查看已生成的固定资产凭证
审核凭证	对已生成的固定资产凭证进行审核。但审核和制单不能为同一个人

以下就以按单方式为例生成固定资产增加凭证

在金蝶主控台，依次进入"固定资产→固定资产生成凭证"，就进入了固定资产生成凭证界面，首先在会计分录序时簿中选定刚才增加的固定资产卡片，然后按左上方的"按单"按钮，就会出现【按单生成凭证】对话框，在对话框中选择"开始"，自动生成记账凭证，并提示"完毕，生成 1 张记账凭证"。

打开【账务处理】中"凭证管理"窗口，系统已根据新增的固定资产卡片内容生成了相应的会计凭证，如图 5 – 151 所示。

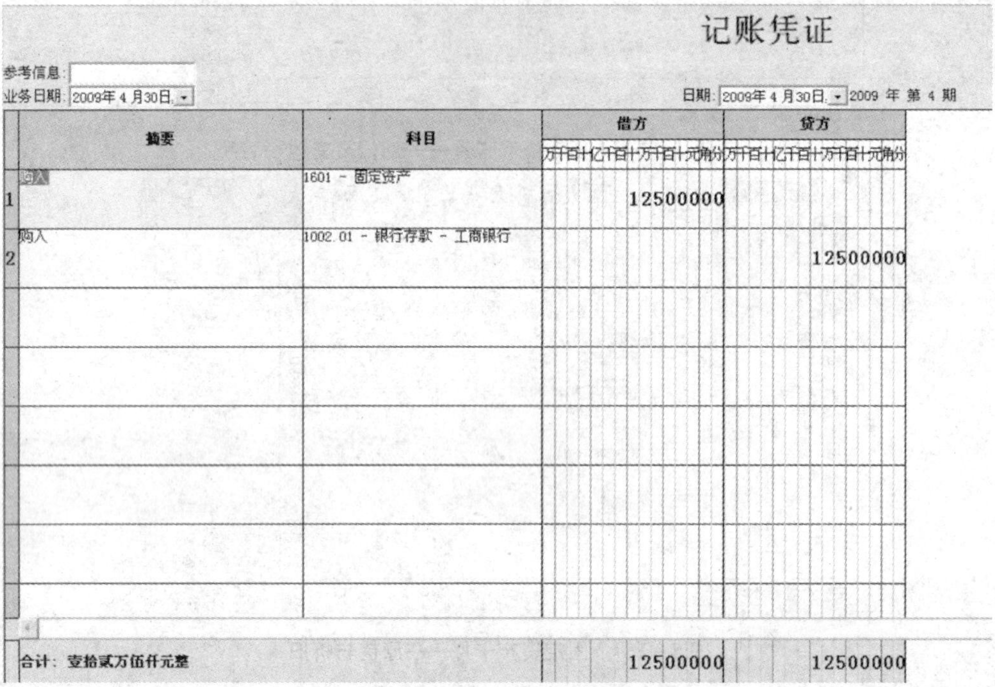

图 5 – 151　固定资产增加生成凭证

2. 固定资产减少核算

在企业的日常经营管理过程中，会由于出售、盘亏、投资转出、捐赠转出、报废、毁损和融资租出等原因发生固定资产的减少。与固定资产增加核算类似，在固定资产减少时，首先要从固定资产原始卡片中将该资产卡片去除，然后再进行凭证处理。

在操作方法上，固定资产减少的核算与固定资产增加的核算类似，比固定资产增加要简单一些。

（1）固定资产卡片减少。

在"固定资产"界面，选择"固定资产变动"按钮 ，出现固定资产管理界面，在此界面，首先选中需要减少的固定资产，然后按左上方"清理"按钮，进入"固定资产清理→新增"窗口，完成清理的固定资产卡片内容，生成一条变动记录，如图 5 – 152 所示。

（2）生成凭证

跟固定资产增加生成凭证方法相同，点击图 5 – 153 中的"固定资产生成凭证"按钮，

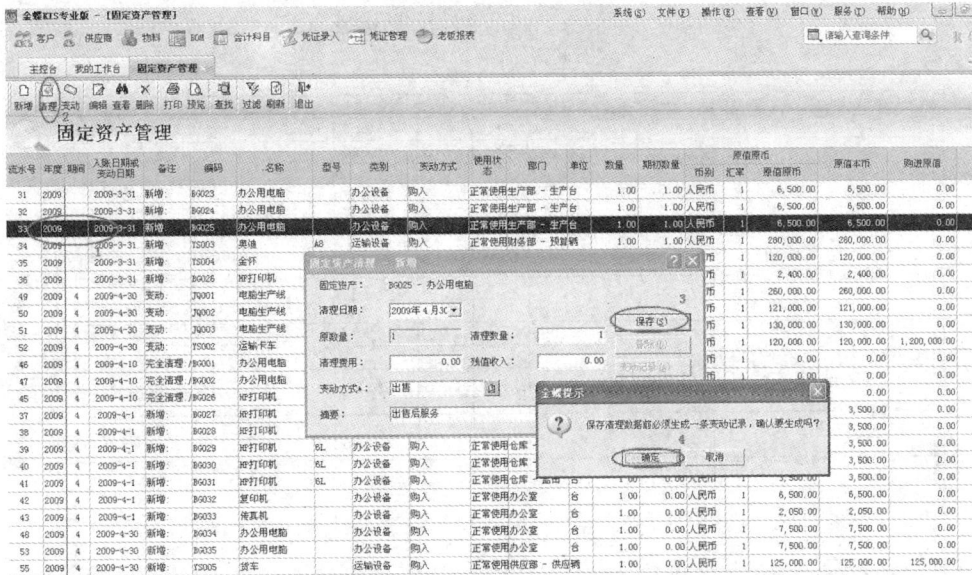

图 5－152　固定资产卡片减少

就进入了固定资产生成凭证界面，如图 5－153 所示，首先在会计分录序时簿中选定刚才减少的固定资产卡片，然后按左上方的"按单"按钮，就会出现【按单生成凭证】对话框，在对话框中选择"开始"，自动生成记账凭证。并提示"完毕，生成 1 张记账凭证"。

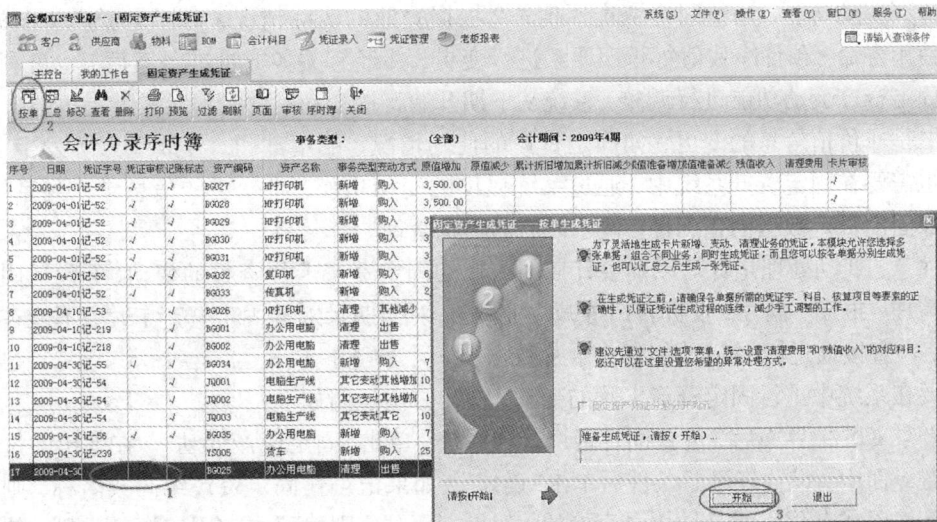

图 5－153　固定资产减少——凭证生成（一）

打开【账务处理】中"凭证管理"窗口，系统已根据新增的固定资产卡片内容生成了相应的会计凭证，如图 5－154 所示。

3. 固定资产其他变动核算

（1）固定资产其他变动业务可包括两个方面：

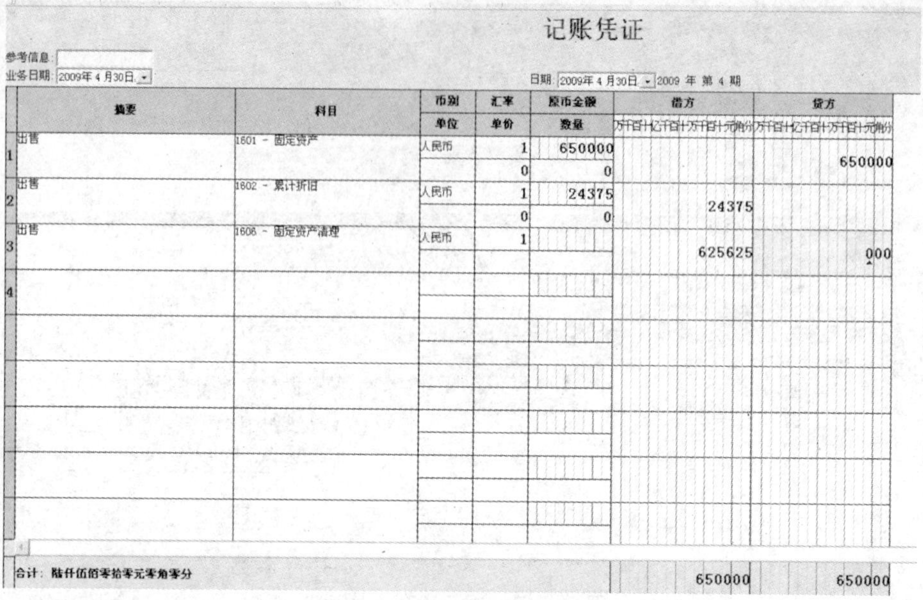

图 5 – 154　固定资产减少——凭证生成(二)

一是对价值信息的变更,包括:①对固定资产的后续支出,如果使可能流入企业的经济利益超过原先的估计,例如延长固定资产的使用寿命,或使产品的质量实质性提高,或是产品成本实质性降低,则可予以资本化,计入固定资产的账面价值,这时可利用系统的固定资产变动功能,调整固定资产原值;②根据企业的实际情况,对固定资产折旧方法、预计使用寿命、预计净残值等折旧要素进行变更,并经有关各方批准备案后,也可利用系统的固定资产变动功能进行调整,系统从下期开始将按变动后的折旧要素计提折旧。

二是非价值信息的变更,如固定资产的使用情况、使用部门、存放地点等发生变动,这时也需要在固定资产系统中,通过系统提供的变动功能,将变更的信息录入到系统中,以确保固定资产数据的正确性,便于以后的跟踪管理。

注意:变动处理是针对以前会计期间入账的固定资产卡片资料的变动(不包括固定资产的清理、报废、盘亏、投资转出等减少业务),对当期录入的固定资产卡片,不能在当期变动,可直接通过【编辑】功能修改卡片数据。

要在系统中进行固定资产卡片的变动,操作方法说明如下:

登录 KIS 主界面后,进入固定资产管理系统,单击"固定资产变动",在弹出的过滤条件设置界面中,设置好过滤条件后单击"确定"(如果记得住固定资产编码或名称,则按固定资产编码或名称过滤是最快最直接的,如果记不住,则建议可按固定资产类别、使用部门等进行过滤)。

进入"卡片管理"界面后,选中要变动的卡片,单击"变动",系统将打开该卡片供用户修改,在界面上选择要变动的项目进行修改。注意固定资产资产编码是不允许变动的;另外,涉及原值、累计折旧、减值准备、预计净残值、使用寿命等折旧要素变动时,可能还需要考虑是否有必要对折旧公式进行相应的变动。

数据修改完成并检查无误后,单击"确定",即可完成对卡片资料的变动。注意,如果当期该卡片已经计提过折旧，这需要重新计提折旧。

退出卡片变动界面后，在"卡片管理"列表中，将增加刚才的变动记录（卡片记录的备注字段将显示为"变动"）。

对固定资产卡片的数据所做的变动，并不会影响到固定资产卡片的历史数据，在进行固定资产卡片查询的时候，既可以查询到卡片录入时的数据，也可以查看到每期变动时的数据。当打开卡片时，可以通过单击卡片界面上的"变动记录"，查看到该卡片的所有变动数据。

固定资产系统支持在一个会计期间内对同一固定资产卡片进行多次变动，但实际上是在原变动记录上的修改，最终在同一期间只产生一条变动记录。

为提高工作效率，系统还提供了"批量变动"卡片的功能，即：多张卡片发生变动的内容相同时，可以通过"批量变动"功能实现。操作方法说明如下：

在"卡片管理"列表中，按住 Shift 键或 Ctrl 键，用鼠标单击选择多条需要变动的卡片；点击"操作→批量变动"，弹出"批量变动"界面，录入需要变动的数据资料后，单击"确定"即可完成批量变动。（如果所选择的变动记录中，存在不允许变动的卡片，系统会给出提示，这时用户需要重新选择卡片）

（2）固定资产减值准备。

固定资产发生损坏、技术陈旧或其他经济原因，导致其可收回金额低于其账面价值，从真实性和稳健性原则出发，应当予以确认。因此企业在期末或至少在每年年终，需对固定资产逐项进行检查，应当确认资产是否发生减值。

要在系统中进行固定资产减值准备的处理，可利用系统提供的"变动"功能来实现。操作方法如下：在"卡片管理"界面中，选中要变动的卡片，单击"变动"，在打开的卡片中，选择"原值与折旧"页签，在"减值准备"中录入要计提的减值准备，单击"确定"，即可完成对单张卡片的减值准备处理，如图 5 – 155 所示。

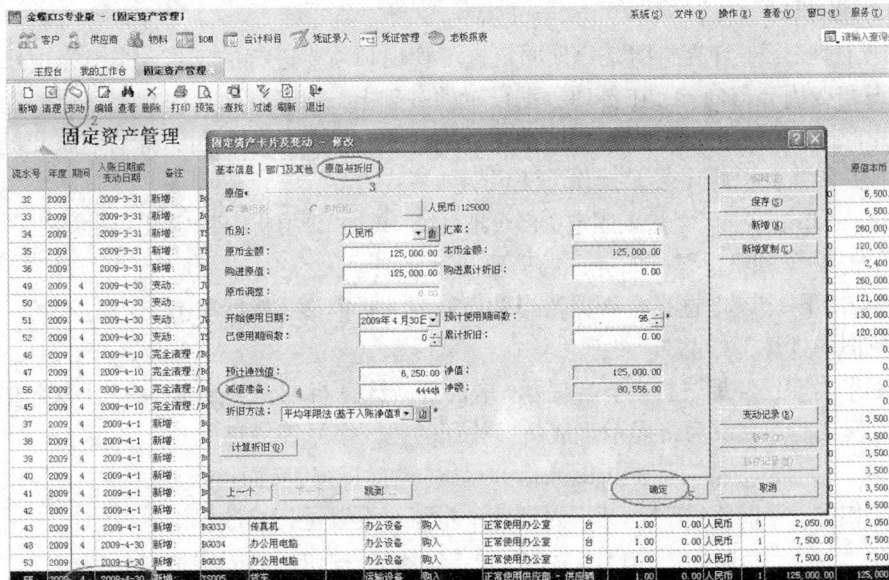

图 5 – 155 固定资产减值准备变动

当多项固定资产发生减值时，减值比例或金额基本相同，则还可利用"批量变动"功能，实现批量的减值准备计提。操作方法如下：在"卡片管理"界面中，按住 Shift 键或 Ctrl 键，用鼠标单击选择多条需要变动的卡片，点击"操作→批量变动"，弹出"批量变动"界面，在"基本信息"页签中，选择一种减值准备的计提方式，录入减值数据即可，系统提供了两种减值方式：

按原值比例：录入比例数据，系统将根据每项固定资产的原值乘以这个比例数据，得到每项固定资产的减值准备。

按绝对金额：录入绝对金额数据，系统对每项固定资产按录入数据计提减值准备。

完成并确认无误后，单击"确定"系统将给出减值准备变动的报告，从用户可以了解刚才的批量计提减值准备有哪些成功了，哪些由于违反了某种限制而没有计提成功。

减值准备变动信息可以由固定资产系统生成凭证。

4. 固定资产折旧

计提固定资产折旧是固定资产核算的重要内容，对利润的核算有重要影响。金蝶软件计提折旧功能能够实现自动计提固定资产本期折旧，并将折旧分别计入有关费用科目，自动生成计提折旧记账凭证。计提折旧是一件十分简单的工作，可以按照系统的提示轻松完成。

（1）月工作量输入。

如果有使用工作量法计提折旧的固定资产，在计提折旧前必须输入该项固定资产本期的实际工作量。

在"固定资产"模块窗口，单击"月工作量输入"选项，就可以输入所有设定为工作量法计提折旧固定资产的本期实际工作量。在执行计提折旧功能时，系统会根据此处录入的月工作量，计算该项固定资产当期应提折旧数额。

如果想取消所做的修改，单击"还原"即可恢复到上一次保存后的数据状态；工作量录入完毕后，单击"保存"，将按当前数据进行保存。

（2）计提折旧。

对于企业来说，计提折旧是每期固定资产管理必须要进行的工作，系统为用户提供了计提折旧和费用分摊向导，在各项数据设置的基础上，能够自动计提本期各项固定资产的折旧，并将折旧费用根据使用部门的情况分别计入有关的费用科目，自动生成计提折旧的转账凭证并传送到总账中去。操作方法说明如下：

①登录 KIS 主界面后，进入固定资产管理系统，单击"计提折旧"，弹出"计提折旧"界面。

②单击"下一步"设置折旧凭证的摘要和凭证字。

③单击"下一步"，选择是否保留当期已修改的折旧额，然后单击"计提折旧"，系统开始进行折旧的计算工作。

④如果本期已经提过折旧，会提示"是否重新计算折旧？"，选择"是"，系统继续进行折旧的计算工作，完成后将提示生成折旧凭证的凭证字号等信息。

⑤单击"完成"，结束计提折旧操作并退出"计提折旧"界面。

在操作中，可以通过"上一步"回到前一步骤对设置进行修改。

至此，本月计提折旧工作已经完成，单击 确定 按钮返回固定资产处理窗口。

对于系统自动产生的计提折旧凭证，用户不能进行修改，而且也不能手工直接录入有关"累计折旧"科目的凭证。

5.固定资产报表

除了提供完整的固定资产业务处理，金蝶 KIS 固定资产管理系统还提供了丰富的统计报表和管理报表，帮助企业从多角度查询固定资产信息，进行资产统计分析及各种资产折旧费用和成本分析，并为企业进行固定资产投资、保养、修理等提供决策依据。系统提供的报表共有 13 种：(1)固定资产清单；(2)固定资产变动情况表；(3)固定资产增减表；(4)折旧费用分配表；(5)固定资产明细账；(6)固定资产折旧明细表；(7)固定资产折旧汇总表；(8)固定资产数量统计表；(9)变动历史记录表；(10)固定资产到期提示表；(11)固定资产处理情况表；(12)固定资产构成分析表；(13)附属设备明细表。

第七节　金蝶报表编制模块的应用

财务会计中借助资产负债表、利润表和现金流量表来分别反映企业的一定时点的财务状况、一定时期的财务成果和现金流量，该三种报表一般由财政部门颁发固定的格式，需要由会计部门定期编制，也是企业会计工作结果的主要体现。除此之外，根据管理需要获取上述报表外的其他财务信息，这就要根据需求进行自定义报表。金蝶 KIS 专业版中的报表和分析模块就能完成对上述报表的编制工作。

金蝶 KIS 专业版报表与分析模块为用户设计了部分行业的报表模板，我们可以根据需要修改报表格式、各项目的取数公式等，其报表界面类似于 Excel 表格，应用起来较为方便。

一、报表处理

报表与分析模块主要的功能是进行报表查询、表格格式的修改、报表内容取数公式的定义和修改，最后输出报表结果。我们以资产负债表为例学习使用报表处理的上述功能。

1.报表查看

以具有报表查看和分析权限的人员登录系统，点击"报表与分析"→"资产负债表"，如图 5－156 所示。

图 5－156　资产负债表查看界面

系统进入到资产负债表查看窗口，点击"数据"→"报表重算"，系统根据数据量的多少，自动进行计算，此时不能进行其他操作，得出了截至该时间点的资产负债表数据，如图 5 - 157 所示。

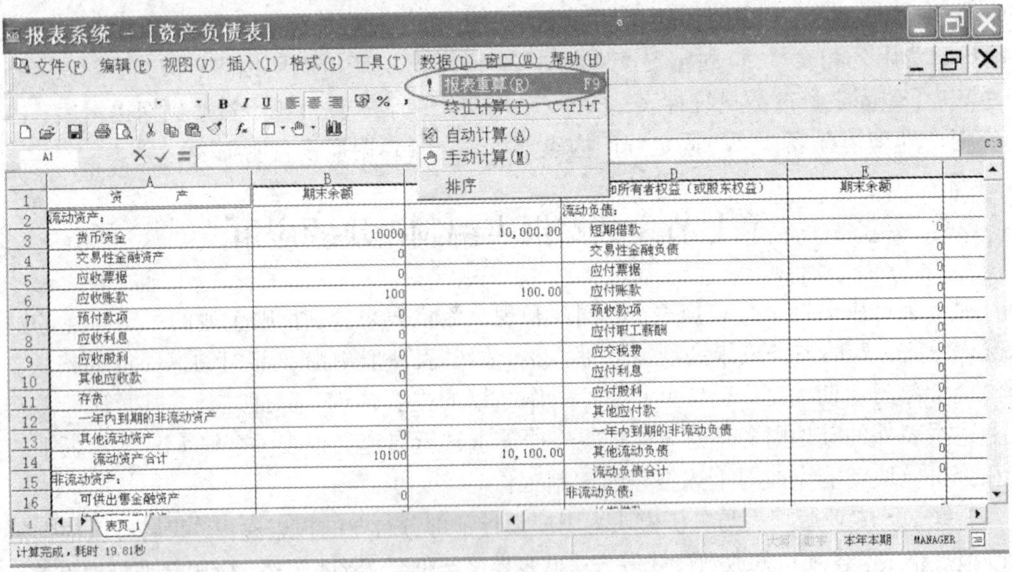

图 5 - 157　资产负债表重计算界面

如果发现数据有错误，可以通过修改单元格中的公式来修改取数的内容。此时需要切换显示数据界面到显示公式界面，点击工具栏中的"视图"→"显示公式"按钮，界面显示的是各个项目的公式栏目，在这种状态下可以对公式进行修改，如图 5 - 158 所示。

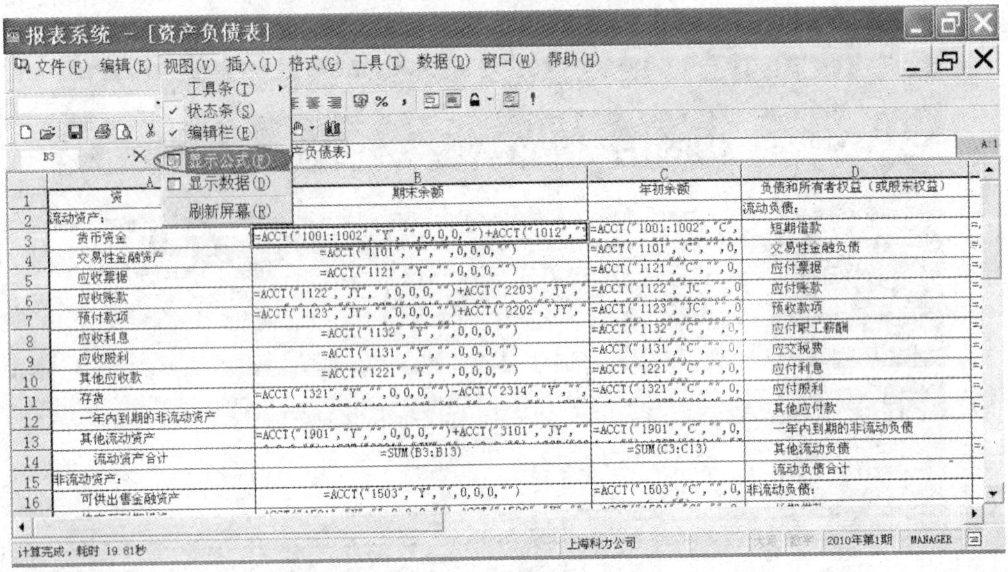

图 5 - 158　显示报表公式界面

如果熟悉金蝶 KIS 的取数公式可以在相应需要修改的栏目中双击进行公式的修改，如果不熟悉使用，则可以点击工具栏中 " f_x " 按钮，切换到报表函数界面，如图 5 – 159 所示。

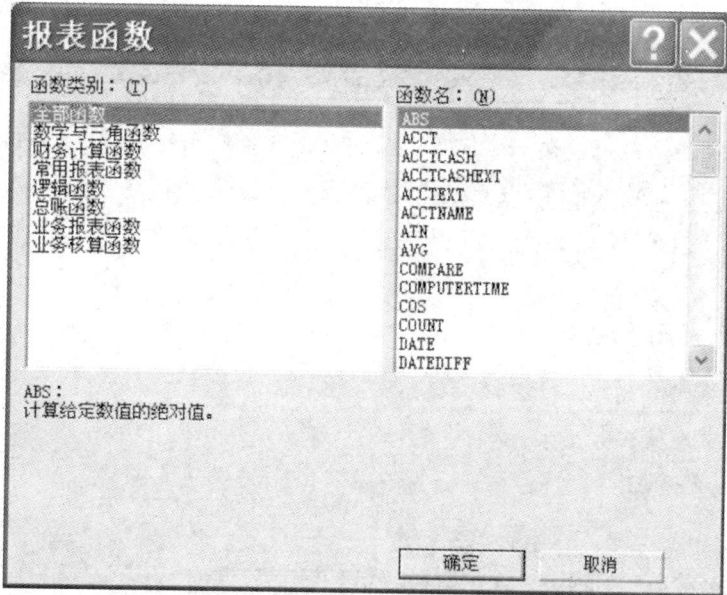

图 5 – 159　报表函数选择和输入界面

选择相应的函数进行公式设置，将光标放置在各个栏目下方，会有相应的输入的注释。修改完公式后点击"确定"按钮，完成公式的修改，再点击"报表重算"就可以按新公式重新得出数据，修改公式界面如图 5 – 160 所示。

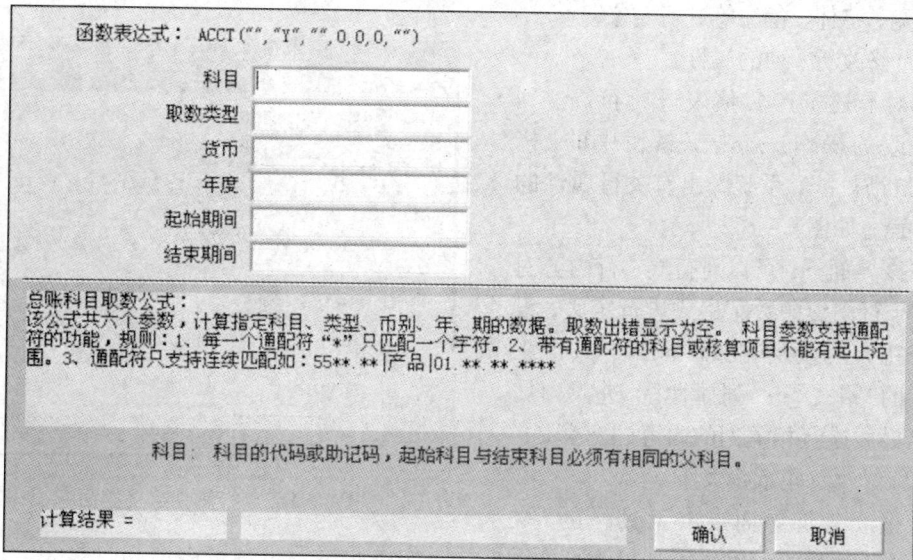

图 5 – 160　公式定义和修改界面

2. 报表输出

报表数据得出后可以输出来进行保存或编辑，点击工具栏中的"文件"→"引出报表"后，可以将查询的报表数据保存为指定的文件名和相应的文件格式，如图 5 – 161 所示。

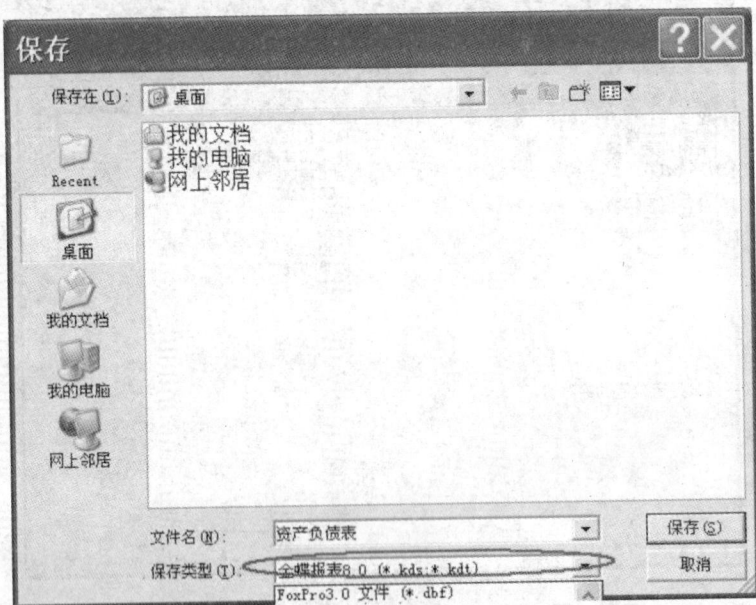

图 5 – 161　输出资产负债表成指定文件类型界面

3. 报表打印

日常工作中，需要对报表格式进行定义，以求美观地进行打印，此时需要对报表的行高、列宽、字体、备注等进行定义。

（1）修改行、列的属性。

如对上述资产负债表进行行高、列宽的修改的操作：点击工具栏中的"格式"→"行属性"，系统弹出有关行属性的定义界面，如图 5 – 162 所示。

在该界面下，可以对行高、行内容对齐方式、行内容的数字格式进行定义，设置符合用户需要的格式。同理，点击工具栏中的"格式"→"列属性"，进入列属性定义界面进行相关列的内容的定义。

（2）修改打印纸张大小。

在报表查询界面点击工具栏的"文件"→"打印预览"可以进入到报表打印预览中，如果此时发生预览内容超过纸张大小，可以通过"打印设置"来选择纸张的大小和打印的方向。或者通过上述更改行高、列宽等设置来让内容打印到指定的纸张中。

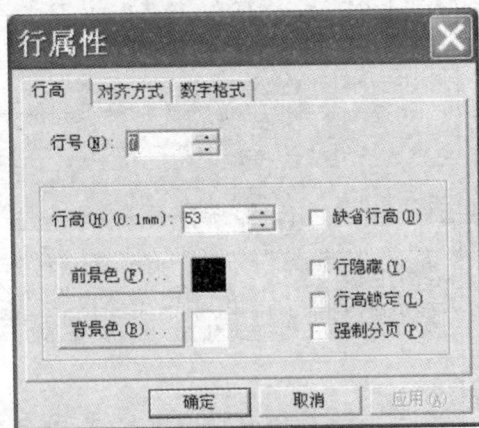

图 5 – 162　行属性定义界面

（3）更改报表字体。

点击报表的左边顶角的单元格，选中整个表格，此时整个表格反显为黑色，点击工具栏中的字体和字号栏，设置相应的字体和字号，表格中的内容相应地更改了字体和字号，如图 5 - 163 所示。

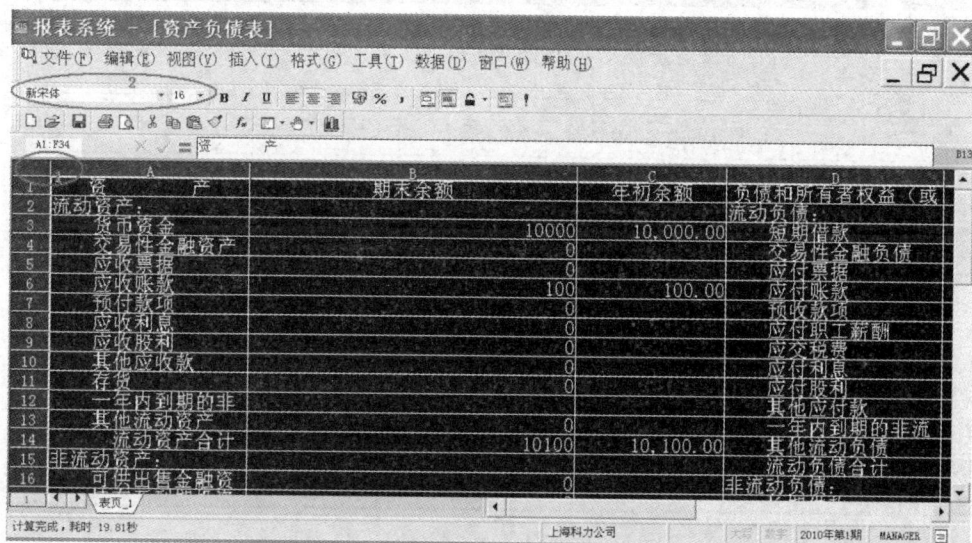

图 5 - 163　设置表格字体

更改报表字体另一种方法是在选中表格的基础上，点击菜单中的"格式"→"单元属性"，在字体栏中相应地设置字体类型和字体大小，如图 5 - 164 所示。

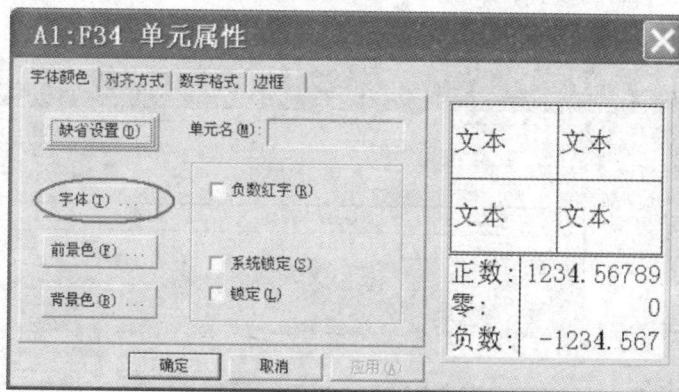

图 5 - 164　设置单元格属性

二、自定义报表

在系统自带报表不能满足管理需要情况下，经常需要通过自定义报表的方式来完成相关数据的获取。

【例】　定义一张能获取年初余额和本期发生额的货币资金的报表

（1）点击在主界面的"报表与分析"→"自定义报表"，进入到自定义报表的界面。

（2）点击"新建"按钮，系统弹出一张空白报表的窗口，单击工具栏中"视图"→"显示公式"，将报表的有关行首信息录入，如图5-165所示。

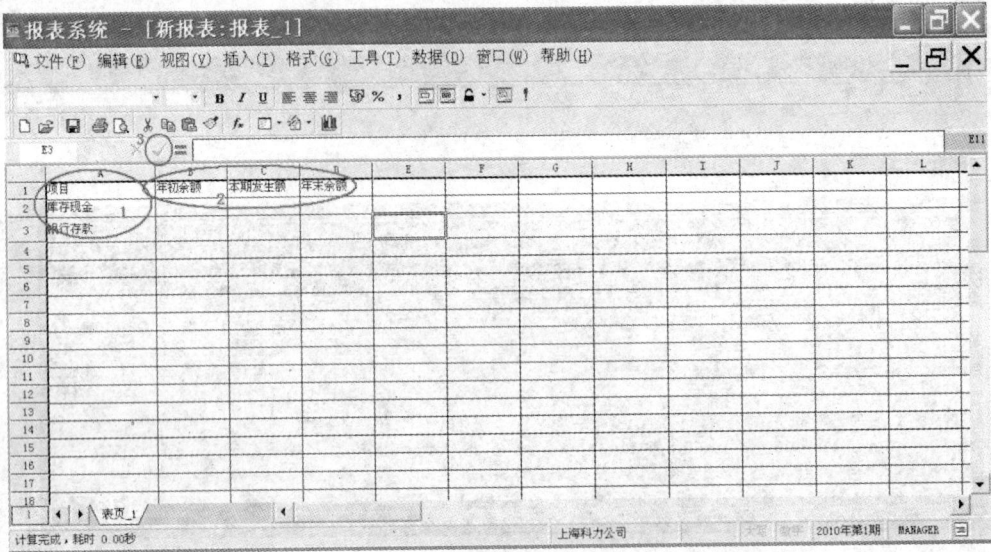

图5-165 自定义报表录入界面

（3）将光标放在在需要录入公式的单元格中，如B2单元格，点击工具栏中的报表函数按钮，进入到报表函数窗口。在科目栏中点击"F7"获取科目。选择相应科目后如该科目设置了核算项目，还需要在核算类别中选择相应的核算项目，点击"填入公式"按钮，再点击"确定"按钮完成科目的设置，如图5-166所示。

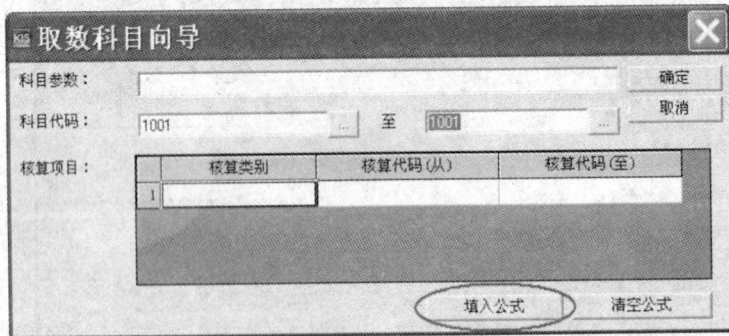

图5-166 科目取数向导界面

（4）类似的，通过"F7"按键，对"取数类型"、"货币"、"年度"、"起始期间"、"结束期间"进行设置。

（5）设置完毕，点击"视图"→"显示数据"，报表显示按该公式获取的数据。

（6）设置表格属性。将无关的列和行删除，点击工具栏中的"格式"→"表属性"，进入到表格的行、列、页眉页脚、外观、字体等设置界面，相应地进行设置。

（7）设置完毕后，点击"文件"→"打印预览"，显示设置后的表格内容。如果不满意，按上述步骤继续调整，调整完毕后，点击工具栏中的"文件"→"保存"，可以将该报表格式作为一个模板保存起来，以备今后所用。

三、报表分析

KIS 专业版设置了报表分析的功能，可以根据预设的分析方法对已有的报表进行分析。

【例】　对资产负债表进行报表分析。

（1）在主界面点击"报表与分析"→"报表分析"，进入到报表分析界面，选择"资产负债表"，单击鼠标右键，选择"报表项目"，系统进入到"报表设置"状态界面，如图 5-167 所示。

图 5-167　报表分析界面

（2）在报表分析界面可根据需要删除、插入、追加等操作，以设置符合需要的报表。设置完毕点击"保存"按钮退出。

（3）对某栏目需要修改公式的，双击鼠标进入到公式定义向导界面，如图 5-168 所示。

（4）报表的各个项目和相应的公式设置完毕后，退出报表项目窗口，双击报表分析栏下的"资产负债表"，系统对设置后的内容进行计算，得出分析后的结果，如图 5-169 所示。

（5）在报表分析界面点击"分析"，可以按"结构分析"、"比较分析"、"趋势分析"三种分析方法对数据进行分析，确定分析方法后，设置相关的选项，点击确定，系统会自动计算出相应的数据。根据数据，可以点击"图表"、"引出"等按钮，完成不同数据的展现和保存。

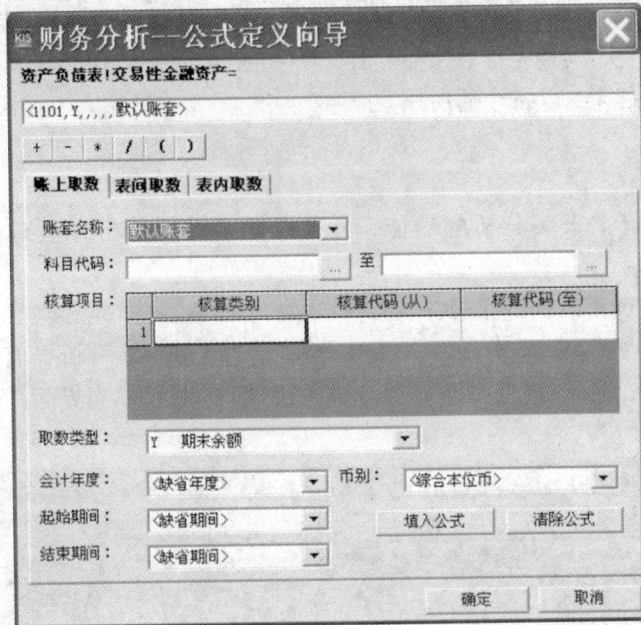

图 5 – 168　公式定义向导界面

图 5 – 169　资产负债表报表分析结果

第六章 其他财务软件介绍

第一节 速达 3000R – STD 软件介绍

一、系统简介

速达软件技术(广州)有限公司是中国著名的中小企业管理软件厂商,由 IDG、美国 OZ 对冲基金、鼎晖(中国)等多家跨国投资集团共同投资组建。速达主要为中国中小企业提供优秀的企业管理软件和解决方案。速达公司成立 10 年来,相继推出了速达 3000 系列、5000 系列、7000 系列以及 E3ERP 系列等 20 多种产品,其产品具有简洁实用、功能强大、易学易用等特点。

二、功能简介

《速达 3000R – STD》是一款集进销存、财务、POS、CRM 为一体的集成化企业信息管理系统。软件界面简洁,功能完善,有效帮助企业处理日常经营管理业务,协调业务流转过程。主要功能包括进销存管理、POS 管理、现金银行、账务系统、工资核算、客户关系、报表中心模块,这些模块的主要功能如表 6 – 1 所示。

表 6 – 1 速达 3000 主要功能模块表

采购管理	采购订单、采购收货、采购付款、采购退货、费用分摊
销售管理	销售订单、销售开单、销售收款、现款销售
仓库管理	领料单、退料单、产品进仓、存货调价、仓库调拨、库存盘点、库存变动
POS 管理	POS 销售单、POS 出入款单、POS 日结单
现金银行	费用开支、银行存取款、其他收入
账务系统	凭证录入、凭证审核、凭证登账、期末调汇、结账损益、期末结账
工资核算	工资数据、计件工资、工资支付、费用分配
客户关系	客户管理、联系人管理、机会管理、行动管理、销售管理、货品管理、费用管理、服务反馈
报表中心	采购报表、销售报表、库存报表、应收应付报表、图形报表、现金银行报表、POS 业务报表

第二节 SAP Business One 中文版 7.0 管理软件介绍

一、系统简介

德国的 SAP 公司成立于 1972 年,一直致力于 SAP 系列软件的开发。目前,SAP 在 120

多个国家和地区拥有 17 500 多家客户、44 500 多个系统安装点、1 000 万名最终用户,世界 500 强 80% 以上的公司都在使用 SAP 的管理方案。SAP 在中国已有 300 多家用户。

二、功能简介

SAP Business One 中文版 7.0 提供的业务功能覆盖了企业管理业务的各个方面,如:财务、销售、采购、库存、银行、客户关系管理、生产装配和成本管理等方面的内容。系统各模块集成性高。

1. SAP 采购管理模块主操作流程(如图 6 - 1 所示)

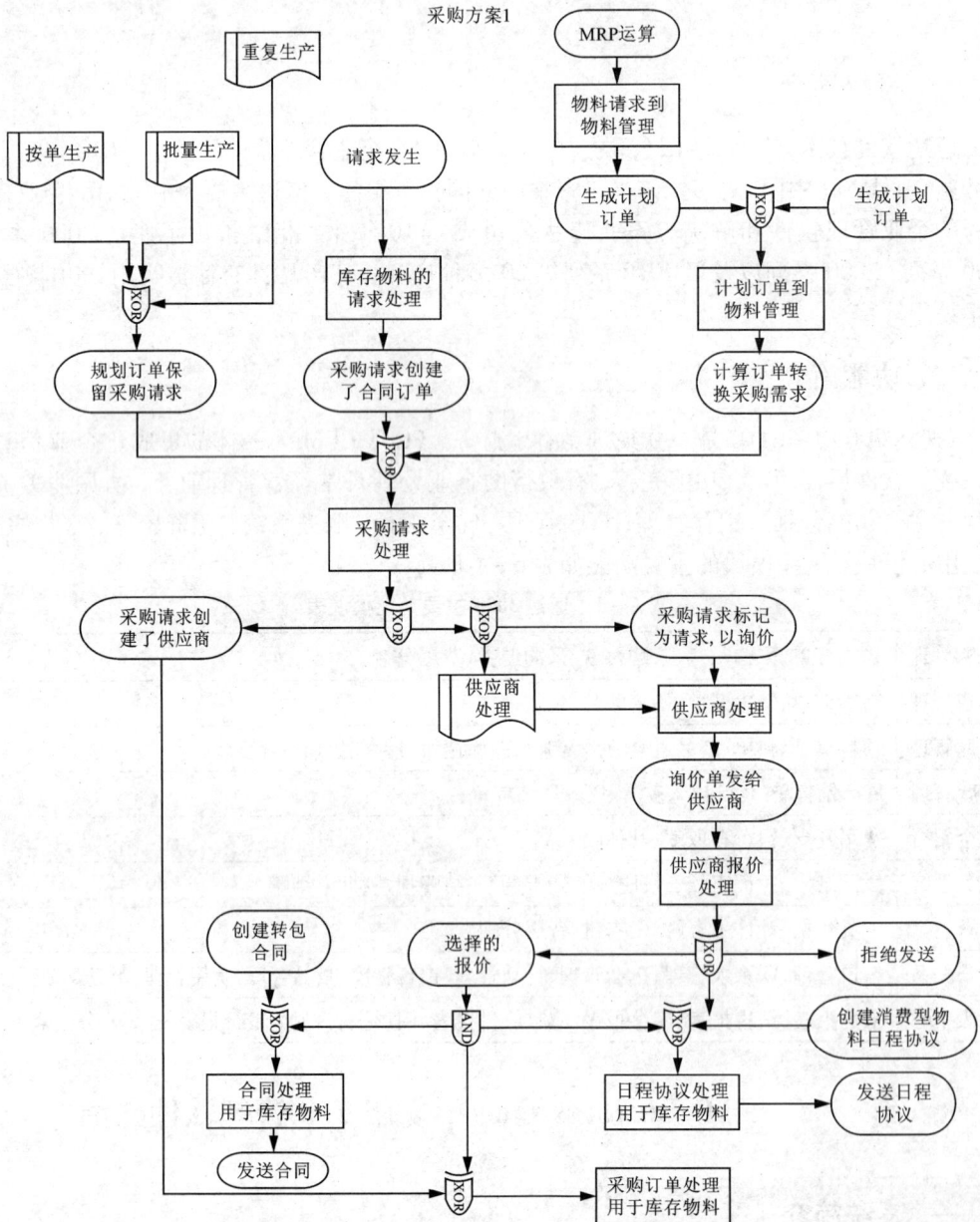

图 6 - 1 SAP 采购管理模块主操作流程图一

2. SAP 销售管理模块主操作流程(如图 6 - 2 所示)

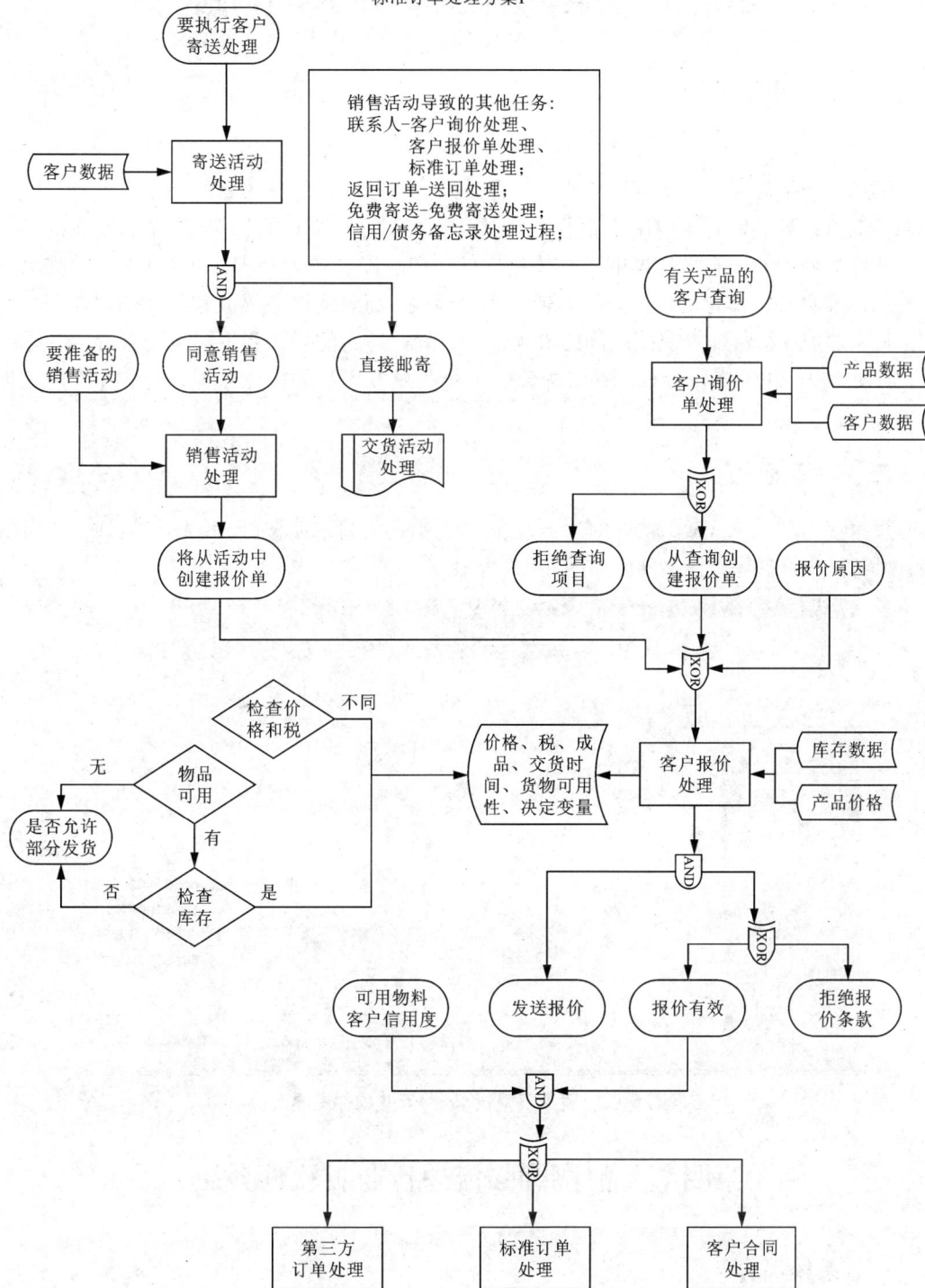

图 6 - 2　SAP 销售管理模块主操作流程图

第三节　管家婆财贸双全 V5.0 软件介绍

一、系统简介

管家婆财务软件广泛适用于党政机关、科研单位、学校、建设单位、社会团体、基金会、民办非企业单位及需要对日常非进销存类经济业务进行财务核算的中小企业等。管家婆财贸双全系列是针对国内中小企业管理现状,在管家婆系列软件基础上全新研发的一套给财务人员使用的业务加标准财务一体化软件。产品以业务为基础,财务为核心,强大的业务加标准财务一体化功能、完备的辅助管理模块、高效的财务报表和强大的报表分析功能,能够为企业经营提供快捷准确的决策依据;清晰易用的操作界面,简洁直观的数据中心,简便、智能化的操作过程,更加符合中小企业财务人员的操作习惯,使财务管理工作也更加轻松。

二、功能简介

管家婆财贸双全 V5.0 软件的主要功能有进销存管理、账务处理、出纳管理、工资管理、固定资产管理等,其主界面如图 6-3 所示。

图 6-3　管家婆财贸双全 V5.0 软件主界面

第四节　浪潮国强流通行业版软件介绍

一、系统简介

近年来,随着流通体制改革的不断深化和市场经济体系的不断完善,我国的流通企业在管理方式、营销理念等方面发生了重大变革。经营业态也从百货店、副食店迅速演化为便利店、超市、大型综合超市、仓储式会员制商店、专卖店、专业店、百货店、购物中心等多种零售业态，经营组织形式也由单体店发展为单体、连锁、分销并举，形成了以供应链为主线的新的社会流通体系。

浪潮国强流通行业版是一套面向流通领域各业态的管理信息系统，是一个系列软件产品的总称，其中包括超市版、购物中心版、连锁版、医药版。

该软件系统主要有以下特点：

（1）系统基于"以商品流转为基础，财务管理为核心；单品管理，进价核算；面向管理，辅助决策"的设计思想，系统具有先进性、实用性、可靠性、开放性。

（2）不断跟踪客户需求，不断跟踪信息技术和不断吸取新管理思想，充分体现了功能性强与技术程度高的完美结合。在开发过程中采用了面向对象等最新技术，为客户带来了实际利益。

（3）针对现代流通企业以顾客为中心，统购分销的运营特点，设计符合用户需要的管理系统。

（4）完善的进价核算方法，可操作性、纠错性强，能适应不同文化程度的使用者。

（5）商品账可以直接转入财务账，共享业务数据，一处输入多处引用。

（6）系统的数据、报表可以转换成多种数据格式，与 word、excel 紧密集成。

二、功能简介

该软件功能模块主要分为基本模块和附加模块。其中，基本模块分为系统维护、系统监控、数据中心、物价管理、进货管理、销售管理、库存管理、商品核算、结算管理、信息查询、经理查询、POS 前台销售管理；附加模块分为会员管理、储值卡管理、财务接口、计划管理、合同管理、经营分析。

第五节　新中大简约型 ERP 软件银色快车 SE 介绍

一、系统简介

新中大软件股份有限公司是大型的先进管理软件开发商，互联网时代中高端管理软件领导厂商，是国家规划布局内重点软件企业，致力于帮助盟主企业成就电子商务先锋。公司已形成以"项目管理"思想为核心的产品体系。

新中大简约型 ERP 软件银色快车 SE 是以管理会计理论和集团财务管理实务为基础，以功能完善、操作方便、快速见效为指导原则，面向中小企业的财务、业务应用系统，帮助企业全面实现从基本核算到进销存到集团财务的信息化管理。SE 产品是在新中大财务管理软件 NGPower 产品的基础之上发展而成的一个升级产品，是在近十万各行各业用户的成功应用基础上，继承了新中大财务管理软件 NGPower 的优秀品质，充分吸取了新中大在管理软件领域的成功经验而形成的成熟产品，用心为中小企业信息化提供全面、适用、高性价比的财务、进销存、简单生产管理解决方案。

二、功能简介

新中大简约型 ERP 软件银色快车 SE 主要功能如图 6-4 所示。

1. 账务处理	2. 报表处理	3. 工资管理	4. 固定资产
5. 财务分析	6. 经理查询	7. 采购管理	8. 材料需求计划
9. 库存管理	10. 销售管理		

图 6-4　新中大简约型 ERP 软件银色快车 SE 主要功能图

第六节　金算盘 72ec 软件介绍

一、系统简介

金算盘软件股份有限公司创立于 1992 年 12 月，业务范围和服务能力可以覆盖世界各地。该公司主要致力于通过互联网和移动通信网向用户提供集 ERP 功能和电子商务功能于一体的全程电子商务服务，帮助成长型和成熟型中小企业优化业务流程、创新经营模式，提升整体运营效率和竞争能力。

金算盘全程电子商务平台是帮助中小企业利用互联网、移动通信等先进技术，对企业内外经营活动的全过程进行优化和改造，对企业与上下游伙伴之间的业务进行全面协同和管理，以应对商务环境变化、创新经营模式的一站式信息化产品与服务。

二、功能简介

金算盘全程电子商务平台——金算盘 72ec 包括金算盘 eERP、金算盘 eTools(电子商务工具)和金算盘 ePortal(电子商务门户)三大部分。具有移动商务、网上贸易等六大服务功能(如图 6-5、图 6-6 所示)。

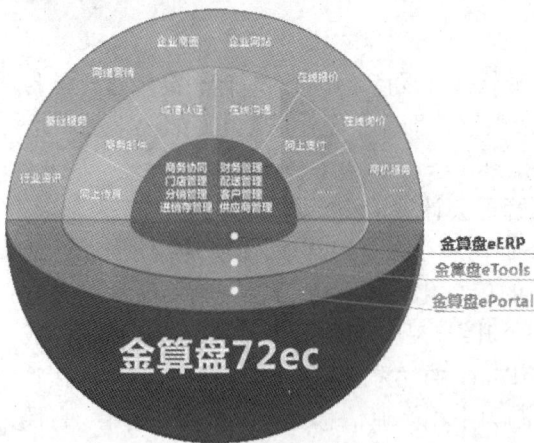

图 6-5　金算盘 72ec 总功能图

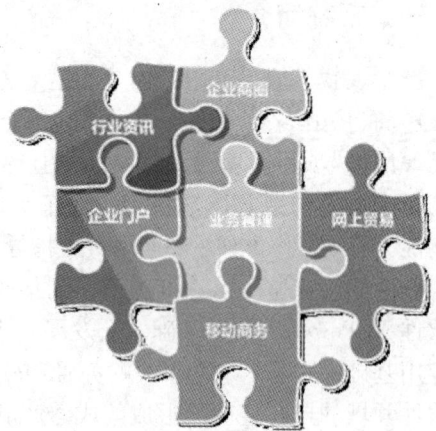

图 6-6　金算盘六大服务功能图

第七节　降龙 990 软件介绍

一、系统简介

降龙软件已有 20 余年的发展历史，产品主要面向中小企业，业务涉及会计电算化、商业自动化、工业企业 ERP、网络办公自动化、会计教学电子化、财税管理数字化等多个领域。具有全面的现代企业管理功能，简便易学，并具备多账套管理、简明易学、操作方便、功能强大、实用新颖等特点，在金融、电信、交通、科教等各个领域纵深渗透。

二、功能简介

降龙 990 会计核算系统从建账、日常业务、账簿查询、账目分析到月末自动转账、登账、结账等全部的财务处理工作均在会计核算系统实现。主要功能如图 6 - 7 所示。

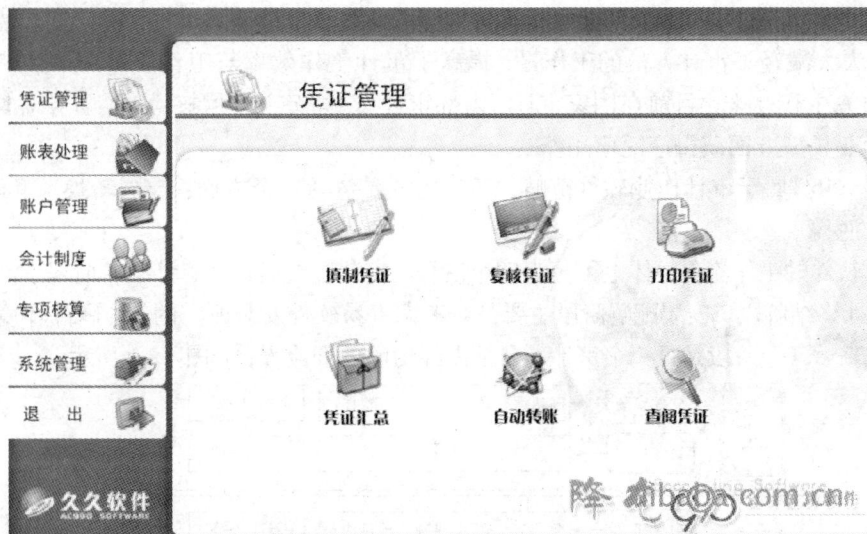

图 6 - 7　降龙 990 软件主界面图

第七章 计算机审计软件应用

随着信息技术在会计工作中的广泛应用,传统审计手段和审计内容也逐渐发生了深刻变化,计算机审计应运而生。我们认为现代的计算机审计应包括两方面的内容:(1)借助计算机手段对手工会计系统产生的信息进行的审计,又称为计算机辅助审计;(2)利用手工或者是计算机辅助手段对电算化会计系统本身及其所产生的信息的审计。主要包括对电算化会计信息系统内部控制的审计;对会计信息系统开发的审计;对会计信息系统应用程序的审计;对会计信息系统数据的审计;对会计信息系统舞弊的审计。本章主要给大家介绍我国审计实务中应用比较广泛的计算机审计软件——审易软件,让大家对计算机辅助审计有较为清晰的认识。

《用友审计作业系统——审易 A460》(以下简称"审易软件")是用友审计软件公司开发的审计作业系统。审易 A460 功能强大、数据引入流畅、审计工具丰富、审计重点清晰、操作方便,大大减轻了审计人员的工作量,提高了审计工作效率与工作质量,深受广大审计工作者的关注和青睐。目前在国家审计、内部审计、独立审计、稽核检查、财务监督、内部查账等专业领域方面获得广泛应用。

审易 A460 属于审计作业软件范畴,其功能主要包括三个方面:数据转换、审计工具、审计工作底稿。

审易软件的工作流程整体上可分为四个阶段:安装配置阶段、审计准备阶段、审计实施阶段、审计终结阶段。安装配置阶段主要是对考虑审易软件安装所需的软、硬件环境和数据的初始化。后三个阶段是每一个审计项目都需经历的处理流程,如图 7-1 所示。

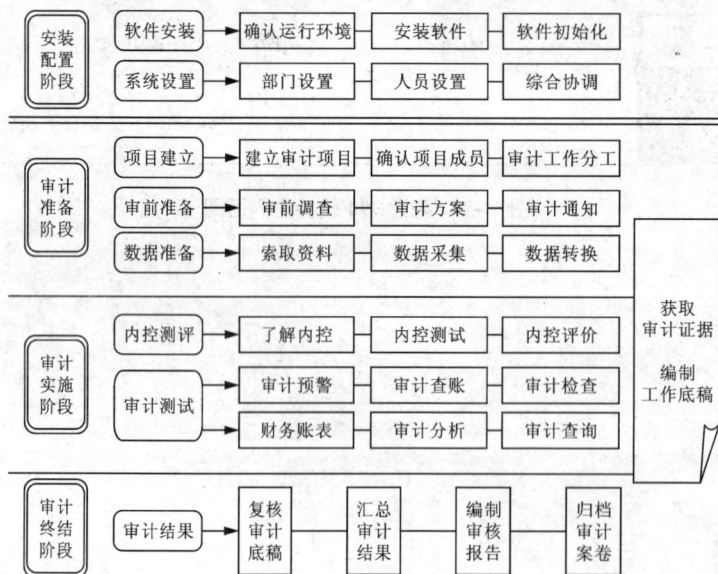

图 7-1 审易软件工作流程

第一节　审易软件的安装与初始化

一、系统安装与初始化

1. 系统运行环境

审易软件属于应用软件范畴，需要相应的硬件环境和系统软件的支撑。审易软件的运行环境如表 7 - 1 所示。

表 7 - 1　审易软件的运行环境

分类	服务器	客户端
硬件	CPU:P3 以上;内存:512M;硬盘:1G	CPU:P3 以上;内存:256M;硬盘:1G
操作系统	2000/NT Server, Windows 2000/NT/XP	Windows2000/NT/XP
网络协议	TCP/IP	
数据库	SQLServer2000 或 MSDE2000	SQLServer2000 或 MSDE2000

2. 安装 MSDE2000 或 SQLServer2000

审易软件采用 SQLServer 数据库作为数据库管理系统，因此安装审易软件之前应先安装 SQLServer2000 或 MSDE2000。

3. 安装审易软件

双击 ufsyA460setup. exe，进入安装界面，按照安装向导提示完成安装过程。

二、系统初始化

安装完审易软件和数据库之后，要对数据库进行初始化设置。

（1）执行"开始"→"程序"→"用友审易"→"用友审易数据库维护"命令，打开"用友审易数据库维护"对话框。

注意：如果不是第一次进入系统，则会提示输入系统管理员的密码，系统管理员（admin）口令默认为空。

（2）在"数据库初始化"选项卡中，包括三个项目：审易系统数据库、演示项目数据、数据转换模板。在初始化过程中，可以有选择地进行初始化，对于不需要初始化的项目，在弹出初始化确认对话框时选择"否"即可，如图 7 - 2 所示。

三、系统启动

系统安装完成后在桌面上生成"用友审计 A460"快捷方式，双击该快捷方式，打开系统登录界面，如图 7 - 3 所示。

在图 7 - 3 中，选择要登录的服务器、用户名，输入用户的口令，选择要审计的项目及项目期间，单击"确定"进入审计项目或单击"新项目"打开"项目登记"对话框。

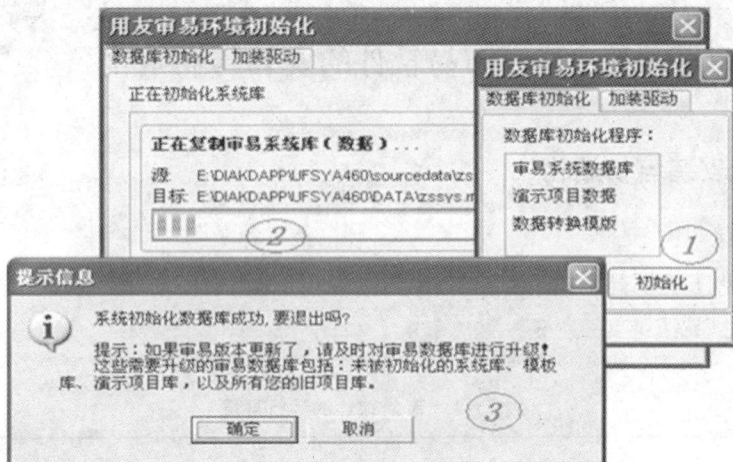

图7-2 数据库初始化

图7-3 系统登录

四、系统设置与配置

系统设置主要包括设置、模板管理、法规等几项功能。

以系统管理员身份 admin（初始口令为空）登录系统，进入系统设置窗口。

1. 设置

（1）部门设置。

一个审计机构可能包含多个审计部门，如审计一部、审计二部、审计三部等。部门设置就是建立审计部门档案，以备今后分配审计项目时使用。

以 admin 身份登录单击菜单"设置→部门设置"。

（2）用户管理审易软件中，系统用户分为三类：系统管理员、项目管理员和普通用户。

①系统管理员。

系统管理员可以强制把任意一个或几个项目的管理权力分配给用户列表中的任何一个用户。也可以把用户列表中的任意一个或几个用户升级为系统管理员。但是系统管理员在没有被加入为审计项目组成员时，他对任何项目没有参与的权力（查阅、修改等）。其中admin为系统默认系统管理员，此用户不能被删除，不能被改名，不能被降级为普通用户。

注意：系统管理员虽然可以定义多个，但一般只有一个而且在同一时刻只允许一个系统管理员登录。

②项目管理员。每个项目只能有一个项目管理员，对所管理的项目具有绝对的权力。例如：查阅、删改工作底稿，增删项目组成员，给项目组成员以及项目所属部门负责人设定权限等。项目管理员的产生是普通用户新建项目就自动成为项目管理员。但在一些非常情境下也可以由系统管理员指定人员列表中的任何人成为项目管理员。例如：项目管理员忘记密码，解除项目管理员管理权限等等。

③普通用户可以查看项目名称的列表但不能进入项目。普通用户在人员列表中出现可以被项目管理员加入审计项目组授予相应的权限，也可以被系统管理员授予某些项目的项目管理权限。还可以新建项目，成为该项目的项目管理员。

（3）授权管理。

用户管理中的重要职能之一是授权，授权机制保护着项目和工作底稿的安全。

①以系统管理员身份登录，执行"设置"→"用户管理"命令，打开"用户管理"对话框。

②选择要设置的用户名，单击"属性"按钮，打开"用户属性"对话框。

③在"属性"选项卡中可以对用户的"用户名"、"全名"、"职务"、"所属部门"、"角色"、"登录口令"进行设置。

④在"主管部门授权"选项卡中，选择要为用户授权的部门名称。在"项目授权"选项卡中，可以见到所有项目的列表，在这里可以强制指定某个项目的项目管理员。选择要授权的项目，使它成为反色，然后单击"授权"，系统提示"授权成功"，在此项目的后面会出现一个黑色的"√"。

（4）综合设置。

综合设置是对审易系统在运行时的参数及状态进行设置。通过综合设置，可以完成以下设置：取数及状态设置、查询参数设置、新建空白底稿参数设置、常用输入法设置、界面风格设置、Office设置等。

2. 模板管理（底稿模板制作为例）

不同的审计项目所使用的工作底稿是不同的，可以将对应不同项目的工作底稿的集合设置为工作底稿模板。这种成套的底稿制作可以利用"模板管理"菜单中的"底稿模板制作"来完成。底稿模板制作的步骤如下：

（1）以系统管理员身份登录系统，执行"模板管理→底稿模板制作"命令，打开"底稿模板维护"对话框。

（2）单击"新建"按钮，在弹出的对话框中输入模板名称，如"2007新模板"，单击"确定"，弹出系统提示信息："新建完成！是否马上打开，进行编辑?"选择"是"对新模板进行编辑，另外也可以选择"否"，随后在"底稿模板维护"窗口选择该模板后，单击"打开"按钮进行编辑。

（3）在新建的模板下增加三个阶段：在审计阶段栏下单击鼠标右键，在弹出的快捷菜单中选择"添加阶段"，然后输入新阶段名称，单击"确定"即可。如，添加"审计准备"、"审计实施"和"审计终结"三个阶段。

（4）单击"审计准备"，再单击"添加"按钮，在弹出的窗口中单选或多选提前制作好的底稿模板。

（5）添加完需要的底稿后再给这些底稿编上习惯的索引号，并单击"保存"。

（6）单击"保存到系统库"，将制作的成套模板上传到服务器。

（7）如果要修改这个底稿模板就在"底稿模板维护"窗口中选择该模板，单击"打开"按钮；同时在本地硬盘中找到这次新建的 ACCESS 库，在库中修改模板文件，最后在"底稿模板制作"窗口中重新上传，覆盖掉以前的模板即可。

（8）在"底稿模板维护"窗口中选择新建的模板，在其有效性下点击打上绿色的"√"。以便新建项目时被参照。

在常用底稿模板管理中，可以添加、删除常用的工作底稿，也可以将已有的工作底稿导出形成独立的文件。我们可以用类似的方法制作财务报表模板制作、统计项目模板制作、报表汇总模板管理、审计报告素材模板。

3. 法规

系统提供常用法规供审计人员参考，同时允许审计人员结合审计工作需要将需要的法规进行自主添加和更新，形成个性化的"用户法规库"。

（1）常用法规。

常用法规包括"常用法规库"提供的大量的财经法律法规及相关法律条文，如图 7－4 所示。

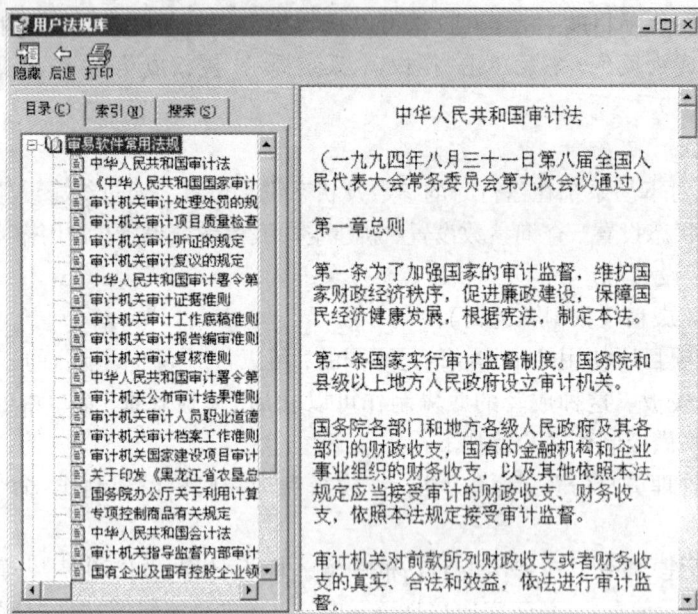

图 7－4　用户法规库

（2）法规更新。

利用法规更新功能可以添加最新的法规文件或用户需要的法规文件到用户法规库。也可以删除用户法规库中不必要的法规。

提示：只能在用户法规库中添加和删除法规文件；但是无法删除系统法规库中的法规

文件。

（3）疑点字词维护。

审计人员可以通过疑点字词库直接添加疑点字词。同样可在窗口中对疑点字词库中的记录进行修改和删除编辑。

第二节 审易软件审计准备阶段的应用

一、项目管理

通过项目管理功能，可以完成新建项目，对审计组成员进行任命，对审计组成员的权限进行设定，可以进行工作底稿的人员分工等，从而提高审计工作组整体的工作效率。

1. 新建项目

执行"项目管理"菜单中的"新建项目"，打开"项目登记"对话框，如图 7 - 5 所示。假设审计组要对天蓝集团 2006 年的财务数据进行审计，则需要依次输入下列项目。

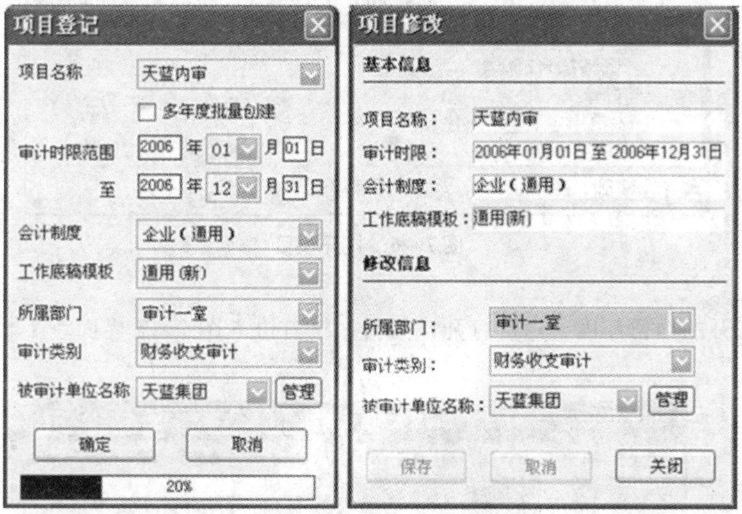

图 7 - 5 创建新项目

（1）项目名称下拉列表中显示系统内已建立的项目，可以在项目名称文本框中输入新的项目名称，如"天蓝内审"。

（2）多年度批量创建系统提供了多年度分年审计项目批量创建功能，多年度分年审计项目是指其他信息一致，只是财务数据时间段不同的多个项目。多年度分年审计项目创建即指这样的多个项目的一次性批量创建，而不是包含了多个时段的一个项目的创建。

（3）审计时限范围输入此次审计的时限。该时限不是指审计组开始审计的时间，而是指要审计的财务数据所在的时间段。如"20060101—20061231"。

（4）会计制度"会计制度"下拉列表中提供了常用的会计制度，不同的会计制度所对应的会计科目体系是不同的。

（5）工作底稿模板。按照不同的审计内容系统预置了对应的工作底稿模板。工作底稿模板是对审计人员工作的规范化，也带有一定的指导性。

（6）所属部门。选择审计项目组属于哪个部门。

（7）审计类别。系统按审计提供财务收支审计、企业审计、资产经营责任审计、任期经济责任审计、经济效益审计、建设项目审计、专项审计及调查等项目。如果所进行的审计类别在列表中没有，则可以在列表中直接填写，在下次新建项目时会自动列示出来，以供选择。

（8）被审计单位名称从下拉列表中选择，或单击"管理"进入"被审计单位信息管理"窗口实时添加被审计单位信息。

2. 打开项目

审计组成员要登录到某项目进行工作，执行"项目管理"菜单中的"打开项目"，打开"项目列表"对话框，如图7-6所示。

图7-6　打开项目

双击要打开的项目年度，直接打开该项目。接着进入图7-7界面。

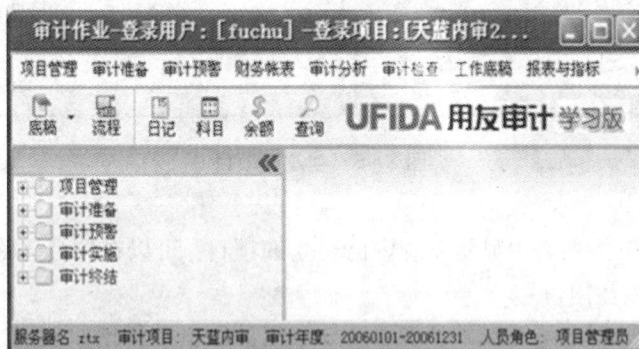

图7-7　登录项目

选择所要打开的项目年度之后，单击"查看属性"可以查看该项目的基础信息。

3. 项目管理

执行"项目管理"菜单中的"项目管理"，进入"项目管理"窗口，如图7-8所示。

在这个窗口中，可以实现对项目最完全，最方便的管理。包括新建项目、打开项目、

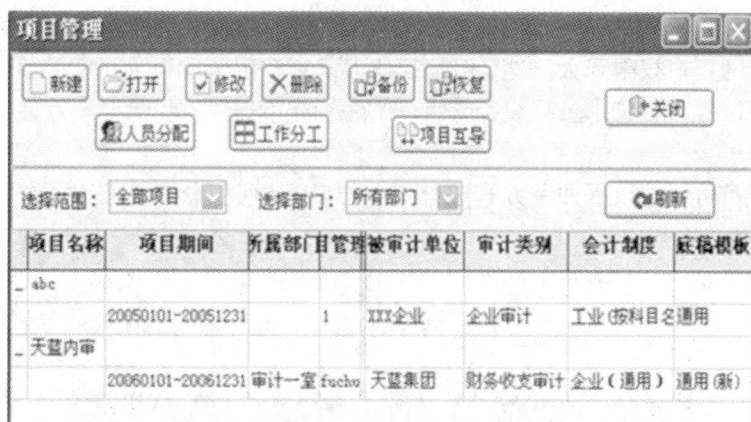

图 7 - 8　项目管理

修改项目、删除项目、备份项目、恢复项目，以及人员分配、工作分工和项目互导等功能。以下就部分功能进行说明。

（1）备份项目。

对所选择的项目进行备份，备份出的文件是后缀名为 .syd 的备份文件，该备份文件是经过加密和压缩的，只有在审易软件中恢复才可使用。

（2）恢复项目。

对之前备份好的项目进行恢复。恢复时，系统会自动识别备份文件并获取项目信息；会自动检测项目是否已经存在（如果同名同年度项目已经存在，允许用户重命名后恢复为另一个项目）；如果备份文件是较早版本的软件项目备份，系统在恢复时，在自动保持项目数据完整的情况下自动升级项目库为最新版本。

（3）人员分配。

只有项目管理员才能进行人员分配。人员分配是用于指定该项目组的成员及成员的项目权限等。执行"项目管理"菜单中的"人员分配"，弹出"项目人员分配"窗口。

右窗口是可选人员名单，选择参与项目审计的人员，单击窗口下方的"添加"就能将选中的人名添加到项目组人员列表中。

下面对项目中涉及的角色做简要介绍。

①项目管理员。每个项目只能有一个项目管理员，对所管理的项目具有绝对的权力。例如：查阅、删改工作底稿，增删项目组成员，给项目组成员以及项目所属部门负责人设定权限等。有两种情况可以使用户成为项目管理员。一种是普通用户新建项目就自动成为项目管理员；另一种是由系统管理员在项目人员分配中指定人员列表中的任何人成为项目管理员，因为每个项目职能有一个项目管理员，因此项目管理员将权力移交给他人后，会自动降为项目组的普通成员。例如：项目管理员忘记密码，解除项目管理员管理权限等等。

②用户可以查看项目名称列表但不能进入项目。普通用户在人员列表中出现，可以被项目管理员加入审计项目组授予相应的权限，也可以被系统管理员授予某些项目的项目管理权限。还可以新建项目，成为该项目的项目管理员。

③复核人。复核人可以查看项目名称的列表，进入项目并对所有工作底稿做相应的修改复核。比普通用户权限要大一些，但是复核人没有权限删除已有的工作底稿。另外，复核人同样也可以被项目管理员授权，例如，对底稿的"完全控制"等。

4. 工作分工

审计组成员可以按以下两种方式进行工作分工，按底稿分工和按事项分工。

（1）按底稿分工。

按底稿分工是对项目人员分配不同的底稿，使其享有对工作底稿不同的权限。在"项目管理"窗口中，选择"工作分工"→"按底稿"，打开"工作底稿人员分工"对话框，如图 7 - 9 所示。

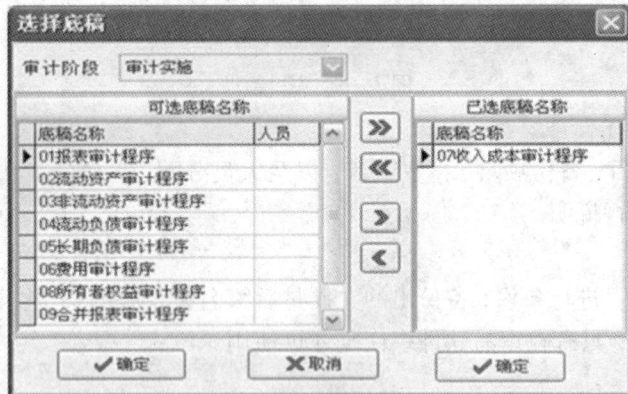

图 7 - 9　工作底稿人员分工

从人员清单下拉列表中选择人员，将该人员所负责的底稿从可选底稿名称列表中选入已选底稿模板列表中。退出"工作底稿人员分工"窗口后，在"工作底稿"→"底稿编制平台"列表中的"所属用户"栏目中可以看到分工的结果。

（2）按事项分工。

按事项分工可以实现审计作业工作按照分类事项进行分工，并以事项为单位实现责任分工及事项工作。依次执行"项目管理→工作分工→按事项"后进入图 7 - 10 所示进行操作。

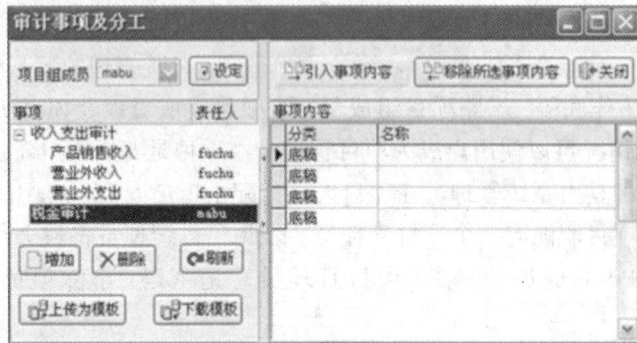

图 7 - 10　审计事项分工

二、审计准备

审计项目建立后，审计人员需要进行审计前的准备工作，包括审前调查、制定审计方案、发放审计通知书等，在审计软件中可以借助系统内预置的工作底稿模板进行记录和编辑，形成审计的综合性底稿。现场审计准备包括编辑被审计单位信息以及数据采集、数据转换和财务信息上传、审计预警功能。审计准备可以帮助审计人员在执行具体审计实施工作前，轻松实现凭证检查和统计、科目检查与对应、金额预警、资产负债权益损益的总体预警、分录预警、平衡预警等功能，使审计人员对财务信息有总体的把握，以便确定审计重点，提高审计效率。

1.被审计单位信息管理

审易软件中，审计人员可以方便地实现对被审计单位信息的管理，不仅可以通过这项功能记录和管理被审计单位的所有有用信息，也可以记录负责这次审计工作的小组的信息，自由地添加各种备注。另外，还可以方便地添加新的被审计单位，或是删除已经完成审计工作的单位信息。

被审计单位项目信息的添加也可在新建项目时添加。

2.数据采集

审计人员进行审计作业前先要对被审计单位的财务数据进行采集。数据采集前首先要了解被审计单位财务数据的类型，是单机版还是网络版，以及数据库的类型如 Sybase、SQLServer、Oracle，从而使用相应的采集工具。

审计人员在开展审计作业时，可以直接在审易软件目录中拷贝审计取数工具目录文件夹，并携带到被审计单位，根据被审计单位数据库类型选择适当的取数工具在存放财务数据的服务器中进行取数；也可以直接在被审计单位财务数据所在本机上安装审易，通过审易软件中的"数据采集"直接打开数据采集工具，根据被审计单位数据库类型选择适当的取数工具，在本机上进行数据采集。例如：依次执行菜单"审计准备→数据采集→SQLServer备份取数"。

3.数据转换

审计项目建立好之后，如果数据采集工作已经完成，审计人员需要将获得的会计数据转换为审易软件的数据格式，以方便审计作业。执行"审计准备"菜单下的"数据转换"，打开"用友审易会计数据流处理"对话框。

(1)选择数据转换模板。

系统预置了常用软件及其版本的数据转换模板，如用友 811、用友 850、金蝶 K3(2004Sql)等。数据转换模板中将会计软件数据结构与审易软件中的数据结构已经设计好对应。可以在下拉列表中选择数据转换模板或单击"浏览"打开模板管理对话框选择相应模板。如：单击"浏览"按钮，选中会计流模板，单击"确定"，出现图 7-11 界面。

(2)进行数据连接单击。

选择"数据连接"，打开"数据连接"对话框。

显示当前选择的转换模板及对应的接口类型。单及"路径浏览"按钮，选取相应数据文件 C：\UFSY46\user\五金公司数据 .MDB。单击"测试"，系统显示"数据设置正常"提示信息。

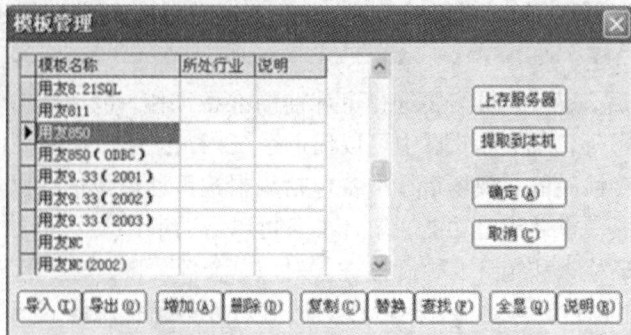

图 7 - 11　数据转换模板

（3）会计流处理。选择"会计流处理"，系统就会把将要审计的会计电子数据，由被审计单位的五花八门格式转换成为审计软件所需要的固定格式。经过这样转换的电子数据，审计人员就可以浏览、查阅，可以采用审计工具进行相应的审计作业。"会计流处理"模块主要完成将要审计的会计电子数据的采集、格式转换、科目库处理、分类账处理，最后再自动生成报表。

对会计数据转换模板进行操作，分为两种方式：一种是"自动流程式"，另一种是"分步进程式"。单击"会计流处理"按钮，审计软件就自动运行，而且一气呵成地完成从"数据转换"、"科目库处理"、"分类账处理"等作业，并得到"科目余额表"和账表。会计流处理也可以分步做，分为"数据转换"、"科目处理"、"分类账处理"，每一环节都可以单步执行，多步执行。分步做一般用于模板制作和模板调整。会计流处理完成后系统会自动提示如图 7 - 12 所示界面。

图 7 - 12　会计流处理

4. 工作底稿管理

（1）选取工作底稿。

单击菜单"工作底稿→底稿管理→底稿选取"，之后选择底稿。

（2）底稿编制平台。

单击快捷按钮"底稿"或单击菜单"工作底稿→底稿编制平台",进入平台。

(3)设置底稿权限。

在"底稿编制平台"窗口中,单击右键菜单"属性",依次进行操作。

(4)审计工作底稿。

"底稿编制平台"窗口中,单击右键菜单"添加→审计工作底稿",进入图 7 – 13 界面,按提示操作。

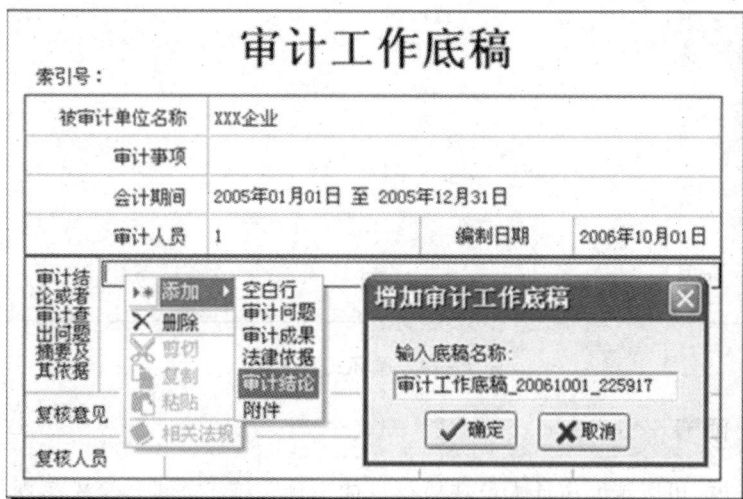

图 7 – 13　审计工作底稿

第三节　审易软件审计实施阶段的应用

一、内控调查

内控调查功能可以帮助审计人员对被审计单位的经济运行情况进行测试,能评估出该单位的内部控制是否健全,控制点运行是否正常,是否有大的漏洞存在,能给审计人员进行下一步实质性审计提供重要的依据。

执行菜单"审计准备→内控调查",打开"下载模板"对话框。系统提供"标准内控调查"和"循环式调查表"两种模板。选择"标准内控调查"模板。

内控调查可按经济业务循环设置树状测试点,其最多可支持到九层,并且可以存为模板或者从模板中导入已存在的内控调查表,可以产生总括及详细的评估报告。选择"循环式内控调查"模板,如图 7 – 14 所示。

在内控调查表界面中,进行评估时,要在调查内容中的结果列中通过鼠标选择每行调查内容的优、良、中、差,每行的分值、比重也可调整。除此以外,系统还提供了以下功能:增加和删除表项;增加和删除表行;另存为新模板;下载模板;保存;内控评估。

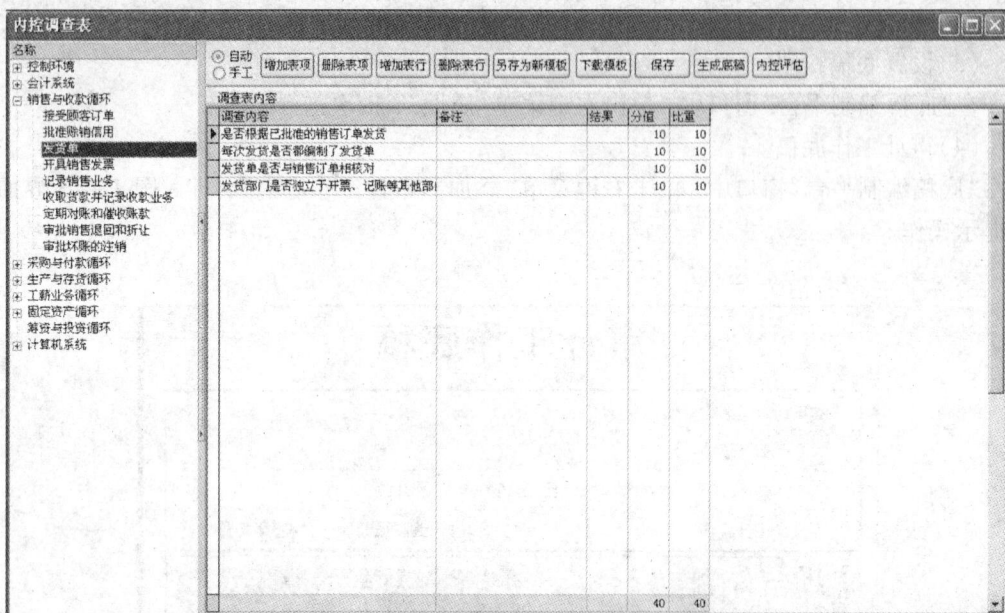

图 7 - 14　循环式调查表

二、审计预警

审计预警功能可以帮助审计人员在执行具体审计实施工作前，轻松实现凭证预警、科目预警、金额预警、资产负债权益损益的总体预警、分录预警、平衡预警、摘要预警、电算化内控预警、多笔业务预警等功能，使审计人员对财务信息有总体的把握，以便确定审计重点，提高审计效率。

1. 凭证预警

凭证预警功能可以帮助审计人员快速统计出凭证总数，并可以在凭证筛选中分类看出"一借一贷"、"一借多贷"、"多贷一借"、"多借多贷"和其他的凭证。方便审计人员分析凭证。

(1)执行"审计预警→凭证预警"，打开"凭证预警"对话框。

(2)单击"凭证分类初始化"按钮，在"凭证监察"选项卡中审计人员可以看到各类凭证的统计数量及所占比重。

(3)在"凭证统计"选项卡中，审计人员可以选择"一借一贷"、"一借多贷"、"多贷一借"、"多借多贷"和其他作为凭证筛选条件，分别检查各类凭证，单击具体凭证还可直接进入具体的凭证进行查看。

2. 科目预警

科目预警功能帮助审计人员对被审计单位会计科目设置与标准会计制度科目设置进行检查，通过检查方便其查出会计科目设置是否正确，可以对未对应的会计科目进行手工对应，并对异常会计科目关注和检查。

(1)执行"审计预警"菜单下的"科目预警"，进入"科目预警"窗口。

(2)在窗口右侧上面"标准科目"中选择被审计单位适用会计制度，如选择"企业"，右窗口中显示所选择的标准企业会计制度科目。

（3）单击"自动对应"按钮，弹出"是否清除以前的对应"信息提示框，选择"是"。

（4）单击"未对应"单选按钮，系统显示企业设置的会计科目与标准会计科目不一致的记录。

3. 综合预警

综合预警是帮助审计人员对资产、负债、所有者权益、成本及损益期末动态预警分析，通过三维网线图按各月显示出资产、负债、权益的本期发生额、期末余额以及成本、损益各月发生额总体走势。

（1）执行"审计预警"菜单下的"综合预警"，进入"综合预警"窗口。

（2）在科目类别中可以选择"资产类"、"负债类"、"权益类"、"成本类"、"损益类"科目。

（3）双击图表线上的任一点，可以进入具体某月的明细账。在明细账中双击具体的凭证可以直接显示具体的凭证。

4. 金额预警

金额预警可以方便地帮助审计人员在所有凭证中抽选某一期间大金额凭证进行审查，以发现问题。

（1）从"审计预警"菜单下的"金额预警"，进入"金额预警"窗口。

（2）选择期间，设置金额大于等于一定标准，如 30 000 元，单击"审查"，显示出所有满足条件的记录。

（3）显示结果按金额大小倒序排列。选择"正值借方金额"、"正值贷方金额"、"负值借方金额"、"负值贷方金额"选项卡，可以显示各自结果。

审计人员可以在具体显示结果中抽取可疑记录，双击直接进入具体凭证进行审查。

5. 平衡预警

平衡预警可以迅速审查财务数据的余额表、上下级及凭证借贷之间的平衡关系。

选择菜单"审计预警"下的"平衡预警"，进入"平衡预警"窗口。点击"审查"按钮，即可显示。

6. 摘要预警

摘要预警功能方便审计人员在凭证库中选择有疑点的摘要凭证进行分析，有针对性地发现和分析财务数据。

（1）执行"审计预警"菜单下的"摘要预警"，进入"摘要预警"窗口。

（2）审计人员可以选择期间、科目，默认为全部期间和全部科目。

（3）单击"添加"按钮添加疑点字词到预警字词或从疑点字词库中双击选择要审查的疑点字词摘要，如"招待费"到预警字词。

（4）单击"当前审查"，则所有摘要中含有"招待费"的凭证全部显示在右面的窗口中。

（5）双击疑点凭证，直接查看具体凭证。

7. 电算化内控预警

电算化内控预警可以帮助审计人员迅速检查财务核算内控执行情况。在窗口中分别选择四个选项，单击"审查"，出现审查结果。

8. 多笔业务预警

多笔业务预警包括同天同类业务预警和同支票号预警两部分。同天同类业务预警功能方便审计人员在某一天发生的凭证中选择会计处理同类的凭证进行分析,有针对性地发现和分析财务数据。

(1)执行"审计预警"菜单下的"多笔业务预警"→"同天同类业务",进入"同天同类业务预警"窗口。

(2)单击"选择"按钮,选择基准科目编号,如"521 管理费用",单击"下一步"按钮。选择"基准科目的关联科目",单击"下一步"按钮。

(3)点击"执行",显示预警结果。

(4)左窗口中显示疑点期间,右窗口中显示该期间业务。

三、财务账表

财务账表主要包括余额表、现金日记账、银行日记账、多栏账、科目日记账、收入支出表、往来明细账等。

1. 余额表

余额表用于查询统计各级科目的本期发生额、累计发生额和余额等。它可以输出某月或某几个月的所有总账科目或明细科目的期初余额、本期发生额、累计发生额、期末余额,在实行计算机记账后,余额表已经代替了总账。

2. 多重余额表

除了余额表之外,审易软件还提供了多重余额表的功能,方便审计人员同时比较多个年度的各级科目的本期发生额、累计发生额和期末余额等。它可以同时输出若干会计年度的所有总账科目或明细分类科目的期初余额、本期发生额、累计发生额、期末余额等。

3. 现金日记账

现金日记账是登记现金收支业务的一种明细序时账,用于查询现金的日流量情况。设置现金日记账,逐日反映现金收支和结存,有利于对现金的保管、使用以及现金管理制度的执行情况进行严格的检查;同时,还可利用现金日记账的记录,检查收付款凭证有无丢失情况,保证账证相符。

可以选定一定的现金日记账范围,右键进行单击,在弹出的快捷菜单中实现更多的操作,例如:对选定范围进行排序、区域求和、分类汇总;复制、输出打印;将该选定范围另存到中间库、另存到临时底稿,或是发送到工作底稿、制作成图形(有饼图、线图、柱图)等。

4. 银行日记账

银行日记账是登记各种银行存款收支业务的一种明细序时账,用来记录银行存款的收、付业务及其结存情况,它可以用于查询银行存款的日流量情况。

5. 多栏账

可以定义多栏账的格式,并且每个月可以自动生成相应的多栏账。当要显示其他科目的多栏账,不用单击"删除科目"按钮,而是直接再次单击"增加科目"按钮进行查询,系统同样可以显示出新增科目的多栏账;不仅如此,系统还会自动记住每一次操作,如要重复前面的一次查询时,则单击"科目"下拉按钮,在弹出的下拉菜单选择要重复的历史操作即可。

6. 科目日记账

科目日记账用在金融企业审计中较多。审计人员也可以通过该功能实现具体科目的日记账，并在日记账进行查询和分析，调出凭证。

7. 收入支出表

收入支出表主要是选定一个或多处损益类科目，计算其发生额的明细和汇总数。计算和汇总时可以不包含损益结转的数值。

8. 往来明细账

在财务账表菜单中往来明细账中按"客户、供应商、个人、部门、项目、产品"分类设置菜单，审计人员可以按类别查看往来明细账，并可以进一步翻看到凭证。

四、审计分析

审计分析是指审计分析工具的运用，审计软件根据审计作业的需要，编制各种分析工具，比如，图形分析、往来分析、汇总分析、负值分析、金额构成分析、科目比照分析等功能，以至利用数学模型进行经济效益分析、经济责任评价指标分析。

1. 图形分析

根据会计科目的年初数、各个月发生额的情况，形成比较直观的图形展示，方便审计人员清楚明了地发现审计问题，其数据来源是"余额表"。构成图形的可选要素包括：

(1)金额类型：可以选择的金额类型包括期末余额、月发生额和累计发生额。

(2)图形类型：可以选择的图形类型包括饼图、曲线和柱形图。

(3)年度区间：可以选择"多年度"、"多年同月"或"一年"。

(4)科目：窗口右栏为科目列表，用鼠标左键选中科目名称拖曳至左栏空白处。

(5)选取所要显示的字段，"借方"、"贷方"、"期末余额"、"月发生额"。

例如：选择"501、502"科目，拖曳至左栏，501产品销售收入选择贷方发生额，502产品销售成本选择借方发生额，起始时间为"200501"，终止时间为"200512"，图形类型选择"柱形"，单击"生成图形"，即可看到本审计年度内(1—12月)间，产品销售收入与成本对比变化趋势，从而发现需要的审计线索，如图7-15所示。

在图形上双击鼠标左键，可以直接打开查账窗口，查看该科目的分类账信息。

2. 对方科目分析

对方科目分析是审计人员进一步了解经济业务的来龙去脉，发现审计目标的分析工具。审计人员能够从大量的财务数据中统计出选定的会计科目所有对方科目，突出审计重点，节约审计时间，提高审计效率。

3. 负值分析

负值一般是审计人员比较注意的审计内容，这个功能主要是将负值的内容列示，并通过统计分析及一些条件的设定，看这些负值是否违反了会计原理，是否有不规范操作，其中的比重也可以让审计人员很清楚地看到负值数值所占的比重，其中的大额应作为特别关注的对象。

依次执行菜单"审计分析→负值分析"，进入"负值"界面，输入年份，选择"查询"，将查出凭证库中所有值为负数的记录。

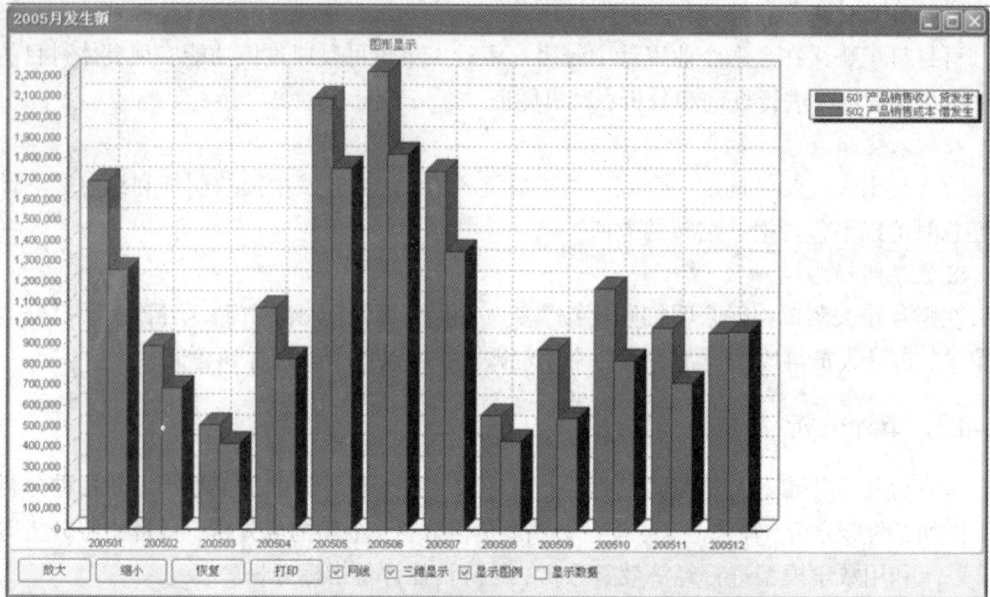

图 7 – 15　销售收入和销售成本(2005 年月发生额)

4. 金额构成分析

金额构成分析主要是对与银行存款有关的科目进行汇总、分析,根据各个科目所占的比重,追溯银行存款的来龙去脉。

5. 应收账款减少分析

应收账款减少分析是一个分析应收账款减少具体情况的专用工具。

6. 科目比重分析

科目比重分析所注重科目的比重。例如分析原材料占产成品的比例情况,如图 7 – 16 所示。

7. 摘要汇总分析

该功能是通过对凭证摘要中对审计人员感兴趣的疑点字词进行统计分析,帮助审计人员发现审计问题。

五、审计检查

审计检查中提供了一系列关于审计检查方面的工具,如:"科目余额方向检查"、"科目变动检查"、"分录检查"、"开户行检查"、"凭证查询"等。

1. 科目余额方向检查

通过科目的年初余额和期末余额确定科目的实际余额方向,科目余额方向不一致的显示出来。

2. 科目变动检查

选择一个需要分析的科目,系统会分析出该科目各明细的金额情况及在其相应阶段所占百分比。

3. 分录检查

通过预设某种不正常分录,在凭证库自动搜索该不正常分录并显示出来。

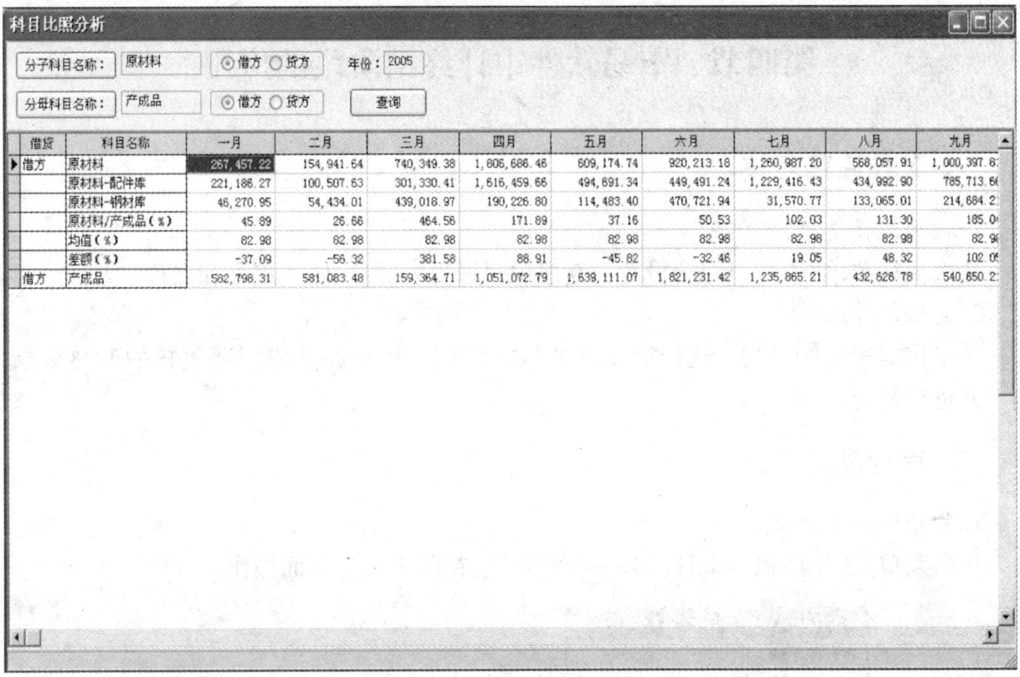

借贷	科目名称	一月	二月	三月	四月	五月	六月	七月	八月	九月
借方	原材料	267,457.22	154,941.64	740,349.38	1,806,686.46	609,174.74	920,213.18	1,260,987.20	568,057.91	1,000,397.6
	原材料-配件库	221,186.27	100,507.63	301,330.41	1,616,459.66	494,691.34	449,491.24	1,229,416.43	434,992.90	785,713.6
	原材料-钢材库	46,270.95	54,434.01	439,016.97	190,226.80	114,483.40	470,721.94	31,570.77	133,065.01	214,684.2
	原材料/产成品(%)	45.89	26.66	464.56	171.89	37.16	50.53	102.03	131.30	185.0
	均值(%)	82.98	82.98	82.98	82.98	82.98	82.98	82.98	82.98	82.9
	差额(%)	-37.09	-56.32	381.58	88.91	-45.82	-32.46	19.05	48.32	102.0
借方	产成品	582,798.31	581,083.48	159,364.71	1,051,072.79	1,639,111.07	1,821,231.42	1,235,865.21	432,626.78	540,650.2

图7－16　科目比重分析

4. 开户行倒账

检查企业各开户行之间相互倒账的情况，并将结果显示出来。

5. 现金额度检查

通过曲线图直观反映出科目各月余额走势，设置额度以审查出余额超支的情况并进行分析。审计人员可以看出年余额最大值、年余额均值、超现金天数合计及比例、超额度金额合计及比例。

6. 凭证查询

“凭证查询”，主要是在凭证库中，对凭证的诸多要素(即数据库的各个字段名)，设定各种条件进行查询，从而发现审计线索或核实某些疑点问题。

7. 金额查询

根据重要性水平，通过对金额范围的设定，对所有科目或某一科目发生的金额凭证进行审查分析。

8. 贷款利息

自动测算利息额、利息率等参数。

9. 坏账准备

根据应收账款的余额、发生额，计算应提数，并与转入库里的结果进行比较。

10. 产成品

实现了对产成品等数量金额账的查询和汇总。

第四节　审易软件审计终结阶段的应用

一、工作底稿复核

1.控制底稿复核

依次执行菜单"设置→综合设置→新建项目设置",依次输入编号和名称。

2.复核工作底稿

单击快捷按钮【底稿】,选择审计阶段"资产类",找到并选中需要复核的调整分录底稿。并进行复合。

二、审计成果汇总

1.初始化统计分录

单击菜单"工作底稿→审计成果→初始化",在图 7 – 17 界面操作。

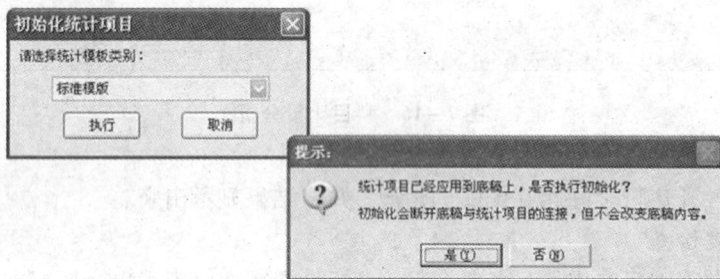

图 7 – 17　初始化统计项目

2.汇总统计分录

(1)依次执行菜单"工作底稿→审计成果→汇总表"。

(2)选中统计项目"虚列收入"所在行,单击"明细分录",可以看到关于"虚列收入"的详细内容,包括相关底稿的名称,操作如图 7 – 18 所示。

图 7 – 18　审计成果统计汇总

3. 管理统计分录

依次执行菜单"工作底稿→审计成果→明细表"，在图7-19界面操作。

图 7-19　管理统计分录

三、审计报告编制

1. 编制调整分录

(1)单击菜单"工作底稿→调整分录"，单击"制作调整分录"，单击"科目刷新"，出现图7-20所示界面。

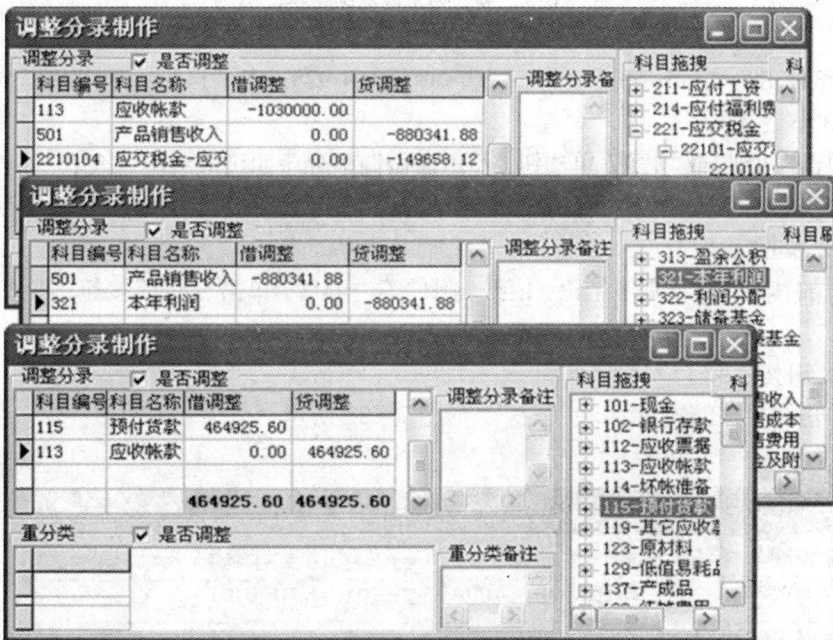

图 7-20　编制调整分录步骤一

(2)在图7-20界面下，先后把科目"113——应收账款"、"501——产品销售收入"、"2210104——应交税金——应交增值税——销项税额"拖曳至"调整分录"列表中；分别输入借调整：-1 030 000.00，贷调整：-880 341.88，贷调整：-149 658.12；选中"是否调整"复选框；返回结果如图7-21所示。

(3)同理，"501——产品销售收入"借调整：-880 341.88，"321——本年利润"贷调

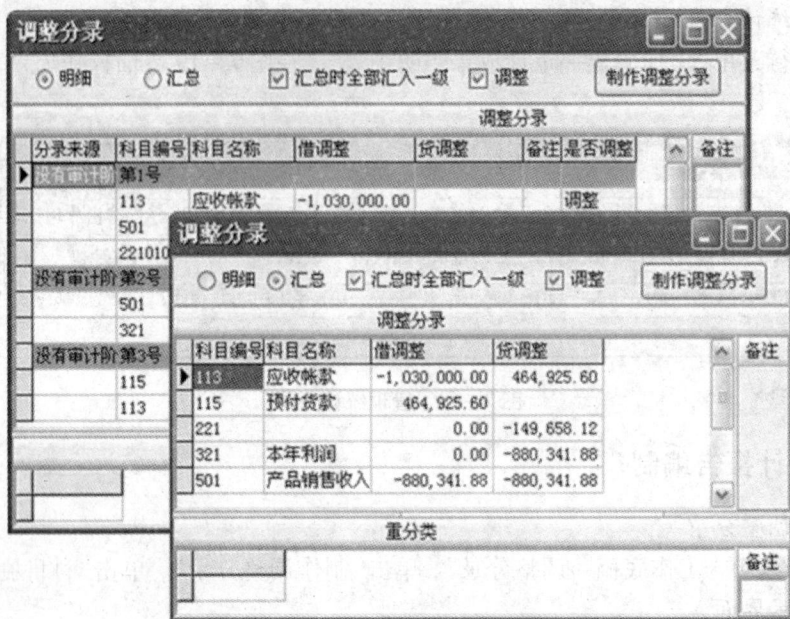

图 7 – 21　调整分录步骤二

整：－880 341.88。"115——预付货款"借调整：464 925.60，"113——应收账款"贷调整：464 925.60

(4)单击"明细"或"汇总"单选钮，显示已做调整分录明细表或汇总表。

(5)单击右键菜单"发送至底稿"，选中"发送至空白审计工作底稿"，选择审计阶段为"资产类"，单击"确定"。

(6)添加其他审计问题、结论、依据、附件等内容后，单击"保存"按钮；将该底稿上存至服务器。

2.审定调整分录

(1)单击菜单"工作底稿→审定表"，如图 7 – 22 所示。

图 7 – 22　审定表步骤一

（2）单击"输出成底稿"按钮，可以将审定表输出到底稿，如图7-23所示。

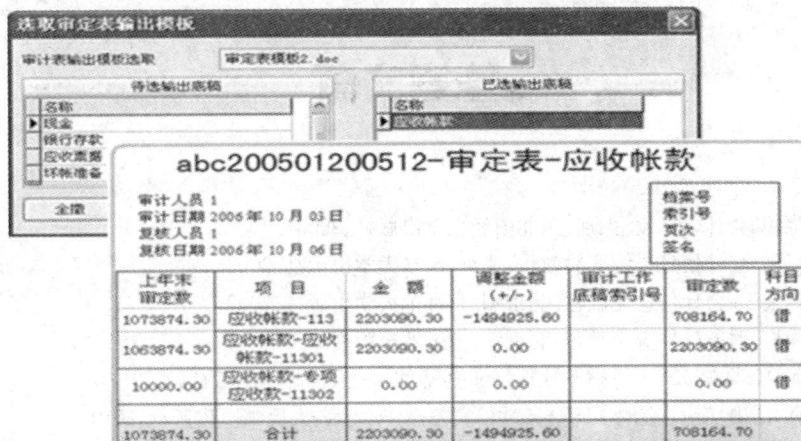

图7-23 审定表步骤二

3.编制审计报告

（1）单击菜单"工作底稿→审计报告草稿"。

（2）选择生成素材的方式为"详细"，再选择报告模板的类别为"通用审计报告"，单击"确定"，如图7-24所示。

（3）在自动生成的审计报告上，修改或填写相关内容后完成审计报告，如图7-25所示。

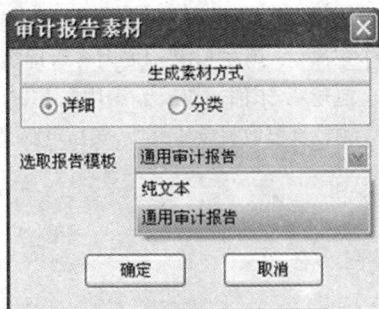

图7-24 审计报告生成步骤一

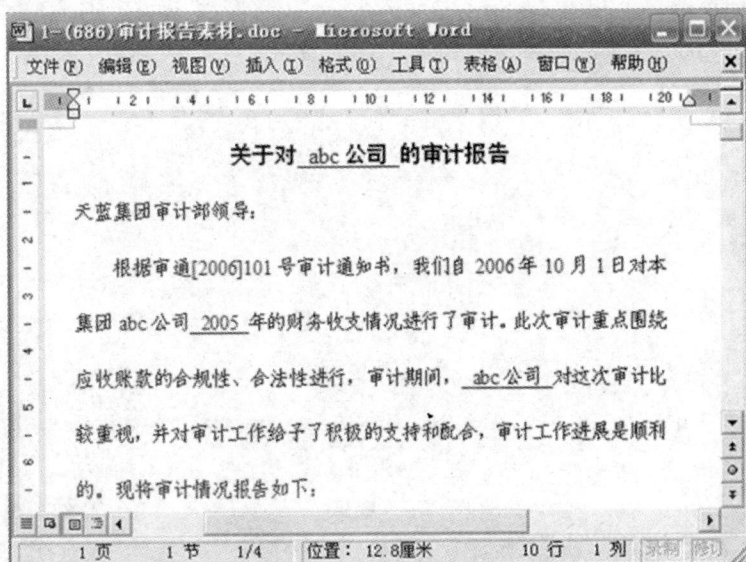

图7-25 审计报告生成步骤二

至此，审易软件的主要操作介绍完毕！

参考文献

［1］李昕,王晓霜. 会计电算化. 大连:东北财经大学出版社,2006
［2］王新玲,汪刚. 会计信息系统实验教程. 北京:清华大学出版社,2002
［3］庄明来,林宝玉. 会计信息化教程. 北京:北京师范大学出版社,2007
［4］孙莲香,周梅. 财务软件应用教程. 北京:电子工业出版社,2007
［5］龚中华,何亮. 金蝶 KIS——财务软件培训教程. 北京:人民邮电出版社,2009
［6］刘超,崔喜峰,史艳艳. 金蝶 KIS 财务软件实务操作. 北京:人民邮电出版社,2010
［7］邹梅全,邹华勇. 金碟 KIS 标准版财务软件真账实操. 广州:中山大学出版社,2009
［8］万新焕,谢达理,余灼萍. 新编会计信息化教程(用友 T6 版). 北京:电子工业出版社,2009
［9］房琳琳,王志文,张霞. 用友 ERP 供应链管理系统实验教程. 北京:清华大学出版社,2009
［10］宋祥亮. 用友 ERP－U8 财务管理实战详解. 北京:电子工业出版社,2011
［11］赵建新,宋郁,周宏. 新编用友 ERP 供应链管理系统实验教程. 北京:清华大学出版社,2009
［12］财政部财政科学研究所,安易电脑会计公司. 安易会计软件教程. 北京:中国商业出版社,2009

图书在版编目(CIP)数据

会计信息系统应用教程/刘承焕主编.—长沙:中南大学出版社,
2011.8
ISBN 978-7-5487-0366-2

Ⅰ.会... Ⅱ.刘... Ⅲ.会计信息 – 财务管理系统 – 教材
Ⅳ.F232

中国版本图书馆 CIP 数据核字(2011)第 160762 号

会计信息系统应用教程

主 编 刘承焕
副主编 王国庆 陈小鹏

□责任编辑 谭晓萍
□责任印制 易红卫
□出版发行 中南大学出版社

社址:长沙市麓山南路 邮编:410083
发行科电话:0731 – 88876770 传真:0731 – 88710482

□印 装 长沙德三印刷有限公司

□开 本 787×1092 1/16 □印张 23.25 □字数 579 千字
□版 次 2011 年 8 月第 1 版 □2018 年 3 月第 2 次印刷
□书 号 **ISBN 978 – 7 – 5487 – 0366 – 2**
□定 价 **48.00 元**